上海高校服务国家重大战略
出版工程资助项目

国家骨干高职院校建设的理论与实践

陈斌 编著

上海科学技术文献出版社
Shanghai Scientific and Technological Literature Press

图书在版编目（CIP）数据

国家骨干高职院校建设的理论与实践 / 陈斌编著 . —上海：上海科学技术文献出版社，2022
出版传媒教育改革与前沿理论出版工程 / 陈斌主编
ISBN 978-7-5439-8185-0

Ⅰ.①国… Ⅱ.①陈… Ⅲ.①高等职业教育—建设—研究—中国 Ⅳ.① G718.5

中国版本图书馆 CIP 数据核字 (2020) 第 182120 号

责任编辑：孙　嘉
封面设计：袁　力

国家骨干高职院校建设的理论与实践
GUOJIA GUGAN GAOZHIYUANXIAO JIANSHE DE LILUN YU SHIJIAN
陈　斌　编著
出版发行：上海科学技术文献出版社
地　　址：上海市长乐路 746 号
邮政编码：200040
经　　销：全国新华书店
印　　刷：常熟市人民印刷有限公司
开　　本：650mm×900mm　1/16
印　　张：25.25
字　　数：327 000
版　　次：2022 年 3 月第 1 版　2022 年 3 月第 1 次印刷
书　　号：ISBN 978-7-5439-8185-0
定　　价：88.00 元
http://www.sstlp.com

"出版传媒教育改革与前沿理论出版工程"总序

文化发展战略不仅关系到中国特色社会主义事业"五位一体"的整体布局,也关系到中国社会的文明进步和中华民族的伟大复兴。现阶段重点是提高我国文化整体实力和竞争力,推动文化事业全面繁荣、文化产业快速发展,实现建成社会主义文化强国的宏伟目标。这也是新的历史时期特别是"十三五"期间我国文化发展的方向。上海出版印刷高等专科学校积极参与国家的文化发展战略,申报并获批建设"出版传媒教育改革与前沿理论"上海高校服务国家重大战略出版工程项目,这是一个重大机遇。该项目建设对于推进学校的教育教学改革、提高人才培养质量,提升教师科技服务能力、推进学科专业建设,促进出版传媒业转型升级、建设区域文化高地,都具有重要意义。

"出版传媒教育改革与前沿理论"重大战略出版工程项目首批由五本专著构成,包括两本高职教育改革专著和三本出版传媒学科理论探索论著,选题围绕学术研究的热点问题展开,体现了实践前沿和学科专业领域理论前沿的研究成果。著者均具有博士学位和较好的学养,是相关管理实践与理论研究领域的专家。专著的成稿还基于教育部人文社科研究项目、上海市教委科研创新重点项目以及博士后研究项目的支持,有效地保障了该工程的出版质量,实际上是多课题研究的集大成者。

专著《国家骨干高职院校建设的理论与实践》围绕师资建设、校企合作、专业建设、社会服务、教学改革、管理改革等主题,对国内骨干高职院校建设的理论与实践研究进行了充分论述,并重点分析了上海出版印刷高等专科学校国家骨干高职院校建设取得优异成绩的经验与特色,提出了我国重点高职院校后骨干建设时期的改革建议,为提升高校办学水平、更好地促进人才培养提供了有价值的指导。

专著《高职院校现代教育治理体系建设的理论与实践》针对"多元参与"这一高职院校现代教育治理体系建设特征,分析了高职院校现代教育治理体系建设的目标指向与运行机制、学校章程建设、人才培养改革、师生权益保障、国内外经验,剖析了上海出版印刷高等专科学校作为上海唯一一所实施现代大学制度建设试点的高职院校单位的改革探索经验,为高职院校教育治理结构的优化、人才培养质量的提升提供了有益借鉴。

专著《网络危机舆情演化仿真与沟通问题研究》针对新媒体环境下危机沟通的研究主题,聚焦互联网空间中无组织异质群体对危机事件的感知行为,探讨了网络危机舆情热点的形成及演变机制,从复杂适应系统的视角入手,对网络危机舆情演变进行多主体建模仿真研究,采取情景模拟、系统参数空间搜索等方法对模型进行分析,结合仿真方法及案例分析,研究成果能为组织在危机状态下的沟通策略提供决策依据。

专著《图书在线评论对销售绩效的影响机制研究》针对大数据背景下线上图书消费者的购买行为特征,采用在线评论文本挖掘方法和计量统计模型等分析了在线评论的不同维度特征对图书销售的知晓效应、说服效应影响,以及图书类型等其他因素对在线评论与销售绩效关系的调节效应影响,依据分析结论提出了图书在线评论营销策略,为出版企业进行市场洞察和制定营销策略提供有益的理论指导与实证依据。

专著《学术出版的知识服务研究》以用户的知识需求为切入点,在分析学术出版机构知识价值链、学术出版机构与用户之间的知识供应链、用户自身的知识价值链的基础上,设计构建了集知识管理、增值、服务为一体的学术知识营销服务平台,并评价论证出最优的功能模块、运行机制、支撑环境。从知识链的角度展开分析,为研究学术出版的价值,增强学术出版知识服务的可行性、有效性提供了有价值的参考。

根据出版传媒业转型发展对学校科技服务及人才培养提出的新要求，上海出版印刷高等专科学校当前正在推进以提升办学层次、建设"特色性应用技术型本科院校"为目标的改革实践。"出版传媒教育改革与前沿理论"重大战略出版工程项目的实施，是学校开展相关改革探索的重要载体，也是深化理论研究的平台。衷心希望上海出版印刷高等专科学校通过承接国家和上海市更多的类似项目，加强教育改革深层次问题研究、推进行业发展共性与前沿问题的探索，营造更好的学术研究氛围，务实推动学校的师资建设、办学水平再上新台阶，为提高出版传媒人才培养质量，推动上海国际文化大都市建设，推动我国出版传媒业的转型升级做出新的更大贡献！

全国人民代表大会教育科学文化卫生委员会主任委员

柳斌杰
2016.4.6

前　言

职业教育是国家教育事业的重要组成部分。高等职业教育近年来实现快速发展,规模逐步扩大,办学质量和服务经济社会的能力有了明显提升,为完善我国高等教育结构与体系,促进高等教育多元化与大众化发挥了积极作用。但是,高等职业教育仍面临着地位偏低、办学资源相对不足、"双师型"教师数量不足和素质不高、现代大学制度不够完善等制约进一步发展的瓶颈问题。

国家骨干高职院校建设项目作为"国家示范性高等职业院校建设计划"的二期工程,是近年我国高等职业教育发展史上的重大事件。这一工程对于推进部分高职院校的重点与优先发展,建设完善院校的治理结构与体系,提升学校办学和人才培养质量,整体提升高职院校的建设水平发挥了重要作用。在"后示范(骨干)"时期,尤其在实施"中国特色高水平高等职业学校和专业建设计划"(简称"双高"计划)的背景下,国内高职院校的建设与发展开启新的征程。总结国家骨干高职院校在建设与发展过程中的重要理念、实践探索、典型经验等,有助于把握高职院校的办学规律,促进高职院校体制机制的改革与创新,推动高等职业教育的整体发展。基于此,对国家骨干高职院校建设的理念和改革实践进行系统总结与分析,对于国内高职院校的整体推进和综合发展具有重要的理论和现实意义。

本书分别从政府、高职院校、企业和教师四个角度分析了高职院校"双师型"教师队伍建设的成效与问题,重点指出政府的支持机制有待完善、高职院校缺乏足够重视、企业参与积极性相对不高、教师群体的认识不够深入等问题,并有针对性地提出了对策建议。

从专业建设和教学改革角度,研究了国家骨干高职院校的内涵建设。重点阐述了专业建设中的课程、教学资源库以及实训基地建设,指出专业设置和调整应以就业为导向、以工学结合为基础、寻求差异化发展,并遵循适时性与前瞻性原则。在教学改革方面,重点论述了行动导向、课证融合、差异化和互动教学的理念,工学结合、双证融通、以赛促教和"双导师制"的教学模式,以及学分制、学生评价和质量监控的教学管理制度。

围绕高职院校的"开放办学",研究了国家骨干高职院校的校企合作。总结了"职教集团"、"校中厂"、"厂中校"和"订单培养"等校企合作模式,指出政府相关政策法规需要进一步完善、高职院校在推动校企合作中的作用不够彰显、企业参与的动力不足、校企合作长效机制尚不健全等问题,并提出了相应的改革建议。

结合职能扩展的需要,分析了国家骨干高职院校的社会服务职能。指出国家骨干高职院校社会服务的重点内容包括科技服务、社会培训和对口支援等方面,并对上述三个方面取得的成绩和存在的问题进行了论述,同时提出了应对策略。

为推动高职院校的科学发展,对国家骨干高职院校的现代大学制度建设进行了研究。指出多元参与、校企合作和"双师"治学是高职院校现代大学制度的主要特点,并从外部和内部治理结构的角度,分别论述了高职院校与政府、行业企业、第三方机构和校友等外部利益相关者的关系,以及党委权力、行政权力、学术权力和民主权力之间的配置问题。

结合高等教育的信息化发展趋势,探讨了国家骨干高职院校的数据管理,对国家骨干高职院校人才培养工作状态数据采集与管理平台、专业建设与职业发展管理平台的建设背景及意义、主要特点及功能,并对国家骨干高职院校数据管理创新的理论基础、实践探索等进行了研究论述。

基于经济社会和行业转型发展的要求,立足"后示范(骨干)"时期高职院校建设与发展的实际需要，本书试图探索高职院校办学的规律性认识，提出加强高职院校体制机制创新实践，实施常态化的高职院校教学诊改与评估等方面的对策建议。

本书是上海出版印刷高等专科学校国家骨干高职院校建设计划的一项重要成果。该校于2012年启动国家骨干高职院校建设项目，并于2014年9月入选上海市教委首批现代大学制度建设试点高校。2015年，该校在教育部和财政部组织的国家骨干高职院校建设联合验收中获评"优秀"。学校在人才培养模式、师资队伍建设、科研与社会服务平台建设，以及现代大学制度建设等方面进行了积极的探索，积累了高职院校改革发展的经验。学校希望通过对相关建设经验的总结整理分析，为推动我国高职院校新一轮的建设发展做出新的贡献。

本书撰写人员主要有上海出版印刷高等专科学校陈斌、罗尧成、肖纲领、杨丽、张耀军、孙建超，上海第二工业大学经管学院李利平，上海理工大学管理学院姚巍巍、陈莹锐、胡金灿、冉飞燕、张海红等十余名研究生参与了部分章节的材料整理与撰写工作。全书由罗尧成和肖纲领统稿。在本书撰写过程中，我们参考了国内相关学者的研究资料，以及部分国家骨干高职院校的典型改革经验，得到了本领域专家学者的悉心指导，在此一并表示衷心感谢！

陈　斌

目 录

总序 　　　　　　　　　　　　　　　　　　　　　　　　001
前言 　　　　　　　　　　　　　　　　　　　　　　　　001

第1章　国家骨干高职院校建设的背景及研究基础　　　　001
  1.1　国家骨干高职院校建设的背景与意义　　　　　　002
    1.1.1　建设背景　　　　　　　　　　　　　　　　002
    1.1.2　建设意义　　　　　　　　　　　　　　　　003
  1.2　国家骨干高职院校建设的相关研究　　　　　　　008
    1.2.1　师资队伍建设研究　　　　　　　　　　　　008
    1.2.2　专业及课程建设研究　　　　　　　　　　　010
    1.2.3　政校企合作体制机制研究　　　　　　　　　013
    1.2.4　科研和社会服务研究　　　　　　　　　　　016
    1.2.5　国外改革经验借鉴研究　　　　　　　　　　019
    1.2.6　对相关研究文献的评述　　　　　　　　　　021
  1.3　本书的研究内容与结构　　　　　　　　　　　　022

第2章　国家骨干高职院校的师资队伍建设　　　　　　　024
  2.1　对高职院校师资队伍建设的认识　　　　　　　　024
    2.1.1　高职院校师资队伍建设的基本现状　　　　　025
    2.2.2　高职院校"双师型"教师队伍的内涵界定　　　027

2.2 国家骨干高职院校"双师型"教师队伍建设的成效与不足 　　029
2.2.1 "双师型"教师队伍建设取得的成效 　　029
2.2.2 "双师型"教师队伍建设存在的不足 　　036
2.3 国家骨干高职院校"双师型"教师队伍的培养模式 　　042
2.3.1 基地培养模式 　　043
2.3.2 自主成长模式 　　045
2.3.3 "产学研"一体化培养模式 　　047
2.4 国家骨干高职院校"双师型"教师队伍建设的启示 　　049
2.4.1 政府部门要完善"双师型"教师队伍建设的政策制度 　　050
2.4.2 企业需增强参与"双师型"教师队伍建设的社会责任 　　051
2.4.3 高职院校应加大对"双师型"教师队伍建设的重视程度 　　052
2.4.4 教师群体要树立并践行提高自身"双师"素质的理念 　　053

第3章 国家骨干高职院校的校企合作 　　055
3.1 校企合作的内涵及高职院校开展校企合作的重要意义 　　055
3.1.1 校企合作的基本内涵 　　056
3.1.2 高职院校开展校企合作的重要意义 　　058
3.2 国家骨干高职院校校企合作的主要模式及成效 　　064
3.2.1 校企合作的主要模式 　　064
3.2.2 校企合作的主要成效 　　073
3.3 国家骨干高职院校校企合作存在的主要问题 　　076
3.3.1 政府出台的相关政策法规有待完善 　　076

	3.3.2	高职院校在校企合作中作用不明显	079
	3.3.3	企业参与校企合作的动力亟须增强	081
	3.3.4	校企紧密合作的长效机制尚不健全	083
3.4	国家骨干高职院校加强校企合作的对策建议	085
	3.4.1	政府加强政策法规建设，营建校企合作的法治环境	086
	3.4.2	高职院校加强特色建设，提升校企合作的质量水平	088
	3.4.3	企业加强参与融入意识，培育校企合作的发展动力	090
	3.4.4	加强长效运行机制建设，推进校企合作的制度保障	093

第4章 国家骨干高职院校的专业建设　　095

4.1 高职院校专业建设的内涵与特点　　095
　　4.1.1 高职院校专业建设的内涵　　096
　　4.1.2 国家骨干高职院校专业建设的主要特点　　099
4.2 国家骨干高职院校专业的设置与调整　　102
　　4.2.1 专业设置与调整的基本原则　　102
　　4.2.2 专业设置与调整的基本思路　　105
4.3 国家骨干高职院校的课程与专业教学资源库建设　　108
　　4.3.1 课程建设　　109
　　4.3.2 专业教学资源库建设　　115
4.4 国家骨干高职院校的专业实训基地建设　　124
　　4.4.1 职业教育实训基地建设的内涵　　124
　　4.4.2 专业实训基地建设的必要性　　126
　　4.4.3 专业实训基地建设的路径　　127

第5章 国家骨干高职院校的教学改革　130
5.1 国家骨干高职院校教学改革的理念　130
5.1.1 高职院校学生学习的主要特点　130
5.1.2 适用于高职院校学生的教学理念　134
5.2 国家骨干高职院校的教学模式　143
5.2.1 "工学结合"教学模式　143
5.2.2 "双证融通"教学模式　146
5.2.3 "以赛促教"教学模式　148
5.2.4 "双导师制"教学模式　151
5.3 国家骨干高职院校的教学管理制度　153
5.3.1 教学管理制度的内涵及建设意义　154
5.3.2 教学管理制度存在的主要问题　158
5.3.3 完善教学管理制度的对策建议　163

第6章 国家骨干高职院校的社会服务　169
6.1 高职院校的社会服务概述　169
6.1.1 高职院校社会服务职能的产生　170
6.1.2 高职院校社会服务的基本内涵　172
6.1.3 国家骨干高职院校加强社会服务的重要意义　176
6.2 国家骨干高职院校的科技服务　178
6.2.1 科技服务工作取得的主要成绩　178
6.2.2 科技服务工作存在的主要问题　183
6.2.3 推进科技服务工作的对策建议　186
6.3 国家骨干高职院校的社会培训　188
6.3.1 社会培训工作取得的成效　188
6.3.2 社会培训工作存在的主要问题　193
6.3.3 推进社会培训工作的对策建议　195

6.4 国家骨干高职院校的对口支援 *197*
6.4.1 对口支援工作取得的成效 *199*
6.4.2 对口支援工作存在的主要问题 *203*
6.4.3 强化对口支援工作的对策思考 *204*

第7章 国家骨干高职院校的现代大学制度建设 *207*
7.1 高职院校现代大学制度的主要特点 *207*
7.1.1 高职院校现代大学制度的内涵及建设意义 *208*
7.1.2 高职院校现代大学制度的主要特点 *213*
7.2 现代大学制度视域下国家骨干高职院校的外部治理结构 *218*
7.2.1 建立高职院校与政府间的新型目标管理关系 *218*
7.2.2 加大行业企业积极参与高职院校建设的力度 *220*
7.2.3 实现第三方机构对高职院校建设的监督评估 *223*
7.2.4 形成校友有效参与高职院校管理决策的机制 *226*
7.3 现代大学制度视域下国家骨干高职院校的内部治理结构 *229*
7.3.1 实现党委权力和行政权力的协调 *230*
7.3.2 划清学术权力和行政权力的边界 *232*
7.3.3 保障师生民主权力得以有效发挥 *237*
7.3.4 注重对各类主体权力的有效监督 *239*
7.4 国家骨干高职院校现代大学制度建设的主要问题及对策建议 *243*
7.4.1 高职院校现代大学制度建设存在的主要问题 *243*
7.4.2 加强高职院校现代大学制度建设的对策建议 *249*

第8章 国家骨干高职院校的数据管理 *257*
8.1 高职院校的状态数据平台建设 *258*

	8.1.1	状态数据平台建设的背景与意义	*258*
	8.1.2	状态数据平台的主要特征和功能	*261*
	8.1.3	状态数据平台在国家骨干高职院校中的应用	*266*
8.2	高职院校的专业建设平台分析		*271*
	8.2.1	建立专业建设平台的背景与意义	*271*
	8.2.2	专业建设平台的主要特点和功能	*272*
	8.2.3	专业建设平台与状态数据平台的比较分析	*275*
8.3	国家骨干高职院校的数据管理创新		*279*
	8.3.1	数据管理创新的背景与意义	*279*
	8.3.2	数据管理创新的理论基础	*282*
	8.3.3	数据管理创新的实践探索	*285*

第9章 上海出版印刷高等专科学校国家骨干高职院校建设实践 *289*

9.1	专业建设与人才培养模式改革		*290*
	9.1.1	专业建设的举措与成效	*290*
	9.1.2	人才培养模式改革及成效	*299*
	9.1.3	人才培养状态数据平台建设	*311*
9.2	高水平师资队伍建设与改革		*319*
	9.2.1	实施"名师工程",打造跨界组合与结构优化的名师团队	*319*
	9.2.2	推行人事管理改革,建设结构与素养优良的"双师型"教师队伍	*325*
9.3	科研与社会服务平台建设		*328*
	9.3.1	基于协同创新的科技服务平台建设	*328*
	9.3.2	行业实践基地建设及行业企业培训	*334*
9.4	现代大学制度试点建设工作		*337*

  9.4.1 实施现代大学制度建设工作的背景及指导思想 *337*
  9.4.2 实施现代大学制度建设试点工作的重点内容与主要特色 *339*
  9.4.3 现代大学制度建设试点工作的实施情况与保障机制 *340*
  9.4.4 现代大学制度建设试点工作的主要成效 *345*

第10章 新时代深化高职院校内涵建设的理念与思路 *353*

10.1 以"双创"理念指导高职院校的人才培养定位 *354*
  10.1.1 高职院校传统人才培养定位存在着滞后性 *354*
  10.1.2 以"双创"理念指导高职院校人才培养定位的必要性 *356*
  10.1.3 以"双创"理念指导高职院校人才培养改革的基本思路 *358*

10.2 以产教融合彰显高职教育的跨界属性 *359*
  10.2.1 "跨界"是职业教育的本质属性 *359*
  10.2.2 产教融合是彰显高职教育跨界属性的必然要求 *361*
  10.2.3 新时代深化高职院校产教融合的基本路径 *362*

10.3 以特色发展引领高职院校的建设改革 *364*
  10.3.1 特色发展是新时代高职院校建设改革的指向 *364*
  10.3.2 新时代高职院校特色发展的基本内涵 *366*
  10.3.3 高职院校特色发展与建设改革的思考 *368*

10.4 以教学诊改促推内部质量保证体系建设 *369*
  10.4.1 实施教学诊改是提升高职院校办学质量的必由之路 *370*
  10.4.2 高职院校内部质量保证体系建设运行的基本框架 *372*

  10.4.3 推进高职院校内部质量保证体系诊改复核
      工作的思考 375

结　语 深化骨干高职院校建设改革，全力推进中国特色高
   水平高职学校和专业建设 378
  一、明确"双高计划"建设意义，树立院校高水平建设发展
   理念 379
  二、聚焦"双高计划"三项要求，凸显高职院校发展的明确
   导向 381
  三、找准"双高计划"的关键点，强化高职院校建设的核心
   要素 382
  四、把握"双高计划"战略目标，持续打造中国特色职业教育
   模式 383

第1章
国家骨干高职院校建设的
背景及研究基础

2006年启动的"国家示范性高职院校建设计划",与2010年启动的"国家示范性高等职业院校建设计划"骨干高职院校(以下简称"国家骨干高职院校")建设项目,是近几年我国高等职业教育领域的重大事件。国家骨干高职院校建设作为"国家示范性高等职业院校建设计划"的二期工程,其启动既有现实需要,也对高等职业教育产生了重要影响,有力地促进了高职院校紧密型校企合作的发展,助推高职院校治理体系的建设与完善,推动高职院校办学和人才培养质量的提升,进而强化高职院校在高等教育体系中的地位与作用。国家骨干高职院校自身的建设,已积累了各具特色的实践经验,亟须加以归纳和总结,以促进其推广。学界对国家骨干高职院校建设的理论研究,主要包括国家骨干高职院校师资队伍建设、专业及课程建设、政校企合作体制机制、科研和社会服务、典型案例、国外经验借鉴等内容,为高职院校的发展提供了战略指导。本章重点阐述了国家骨干高职院校建设的背景与意义,回顾了已有的相关研究,并介绍了全书的内容与结构。

1.1 国家骨干高职院校建设的背景与意义

1.1.1 建设背景

近年来,高职院校的建设与发展受到国家高度重视。早在 2002 年,《国务院关于大力推进职业教育改革与发展的决定》(国发〔2002〕16 号)就指出,职业教育的改革与发展面临着不够重视、投入不足、体制机制不够健全、地区之间与城乡之间发展不平衡等方面的问题,要"大力推进职业教育的改革与发展"。《国务院关于大力发展职业教育的决定》(国发〔2005〕35 号)提出:"加强示范性职业院校建设。实施职业教育示范性院校建设计划,在整合资源、深化改革、创新机制的基础上重点建设高水平的培养高素质技能型人才的 1 000 所示范性中等职业学校和 100 所示范性高等职业院校。"2006 年,政府部门通过颁发《教育部财政部关于实施国家示范性高等职业院校建设计划加快高等职业教育改革与发展的意见》(教高〔2006〕14 号),启动了"国家示范性高等职业院校建设计划",明确将在"十一五"期间重点支持 100 所国家示范性高等职业院校的建设,主要内容包括推动高职院校的教学建设和教学改革、增强社会服务能力、创建共享型专业教学资源库。2010 年,政府部门颁发了《教育部、财政部关于进一步推进"国家示范性高等职业院校建设计划"实施工作的通知》(教高〔2010〕8 号),明确新增 100 所左右国家骨干高职院校,以促进高职院校校企合作体制机制建设、政策支持与投入环境建设、专业建设与人才培养模式改革、师资队伍与领导能力建设和社会服务能力建设。通知规定,到 2015 年,要完成全部项目验收工作。至此,教育部等部门完成了对"国家示范性高职院校"和"国家骨干高职院校"建设的部署。

在这两大建设计划的背景下,不少高职院校都进入"国家示范性高职院校"和"国家骨干高职院校"建设的行列,受到国家有关部门的大力支持,在人才培养、校企合作、"双师型"教师队伍建设、社会服务、现代大学制度建设等方面,都积累了较为丰富的经验,在办学质量和人才培养水平上得到较大提升。

2014年12月,教育部发布《关于深化职业教育教学改革全面提高人才培养质量的若干意见(征求意见稿)》,要求总结和推广国家骨干高职院校建设成果和经验,持续深化教育教学改革,提升技术创新服务能力,完善和巩固自身办学特色,培养高端技术技能人才。2015年1月14日,《教育部办公厅、财政部办公厅关于做好"国家示范性高等职业院校建设计划"骨干高职院校建设项目2015年验收工作的通知》(教职成厅函〔2015〕1号)出台,指出,"有关部门、项目院校要高度重视项目验收工作,在总结项目建设成效的基础上,推动项目院校进一步创新体制机制,深化教育教学改革,提高人才培养质量,固化相关成果,带动全国高等职业教育持续健康发展"。

在国家骨干高职院校立项、建设和验收整个过程顺利实施的背景下,本研究旨在对国家骨干高职院校建设的理论和各骨干高职院校建设的实践探索,进行整体和系统的归纳总结,并将上海出版印刷高等专科学校在国家骨干高职院校建设中的具体举措加以提炼,进行深度案例解析,为其他高职高专院校在"后示范(骨干)"时期深化内涵建设提供经验借鉴。

1.1.2 建设意义

在国家骨干高职院校建设与立项的背景下来审视,本研究对于高职院校紧密型校企合作的发展,高职院校治理体系的建设与完善,高职院校办学和人才培养质量提升,高职院校在高等教育体系中的作用强化等方面,都有一定的促进作用。具体来说,国家骨干高职院校建设的

意义主要表现在以下几个方面:

1.1.2.1 促进高职院校紧密型校企合作机制建设

政府部门、行业、企业、校友、第三方机构等多元主体参与办学,是高职院校较普通本科院校而言所具有的重要特点,行业企业是高职院校最突出的利益相关者。高职院校大力开展校企合作,是行业企业主体有效介入,实现开门办学、开放办学的重要内容,有利于高职院校瞄准区域、市场和行业发展趋势,进行专业建设和课程开设,服务经济和社会转型发展,并打造"双师型"教师队伍,实现高技能人才的培养。

同时,校企合作是国家骨干高职院校建设需要重点探索的领域。《教育部、财政部关于进一步推进"国家示范性高等职业院校建设计划"实施工作的通知》(教高〔2010〕8号)将"校企合作体制机制建设"作为首要目标。《现代职业教育体系建设规划(2014—2020年)》(教发〔2014〕6号)明确指出,"完善校企合作各项制度。制定促进校企合作办学的法规。建立健全校企合作规划、合作治理、合作培养机制,使人才培养融入企业生产服务流程和价值创造过程"。国务院办公厅《关于深化产教融合的若干意见》(国办发〔2017〕95号)更是提出了"深化产教融合,促进教育链、人才链与产业链、创新链有机衔接"的更高要求。可见,高职院校紧密型校企合作的实现,是国家骨干高职院校建设中应高度重视的内容。

然而,当前我国高职院校的校企合作与"紧密型"发展还有一定差距。在国家示范性和骨干高职院校建设的过程中,不少学校都加大了校企合作的实践力度,与行业企业建立了一定的联系,开展了一些合作办学项目,如"双师型"教师队伍建设、学生实习基地建设等。不少专家学者也对高职院校校企合作的内在规律及在实践中形成的机制和模式等进行了研究,为校企合作提供了一定的理论指导。但整体来看,当前高职院校的校企合作仍处于浅层次、低效率状态,行业企业参与的积极性缺乏,合作的紧密度不高,人才共育、过程共管、成果共享、责任共担的紧密型合作办学体制机制尚未有效建立。因而,高职院校校企合作亟须走内涵式发展道路,确保校企合作相关利益主体从合作目的、合作模式、利益分配机制等层面加以深入探究并大胆实践。

加强对骨干高职院校建设的理论和实践研究,能对国内众多骨干高职院校校企合作的先进理念和实践经验加以归纳,从理论研究中探寻深入推进校企合作、产教融合的有效思路,从典型实践案例中总结一般性的规律,为国内高职院校校企合作的深度推进和发展提供一定参考,并方便国内高职院校找到可借鉴的有效理论和可示范的校企合作模式与体制机制,从而提高国内高职院校校企合作的整体水平,实现高职院校与企业的更好对接。

1.1.2.2　助推高职院校现代治理体系的建立完善

当前,我国高等教育正处于深化内涵建设、开展综合改革的关键时期,按照《国家中长期教育改革和发展规划纲要(2010—2020年)》《中共中央关于全面推进依法治国若干重大问题的决定》《全面推进依法治校实施纲要》《高等学校章程制定暂行办法》等政策文件的要求,高等院校应该在依法治国的背景下开展依法治教、依法治校工作,并积极探索现代大学制度和治理体系建设,理顺高校外部和内部治理主体之间的关系,推进教育现代化目标的实现。

高职院校占我国高等教育的"半壁江山",其利益相关者更加多元,治理体系建设更具特色,因而建立高职院校现代教育治理体系更显急迫。在现实中,不少高职院校也在进行治理体系建设的理论与实践探索,但较多是单个学校的小范围摸索,在示范性和可推广性方面存在着一定的困难。可以说,理顺不同利益相关主体的关系,建立符合现代职教理念的有效治理体系,进行高职院校现代大学制度建设,是高职院校急需面对的重要议题。

国家骨干高职院校建设项目,作为"国家示范性高等职业院校建设计划"的后续工程,其建设有利于以校企合作体制机制建设为突破口,加强高职院校体制机制建设创新；其验收，对于国家骨干高职院校现代大学制度和教育治理体系建设有极大的促进作用，对其他国家高职院校现代大学制度和教育治理体系建设具有重要的引导示范效果。因此，加强对国家骨干高职院校建设的理论和实践研究，符合当前高职院校教育治理体系和现代大学制度建设的发展趋势，也有实现骨干高职院校现代大学制度建设的"示范效应"，有利于建立与完善高职院校治理体系。

1.1.2.3　推动高职院校办学和人才培养质量提升

高职院校的发展应以人才培养质量为宗旨，无论是国家骨干高职院校还是普通高职院校，其最终办学目标都要落实到人才培养质量上面。《教育部、财政部关于进一步推进"国家示范性高等职业院校建设计划"实施工作的通知》（教高〔2010〕8号）指明，国家骨干高职院校要加强专业与人才培养模式改革，并加强师资队伍与领导能力建设，建立健全质量保障体系，全面提高人才培养质量。而高职院校较普通高等院校而言，其人才培养具有自身特色，培养的是高级技术技能型人才，需要高职院校有相配套的"双师型"教师队伍、办学模式和体制机制等办学条件作保障。

因此，国家骨干高职院校应该将人才培养质量作为教育教学改革的基本和最终目标，通过体制机制创新、专业结构调整、培养模式改革、教师队伍建设、保障体系打造等内容来提高自身办学质量和水平，实现学生的高技术、高素养，从而符合市场和经济社会的发展需求，为其他高职院校的办学和人才培养质量提升提供参考和借鉴。

本书对于国家骨干高职院校的建设是一次系统的梳理，通过对它们的师资队伍建设、专业及课程建设、校企深度合作、科研和社会服务等方面规律的探寻，来提升国家骨干高职院校建设的理论水平，进一步总结办学经验，提升新一轮的办学水平和人才培养质量，让所培养的高级技术技能型人才符合现代职业人才和劳动力市场的需要，从而更好地为区域经济社会发展和国家现代化建设做贡献。国家骨干高职院校在办学质量和人才培养方面的经验，对于其他高职院校而言，也具有较强的示范效应，从而有利于推动高职院校整体的内涵建设、办学水平和人才培养。

1.1.2.4 提升高职院校在高等教育体系中的地位

高等职业教育作为我国高等教育的重要组成部分，虽然已经取得了"半壁江山"的地位，但这主要是数量上的，在人才培养质量、科学研究和社会服务等职能方面，高职院校的地位较普通高等院校仍然偏低。当前，我国正在走新型工业化道路，要实现经济发展方式转变、产业结构优化升级，建设人力资源强国，就必须加强职业教育，重视高等职业教育，提升高等职业教育在整个高等教育系统中的地位。

教育部、财政部联合推进的"国家示范性高等职业院校建设计划"实施工作，扩大了国家重点高职院校的建设数量，极大地促进了高等职业教育的改革与发展，人才培养质量和办学水平的全面提高以及在培养高素质高级技能型专门人才，促进就业、改善民生，构建终身教育体系和建设学习型社会等方面重要作用的充分发挥。

国家骨干高职院校建设的研究，旨在通过对国家骨干高职院校在师资队伍、校企合作、专业建设、社会服务、教学改革、现代大学制度建设等方面的理论研究和实践经验的归纳总结，从中探寻一些可以推广的有价值的建设理念和举措。同时，国家骨干高职院校建设工程，对于普通高职院校的发展具有极大的借鉴意义。国家骨干高职院校在建设过程中积累的先进办学理念和宝贵实践经验，能为普通高职院校的建设与发展提供参考；而其存在的不足则为普通高职院校的发展提供了前车之鉴。因此，本研究不仅能促进国家骨干高职院校综合办学水平的提升，更为国内高职院校整体的发展提供理论支持和实践借鉴，推动高职院校在高等教育结构中的地位，推动高等教育结构与系统的完善。

1.2　国家骨干高职院校建设的相关研究

自2010年7月,《教育部、财政部关于进一步推进"国家示范性高等职业院校建设计划"实施工作的通知》(教高〔2010〕8号)下发,提出建设国家骨干高职院校以来,专家学者的相关研究力度逐渐加大,成果也较为丰硕。经过在中国知网、万方等数据库全网检索可知,2010年以来,专家学者对国家骨干高职院校建设的相关学术研究,论文总数和核心期刊论文数,呈现先增后减趋势:从总数看,2013年最高;从核心期刊论文数看,2014年最高。同时,也有少量专著,对国家骨干高职院校建设进行了理论探讨和实践经验总结。具体来说,已有的相关研究分为以下几个方面。

1.2.1　师资队伍建设研究

一些研究将视角聚焦在国家骨干高职院校教师队伍建设面临的问题上。陈毓、李锋涛、陈晓兰等(2012)[1]认为国家骨干高职院校的队伍结构不尽合理,教育教学能力缺乏,队伍管理不够规范。张谦明、杨延冲(2014)[2]指出,广东国家示范性及骨干高职院校专任教师队伍建设的基本现状是:过于年轻化,缺乏行业企业经历;具有"双师"素质的教师比重不大,质量不高;参加培训进修、挂职锻炼、社会兼职的人数和时间偏少;专任教师的教学及科研成果不足;校外兼职教师综合素质亟待

---

[1] 陈毓,李锋涛,陈晓兰,等.国家示范性(骨干)高职院校兼职教师队伍建设的思考[J].职教通讯,2012(17): 67-68.
[2] 张谦明,杨延冲.高职教育师资队伍建设的思考——以广东国家示范性及骨干院校为例[J].课程教育研究,2014(11): 192-193.

提高。胡亮华(2015)①以南通航运职业技术学院为例,指出国家骨干高职院校辅导员队伍建设面临的问题主要有:工作面广量大,一定程度上角色错位和缺位;个人工作状态及自身专业影响工作开展;理论研究、社会实践经历和实践能力较为缺乏;职业待遇仍需提高。李欣、孙翠香(2016)②对国家首批39所骨干高职院校的建设现状、存在的资金、专业带头人政策、培养路径等方面的问题进行了分析。

一些研究总结了部分国家骨干高职院校在"双师型"教师队伍建设上的特色做法。冯国忠、黄政艳(2014)③以广西机电职业技术学院建设国家骨干高职院校的经验为例,指出校企合作共建"双师型"教师队伍的举措主要有:加大专业带头人和骨干教师的培养力度;完善专业教师下企业实践锻炼的长效机制;完善《企业兼职教师聘任及管理暂行规定》等制度,加强兼职教师队伍建设;健全教师进修培训机制;提高教师科技研发能力;加大人才引进力度;引导和激励教师主动为企业和社会服务。任文杰(2016)④以平顶山工业职业技术学院为例,探讨了高职院校"2+3"企业化教师培养模式。

同时,有不少专家学者就国家骨干高职院校的师资队伍建设的举措提出思考。陈毓、李锋涛、陈晓兰等(2012)⑤建议,建立健全兼职教师队伍管理规章制度,采用灵活多样化的兼职教师聘请模式,实施兼职教师培训

---

① 胡亮华.国家骨干高职院校辅导员队伍建设问题探究——以南通航运职业技术学院为例[J].铜陵职业技术学院学报,2015(1):42-45.
② 李欣,孙翠香.国家骨干高职院校师资队伍建设:现状、问题及对策——以国家首批39所骨干高职院校为例[J].职业教育研究,2016(10):37-42.
③ 冯国忠,黄政艳.高职院校校企合作共建"双师型"师资队伍的探索——以广西机电职业技术学院建设国家骨干高职院校为例[J].高教论坛,2014(6):8-11.
④ 任文杰.高职院校"2+3"企业化教师培养模式的研究与实践——以平顶山工业职业技术学院为例[J].职教论坛,2016(24):72-77.
⑤ 陈毓,李锋涛,陈晓兰,等.国家示范性(骨干)高职院校兼职教师队伍建设的思考[J].职教通讯,2012(17):67-68.

制度,制定健全的考核评价机制,专兼配合。庄榕霞、俞启定(2014)①建议:将校外兼职教师纳入认定范围;将"双师"素质教师按职业成长阶段划分为不同层次,建立资格标准层级体系。张谦明、杨延冲(2014)②指出,高职院校教师队伍建设的举措有:更新观念,积极开展教研教改;构建合理的师资队伍评估指标体系;加强具有"双师"素质教师队伍的培养和引进力度;推进校外兼职教师队伍建设;加强专任教师到企业一线实践。胡亮华(2015)③建议:明确界定辅导员的工作职责;打造青蓝结对培养工程;建设科学配套的专业化培训体系;提高辅导员的政治和经济待遇;畅通辅导员职业化发展渠道。李欣、孙翠香(2016)④提出的对策建议包括:适度调整专职及兼职教师队伍建设专项资金投入,完善师资队伍建设激励性政策,加强监管和评估,进一步提升多样化教师培养路径的培养质量。

另外,周建松所著的《创新发展高等职业教育的浙江样本》,以该省国家示范性高职院校和国家骨干高职院校建设项目为抓手,对其推进教学改革,强化专业建设和课程建设等方面的经验做了归纳和总结。⑤

1.2.2 专业及课程建设研究

一些专家学者对国家骨干高职院校专业及课程建设进行了整体性

---

① 庄榕霞,俞启定.高职院校双师素质教师基本特征及资格标准研究——基于39所国家骨干高职立项建设院校的分析[J].教师教育研究,2014(1):69-74.
② 张谦明,杨延冲.高职教育师资队伍建设的思考——以广东国家示范性及骨干院校为例[J].课程教育研究,2014(11):192-193.
③ 胡亮华.国家骨干高职院校辅导员队伍建设问题探究——以南通航运职业技术学院为例[J].铜陵职业技术学院学报,2015(1):42-45.
④ 李欣,孙翠香.国家骨干高职院校师资队伍建设:现状、问题及对策——以国家首批39所骨干高职院校为例[J].职业教育研究,2016(10):37-42.
⑤ 周建松主编,郭福春副主编.国家示范、骨干高职院校改革创新的探索与成效:创新发展高等职业教育的浙江样本(上)[M].杭州:浙江工商大学出版社,2015.04.

分析。赵定勇、胡秀强、廖若飞等(2013)①从实证的角度,分析了100所国家骨干高职院校专业设置的特点和存在的突出问题,发现骨干院校专业设置覆盖面广、专业设置数量较多,已形成以电子信息为首的电子信息、财经、制造、土建和文化教育五大类主体专业结构,但专业设置重复率高、缺少区域性差异,专业设置门类多,呈现"综合性"办学趋势,一些高职专业结构与区域产业结构存在不匹配问题。为此,要采取加强专业设置规模调控、建立专业教学标准、完善管理机制等策略。

也有较多的专家学者通过案例来说明国家骨干高职院校的专业及课程建设。车君华、曾茜(2012)②以济南职业学院国家骨干高职院校为例,指出该校在专业建设上的经验有:组建由专业群组成的理事会;实施"课岗证融合、教学做一体"的人才培养模式,优化基于工作过程的课程体系,加强专业人才培养信息化建设;改革评聘办法,加强"双师型"教师队伍建设;创建区域继续教育和文化传播中心等。黄藕(2012)③以重庆城市管理职业学院为例,指出国家骨干高职院校的报关与国际货运专业建设可以采取以下思路:创新"工学结合"的人才培养模式,构建"能力核心、课证融通"的课程体系,造就专兼结合的"双师型"教师队伍,深化校企合作,建设"教学、培训、服务"一体化校内外实训基地。罗静、游明伦、侯长林等(2012)④以铜仁职业技术学院为例,探讨了基于能力本位的专业内涵建设,提出以下思路:提高专业认知水平,转变专业建设理念;明确专业发展思路,设计专业发展路径;合理

---

① 赵定勇,胡秀强,廖若飞.高职院校专业设置现状实证研究[J].职业技术教育,2013(14):5-8.
② 车君华,曾茜.国家骨干高职院校专业建设探析[J].济南职业学院学报,2012(2):13-16.
③ 黄藕.国家骨干高职院校建设背景下的报关与国际货运专业建设思路——以重庆城市管理职业学院为例[J].物流技术,2012(8):436-438.
④ 罗静,游明伦,侯长林.基于能力本位的专业内涵建设及其发展——以铜仁职业技术学院为例[J].职教论坛,2012(23):55-59.

构建专业体系,全方位支撑地方产业发展;创新专业人才培养模式,打造特色专业品牌。胡拥军(2016)[①]以湖南九所国家示范性(骨干)高职院校为例加以研究,说明国家骨干高职院校的专业调整受到就业环境、政府宏观调控、产业转型升级、院校发展重点调整、生源和培养条件等因素的综合影响。建议充分发挥政府的引导和调控作用,同时充分发挥高职院校的自主性。吴峰(2017)[②]对江苏15所国家示范性(骨干)高职院校专业建设做了实证分析,认为江苏省高职院校专业建设呈现出专业门类齐全、覆盖面广等特点,但还存在专业发展不均衡以及部分专业建设重复度高等问题。尹自永、王德才(2017)[③]对江苏省国家示范性(骨干)高职院校的专业调整进行了解析,指出了其中存在的问题,并提出了相应的对策建议。

另外,不少专著作为国家骨干高职院校建设的阶段性成果,对部分高职院校的专业及课程建设经验做了总结。如:陆辉、王天霞所著的《采购与供应实施》(国家高职骨干院校重点专业建设教材);周杰、黄天齐所著的《物流成本管理》(国家高职骨干院校重点专业建设教材);林涌、刘宇红所著的《机电专业英语》(国家骨干高职院校建设机械制造与自动化专业系列教材);刘佳鲁所著的《电子产品原理安装与调试》(国家示范〔骨干〕高职院校重点建设专业优质核心课程系列教材);何碧贵所著的《电路基础分析》(国家示范〔骨干〕高职院校重点建设专业优质核心课程系列教材);吴美琼、徐林所著的《建筑工程项目管理》(国家骨干高职院校工学结合创新成果系列教材);陈伟珍、张坤领所著的《机械制造基础》(国家骨干高职院校工学结合创新成果系列教材);胡生梅所著

---

① 胡拥军.论高职院校专业结构动态调整机制的建立——基于湖南九所国家示范(骨干)高职院校的研究[J].高教探索,2016(2):76-80.
② 吴峰.区域经济视野下江苏高职院校专业建设的问题与对策——基于15所国家示范性(骨干)高职院校的实证分析[J].高校教育管理,2017(2):86-92.
③ 尹自永,王德才.江苏省内国家示范骨干高职院校专业调整解析[J].江苏建筑职业技术学院学报,2017(4):79-82.

的《微生物检验技术实训》(国家骨干高职院校建设项目成果教材);张韶虹所著的《医用化学检测技术》(国家骨干高职院校建设项目成果教材)。

1.2.3 政校企合作体制机制研究

一些研究指出,国家骨干高职院校校企合作面临着一些困境。龚艳霞(2011)[①]指出,国家示范性(骨干)高职院校校企合作在机制上的主要问题有:政府的配套规范机制缺乏,行业企业的合作意识薄弱,院校的办学能力不足。王伟、邓晓娜(2013)[②]的研究发现,西部地区国家示范性(骨干)高职院校校企合作绩效的省际、校际差距开始显现,不均衡现象较为明显。未来校企合作需突破三点:一是加快推进校企合作的制度化、长效化,破除体制障碍;二是突破学校主导中的瓶颈问题,让政府和行业有关部门逐步对学校放权让利;三是突破企业主体的利益分配问题,加强政策支持和企业问责。刘佳佳、孙翠香(2015)[③]的研究表明,当前国家骨干高职院校校企合作存在的问题有:专门支持校企合作的政策还不够完善;多元化组织机构成员参与度有待深入;校企合作模式仍需进一步创新。唐飞、孙冲武(2018)[④]以国家骨干高职院校深圳信息职业技术学院为例,对高职院校产教融合中存在的人才供需矛盾进行了分析。

一些研究介绍了国家骨干高职院校在校企合作方面的较为成熟的

---

① 龚艳霞.高职院校校企合作长效机制研究——以我国首批国家骨干院校为例[D].长沙:湖南师范大学,2014:31-33.
② 王伟,邓晓娜.基于主成分分析的校企合作绩效评价——以西部49所国家示范(骨干)高职院校为例[J].广州职业教育论坛,2013(6):36-42.
③ 刘佳佳,孙翠香.国家骨干高职院校校企合作的现状、问题与对策——以部分首批骨干高职院校为例[J].职业教育研究,2015(2):13-18.
④ 唐飞,孙冲武.高职院校完善产教融合推进机制的研究——以深圳信息职业技术学院为例[J].职业,2018(10):22-23.

经验。张雪(2011)①指出,哈尔滨铁道职业技术学院在校企合作上的做法包括:深入企业走访,明确人才培养方向和目标;建立校企双向挂职、定期交流制度;校企深度合作,构建基础理论强化—专业实践强化—专业理论强化—就业强化的"四段式"人才培养模式等。顺德职业技术学院在推动校企深度合作方面采取了以下措施:改革董事会,以章程为载体,探索建立现代大学制度,组建区域性的职业教育发展指导委员会,探索"校中厂"和"以赛促联"模式②。唐伯武(2013)③总结了河南工业职业技术学院校企合作的模式:以职教集团为平台,构建政产学紧密结合机制;校企共建"二级学院",实施"双主体"合作育人;与知名企业合作,共建"校中厂";校企共建校外实习基地。张晗(2013)④指出,哈尔滨职业技术学院的主要措施有:建立健全"双师型"教师培养和激励机制,放宽教师引进渠道,加大培训的力度,建立一支稳定的兼职教师队伍。陈小艳、汪励、沈洁等(2014)⑤指出,常州职业技术学院探索了"前校后厂"的校企合作实践模式,企校共建集人才培养、社会培训、技术服务于一体的技术应用中心。郭广军、龙伟、刘跃华等(2015)⑥指出,娄底职业技术学院以娄底职业教育集团为平台,健全组织架构,探索了产学研用多维驱动、校企合作办学的体制机制。在校企

---

① 张雪.国家骨干高职院校校企合作办学模式的探索与实践[J].齐齐哈尔师范高等专科学校学报,2011(5):125-126.
② 创新办学体制机制,推动政校企深度合作[J].中国职业技术教育,2012(36):39-40.
③ 唐伯武.关于国家骨干高职院校建设校企合作的实践与思考[J].中国职业技术教育,2013(25):81-84.
④ 张晗.骨干高职"双师型"教师队伍可持续发展研究——以哈尔滨职业技术学院为例[J].边疆经济与文化,2013(5):90-91.
⑤ 陈小艳,汪励,沈洁,等.骨干院校建设背景下高职校企合作模式的探索与实践[J].黑龙江教育学院学报,2014(7):37-39.
⑥ 郭广军,龙伟,刘跃华,等."校政行多元联动、产学研用多维驱动"办学体制机制探索与实践——以娄底职业技术学院国家骨干高职院校建设为例[J].湖南人文科技学院学报,2015(1):68-74.

合作办学方面：对接地区能源产业，创建了董事会体制下的"公办民助能源产业学院"；对接地区农机产业，构建了"政府引导、企业主体、院所协同、行业支持"的产学研用联盟。唐飞、孙冲武(2018)①指出，国家骨干高职院校深圳职业技术学院产教融合的做法及启示包括：强化顶层设计，加快治理结构改革；坚持需求引领，构建产教融合的人才培养模式；创新合作机制，实现多元协同、实践育人；落实精准对接、深化产教融合。

一些研究则提出了推进国家骨干高职院校校企合作的对策建议。龚艳霞(2011)②建议，加强校企合作组织机构的顶层设计，建设健全社会第三方组织，设置校企合作专职机构，推进相关法律体系的设计与建设，加强校企合作主体间的激励、保障和制约机制建设。黄斌、曾东升(2011)③则认为，要建立校企合作理事会及相应组织体系，以契约形式建立长效稳定的利益共同体，以项目为载体，整合组织资源，探索订单培养模式，紧贴行业专业发展需求，融汇区域创新体系。闫宁(2012)④指出，要将课程改革作为骨干校建设的切入点，将体制机制创新作为建设重点，实现内部评估和国家有效介入，从而形成国家骨干校建设的逻辑体系。唐伯武(2013)⑤建议：以组织机构建设为重点，构建校企合作的管理保障体系；以创新运行机制为保障，推进校企合作办学制度化建设；以项目为载体，构建利益共同体

---

① 唐飞,孙冲武.高职院校完善产教融合推进机制的研究——以深圳信息职业技术学院为例[J].职业,2018(10):22-23.
② 龚艳霞.高职院校校企合作长效机制研究——以我国首批国家骨干院校为例[D].长沙:湖南师范大学,2011:40-44.
③ 黄斌,曾东升.关于国家骨干高职院校校企合作体制机制建设的思考[J].职教论坛,2011(30):22-24.
④ 闫宁.课程切入与体制机制创新贯穿：国家骨干高职院校建设逻辑[J].中国职业技术教育,2012(6):54-58.
⑤ 唐伯武.关于国家骨干高职院校建设校企合作的实践与思考[J].中国职业技术教育,2013(25):81-84.

促进校企合作双赢。傅伟、赵淑兰(2014)[①]指出,"政校企"合作办学要充分发挥地方政府的主导作用,在政策支持上要重点做好经费投入、宏观引导工作,同时应组建"政校企"合作发展理事会,实施校企人员互聘,探索政府主导的兼职教师职称评定模式。刘佳佳、孙翠香(2015)[②]建议,加强校企合作的法律保障,过程与环节保障,模式与机制保障。郑永进、吕林海(2017)[③]经调研认为,当前国家示范性(骨干)高职院校校企合作体制机制有待进一步突破,高职院校要更加务实做好校企深度合作,高职院校教师的应用能力有待加强。

1.2.4 科研和社会服务研究

一些研究指出,当前,国家骨干高职院校的科研能力和科研管理水平还有待提升。邵永强(2012)[④]选择中国引文数据库为数据源,利用2002—2011年间国家示范性(骨干)高职院所发表的论文及其被引数据,从h指数的角度分析国家示范性(骨干)高职院的科研能力。调查结果显示,大部分高职院校的整体科研能力偏低。因此,在注重论文数量增长的同时,应更加注重提高科研成果的质量和学术水平及其影响力,克服仅以论文数量和论文所发表期刊等级作为科研成果考核与评价依据的局限性。杨丽、罗尧成、曾忠(2012)[⑤]指出,行业型国家骨干

---

① 傅伟,赵淑兰.高职院校"政校企"合作办学体制机制研究[J].国家教育行政学院学报,2014(7):70-73.
② 刘佳佳,孙翠香.国家骨干高职院校校企合作的现状、问题与对策——以部分首批骨干高职院校为例[J].职业教育研究,2015(2):13-18.
③ 郑永进,吕林海.国家示范(骨干)高职院校校企合作现状调查——来自全国1 400余家合作企业的调查[J].中国高教研究,2017(9):94-98.
④ 邵永强.国家示范骨干高职院校科研能力的h指数测度[J].现代情报,2012(6):112-114.
⑤ 杨丽,罗尧成,曾忠.行业型国家骨干高职院校科研管理的现状与改革对策[J].中国电力教育,2012(34):9-10.

高职院校在科研管理上,还缺少专业的科研管理机构;科研管理人员缺乏,专业、稳定、高效的科研管理队伍更是有待培养;科研管理信息化的发展进程也需加快脚步;高职教育科研的个性与特色还不明显。建议进一步深化科研管理内涵,提高科技服务能力,提升科研管理信息化水平,彰显国家骨干高职院校科研的行业特色。虞文武、张波、陶国正等(2018)[①]以常州机电职业技术学院为例,说明国家骨干高职院校验收以来,在科研管理制度体系,重要科研成果,高水平、高层次领军人才以及科技成果的转化等方面存在不足,同时提出了相应的对策建议。

同时,国家骨干高职院校的社会服务情况也并不乐观。杨福臣(2014)[②]指出,国家骨干高职院校社会服务存在的主要问题有:部分院校人员观念落后、缺乏主动服务社会的理念;专业设置不能与时俱进,专业培养方向还不够细化,专业度和效率不高;科研整体水平较低,成果转化率不高。吴铜霞(2014)[③]认为,高职院校在开展社会培训时面临师资结构不合理、课程教材不适用、内部管理不规范、效果不明显等问题。李欣、孙翠香(2016)[④]指出,国家骨干高职院校社会服务能力建设还存在诸如社会培训方式相对单一封闭、缺乏灵活性,对口支援西部呈现表面化、不对等、不均衡状态,职业技能鉴定"证"出多门、标准不统一等问题。

一些国家骨干高职院校在社会服务方面也有值得借鉴的典型案

---

① 虞文武,张波,陶国正,等.国家骨干高职院校科研工作现状及"十三五"工作举措——以常州机电职业技术学院为例[J].产业与科技论坛,2018(22):283-284.
② 杨福臣.国家骨干高职院校社会服务模式的构建研究[J].农产品加工(学刊),2014(10):86-88.
③ 吴铜霞.高职院校社会培训的现状及对策[J].黑龙江教育学院学报,2014(11):23-24.
④ 李欣,孙翠香.试论国家骨干高职院校社会服务能力建设——以首批骨干高职院校为例[J].职业教育研究,2016(8):41-45.

例。段艳(2014)①介绍了广州铁路职业技术学院在社会服务方面的做法：一是合作共建产学研平台,提升师生科技服务水平;二是促进学校专利受理数量和质量的极大提升;三是注重对相关行业人士培训,体现出服务社会的亮点;四是学生志愿服务活动搭建理论和实践相结合的新平台。郭广军、龙伟、刘跃华等(2015)②指出娄底职业技术学院围绕娄底新农村建设,有效构建了"政府主导、农民主体、学院服务、项目驱动、示范带动"的综合服务的院村合作模式。

学者们也提出了强化国家骨干高职院校社会服务能力的对策建议。陆丽娜、刘向东(2012)③认为,教师社会服务能力提升的途径和方法有：建立激励体制,促进教师社会服务能力提升;搭建校企合作平台,鼓励教师参与技术服务项目;支援西部院校,鼓励教师参与校级往来;打造"双师型"教师队伍,提升社会服务能力。林胜、黄政艳(2012)④指出,增强国家骨干高职院校社会服务能力的措施有：建立校企合作长效运行机制;提高人才培养质量,为地方经济社会发展提供人才支撑和智力支持;建设高水平的"双师型"教师队伍,提升专业教学团队的科技创新能力;加强校内外实验实训基地建设,校企共建科技创新平台等。杨福臣(2014)⑤建议：面向社会,构建开放的培训体系;依托自身专业资源优势,开展技术服务;探索为区域服务的新途径,实现

---

① 段艳.我国高职院校社会服务能力建设的探讨——以广州铁路职业技术学院创建国家骨干院校为例[J].广东轻工职业技术学院学报,2014(1)：33-36.
② 郭广军,龙伟,刘跃华,等."校政企行多元联动、产学研用多维驱动"办学体制机制探索与实践——以娄底职业技术学院国家骨干高职院校建设为例[J].湖南人文科技学院学报,2015(1)：68-74.
③ 陆丽娜,刘向东.国家骨干高职院教师社会服务能力提升研究[J].辽宁高职学报,2012(11)：86-88.
④ 林胜,黄政艳.增强国家骨干高职院校社会服务能力的探索与实践——以广西机电职业技术学院为例[J].高教论坛,2012(8)：119-121.
⑤ 杨福臣.国家骨干高职院校社会服务模式的构建研究[J].农产品加工(学刊),2014(10)：86-88.

优势资源共享;发挥辐射带动作用,开展对口支援和对口交流;发挥学生积极性,开展三下乡服务;以专业和课程为抓手,加强内涵建设,提升社会服务水平。楚基伟(2015)①认为,高职院校开展社会培训,要准确把握办学定位和发展方向,要结合自身专长办出特色,要进行配套软硬件设施的投入,要有相应的组织机构和激励机制。李欣、孙翠香(2016)②建议,国家骨干高职院校社会服务能力提升需要探索灵活开放的社会培训方式,开拓对口支援西部高等学校新路径,建立统一的职业技能鉴定标准等。赵红霞(2017)③以乌鲁木齐职业大学会展策划与管理专业为例,认为要:拓宽服务范围,深化服务内容;创新服务方式,创造合理收入;充实师资队伍,提高教学科研能力。

1.2.5 国外改革经验借鉴研究

一些专家学者对德国高等职业教育的经验进行了梳理。蔡勤生(2012)④指出,可借鉴德国"双元制"办学模式,机制体制建设先行,实施多种渠道招生,严格落实"双师型"教师建设工程,综合能力培养贯穿教学,注重管理环境细节,建立严格多方评价,采取"宽进严出"考核;倡导德国同行工作作风,深化生产性实训基地建设。唐贞祥、唐洋(2013)⑤则指出,德国"双元制"办学模式对国家骨干高职院校建设的

---

① 楚基伟.职业院校开展社会培训服务的探索研究[J].科技创新导报,2015(20):27-28.
② 李欣,孙翠香.试论国家骨干高职院校社会服务能力建设——以首批骨干高职院校为例[J].职业教育研究,2016(8):41-45.
③ 赵红霞.骨干高职院校社会服务能力建设探析——以乌鲁木齐职业大学会展策划与管理专业为例[J].中国市场,2017(36):71-72.
④ 蔡勤生.德国"双元制"对国家骨干高职院校建设的启示——以广州铁路职业技术学院为例[J].南方职业教育学刊,2012(2):95-100.
⑤ 唐贞祥,唐洋.浅谈德国"双元制"办学模式对国家骨干高职院校建设的启示[J].重庆电力高等专科学校学报,2013(3):1-2,18.

启示有:加强"政校企"体制机制创新,坚持职业能力为本位的培养目标,课程设计必须以职业活动为核心,加强"双师型"教师队伍建设,提升教学质量,建立严格的考核机制和"双证书"制度。

对新加坡职业教育模式的研究也为我们提供了视角。范辉君(2012)[①]指出,新加坡"教学工厂"对我国国家骨干高职院校建设的启示有:树立"教学工厂"、"无界化"团队、"经验积累与分享"三大理念;形成服务地方经济的办学原则;创新办学定位与人才培养模式,加强师资队伍建设;构建项目化的课程体系。卜晓苑(2012)[②]也指出,新加坡职业教育发展对我国国家骨干高职院校建设之启示有:优化国家骨干高职院校建设环境;创新校企合作体制机制;深化人才培养模式改革;加强"双师型"教师队伍建设。

澳大利亚的办学模式也值得借鉴。湛邵斌、林徐润、秦文(2014)[③]指出,澳大利亚职业教育对我国国家骨干高职院校建设的启示包括:进行深入专业标准和课程标准的定制,建立行企参与人才培养方案的长效运行机制,加大"双师"培训力度,积极引进企业兼职教师,加强以工程中心为载体的深度校企合作,进行中高衔接与应用本科的探索。

除以上内容外,张耀嵩的专著《高等职业教育质量评价与保障体系研究》[④],以其所在学校国家骨干高职院校建设的情况为基础,对高等职业教育质量评价与保障体系之间的矛盾进行了分析,并对高等职业

[①] 范辉君.新加坡"教学工厂"对我国骨干高职院校建设的启示[J].南通航运职业技术学院学报,2012(3):100-103.
[②] 卜晓苑.新加坡职业教育发展对我国骨干高职院校建设之启示[J].职业教育研究,2012(1):174-176.
[③] 湛邵斌,林徐润,秦文.澳大利亚职业教育对我国高职骨干院校建设的启示——以深圳信息职业技术学院为例[J].深圳信息职业技术学院学报,2014(4):29-35.
[④] 张耀嵩.高等职业教育质量评价与保障体系研究[M].上海:复旦大学出版社,2014.

教育质量评价与保障体系重构做了探究，推动了国家骨干高职院校的建设与发展。

1.2.6 对相关研究文献的评述

对已有关于国家骨干高职院校建设的研究文献进行整理和分析可见，当前专家学者对该领域的重要内容都有涉猎，在师资队伍建设、专业及课程建设、校企合作、科研和社会服务、国外相关经验借鉴等方面的研究相对较多，为人们了解当前国家骨干高职院校的建设与发展现状提供了一定的基础。

但是，当前的相关研究也还存在着一些不足。一是研究的内容还不够全面，如国家骨干高职院校的教学改革、现代大学制度建设、数据管理等内容，在已有的研究中还较为缺乏。二是对一些具体内容的研究还有待深入。当前的一些研究，虽然对较多内容有所涉及，但在内容的深度上还稍显不够，使得对问题的解析还不够清晰明了，不利于国家骨干高职院校的教育教学改革与人才培养。三是在具体案例上，大多围绕所在学校的某一个方面来写，对某些代表性学校国家骨干高职院校建设的全貌介绍和系统经验提炼还不多见。四是整体来说，当前的研究系统性还不够，相关的专著和论文都注重于某些具体的成果经验，但缺乏对国家骨干高职院校整体建设的系统性概括与总结，未能对国家骨干高职院校建设与高职院校发展的一般办学规律进行归纳，使得高职院校在借鉴办学经验时还缺乏成体系的理论和实践指导。

本书将参考已有研究的成果，对研究内容做进一步扩展和深化，加强对最新内容的梳理和研究，探析典型案例，系统分析典型高校的建设经验，以探索国家骨干高职院校建设与发展的规律。

1.3 本书的研究内容与结构

结合已有相关研究的优势和存在的不足,本书拟从理论和实践两方面对国家骨干高职院校的建设与后期发展进行分析。具体来说,研究内容与框架结构如下:

第1章,国家骨干高职院校建设的背景及研究基础。主要从研究背景及意义、文献综述、研究内容与框架结构三个方面来介绍本书的研究情况,以加强研究的系统性,为后面的研究打下坚实的基础。

第2章,国家骨干高职院校的师资队伍建设。本章在介绍高职院校师资队伍建设的基本现状和"双师型"教师队伍的内涵后,重点探讨了国家骨干高职院校"双师型"教师队伍建设的成效与不足,并分析了国家骨干高职院校"双师型"教师队伍的培养模式及相关建设启示。

第3章,国家骨干高职院校的校企合作。本章重点分析了高职院校校企合作的重要意义、国家骨干高职院校校企合作的主要模式及成效、存在的主要问题,最后提出了相应的对策建议。

第4章,国家骨干高职院校的专业建设。本章重点分析了高职院校专业建设的内涵与特点、国家骨干高职院校专业的设置与调整、专业教学资源库建设、专业实训基地建设等内容。

第5章,国家骨干高职院校的教学改革。本章重点分析了国家骨干高职院校教学改革的主要理念、几种教学模式的内涵特点及典型案例、教学管理制度存在的主要问题及对策建议等内容。

第6章,国家骨干高职院校的社会服务。本章在分析国家骨干高职院校社会服务的主要意义后,重点就国家骨干高职院校的科技服务、对口支援和社会培训进行了研究。

第7章,国家骨干高职院校的现代大学制度建设。本章在指出高职院校现代大学制度的主要特点后,分别就国家骨干高职院校的外部治理结构和内部治理结构进行了详细分析,然后分析了国家骨干高职院校现代大学制度建设存在的主要问题,并提出了相应的对策建议。

第8章,国家骨干高职院校的数据管理。本章分析了高职院校人才培养工作状态数据采集与管理平台,以及高职院校专业建设与职业发展管理平台的主要特征和功能,对比了二者的异同点,同时阐释了国家骨干高职院校数据管理创新的理论基础及数据管理创新的实践探索。

第9章,上海出版印刷高等专科学校国家骨干高职院校建设实践。本章分析了上海出版印刷高等专科学校国家骨干高职院校建设涉及的专业建设与人才培养模式改革、师资队伍建设与改革、科研与社会服务平台建设、现代大学制度试点建设工作等内容,通过对该校国家骨干高职院校建设实践全面而系统的研究,为其他高职院校建设提供一定的经验借鉴。

第10章,新时代深化高职院校内涵建设的理念与思路。本章基于对高职院校发展背景与趋势的理解,指出新时代深化高职院校内涵建设应以双创理念指导高职院校人才培养的定位,以产教融合彰显高职教育的跨界属性,以特色发展引领高职院校的建设改革,以教学诊改促推内部质量保证体系建设。

第 2 章
国家骨干高职院校的师资队伍建设

自 20 世纪 90 年代以来,国家大力发展职业教育,高等职业教育是其中的重点领域。加强高职院校的师资队伍建设,是政府和高职院校的共同追求。本章阐释了对高职院校师资队伍建设的认识,总结了国家骨干高职院校"双师型"教师队伍建设的成果与不足,并归纳了国家骨干高职院校"双师型"教师队伍的培养模式,总结了国家骨干高职院校"双师型"教师队伍建设的启示,以期为国内高职院校的师资队伍建设提供一些参考,进而促进高职院校人才培养质量的提升。

2.1 对高职院校师资队伍建设的认识

随着社会的发展以及企业对人才质量要求的不断提升,高职院校的人才培养模式也在逐渐转变,其中,传统的以理论传授为主的师资队伍变化是亮点之一。2009 年,我国独立设置的高职院校达 1 215 所,在校生有 965 万人①。而且,高职院校的数量和在校生人数仍然在增长,

---

① 时晓玲.我国新一轮高等职业教育改革与发展路径已确定[N].中国教育报,2010-09-20.

《2017年全国教育事业发展统计公报》显示,2017年,全国共有高职(专科)院校1388所,比上年增加29所,生均规模6662人①。高等职业教育作为高等教育不可或缺的部分,其规模迅速扩张,在经济与社会发展中起着越来越重要的作用。师资队伍是高职院校人才培养的决定性力量。近年来,如何建设一支高质量、高水平的师资队伍,逐渐成为教育主管部门、各高职院校以及学界高度重视的课题。

2.1.1 高职院校师资队伍建设的基本现状

为切实加强学生的实践能力,高职院校越来越强调与企业联合培养学生,也越来越注重教师队伍建设,以提升师资队伍质量,除按照传统方法引进普通本科高校应届毕业生外,高职院校在引进企业师资、打造专兼职师资队伍方面做了诸多努力,其师资队伍建设也具备自身特色。具体来说,当前,高职院校师资队伍的现状主要表现为以下几个方面:

一是专任教师队伍数量与高职院校内涵建设发展需求不匹配。《全国职业教育工作专项督导报告》显示,2014年高职院校生师比为17.57∶1,基本符合《高等职业院校人才培养工作评估方案》的生师比要求18∶1。但这种算法中涉及高职院校较多的兼职教师,有些学校专兼教师比甚至达到1∶1,因此总体而言高职院校专任教师数量仍相对不足②。同时,《现代职业教育体系建设规划(2014—2020年)》对高职在校生量化目标提出了新的要求,这给高职院校教师数量增加提出

---

① 2017年全国教育事业发展统计公报[EB/OL].(2018-07-19)[2019-04-27].http://www.moe.gov.cn/jyb_sjzl/sjzl_fztjgb/201807/t20180719_343508.html.
② 邵建东,徐珍珍.现代职教体系下高职师资队伍建设的诉求、问题与路径[J].中国高教研究,2016(3):100-103.

了更高的要求。可以说,高职院校现有的教师队伍尤其是专任教师队伍与高职院校进一步深化内涵发展的需求并不匹配。因此,当前高职院校教师尤其是专任教师数量还需要加以扩充,从而为学校的发展提供最坚实的人力资源保障。

二是中青年教师是高职院校的教学骨干。当前,国内高职院校教师队伍的年轻化程度较高,中青年教师是高职院校的教学骨干,师资老化问题已得到基本解决。有研究数据显示,高职院校教师老中青的数量比大体为1.4∶2.6∶6.0,呈现出"金字塔"形。其中,35岁以下的年轻教师约占60%[1]。

三是学历层次偏低现象大幅改善。高职院校教师具有硕士及以上学位者的比例有大幅提升,高职院校教师学历层次偏低现象得到大幅改善。相关研究表明,从学历结构看,2015年省级示范性院校硕士以上学位比例平均数在31%左右,而国家级示范性院校硕士以上学位比例平均数在63%左右,大部分国家级示范性院校博士学位所占比例已超过10%,深圳职业技术学院博士学位所占比例已经达到23%[2]。

四是"双师型"教师队伍建设日益受到重视。高职院校的教育任务是培养高素质的技术技能型人才,教师作为高职院校人才培养质量的重要因素,必须具备专业知识和专业实践能力,即"双师型"教师素质。基于这种认识,"双师型"教师结构和素质,成为当前高职院校师资队伍高度重视的内容。同时,高职院校"双师型"教师队伍建设也深受专家学者及政府有关部门的关注。在中国知网,以"高职""双师"作为篇名,以2012年至2018年为时限进行交叉检索,可搜索出相关文献1 400余篇,可见学术界对高职院校"双师型"教师队伍建设的高度重视。从

---

[1] 张舸.高职院校师资队伍结构现状与成因分析的对策研究[J].继续教育研究,2015(2):56-58.
[2] 陈亚军.高职院校专任教师队伍建设现状调查与思考[J].教育与职业,2017(03):77-83.

1995 年,国家首次提出"双师型"教师概念至今,政府有关部门也已出台了多项关于"双师型"教师建设的政策文件,足以体现国家对于高职院校"双师型"教师队伍建设的重视。

2.2.2 高职院校"双师型"教师队伍的内涵界定

有学者认为,"双师型"教师堪称是除黄炎培提出的"大职业教育"之外最具有中国特色的职业教育理论创造①。我国春秋战国时期的思想家、教育家墨子和瑞士教育家裴斯泰洛齐就是"双师型"教师的代表,他们强调理论学习与劳动教育、理论教育与技艺教育相结合。在当下,"双师型"教师则表现为"教育与生产""理论与实践""知识与技能"兼备。从理论上看,"双师型"教师,是当代人根据职业教育发展需要,对职业院校教师属性进行研究和规范而提出的一种说法②,更多强调的是"双师素质"和"双师结构"。

国内不少学者对"双师型"教师的内涵进行了解读。其中,大部分学者的研究以教师个体为对象。有人提出"双证书一体化"说(王宪成,1998)③;有研究者坚持具有教师资格证和职业技能证的"双证书"说(姚贵平,2002)④;有研究者主张同时具有教师和技师的职业素质和能力的"双素质"说(卢双盈,2002)⑤;有研究者强调"经师"+"技师"和

---

① 刘猛."'双师型'教师":一个中国特色概念的语用分析[J].教师教育研究,2012(6):26-30.
② 吴炳岳.职业院校"双师型"教师专业标准及培养模式研究[M].北京:教育科学出版社,2014:10.
③ 王宪成.实行"双证书"制,培养"一体化"职教师资[J].高等工程教育研究,1998(2):21-24.
④ 姚贵平.解读职业教育"双师型"教师[J].中国职业技术教育,2002(6):30-31.
⑤ 卢双盈.职业教育"双师型"教师解析及其师资队伍建设[J].职业技术教育,2002(10):40-43.

"人师"+"事师"的"双层次"说(董桂玲、唐林伟、周明星,2005)[1];也有研究者强调经师、技师、人师和事师的"多师"说(徐健,2006)[2];还有研究者秉持具有两个领域的实际一线工作经验,或者是至少在某个企业进行过专门的实践工作的"双经验"观点(梁涛,2014)[3]。此外,有少数研究者以教师群体为对象,提出了"双师型"教师主要指职业院校的师资队伍,由校内专职理论教师和从企业外聘的实践型教师构成的"双来源"说(贺文瑾,2008)[4]。也有学者从结构视角对"双师型"教师队伍的内涵进行了总结,认为"双师型"教师的概念从其结构来说,主要体现在三个方面:一是知识,二是能力,三是素质(黄政艳,2011)[5]。

教育部高教司在高职高专教育教学工作合格学校评价体系中亦对"双师"素质教师提出界定,认为"双师"素质教师应符合下列条件之一:两年以上相关岗位工作经验加教师职称;讲师(或以上教师职称)加本专业实际工作的中级(或以上)的专业职称;主持(或主要参加)两项(及以上)应用性项目研究,研究成果已被社会企事业单位实际应用,具有良好的经济效益和社会效益[6]。

总的来说,当前对于"双师型"教师内涵的理解呈现出多元化趋势。诸如"双素质""双职称""双证书""双经验""双层次""双来源"等,在一定程度上对"双师型"教师的概念进行了阐述,但目前尚缺乏一种代表

---

[1] 董桂玲,唐林伟,周明星.职业院校"双师型"教师内涵新解[J].天津工程师范学院学报,2005(2):51-53.
[2] 徐健.职业教育"双师型"教师:认识与实践[J].教育发展研究,2006(24):27-29.
[3] 梁涛.高职院校"双师型"教师的涵义及行为特征分析[J].科技与企业,2014(10):273.
[4] 贺文瑾."双师型"职教教师的概念解读(上)[J].江苏技术师范学院学报,2008(7):48-51.
[5] 黄政艳.关于国家骨干高职院校双师素质教师队伍建设的思考[J].高教论坛,2011(7):84-86.
[6] 孙蓓雄."双师型"背景下的高职院校青年教师培养机制研究[J].黑龙江高教研究,2012(2):102-105.

性的、相对统一的观点。结合学者的已有研究以及国家相关文件要求,本研究认为,"双师型"教师是一类具有复合型知识结构的教育工作者,即具有教育知识、专业知识和职业知识三方面知识结构的教师。"双师型"教师,在广义上指教师群体,着眼于高职院校教师的"双师"结构;在狭义上指教师个体,着眼于高职院校教师的个人素质。

2.2 国家骨干高职院校"双师型"教师队伍建设的成效与不足

近年来,随着我国高职教育规模扩大、发展速度加快,"双师型"教师的所占比例不断上升,在高职教育领域的影响力也日益增强,"双师型"教师已成为推动我国职业教育整体发展水平的一个重要因素。从20世纪90年代至今,我国高职院校的"双师型"教师队伍建设已取得显著成效。然而,当前"双师型"教师在专业标准、资格认证、培养培训、政策支持等方面,还存在着很多问题,"双师型"教师专业发展状况并不乐观。

2.2.1 "双师型"教师队伍建设取得的成效

2.2.1.1 政府出台"双师型"教师培养的支持政策

自20世纪90年代以来,我国越来越重视高职院校的师资队伍建设,尤其重视其"双师型"教师队伍的建设。其中,中央及地方政府有关部门在政策促进、经费保障以及培训体系等方面,加大了对高职院校教师队伍建设的支持力度,有力地保障了国家骨干高职院校"双师型"教师的培养,具体表现在以下几个方面:

一是政府各种法律法规的出台,为"双师型"教师发展提供了政策保障。在国家示范性及骨干高职院校建设计划实施前,1997年国家教委出台的《关于高等职业学校设置问题的几点意见》(教计〔1997〕95号)和1999年颁布的《中共中央国务院关于深化教育改革全面推进素质教育的决定》(中发〔1999〕9号),2000年印发的《教育部关于加强高职高专教育人才培养工作的意见》(教高〔2000〕2号)等文件,均在不同程度上对高职院校"双师型"教师队伍建设进行了规定与指导。自2006年"国家示范性高等职业院校建设计划"实施后,保障国家示范性高职院校及国家骨干高职院校"双师型"教师队伍建设的相关文件更加多样:2006年颁布的《教育部关于全面提高高等职业教育教学质量的若干意见》(教高〔2006〕16号),对"双师型"教师资格认证体系和高职院校教师任职资格和准入制度提出了要求;2011年出台的《教育部关于推进高等职业教育改革创新引领职业教育科学发展的若干意见》(教职成〔2011〕12号),对于加强"双师型"教师队伍建设,完善高职院校教师职称评审标准、评聘和绩效考核制度等内容作出了规定。2017年9月,中共中央办公厅、国务院办公厅印发《关于深化教育体制机制改革的意见》;2017年10月,党的十九大提出完善职业教育和培训体系,深化产教融合、校企合作;2017年11月,十九届中央全面深化改革领导小组审议通过《全面深化新时代教师队伍建设改革的意见》;2017年12月,国务院办公厅印发《关于深化产教融合的若干意见》(国办发〔2017〕95号)①。这些文件共同成为新时代国家骨干高职院校"双师型"教师队伍培养的行动指南。

二是政府投入逐年增多,为"双师型"教师队伍建设提供了财力保障。经费的稳定增长是"双师型"教师培养培训的重要保障。无论是《职业教育法》、《国务院关于大力发展职业教育的决定》(国发〔2005〕35号),还是《国家中长期教育改革和发展规划纲要(2010—2020年)》,都

---

① 胡斌武.锻造乐教适教"双师型"队伍[N].中国教育报,2018-05-29(9).

对各级政府提出了制定职业院校生均经费标准工作的要求。有学者通过对39所国家骨干高职院校教师队伍建设的专项资金投入情况进行统计分析指出，在首批33所国家骨干高职院校中，有32所高职院校均有相应的专项资金投入到教师队伍建设中，其中，滨州职业学院专职教师队伍建设资金投入占学校经费总支出的13.52%[①]。政府的财力投入和对教师培养培训经费的增加，为国家骨干高职院校"双师型"教师队伍建设提供了强有力的财力保障。

三是政府出台的激励政策，为"双师型"教师发展提供了企业支持。为引导企业参与职业教育，各省均出台了多项激励政策。一方面，落实税收减免政策，对参与国家骨干高职院校校企合作的企业进行税收优惠，减轻它们的参与成本；另一方面，政府以购买服务等形式，在企业建立公共实训基地。如山东省梳理出台了9项税收优惠政策，鼓励企业参与校企合作、建立生产实训基地。青岛市安排专项资金，采用政府购买服务的方式，在青岛特锐德电器公司等企业建设了首批青岛市职业教育生产性实训基地[②]。政府激励政策的出台，提高了企业参与职业教育的动力，促进了职业教育师资培养培训基地和教师专业技能示范单位的建成，为国家骨干高职院校"双师型"教师的培养培训提供了硬件条件。

2.2.1.2 高职院校建立"双师型"教师的培养制度

近年来，国家骨干高职院校高度重视"双师型"教师队伍建设，利用本校的资源，积极探索培养集教学、实践、经营管理和主动掌握市场科技信息于一体的教师，建立具有特色的"双师型"教师培养模式，积极拓

[①] 李欣,孙翠香.国家骨干高职院校师资队伍建设：现状、问题及对策——以国家首批39所骨干高职院校为例[J].职业教育研究,2016(10):37-42.
[②] 全国职业教育工作专项督导报告[EB/OL].(2015-09-15)[2019-05-17]. http://www.moe.gov.cn/jyb_xwfb/gzdt_gzdt/s5987/201509/t20150915_208334.html.

展多层级、多形式的"双师型"教师培训项目,创新了"双师型"教师培训方式方法,并取得一定成效。其具体做法如下:一是加大对在职教师特别是青年教师的培训力度,采用"走出去"模式[①],积极鼓励青年在职教师到行业、企业和实训基地参加专业实践活动,取得"双师"资格,促进大多数教师既能讲授,又能指导学生实践;二是聘请行业骨干和知名专家教授到校讲学和研讨,为学校教师讲授有关企业人才需求、技能要求和制度建设以及实训技巧等方面的知识,从理论上提升学校教师的"双师"素质。

在"走出去"方面,常州机电职业技术学院的做法值得借鉴。该院积极组织教师参加国家、省组织的"双师"素质教师培训,到学院"双师"素质培养基地或校企合作工作站实践,鼓励教师参加各类技能培训,并安排专业教师到相关企业、科研单位进行专业实践,使得教师通过专业实践,了解自己所从事专业目前生产、技术、工艺、设备的现状和发展趋势;到教育部批准的职教师资培训基地培训,聘请具有丰富实践经验的专业技术人员和专家做兼职教师,利用寒、暑假期对在职教师进行培训[②]。

2.2.1.3 行业企业形成参与"双师型"教师建设机制

2004年教育部印发的《2003—2007年教育振兴行动计划》提出,"大力发展职业教育,大量培养高素质的技能型人才特别是高技能人才","大力加强'双师型'教师队伍建设,鼓励企事业单位专业技术、管理和有特殊技能的人员担任专兼职教师"。因此,在实践中,除了对教师"双师"素质的培养,国家骨干高职院校,也加大了对企业能工巧匠的引进力度,建立了校企合作的机制,从企业引进优秀的技能型人才担任

---

① 史超超.新时期高职院校双师型师资队伍建设[J].教育与职业,2014(29):80-81.
② 刘勺华,王胜山,周同根,等.高职院校双师型素质教师培养模式探索研究[J].中国教育技术装备,2013(30):34-35.

兼职教师，使得行业企业骨干人员能参与高职院校"双师型"教师队伍建设，从而促进高职院校"双师型"教师队伍结构的完善。

行业企业参与高职院校"双师型"教师队伍建设，得力于国家骨干高职院校采用的"请进来"模式①。所谓"请进来"，即从生产、科研第一线引进高素质的专业人员，加强兼职教师队伍建设。从企业引进能工巧匠，有利于改善教师队伍结构，使得教师队伍整体结构达到"双师"素质要求。在这方面，广东水利电力职业技术学院的做法值得借鉴。

广东水利电力职业技术学院通过"行企校"合作的长效机制，明确将水利电力类行业兼职教师参与教学列入其工作单位的工作任务，在引进行业兼职教师队伍方面极具特色。其主要做法有：一是在"校企合作办学理事会"主导下，以广东省水电集团公司等100多家水利电力行业协会的理事单位为基础，根据学院专业建设和教学工作的需要，由校企双方共同聘任专业带头人和兼职教师，同时联合省水利厅和水利行业有关企业建立兼职教师教育教学专项基金，用于兼职教师日常教学劳务支出，参与教学改革和接受有关教学能力提升培训，以及对兼职教师进行奖励等。二是制定年度兼职教师教学能力计划，通过专项培训、教改学术活动、系部与专业教研活动、课堂教学观摩、专兼教师"结对子"等方式，与兼职教师共同申请省级、高职教指委和院级教研教改项目，每年不少于10项。三是着力建设"行企校"师资网络数据库中的兼职教师资源库。其主要功能包括相关企业的人力资源信息、学院兼职教师需求信息、受聘兼职教师基本情况、兼职教师教学管理、兼职教师教学能力培训、兼职教师教学工作评价等。引入的行业兼职教师成为该校师资队伍建设的重要力量。②

---

① 史超超.新时期高职院校双师型师资队伍建设[J].教育与职业，2014(29)：80-81.
② 罗桂城.校企合作深度融合背景下高职院校师资队伍建设策略研究[D].广州：广东技术师范学院，2016：28-29.

2.2.1.4 出台"双师型"教师管理与资格认定办法

当前,随着"双师型"教师队伍建设越来越受到重视,各地区和国家骨干高职院校对"双师型"教师的管理及资格认定也逐渐规范化,出台了"双师型"教师管理与资格认定的差异化办法,其意义主要表现在以下两个方面:

一是各地区及学校出台的相关管理办法,促进了国家骨干高职院校"双师型"教师队伍的科学管理。如天津早在2006年就出台了《天津市关于加快职业教育"双师型"教师队伍建设的意见》。在国家骨干高职院校层面,天津职业大学和天津中德职业技术学院相应出台了《专业技术职务评定管理办法》和《"双师型"教师认定、培养管理办法》等相关配套文件。淄博职业学院在2008年出台了《"双师型"教师认定与管理暂行办法》,常州机电职业技术学院出台了《"双师型"教师培养、认定办法》。这些地区和学校层面有关"双师型"教师队伍建设与管理办法的出台,极大地规范了国家骨干高职院校"双师型"教师队伍的管理。

二是各地区出台的相关资格认定办法,促进了"双师型"教师的共性和特色发展。"双师型"教师的认定标准是"双师型"教师资格认定和聘任的核心问题。除管理办法外,各地区亦形成了独具特色的"双师型"教师资格认定办法。如2015年《安徽省高等职业院校"双师型"教师认定办法(试行)》和《安徽省高等职业院校"双师型"教师认定标准(试行)》出台,对该省高职院校"双师型"教师认定范围、资格条件、认定机构及认定程序等进行了详细的规定①。

在国家骨干高职院校"双师型"教师队伍资格认定方面,各地区和高职院校的做法有一些共性。一方面,各高职院校均将教师职业操守

---

① 《安徽省高等职业院校"双师型"教师认定办法(试行)》和《安徽省高等职业院校"双师型"教师认定标准(试行)》[EB/OL].(2015-06-08)[2019-05-23]. https://www.tech.net.cn/web/articleview.aspx?id=20150608093719559&cata_id=N024

放在第一位。另一方面,各高职院校均采用了教育部高教司在高职高专教育教学工作合格学校评价体系中提出的"双师素质"教师要求:两年以上相关岗位工作经验加教师职称;讲师(或以上教师职称)加本专业实际工作的中级(或以上)的专业职称;主持(或主要参与)两项(及以上)应用性项目研究,研究成果已被社会企事业单位实际应用,具有良好的经济效益和社会效益。在特色方面,除执行以上共性标准以外,每个地区、每所国家骨干高职院校均有自己特有的"标准"。如天津职业技术师范大学(原天津工程师范学院)就提出"双证书一体化"的教师标准①。常州机电职业技术学院的"双师型"教师认定标准,对教师的专业技术职务、下企业一线实践工作经历、相关技能证书获得、实践教学工作等内容进行了细化规定②。

　　正因为政府对"双师型"教师的培养给予了相关支持,国家骨干高职院校建立了培养"双师型"教师的机制,行业企业形成了参与"双师型"教师建设的机制,政府出台了"双师型"教师管理与资格认定办法,国家骨干高职院校"双师型"教师队伍建设成效显著,主要表现在总体比例及从企业引进占比与"双师型"教师的学历、年龄、素质。

　　一方面,国家骨干高职院校"双师型"教师比例增大且企业引进比例有所提升。有调查研究表明,2013年江浙等一些经济发达地区职业院校"双师型"教师占专任教师比例较高,如温州、太仓、无锡等地,"双师型"教师占比达到80%左右③,超过国家规定的70%的优秀比例。2014年度和2015年度国家骨干高职院校人才质量报告数据显示,这

---

① 董桂玲,唐林伟,周明星.职业院校双师型教师内涵新解[J].天津工程师范学院学报,2005(1):51-53.
② 常州机电职业技术学院人事处."双师型"教师培养、认定办法[EB/OL].(2005-06-03)[2019-05-28]. https://www.czimt.edu.cn/zyjcb/2010/0114/c2819a79964/page.psp.
③ 吴炳岳.职业院校"双师型"教师专业标准及培养模式研究[M].北京:教育科学出版社,2014:72.

些地区的"双师型"教师占比已基本在90%以上。同时,国家骨干高职院校从企业引进"双师型"教师的比例也逐渐增加,有研究表明,大连平均为10%左右,北京是17.31%,天津则达到20%左右①。虽然从企业引进的教师比例仍没有占到50%,但已经呈现出上升的趋势。

另一方面,国家骨干高职院校"双师型"教师结构呈年轻化、高学历趋势且专业素质普遍较高。一是"双师型"教师群体的年轻化倾向。有学者针对天津、北京、大连等地区的调查数据显示:天津地区40岁以下的青年人所占比例较高,达到70%,50岁以上的人仅占5%;北京地区40岁以下的青年教师占63.98%;大连30—40岁年龄段的教师最多,达到50%以上,50岁以上的"双师型"教师仅占6.6%②。二是"双师型"教师的学历普遍较高。在同一个调查中,调查对象为本科及以上的学历者达到93%。其中北京具有本科以上学历的教师占94.87%,硕士以上学历占42.69%;大连具有本科以上学历的占81.4%,硕士以上学历占13.3%。在一些国家骨干高职院校中,拥有博士学位的"双师型"教师数量也在增加。此外,有研究对天津"双师型"教师现状进行调研,发现"双师型"教师思想道德素质和业务素质的评分普遍较高,好评比例分别达76%(思想道德素质)和71%(业务素质)③。可见国家骨干高职院校"双师型"教师素质也在不断提高。

2.2.2 "双师型"教师队伍建设存在的不足

虽然在国家骨干高职院校建设过程中,"双师型"教师队伍的建设

---

① 吴炳岳.职业院校"双师型"教师专业标准及培养模式研究[M].北京:教育科学出版社,2014:73.
② 徐哲.大连市中等职业学校"双师型"教师队伍现状调查与分析[J].当代职业教育,2013(1):60-62.
③ 吴炳岳.职业院校"双师型"教师专业标准及培养模式研究[M].北京:教育科学出版社,2014:72.

取得了较大的成效。但是,由于政府、高职院校、企业以及教师自身存在的各种问题,当前,国家骨干高职院校的"双师型"教师队伍建设仍然存在一些不足。具体来说,主要表现在以下几个方面。

2.2.2.1 政府支持"双师型"教师建设的政策有待完善

大力发展职业教育,提升人才培养质量,提升高职院校"双师型"教师结构和教师的"双师"素质,是时下人们关注的热点。为此,政府出台了多条关于国家骨干高职院校"双师型"教师队伍建设的法律法规,以在制度上提供保障。但是,当前,政府支持"双师型"教师的机制仍然存在一些不完善的地方,主要表现在以下几个方面:

一是政府层面缺乏有效的"双师型"教师认定标准。对国家骨干高职院校"双师型"教师的认定条件进行标准化,有利于厘清其概念内涵和实践中的一致操作。但当前,政府有关部门尤其是中央政府部门,没有对高职院校"双师型"教师提出比较规范的专业标准。因此,对于国家骨干高职院校"双师型"教师的内涵理解,到目前为止没有统一说法,导致对其标准的认定比较模糊,在具体认定时缺乏严格标准把关,发展良莠不齐。

二是政府未出台支持企业参与国家骨干高职院校"双师型"教师队伍建设的激励政策。在自身能力有限和外部支持缺乏的情况下,企业参与国家骨干高职院校"双师型"教师培养工作,需要承担较高的成本。作为营利性组织,企业更多是关注营利而不是无偿的社会公共服务,因此要对企业参与高职院校"双师型"教师培养做出一定的补偿。但是,当前对于企业接收国家骨干高职院校教师实践、学习等方面的行为,政府有关部门并没有颁布相关的奖励激励机制,让企业承担的成本无法得到有效弥补,因而无法充分调动企业接受教师群体进入企业实践的积极性。

三是政府对于国家骨干高职院校"双师型"教师队伍的评估还不够科学。评估监督是政府实施教育管理职能的重要手段之一。"双师"结构师资队伍打造是国家骨干高职院校建设的重点,政府在组织对高职院校人才培养水平的评估时,要把师资队伍建设评估作为重点条目,不但要评价教师的"双师"素质,更要重点考察院校的"双师"结构,为造就素质优良、专兼结合、结构合理的师资队伍提供保障[①]。但当前,国家骨干高职院校在教师队伍建设过程中,政府对其"双师型"教师是一次性考核,取得了"双师"资格以后,就采用一套固定的考核体系,缺乏对教师教育管理能力、专业实践能力、技术创新能力、科研和服务企业能力等多方面的考察。这种评估监督不利于国家骨干高职院校"双师型"教师队伍的长效发展。

2.2.2.2 高职院校对"双师型"教师建设缺乏足够重视

虽然高等职业教育是高等教育不可或缺的重要组成部分,但是受传统高等教育观念的束缚,高等职业教育一直被认为是层次低于普通高等教育的教育类型。也因此,一些国家骨干高职院校在进行改革与建设时,也多向普通高等本科院校看齐,对建设"双师型"教师的重要性认识不足,以致丧失了高等职业教育应有的特色。国家骨干高职院校对"双师型"教师建设缺乏重视,主要表现在以下几个方面:

一是部分国家骨干高职院校缺乏对教师培训的应有重视。对教师进行培训是其专业发展的重要保障。当前,一些国家骨干高职院校在"双师型"教师培养培训方面,虽形成了定期选送专业教师到相关企业、社会进行生产实践,鼓励、组织教师参加国家相关技能的培训考核,从企业引进既有理论水平又有实践经验的工程技术人员到高职院校担任兼职教师三种模式,但在实际操作中,对"双师型"教师的培训仍显不足。有研究对高职院校"双师型"教师的培养培训制度的落实情况开展了调研,内容包括培训制度、培训条件、供需适应性和培训质量等方面,发现有60%以上

---

① 王剑.论政府、企业、学校三位一体的高职院校"双师型"师资队伍建设[J].北京财贸职业学院学报,2012(1):46-51.

的教师指出,这类培训存在着多方面的问题,希望加强相关工作①。这说明,国家骨干高职院校在对教师开展培训方面还需要多下功夫。

二是一些国家骨干高职院校缺乏从企业引进"双师型"教师的意识。据相关调查研究显示,高校毕业后直接担任教师的比例很高,北京达到52.05%,大连高达70%,天津也在60%以上。而各地高职院校虽有从企业引进教师的做法,且教师数量也达到一定的比例,但整体看来,"双师型"教师的来源以高校毕业生直接任教为主,甚至曾有文章发出"招研究生容易,招'双师型'老师难!"的感慨②。这说明国家骨干高职院校在打造"双师型"教师队伍时,缺乏对从企业引进教师做法的重视,导致从企业引进的"双师型"教师数量和力度仍显不足,不利于国家骨干高职院校"双师型"教师队伍的优化和发展。

三是未出台有利于激励教师进企业实践的相关制度和管理办法。当前,国家骨干高职院校在培训管理上,还没有形成一整套具有职教特色的"双师型"教师培训模式及规范的激励管理方法。虽然有些院校根据建设评估要求建立了相应的"双师型"教师培养方案或制度,但由于重视程度不够,导致"双师型"教师的培训、培养制度还不健全。一个重要的表现是,有一些措施出台,但并没有真正形成"双师型"教师的评价、激励机制,教师是否参与"双师型"教师培养培训,与他们的职称评聘等评价结果脱节。

2.2.2.3 企业对建设"双师型"教师的积极性普遍不高

实践能力对于国家骨干高职院校"双师型"教师队伍的建设而言是极其重要的。这要求国家骨干高职院校能与相应的企业进行合作,以建立相应的教师实践和培训基地,为国家骨干高职院校"双师型"教师队伍建设提供外部支持。行业企业的支持,能促进国家骨干高职院校

---

① 吴炳岳.职业院校"双师型"教师专业标准及培养模式研究[M].北京:教育科学出版社,2014:83.
② 向朝伦.职业院校的暑期招聘难题——"双师型"教师一人难求[N].四川日报,2012-08-22(15).

教师实践能力的提升,缺乏企业的支持,教师所教授的知识是纯理论的灌输,即使有"双证书",但没有实践锻炼,不能满足国家骨干高职院校的特色发展,也不能真正满足高职院校"双师型"教师队伍建设的要求。但是,当前,企业对于国家骨干高职院校校企合作的重视程度不够,对建设国家骨干高职院校"双师型"教师的积极性并不高。即使是选派的进入企业实践锻炼的专任教师,也没有建立相应的考察考核标准,没有重视他们的实践行为,出现形式主义和走过场等不良现象。具体来说,企业对建设"双师型"教师的积极性不高,主要表现在以下两个方面:

一方面,企业是营利性组织,而高职院校是公益性事业单位,功能是育人,二者对人才培养的认识并不相同,在一定程度上缺乏利益共同点。因此,部分国家骨干高职院校的校企合作,形势不容乐观,企业的参与还处于初级阶段,很多企业并不认为自身对于高职院校的师资培训负有责任,只有极少数国家骨干高职院校和行业企业的联系非常密切,绝大多数学校和行业企业的合作缺乏长效机制,甚至有一些国家骨干高职院校和行业企业几乎没有什么联系[①]。有研究者就"双师型"教师培养责任的归属问题,对44家企业进行了问卷调查,结果只有两家企业认为自己有"双师型"教师队伍建设方面的责任与义务[②]。

另一方面,企业参与国家骨干高职院校的"双师型"教师队伍建设还缺乏相应的制度保障。首先,政府有关部门缺乏企业参与高职院校"双师型"教师队伍建设的明确激励机制,因而难以调动企业参与高职院校建设的积极性。其次,企业参与高职院校"双师型"教师队伍建设中的制度还不完善。因为国家骨干高职院校的校企合作仍然处于较初级阶段,校企双方在合作过程中,很多制度还没有完全确立起来,针对

---

① 董仁忠."大职教观"视野中的职业教育制度变革研究[D].上海:华东师范大学,2008:86.
② 洪娟.企业参与"双师型"教师培养的调研报告——以苏州地区为例[J].职业技术教育,2012(20):61-64.

国家骨干高职院校的教师进入企业或是联合培养基地的很多规定，都没有形成正式约定，具有较大的随意性，在一定程度上制约了企业参与高职院校"双师型"教师队伍建设的积极性。

2.2.2.4 教师群体对提升"双师"素质的认识尚不到位

国家骨干高职院校的师资队伍建设，离不开政府部门的政策支持，离不开企业提供的实践锻炼支持，更离不开教师对自我素质的追求。但当前，一些国家骨干高职院校的教师群体对"双师"素质的认识不到位，存在安于现状、不思进取的现象，从根本上影响了"双师型"教师自身素质的提高。部分教师缺乏自主提高"双师"素质的意识，对参加相关培训的热情不高，态度不够积极。

具体表现在以下几个方面。

第一，教师往往对安排的培训时间不满意。一些国家骨干高职院校的教师能力、素养提升培训通常安排在寒暑假，时间短则一周、长则一个月或更长，有些教师平时工作压力较大，这类培训占用了假期的休息时间，因此，很多教师心理上不愿意接受假期的培训。第二，教师往往没有时间参加培训。大多数国家骨干高职院校教师，其职称以讲师为主。调查显示：职业院校具有副高级以上职称的占39.75%[①]；江苏省35所高职院校的2856名专业教师中，讲师有2182人，占76.4%，副教授有520人，占18.2%，教授有154人，占5.4%[②]。说明国家骨干高职院校教师的职称晋升压力较大。但在职称评定和津贴发放等过程中，对科研、授课数量等的过分重视，导致国家骨干高职院校的教师没有时间和精力去参加"双师型"教师的培训。第三，部分教师安于现状，培训提升的动力不足。在进入国家骨干高职院校执教以后，安于现状

---

① 吴炳岳.职业院校"双师型"教师专业标准及培养模式研究[M].北京：教育科学出版社，2014：75.
② 吉文林，胡新岗，黄银云，等.高职"双师型"教师培养现状、需求分析和对策[J]. 职教论坛，2011(24)：84-88.

的稳定心态,驱使部分教师不愿意主动参与"双师型"教师培训。有研究采用网络问卷形式,对348位专任教师及教学管理人员进行调研,结果显示"自愿"参加"双师型"教师培训的占57.79%,仍有近40%的教师不够主动①。这些因素累加,造成国家骨干高职院校的年轻教师,在相关培训上的行动乏力,不利于自身素养的提升。

2.3 国家骨干高职院校"双师型"教师队伍的培养模式

国家骨干高职院校"双师型"教师的培养过程,主要分为两个阶段:职前培养和职后培训。其中,职前培养主要依靠职业类师范院校或普通综合类高校培养的本科生、硕士生以及博士生。20世纪70年代末到80年代初,国家为解决职教师资队伍的培养培训问题,陆续建立了一批专业的职业技术师范院校,它们在职教师资培养方面发挥了巨大作用,其培养出的毕业生不仅具有扎实的专业理论知识,而且自身的实践能力也很强,已经初步具备了"双师型"教师的基本素质,也成为我国高等师范教育中的重要力量②。

除专业的职业师范院校外,国内外一些综合性大学也设立了相应的学院作为高职院校师资培养基地。日本、美国的一些综合型大学设立职业院校教师的培养机构;而德国和英国则在技术类的师范大学或者多学科类的大学内设立专门为职业院校培养教师的师范或教育系。我国自20世纪80年代末,也逐渐在普通高校或师范院校设立职业技术教育学院,如河北师范大学设置职业技术教育学院,利用普通师范院

---

① 高洋.高职院校"双师型"教师培养的调查研究[J].教育与职业,2014(17):81-83.
② 王中锋.高职院校"双师型"教师队伍建设现状调查[J].教育与职业,2014(28):82-85.

校多年发展形成的师范优势,设立专门的职业技术教育院系培养职教师资。

职业技术师范院校培养的"双师型"教师虽然专业理论扎实,但在实践中却缺乏相应的技能,也很难指导学生的实训环节。这就要求高职院校在录用高校毕业生后,加强职后培训,让教师融入企业实践,锻炼他们的实践能力,以达到"双师型"教师的要求。本研究对"双师型"教师职后培训阶段的培养模式进行了归纳总结,并列举了国家骨干高职院校师资培训的一些典型做法。其中,基地培养模式、自主成长模式和"产学研"一体化模式是最主要的几种。

2.3.1 基地培养模式

2.3.1.1 基地培养模式的内涵

2010年7月,国务院颁布了《国家中长期教育改革和发展规划纲要(2010—2020年)》,提出"加强'双师型'教师队伍和实训基地建设,提升职业教育基础能力""依托相关高等学校和大中型企业,共建'双师型'教师培养培训基地"等内容。国家级高职高专师资培训基地,是由教育部和各地教育行政主管部门牵头,以高校建设基地为主,以有针对性地开展高职高专师资队伍培训为目的而建设的师资培训基地[①]。当前,国家级高职师资培训基地数量还比较少,主要承担全国高职院校骨干教师的培训。由于培训基地能结合高职教育的特色,有针对性地设置培训项目,"双师"素质培训效果较为显著,成为国家骨干高职院校教师培训的有效途径,已经得到高职院校和有关政府部门的高度肯定。

---

① 胡会来.河北省高职院校教师专业实践能力培训模式研究[D].石家庄:河北师范大学,2010:31-35.

职教师资培训基地的主要任务是对高职院校在职教师进行"双师"素质培训,也可以培养具有职业教育特色的在职硕士、博士。职教师资培训基地的生源为有相关职业经验、达到一定学历的在职教师。培训基地通常会根据专业设置及课程结构的需要,聘请一些知名专家担任客座教授,以提高学员的专业理论水平。对那些技术技能水平要求较高、专业性较强的课程,可聘请现场技术人员授课,在工作环境中进行专业实践能力训练。实训场所尽可能与社会上实际的生产或服务场所一致,培训内容也要求与生产流程及工艺挂钩,使学习与工作、培训和实践紧密结合①。对拥有丰富实践经验和较高技术水平但学历有所欠缺的教师,除进行教学基本功的培训外,还要尽快让他们达到合格学历②。通过培训基地对在职教师进行实践技能培训,达到提升受训教师队伍实践能力的目的,对于提升教师队伍的"双师"素质具有重要意义。

2.3.1.2 基地培养模式的典型案例

杭州职业技术学院达利女装学院服装设计专业采用基地培养模式,对教师进行培训,以提高教师群体的"双师"素质。针对专职教师来源单一、缺乏企业经验,而兼职教师又缺乏教学经验的问题,达利女装学院服装设计专业依托校企共同体的体制优势,通过推进"教师企业经历工程",实施双专业负责人制,聘请兼职教师等途径,校企共同组建教学团队。同时通过制定各项考核与激励措施保障校企协作培养"双师型"教师。教师企业经历工程要求相关教师以3年为一周期,在3年内按规定完成半年以上的企业锻炼任务,明确提出教师职称晋升实行企业经历"一票否决制";实施企业实践前项目审核、在企业实践过程中督

---

① 雷呈勇.论高职院校"双师型"教师培养的几种模式[J].成人教育,2009(9):44-46.
② 任君庆.高职院校"双师型"师资队伍建设探讨[J].教育与职业,2005(5):36-39.

查指导、企业实践后考核验收全过程管理。充分发挥校企共同体的机制优势,以"专业对口、岗位对应"为原则,与合作企业共同制订教师企业实践方案,明确专业教师到企业挂职锻炼任务,鼓励专业教师积极开展合作研发、技术革新,校企共同对教师企业锻炼情况实施管理与考核。

学院建立由校内专业负责人和企业专家共同组成的双专业负责人制度。一方面通过专项培训、出国出境培训、进修考察等方式,加强校内专业负责人培养力度;另一方面,从企业聘请一批具有行业影响力的专家任兼职专业负责人,与校内专业负责人优势互补,共同引领专业现代化建设。学院聘用达利(中国)服装中心负责人为专业负责人,根据达利(中国)和女装产业发展的需要,通过专业建设例会、高职教育理论研讨等途径指导专业建设。引入行业产业新技术、新工艺、企业文化,主持专业的岗位描述、能力定位和工作任务分析会,主要参与制订专业人才培养方案;指导师资队伍建设(教师企业经历工程),负责建立"教师—师傅"对接制;主持"厂中校"的建设,主持"校中厂"的生产性实训项目建设工作等[①]。

2.3.2 自主成长模式

2.3.2.1 自主成长模式的内涵

为提高专业素养,教师须对自身的教学行为进行反思。对于国家骨干高职院校的教师来说,具备学习技术的能力往往比掌握一种新技术更重要,且知识的不断更新,要求高职院校的教师能运用自助成长模式提升自己的"双师"素质。自主成长模式,即指高职院校教师在完成

---

① 许淑燕,王颖,郑小飞,等.校企协作培养"双师型"教师团队的途径与措施——以杭州职业技术学院达利女装学院服装设计专业为例[J].职业技术教育,2011(17):64-66.

教学任务的前提下，根据专业发展要求，自主确定职业发展方向、自主设置培训内容、自主选择"双师"素质提升手段①。它要求国家骨干高职院校教师有自主学习的意识、自我提升的能力以及掌握自主学习的方法。"自主成长"培养的是"双师型"教师的可持续发展能力，主要特点如下：

一是要求教师做好自我学习的规划工作。教师的"双师"素质培养，需要教师自主规划其职业生涯，仔细分析自身的不足之处，看清自身所缺素质和需要提升的方面。对于近期应该达到的综合素养、职称评定、技能提升、企业经验等环节，要对其实现的时间和方式做出全面系统的分析。二是基于"双师型"教师发展阶段分层次提升。高职院校教师各种素质的提升具有连续性和阶段性，根据发展规律，应经历如下的发展阶段：新手阶段—熟练阶段—专家型阶段。这需要教师在做好职业规划的基础上逐步提升。分层次的培养，有助于实现"双师型"教师由被动发展向自主发展跨越，使不同层次的教师都有所发展。三是要求教师主动开展校本教研和进行教学反思。开展校本教研和进行反思是高职院校教师自主成长的重要内容和主要方式。国家骨干高职院校教师应做到在科研和教学反思中提升自己，促进教育教学方法的改变，提升教学质量。

在自主成长模式的引领下，国家骨干高职院校的教师通过自主培训，可以全面地认识自身存在的不足，并通过培训等方式自主改善和提升，使自己拥有较高的"双师"素质。

2.3.2.2 自主成长模式的典型案例

山东科技职业学院的"双师型"教师自主成长模式值得推广。该学院采取生涯规划策略培养"双师型"教师，提供人才全面发展或不同类

---

① 陈伟，田国杰."双师型"教师培养模式的组合选择研究[J].中国职业技术教育，2012(33)：65-68.

型人才专长发展的平台,充分考虑教师个性发展和自我实现的需要,发挥产学研协同发展的优势,使其教学能力和实践能力同步提升,个体的职业化水平有较大发展;企业工程技术人员通过参与高技能人才培养工作,提升了理论水平,实现教学相长,成为行业的专家和学生的良师①。

2.3.3 "产学研"一体化培养模式

2.3.3.1 "产学研"一体化培养模式的内涵

高职院校"双师型"教师是复合型人才,这主要表现在两个方面:一是专业素养、教育素养以及职业素养的复合;二是理论知识与实践应用以及科研创新能力的复合②。它不是仅依靠某一领域或单一的力量就能培养出来的,而是需要发挥政府、高职院校以及企业等多方面的力量。因此,国家骨干高职院校"双师型"教师队伍建设,可以采用"产学研"一体化模式来培养,这也是当前很多国家骨干高职院校培养"双师型"教师所采用的最主要方法。

在这种模式下,就"双师型"教师培养来说:企业主要发挥其职业实践的力量,为提供"产"的保障;职业院校主要发挥其职业教育的力量,通过教学来为提供"学"的保障;研究人员则通过理论研究来促进"双师型"教师更好地发展,从而发挥"研"的作用。"产学研"有机联合能够整合多种资源,便于形成"双师型"教师的复合型人才所必备的特质。

通过"产学研"一体化模式培养"双师型"教师通常需要以下几点措

---

① 吴炳岳.职业院校"双师型"教师专业标准及培养模式研究[M].北京:教育科学出版社,2014:211-212.
② 吴炳岳.职业院校"双师型"教师专业标准及培养模式研究[M].北京:教育科学出版社,2014:200.

施予以保障：一是加大政策扶持力度，促进企业的积极参与；二是搭建产学研结合的相关平台，为国家骨干高职院校的教师进入企业实践提供条件；三是建立企业和高职院校等参与主体之间的有效机制，确保三方责权明确。

2.3.3.2 "产学研"一体化培养模式的典型案例

江苏经贸职业技术学院实行产学研融合，探索邮政行业人才培养新模式。该校认为从业人员素质的高低直接影响着一个行业的发展水平，也决定着一个企业的成败。学校依托物流管理专业的品牌优势和专业教学团队的师资优势，主动对接产业发展需求，与江苏省邮政管理局及省内知名快递物流企业开展人才培养的战略合作。2010 年开始向江苏省邮政管理局提供江苏省内"初级快递业务员、中级快递业务员、高级快递业务员"的职业资格鉴定考试的现场组织与服务工作。并于次年在江苏省邮政管理局指导下开始在物流管理专业增设快递物流方向，面向普高招收 3 年制学生，近 3 年来已向合作的及其他快递企业输送了 148 名优秀毕业生，培养自主创业学生 5 人。与苏宁易购、百世汇通等企业共同开发多门课程及其配套教材，其中课程"现代物流管理"2013 年评为教育部、财政部"国家精品资源共享课程"，教材《现代物流管理》为国家"十二五"规划教材和江苏省高等学校重点建设教材，《供应链管理》为江苏省高等学校重点建设教材。以此为亮点，依托校企合作资源，该校于 2013 年和 2014 年各成功举办了一期教育部全国物流管理专业骨干教师师资培训班。2014 年承办江苏省邮政行业首届职业技能大赛。

又如浙江经济技术学院的例子。作为一所具有强大产业背景与行业引领性集团支撑的国家骨干高职院校，该校依托与世界 500 强企业——浙江物产集团紧密的校企合作伙伴关系，建立了集远程教学培训、观摩评估、互动课堂、实训教学资源库等于一体的"校企合作视频互动平台"，浙江物产集团各成员企业在场地、设施、信息等方面，给予学校全力支持①。

除上述几种模式外,还有一种"双师型"教师培养模式,即文化生态模式②。在这一模式下,"双师型"教师是一种文化象征,从文化生态的角度看,"双师型"教师的培养成长是在与其他人、事、物的相互关系中进行的,是学校学术文化与企业职业文化的融合。因此,在当前的职业教育实践中,亟须形成一种"双师型"教师培养的文化生态模式,并对"双师型"教师的培养理念、培养目标、培养体系以及培养途径和质量保障等方面做出阐述。

2.4 国家骨干高职院校"双师型"教师队伍建设的启示

通过对高职院校师资队伍特点的概括,以及对"双师型"教师队伍建设的现状及问题的分析可知,近三十年来,我国高职院校的"双师型"教师队伍建设已取得了可观的成绩。当前,国家骨干高职院校在"双师型"教师培养方面,还存在着一些问题。国外高职院校师资队伍建设的经验,值得我们借鉴。

在瑞士,应聘教师要有相应的学历、企业工作经验,并修完教育学、心理学及教学法等课程,此外,教职人员必须定期接受在职培训,完成指定课程,获得相应证书才可以继续在行业内任教③;德国职业教育教师的工资待遇十分接近大学教授的薪资水平;英国采用"能力本位"理论来培养职教师资;美国十分重视职业教育师资的职前培养和职后教

---

① 张伟萍.协同创新视角下高职院校"双师型"教师队伍建设路径探析[J].高等教育研究,2014(4):56-59.
② 吴炳岳.职业院校"双师型"教师专业标准及培养模式研究[M].北京:教育科学出版社,2014:214.
③ 李娜,高洁.关于高职院校"双师素质"教师培养途径研究[J].科教导刊,2014(9):84-85.

育;法国高级技术员培训教师的要求是必须持有中级职称证书或技术教师证,学士以上学位,并有四年专业工作经验;澳大利亚的职教师资条件非常严格,除了学历要求外,还须有五年的行业工作经验,并且定期到行业接受再培训,教师不仅授课,更是行业企业的专家[①]。

针对国家骨干高职院校"双师型"教师队伍建设存在的不足,结合国内外职业技术教育教师队伍建设的经验,有必要从政府、企业、高职院校和教师自身四个角度入手,加强国家骨干高职院校的"双师型"教师队伍建设。具体来说,包括以下几个方面。

2.4.1 政府部门要完善"双师型"教师队伍建设的政策制度

为促进高职院校健康发展,政府有关部门已出台了多部关于高职院校"双师型"教师建设的法律法规,但在其认定标准和建设评估方面仍然存在一定的问题,需要政府有关部门从政策制度上加以完善。具体做法主要有以下几点:

一是建立有效的高职院校"双师型"教师认定制度。当前,我国已经有多个省市地区和各高职院校建立了符合自身发展的"双师型"教师管理机制及认定标准,但是由于中央层面没有明确的"双师型"教师认定标准,各个职业院校之间缺乏统一的"双师型"教师管理机制,部分高职院校在管理实践中,存在政策和制度缺失问题。为此,政府应在以下方面加以完善:一方面,建立"双师型"教师资格认定制度。高职院校教师资格证书以及职业资格证书对于"双师型"教师资格认定极为重要,在认定高职院校"双师型"教师资格时,应注重其职业性和实践技能性。另一方面,建立符合"双师型"教师特色的评价指标体系。形成可操作性强并持续变更的指标体系,包含政治思想品德(师德修养、工作

---

① 廖素清.职业院校"双师"素质教师培养研究[J].教育与职业,2014(6):84-85.

态度、敬业精神等)、业务水平(学科建设、实验室建设、研究能力、知识结构等)、教学工作(教学质量、教学研究、指导学生情况等)、科研和成果工作(科研项目、获奖或鉴定情况、产学合作开发、成果转化及效益等)、社会服务工作(社会兼职、行政兼职、科技服务、科技咨询、学生就业等)等方面。当然,指标的制定不能过于绝对,还应根据学校自身特色和地区发展实际来定。

二是出台支持企业参与高职院校"双师型"教师队伍建设的激励政策。企业作为营利性组织,考虑到其参与建设高职院校"双师型"教师队伍建设的相关成本,为保证其参与的质量,政府应在政策上给予优惠,如税收减免或行业企业资格优先准入等措施,对企业参与培养国家骨干高职院校培养"双师型"教师予以一定的成本和支出补偿,以此激发企业接受高职院校的教师群体进入企业实践的积极性。

三是提高高职院校"双师型"教师队伍评估的科学性。当前,政府对高职院校"双师型"教师的考核具有一次性,而且考核标准较为单一,不够综合,不利于高职院校"双师型"教师队伍建设的长效性。为此,应提高高职院校"双师型"教师队伍评估的科学性。一方面,实现评估考核的一次性与多次性相结合,如可在一次认定后,定期抽查,检查"双师型"教师的素质是否存在减弱现象,并根据实际情况加以重新认定,从而实现高职院校教师"双师"素质认定的可淘汰性;另一方面,加强对高职院校"双师型"教师素质认定的综合性,不仅要看其理论水平、专业实践能力,还要看技术创新能力、科研和服务企业能力等多方面的素质,这样才能确保高职院校的教师具有较高的综合素养。

2.4.2 企业需增强参与"双师型"教师队伍建设的社会责任

教师队伍的实践能力对于国家骨干高职院校"双师型"教师队伍的建设极为重要。针对当前企业参与高职院校"双师型"教师队伍建设积

极性不高的问题,需要增强企业参与国家骨干高职院校"双师型"教师队伍建设的社会责任,具体可以从以下几个方面入手:

一是通过加大宣传力度提高企业的社会责任感。要改变企业的传统观念,使其认识到,在校企合作的大背景下,自身也是培养高职院校师资队伍的责任方之一,不能以传统的利益来衡量双方之间的合作,而应以主人翁的姿态积极介入高职院校的师资队伍建设。企业社会责任感的培养,离不开宣传。企业要从高层管理者做起,加强宣传力度,促进各级管理层和广大员工认识到参与高职院校教师队伍建设对行业人才培养的重要作用,为开展相关活动提供理念基础。

二是企业应主动寻找与高职院校合作的利益共同点。一方面,企业应主动为高职院校的教师队伍培养提供实践场地和实践机会,并建立相关部门或机构,为高职院校教师进企业实践实训提供专门的组织保障;另一方面,企业应配合政府有关部门健全激励机制,以激发所在机构接受教师群体进入企业实践的积极性。此外,企业应努力寻求高职院校的人才和智力支持。如主动要求高职院校教师进企业调研,请高职院校专家学者到企业开展知识讲座,与高职院校联合申报横向项目,以利用各自优势解决重大技术攻关。企业对参与高职院校"双师型"教师队伍建设越重视,就越有可能从参与中找到促进自身发展的有利之处,继而更积极参与高职院校的"双师型"教师队伍建设,形成良性循环。

2.4.3 高职院校应加大对"双师型"教师队伍建设的重视程度

国家骨干高职院校要深刻认识师资队伍建设,尤其是"双师型"教师队伍建设对于学校发展的重要性,进而提高服务意识,吸引企业资源,促进校企合作,共建师资队伍。具体措施主要有以下几点:

一是制定相关办法,加大从企业引进"双师型"教师的力度。从企业引进教师的数量和力度不足,不利于国家骨干高职院校"双师型"教师队伍的优化和发展。高职院校要改变传统观念,不将企业单纯地当作解决经费、提供实训基地的单位,要真正树立服务企业的理念,用自身的教师资源和学术科研力量奉献企业,建立校企共建的良好平台,以吸引企业加大对高职院校建设的投入。同时,国家骨干高职院校应根据自身发展现状,制定兼职教师管理办法,大力引进行业企业能工巧匠,使师资队伍在结构上达到"双师型"要求。

二是重视教师群体参与"双师"素质的培训。对教师进行"双师"素质培训是其专业发展的重要保障。国家骨干高职院校应为"双师型"教师多提供参与活动的机会。比如在课程建设、学术交流、实训实践中,让学校教师发展自主意识,增强在人才培养中的责任感,准确找到其自身的地位。为此,一方面,应定期选送专业教师到相关企业、社会进行生产实践,丰富实践经验;另一方面,应鼓励、组织教师参加国家相关技能的培训考核,取得相关技能等级证书。此外,要出台相关激励制度,鼓励教师参与企业实践,并完善教师职称评聘标准,注重与实践技能的结合,适当降低科研水平的要求,以此激励教师参与各项培训,提升自身的"双师"素质。

2.4.4 教师群体要树立并践行提高自身"双师"素质的理念

国家骨干高职院校的"双师型"教师队伍建设,除了政府、行业企业和高职院校等主体的努力外,教师群体本身也是不容忽视的要素,应该从源头上下功夫。但当前,有部分国家骨干高职院校的教师存在安于现状、不思进取的现象,影响了自身"双师"素质的提高。为此,教师群体要树立并践行正确的理念,注重自身"双师"素质的提升。具体来说,应该从以下两个方面入手:

一是要充分认识到提高"双师"素质的重要性。国家骨干高职院校的教师要认识到,学校的"双师型"教师队伍建设,离不开企业的参与和学校的重视,更离不开教师自身对理论学习和实践技能锻炼的努力,应将"双师"标准作为自己努力的重要方向,从而在日常教学活动和生活中,严格要求自己,树立较高的业务素养定位,并不断反思自己在实践教学活动中存在的问题,从理论上提高自身对"双师"素质的全面理解。

二是要重视提升自身"双师"素质的行动。国家骨干高职院校的教师要在认识到提升自身"双师"素质、加强自身综合实力重要性的基础上,重视教育教学活动中提升"双师"素质的行动。具体来说,要积极参与学校和行业企业组织的各种技能培训、讲座以及到企业参加实践实训、生产实践活动,并在这些活动中提高自身的实践技能,改进教学中存在的不足,从而以实际行动来提升自身"双师"素质,为提高高职院校的人才培养质量和整体办学水平做出应有的贡献。

第 3 章
国家骨干高职院校的校企合作

传统的以课堂为中心的人才培养模式,忽视了职业岗位能力的培养,导致理论与实践严重脱节和资源的极大浪费,难以适应现代经济社会对于人才的要求[①]。通过校企合作,教育界和产业界联合培养人才,能从根本上改变传统的人才培养模式,实现以人才能力的培养为本位,是我国高职院校发展的必然趋势,其重要性和必要性不言而喻。当前,高职院校大力开展校企合作,是推动我国高等职业教育发展的重要任务,也是一项非常复杂的系统工程。我们有必要探索国家骨干高职院校校企合作的主要模式、存在问题和实施路径,为高职院校紧密型校企合作体制机制提供理论指导,进而提升我国高职教育的办学质量和人才培养水平。

3.1 校企合作的内涵及高职院校开展校企合作的重要意义

校企合作、产教融合是高等职业教育发展的原动力,是提升高职院

---

① 林桢,卢川榕,黄雪琴.高职院校"校企合作"现状分析及应对策略[J].科技信息,2014(5):177-235.

校综合实力和培养高级技术技能人才的重要和基本途径,也是我国高等职业教育快速健康发展的重要选择。研究国家骨干高职院校的校企合作,有必要对其内涵加以有效界定,并明确其重要意义。

3.1.1 校企合作的基本内涵

对校企合作的内涵,有不少专家学者进行了界定。孙菲(2015)①指出,校企合作是"校企合作教育"的简称,国际上又称"合作教育",主要是利用学校和行业(企业)的两种不同教育环境和资源,将工作与学习结合,帮助学生将理论知识应用于实践中,促进学校的教与学,目的在于发展学生的兴趣爱好、能力以及人格的价值,重视学期工作经历对人一生发展的良好影响,培养全面发展的人才,提高学生的适应能力。刘琴(2014)②则认为,校企合作是高职院校与企业建立的一种合作模式,由高职院校和企业共同承担育人的任务,采取课堂教学与学生到企业实训相结合,即按照企业对人才的要求组织教学和岗位培训的模式。它是一种注重培养质量,注重在校学习与企业实践,注重学校与企业资源、信息共享的"双赢"模式。陈文宾、任海霞、马卫兴等(2009)③认为,校企合作是指学校和企业利用各自的优势,分工协作共同完成一项技术创新的行为。王欣、董明明(2014)④认为,校企合作应以市场为导向,运用高职院校和企业两种不同的资源,理论和实践相结合,重点培养学生的综合素质、实际操作能力,提高其就业的竞争力,从而达到职

---

① 孙菲.高职院校校企合作激励问题研究[J].中外企业家,2015(6):182.
② 刘琴.高职院校促进校企合作的体制机制研究[J].管理观察,2014(28):143-146.
③ 陈文宾,任海霞,马卫兴,等.我国校企合作现状及发展模式分析与研究[J].科技资讯,2009(29):164-165.
④ 王欣,董明明.基于就业导向下的高职院校校企合作探析[J].中国职业技术教育,2014(28):89-91.

业院校与企业双赢的目的。刘翠兰、张金福(2008)[①]把校企合作办学的基本内涵归纳为以下几点：办学方向注重企业需求；人才培养过程强调学校对企业发展趋势的研判和主动调整专业、课程设置，进行相关教学改革；在相互服务方面，强调校企的相互支持；联合办学实现共赢。邹珺(2014)[②]指出，校企合作是基于市场和社会需求目标导向，学校、行业企业充分发挥各自优势，在人才培养、技术开发等方面开展的合作。

还有一些专家学者提出了自己的观点。孙伟宏(2006)[③]认为，校企合作的内涵是产学合作"双向参与"。陈解放(2008)[④]提出了校企合作的四项要点：强调学校以他方为中心的办学行为以及争取企业在办学过程中的积极参与；校企双方你中有我、我中有你；校企资源共享；以企业需求为依据的开放式运作。王自勤(2008)[⑤]指出，校企合作包括校企合作教育和校企合作科研等内容，校企合作教育的实质是企业帮助学校培训人才。张宇、和震(2008)[⑥]指出，校企合作教育是企业和学校双方主体的一种相互选择行为。左家奇(2010)[⑦]指出，校企合作是一种对传统办学模式的创新，是一种全新的、长效的合作机制，是任何一所高职院校都无法回避的现实问题。

---

① 刘翠兰,张金福.高职院校开展校企合作的意义[J].江苏技术师范学院学报,2008(7):74-75.
② 邹珺.高职院校校企合作模式内涵及评价指标体系构建[J].现代教育管理,2014(6):104-107.
③ 孙伟宏.探索校企合作模式 培养优秀技能人才[J].教育发展研究,2006(7):23-25.
④ 陈解放.以校企合作工学结合为高职类型特色创新的抓手[J].中国高等教育,2008(9):49-50.
⑤ 王自勤.高职院校校企合作的博弈分析[J].中国高教研究,2008(9):78-79.
⑥ 张宇,和震.职教培养模式转变的路径及推进策略——基于校企合作的工学结合的分析[J].教育发展研究,2008(21):11-15.
⑦ 左家奇."三重融合"模式下校企合作机制探索[J].高等工程教育研究,2010(3):126-130.

综合上述学者的观点,本研究认为校企合作是"高校与企业之间为了更好发挥二者优势而进行的互动过程"。这一定义包含以下三个要点:第一,校企合作涉及两大主要参与者,即高校与企业;第二,校企合作是双方在科技开发、人才培养、资源互补及生产经营等方面互动产生的过程;第三,校企合作的目的在于通过互享资源发挥两大参与者的优势和潜能,促进高校与企业的良好发展。

3.1.2 高职院校开展校企合作的重要意义

高职院校开展校企合作具有极为重要的意义。它既是高职教育特有规律的体现,有利于高职院校的办学和高级技术技能型人才的培养,也是高职院校对接经济社会发展和市场需求的必然要求。具体来说,高职院校开展校企合作的意义主要有以下几个方面。

3.1.2.1 开展高职教育的本质要求

校企合作是高等职业教育特有规律的体现,它符合辩证唯物论教育哲学,符合心理学的建构主义理论,也符合教育系统论的原理;同时,在校企合作背景下,高职院校面向市场和社会办学,加强与行业企业的紧密结合,符合高职院校改革发展的方向。

第一,高职院校开展校企合作符合相关教育理念。一方面,辩证唯物论的教育哲学观为高职教育校企合作的探索提供了方法论指导。马克思主义辩证唯物论教育哲学观认为,教育必须与社会实践相结合,与生产劳动相结合。对高职教育人才培养而言,如果学生学非所用、不能适应企业的要求,那就从根本上违背了教育与生产劳动相结合的原理。因此,高职教育人才培养的目标与规格、培养的途径与方法、教学课程的设置与内容的选取,都必须与社会企事业单位的实际需要紧密结合,让企业参与到人才培养的全过程。另一方面,心理学的建构主义理论为校企合作人才培养模式的设计提供了科学依据。根据建构主义学习理论,高职教育的教学设计,必须引入"工学交替"的学习环节,以促使学习者理论联系实践,并促进学校教学质量的提高。只有实施校企合作,学习者才能跨越"学"与"用"的界线,掌握基本的职业技能,并增强对职业的体验与理解。再者,教育系统论的原理为评判高职教育校企合作的效能提供了科学的审视框架。高职教育通过校企合作,把高职院校的人才培养工作与社会需求链接起来,构建一种直接通道。借助这一通道,能将社会对人才的要求和生产发展的动向及时反馈到系统内部,使高职教育及时、准确地反映经济发展与社会进步①。

第二,校企合作符合高职院校改革发展的方向。校企合作不仅是高职教育的办学方式,更是高职教育的办学方向。落实以就业为导向的办学目标,要追求培养目标与岗位标准的"零距离",重视教育过程的"零距离"。在教学计划中,课程体系要遵循工作过程;在师资要求上,教学模式要符合工作模式;在教学过程中,教学内容要覆盖岗位能力;在教育评价上,教育考核要达到能力的综合检验。在上述教学过程中,没有校企合作,改革就难以完成。对高职院校而言,走校企合作之路,争取并依靠企业的支持和参与,主动服务企业的需求,面向市场、开放办学、为企业服务,是发展趋势。通过校企合作,高职院校可以建设供需对接的专业,推动课程改革,改善教师队伍结构,创新师资培训模式,建立稳定的实习实训基地,完善实践教学的条件,拓展教育和培训服务领域,提升教学质量,推进"双证书"制度,进而提高院校的知名度和竞争力。

3.1.2.2 推动高职院校的人才培养

校企合作有利于高职院校的人才培养,它能为高职院校学生提供实践平台,并有利于高职院校"双师型"教师队伍建设,提升学生实践能

---

① 宋专茂.高职教育的校企合作:理论基础和现实诉求[J].广东技术师范学院学报,2010(1):6-9.

力和就业竞争力。

第一,校企合作为高职院校学生提供实践平台。高职教育培养的人才是经济和社会所需要的生产、服务、管理一线的高级应用型人才,其最突出特点是具有较强的实践技能。但长期以来,由于受到学校仪器设备、实习、实训条件和师资等方面的制约,绝大多数高职院校不具备培养技能型人才的实训条件,学生在学校里学到的多是理论知识,实际动手和操作的能力非常缺乏,毕业后不能很好地适应企业的要求,到工作岗位后的"磨合期"较长,影响到企业的生产和管理。市场形势的变化、生产工艺的改进、生产设备的更新速度都非常快,学校没有足够的财力和人力保证实训条件跟上企业需求更新的速度。再则,学校的校园氛围和企业的生产环境也有很大的差异,课堂教育和现场教育的效果有很大的区别。校企合作能为学生提供实训、实习场所,让学生有更多机会真正到生产第一线去学习、锻炼,使学生能亲身感受企业环境与文化,提高职业素养与能力,快速实现由学生向职工的角色转换,为学生就业提供一个缓冲平台,而且合作企业往往还能接收一部分学生就业[1]。因此,校企合作为高职院校学生提供了较好的实践平台,有利于学生实践能力的培养和就业竞争力的提升。

第二,校企合作有利于高职院校从企业引进"双师型"教师。与普通教育相比,职业技术教育同社会经济,尤其是同企业的联系更为密切。职业技术教育的培养目标是面向生产、管理、建设、服务一线的高级技术应用型人才,并要求学生走进企业就能直接进入一线的关键技术岗位工作。高职教育的这一特征决定了高职院校需要与企业紧密结合,引进和造就"双师型"教师来培养学生的理论思维和实践动手能力,而合作办学就是校企紧密结合的有效形式。在校企合作中,建设"双师型"教师队

---

[1] 刘翠兰,张金福.高职院校开展校企合作的意义[J].江苏技术师范学院学报,2008(7):74-75.

伍,既简捷又高效①。通过校企合作,高职院校与企业建立起密切的合作关系:企业负责学生顶岗工作安排及指导教师选派,也培养了企业专业技术人员的工作能力;同时,高素质的企业专业技术人员可被高职院校选聘为专业兼职教师。通过校企合作教育的实施,企业既成为"双师型"教师培养的主要场所,也成为高职院校兼职教师的聘任源地。

第三,校企合作有利于高职院校学生职业能力的提升。通过校企合作,将理论学习与实践训练紧密结合在一起,能切实提高人才培养质量和劳动者的素质,并解决资金紧张、专职教师数量不够及实习实训基地紧缺的困难。在校企合作模式下,学生获得实际的工作体验,有利于他们顺利就业。在人才市场上,诸多用人单位希望录用具有一定工作经验的人员,这对一直在学校学习的学生来说是不切实际的,但通过校企合作、工学结合,按照企业实际的生产和服务要求参加工作实践,了解工作相关要求,这样,学生在校期间就有可能具备用人单位录用新员工所要求的工作经验。因而,校企合作模式能够有效提高学生的职业能力,使毕业生能快速实现由学生向社会人的角色转变。

3.1.2.3 促进高职院校的社会服务

社会服务是高职院校的重要职能,也是当前衡量高职院校社会责任的重要方面,校企合作则有利于高职院校为企业提供培训和科研服务,并为社会提供相应的培训服务。

第一,校企合作有利于高职院校为社会提供培训服务。经济和社会的快速发展,要求企业员工和社会成员不断更新知识结构,开展再教育活动。高职院校作为高等教育的重要组成部分,既有专门的培训场所,也有专门进行理论学习的理论课堂、多媒体教室、大型报告厅等教学资源,还有一大批高学历、懂理论的专家学者。因此高职院校开展企业培训,为企业员工和社会成员的再教育提供培训服务,是其服务社会的重

---

① 朱江宏."双师型"师资队伍建设与校企合作[J].职业教育研究,2006(10):39-40.

要体现。校企合作有利于高职院校和社会关系的拉近,有利于二者在市场发展、行业变革和企业人才需求等方面的信息沟通,从而达成共识。这种共识,为高职院校的教师成长提供了基础。高职院校的教师对行业动态有了深刻的认识,也就能有针对性地开展科研和教学活动,并将其中的重要知识点和研究结论用于各类人群的培训,从而帮助企业成员和社会成员接受最新的行业发展信息,掌握最先进的理念,实现成长与发展。

第二,校企合作有利于高职院校为企业开展科研服务。加强与企业的合作,培养合格的高等技术应用型人才,是社会经济发展的需求和高职教育发展的必然趋势。高职院校的生存与发展必须以服务地方经济为基础,这要求其科研以服务地方经济为主线展开,与企业对技术的需求紧密结合起来,以生产第一线紧密结合的应用性研究和教育教学改革方面的研究为主。通过校企合作面向社会实践第一线,注重解决生产中的具体问题,从企业最需要的技术、工艺问题上找课题,与企业开展横向科研项目,充分体现高等职业教育为生产服务的特点。高职院校校企合作必须走以社会经济建设为依托、以市场需求为导向的路子,重点开展技术开发、技术推广、技术咨询、技术培训等活动,使其成为所在地区应用技术研究与开发中心、新技术推广与指导中心、信息咨询和技术培训中心,构建一个全方位、多模式、规模化的产学研结合的发展模式①。

3.1.2.4 深化高职院校的产教融合

《国务院办公厅关于深化产教融合的若干意见》(国办发〔2017〕95号)对于高职院校通过校企合作、产教融合促进教育链、人才链与产业链、创新链有机衔接,实现校企协同,合作育人提出了新的要求②。国

---

① 邹芳红.校企合作是高校开展科研工作的有效途径[J].青海大学学报(自然科学版),2008(4):106-108.
② 中华人民共和国国务院办公厅.国务院办公厅关于深化产教融合的若干意见[EB/OL].(2017-12-19)[2019-06-28].http://www.gov.cn/zhengce/content/2017-12/19/content_5248564.htm.

家骨干高职院校开展校企合作,反映了市场需求的生产关系,能促进学校适应市场变化,形成"产教融合"的良好局面。

第一,校企合作反映了市场需求的生产关系。校企合作是随着经济社会的发展所形成的一种新的生产关系。在市场经济条件下,高职院校与企业都是市场运行的主体,企业要根据市场反馈来设置岗位、招聘员工,以保证正常运行。高等职业教育教学活动则是为了培养适应市场需求的人才,为企业发展提供组织保障。高职院校的专业设置、教学改革和人才培养模式确定等都要以市场为平台,只有了解市场状况,才能明确企业需求,有效开展校企合作①。因此,校企合作反映了当前市场需求的生产关系,它是经济社会发展对企业和高等职业教育的共同要求。

第二,校企合作促使学校适应市场变化。市场性是校企合作运行机制及体系建设的基本特征,校企合作是学校与政府、企业等社会组织共同站在企业人才需求、学院人才培养的高度,所进行的全面合作,其结果须互惠互利,实现多赢局面。经济社会快速发展时,市场有较大的需求,能给校企合作带来机遇;如果没有政府政策支持,或经济社会发展的需求不足,就会出现合作难以开展的局面。所以,高职院校实施校企合作,有利于其树立市场观念,有意识地适应市场变化,随时调整教育教学内容。此外,校企合作使得高职院校在人才培养过程中,以学生为本,做好学生的思想教育工作,提高学生对市场的关注与了解程度,根据市场需求做职业规划,以使自己的职业素质、专业技能、职业态度及可持续发展等方面都满足市场和企业的需求②。

第三,校企合作培养的技术技能人才推进产业与经济社会发展。推进深层次校企合作,发挥教育部门与产业部门的各自优势,共同培养经济社会发展需要的专门人才,是发展高等职业教育的重要途径,也是

---

① 王济魁.高职教育校企合作模式的探析[J].科技展望,2014(14):80.
② 刘紫婷.高职院校校企合作、工学结合运行机制建设研究[J].中国青年研究,2010(1):99-101.

高职教育办出特色以及推动市场经济健康发展的客观需要。从高职教育的社会性与实践性来看,高职院校与区域产业、经济社会发展的联系十分紧密。高等职业教育的办学方向、办学模式、人才培养目标、专业设置、办学特色等都受到区域产业与经济发展状况与水平的制约。国家骨干高职院校与企业的合作,不仅能够为区域输送大量的高层次技能型人才与最新的技术研究成果,还可以扩大区域人力资源的储备,提升区域人才的整体素质,从而促进区域经济的快速发展[1]。所以,国家骨干高职院校通过校企合作培养的技术技能人才,将是区域产业与经济社会发展的重要助推器。

3.2 国家骨干高职院校校企合作的主要模式及成效

当前,国家骨干高职院校的校企合作正不断发展,无论是高职院校、合作企业还是学生,都从中受益,也已形成了几种基本模式,分别是"职教集团"模式、"校中厂"模式、"厂中校"模式、"顶岗实习"模式、"订单培养"模式。从发展现状来看,国家骨干高职院校的校企合作也取得了一定成绩,校企紧密型合作关系已初步形成,高职院校人才培养质量得到了有效提升,行业企业的发展有了更强的人力支撑。

3.2.1 校企合作的主要模式

3.2.1.1 "职教集团"模式

所谓"职业教育集团"(简称"职教集团"),是指以校企合作思想为

---

[1] 杨理连,邢清华.高职教育深度校企合作机制创新的再思考[J].教育与职业,2013(24):15-17.

基础的一种合作形式。大多数的职教集团以某所高职院校为核心,多所高职院校、企业共同参与①。通常而言,它是由若干具有独立法人资格的职业学校及相关企事业单位以契约或资产为联结纽带而组成的职业教育办学联合体。

职教集团模式能增强职业学校对行业企业的吸引力,有利于降低校企合作的交易成本,促进校企多边、多向、集团式合作,有利于整合多种社会力量,还能加强职业学校的自我管理。国家骨干高职院校采用"职教集团"模式开展校企合作的典型案例如下:

1. 深圳信息职业教育集团。2014年10月29日,深圳信息职业技术学院在原校企合作办学理事会基础上组建成立"深圳信息职业教育集团"。集团以深圳信息职业技术学院为主体,由政府主管部门、深圳信息类行业协会、企业、信息研究院所、中等职业院校及职业培训机构组成合作办学联合体,是深圳市高校第一个职业教育集团。第一届理事会成员单位64家,其中常务理事单位23家。下设6个工作委员会,包括校企合作办学指导委员会、专业和资源建设工作委员会、师资队伍建设工作委员会、文化与素质教育建设工作委员会、就业与创业促进工作委员会、协同创新与社会服务工作委员会。集团主管部门为深圳市教育局。集团按照"平等、合作、创新、共赢"的多元协同精神,平等协商,交流合作,共谋发展,互惠互利;整合信息类职业教育和行业企业资源,形成整体优势,增强活力,互相促进,提升办学质量和企业效益。在人才、技术、师资、设施设备、实训实习、培训等方面优先共享、协调互补;实现技术技能人才培养、技术研发、人力资源开发等成果共享,互利

---

① 刘佳佳,孙翠香.国家骨干高职院校校企合作的现状、问题与对策——以部分首批骨干高职院校为例[J].职业教育研究,2015(2):13-18.

多赢,合作发展。①

2. 全国机械行业工业机器人与智能装备职业教育集团及全国机械行业现代农机装备人才培养联盟。常州机电职业技术学院依托校企合作理事会,组建两大职教集团。全国机械行业工业机器人与智能装备职业教育集团,由75家院校行业企业组成,包括南京农业大学、成都航空职业技术学院等46家院校,ABB(中国)有限公司、安川电机(中国)有限公司、北京发那科机电有限公司等29家行业企业。全国机械行业现代农机装备人才培养联盟,由33家院校行业企业单位组成,包括江苏大学、黑龙江农业工程职业技术学院等14家院校和常柴股份有限公司、久保田农业机械(苏州)有限公司等19家企业。职教集团促进产教深度融合,推动企业与院校供需一体化,带动了各院校专业的发展,教师教学改革能力的提升和学习资源的丰富。2014年学院牵头打造的工业机器人技术专业资源库获教育部立项,成为国家级重点资助项目。②

3.2.1.2 "校中厂"模式

"校中厂"模式主要通过校企共建校内实训基地的方式实现,这种模式通常由学校提供场地,与行业企业合作,将企业生产设备、技术人员等资源引入学校实训基地,与学校设备、师资进行整合,按企业化要求组织生产和科研,结合生产,按学校要求开展教学,集生产、

---

① 深圳信息职业技术学院2015年人才质量报告[EB/OL].(2016-07-09)[2019-07-16]. https://www.tech.net.cn/column_rcpy/art.aspx?id=2381&type=2.
② 常州机电职业技术学院2015年人才质量报告[EB/OL].(2015-08-10)[2019-07-09]. https://www.tech.net.cn/column_rcpy/art.aspx?id=2663&type=2.

教学功能于一体。通过让企业"走进来"的方式,让学生在校内得到实际操作训练①。

"校中厂"模式为学生提供了真实的学习和实践环境,最大限度地缩小了现代企业人才需求与职业学校教学的距离,提高了学生的实践操作能力,促进他们熟练掌握各种专业知识和技能,提高社会竞争力。这种模式也降低了校企双方的运行成本,为企业提供了充足的技能人才资源。国家骨干高职院校采用"校中厂"模式开展校企合作的典型案例如下:

1. 顺德职业技术学院"校中厂"模式。2011年4月,顺德职业技术学院与顺德工大先行微电子技术有限公司合作,依托该校电子产品制造车间建立"校中厂",校企共建、共管、共享、共用,车间实现功能多元化、人员职业化、设备生产化、管理企业化。企业在"校中厂"实现了"三重效益":人才效益、生产经济效益、技术创新效益。学校在"校中厂"也实现了"三重收益":提高人才培养质量;打造"双师型"教师队伍;降低实训耗材的费用,提高学院固定资产利用率。②

2. 广东机电职业技术学院"校中厂"模式。2014年10月22日下午,广东机电职业技术学院与广州市健马电器有限公司共建"校中厂"签约仪式举行。广州市健马电器有限公司是一家研发、生产、销售高品质的音响和周边设备的企业,产品有专业功放系列、专业调音台系列、均衡器等周边系列。根据项目合作计划,信息工程学院与广州市健马电器有限公司在校内共建"校中厂",企

---

① 刘佳佳,孙翠香.国家骨干高职院校校企合作的现状、问题与对策——以部分首批骨干高职院校为例[J].职业教育研究,2015(2):13-18.
② 顺德职业技术学院2015年人才质量报告[EB/OL].(2015-08-10)[2019-07-13].https://www.tech.net.cn/column_rcpy/art.aspx?id=2383&type=2.

业投入SMT生产线、贴片机等生产设备,将企业的生产、经营环节融入教学之中,使学校直接参与到企业的生产经营过程中,校企双方共同制订专业人才培养方案、共同实施课程教学过程、共同指导学生实训实习、共同打造"双师型"教师队伍、共同开展技术应用研究。

3.2.1.3 "厂中校"模式

"厂中校"模式,是通过在企业建设教室和学生宿舍等教学和生活设施来实现的。这种模式通常依靠企业来完善教学条件,学校及学生共享企业先进设备资源,提高校外实训实习基地的教学功能,确保顶岗实习、校外实训实习的教学需要和质量。在这种模式下,企业和高职院校共同制定人才培养计划,实现企业实训、定岗轮岗实习等[1]。

在"厂中校"模式中,学校与企业现场生产技术对接紧密,处于真实的职场环境,为探索现代学徒制提供了理想的场所,也可以作为高职院校师资培训基地。学生对工作流程的系统认知,有利于提高动手能力;学生参与到企业真实的工作环境中去,更有利于毕业之后的就业。国家骨干高职院校采用"厂中校"模式开展校企合作的典型案例如下:

> 泰州职业技术学院"厂中校"模式。泰州职业技术学院船舶工程技术专业从2013年起,与泰州三福船厂建成"厂中校"实训基地,不断改革船舶专业工学结合培养模式,建立"教、学、做"一体化的人才培养体系,形成学校、企业双赢的良性循环机制。主要特点有:校企双方共同制定船舶工程技术专业人才培养方案,实施前两年在校后两年进入"厂中校"的"2+1"办学模式;以典型工作任

---

[1] 刘佳佳,孙翠香.国家骨干高职院校校企合作的现状、问题与对策——以部分首批骨干高职院校为例[J].职业教育研究,2015(2):13-18.

务的形式实现校企合作构建课程体系目标;校企合作共建实训基地,其中三福船厂"厂中校"实训基地为专业学生提供了8个技术岗位,同时对学生进行轮岗培训。"厂中校"实践成果:(1)"厂中校"丰富了课堂教学内容,提高了学生实践水平,巩固了教学效果。通过校企共同制定教学内容,将工作内容融入到教学过程中去,学生在学习理论知识的同时能将理论融入实践,真正做到"学以致用",而不是单纯地学习抽象的理论。(2)"厂中校"为"双师型"教师的培养提供了很好的平台。年轻教师通过驻场指导,不断学习船厂先进的制造工艺,将自己理论知识与船厂的制造工艺相结合,不但提高了实践教学的水平,还促进了工艺技术的不断发展创新,提升了船舶专业整个教师团队的素质。①

3.2.1.4 "顶岗实习"模式

"顶岗实习"模式,是在"2+1"人才培养的最后一年,学生带薪参与实习。这种模式可以让学生在经历两年的专业学习后,到企业生产一线体验真实的工作环境。其特点是合作方便快捷,院校和企业之间的合作自由度较大,校企双方的相互影响较小,但合作深度不够,且缺乏一定的延续性②。

整体看来,通过毕业之前的顶岗实习,学生可以将在院校学到的理论知识与企业的生产实践密切结合,并且获得一定的劳动报酬。一方面,提高学生的实际操作技能,增强毕业生的综合素质和就业竞争力,为毕业后进入企业工作打下坚实基础;另一方面,在一定程度上解决企业短期用工的困难,达到企业、院校、学生共赢的目的。可见,顶岗实习

---

① 于雯,王艳,杨苏.高职"厂中校"人才培养模式的探索和实践——以泰州职业技术学院为例[J].泰州职业技术学院学报,2015(04):22—24+27.
② 杨理连,邢清华.高职教育深度校企合作机制创新的再思考[J].教育与职业,2013(24):15-17.

不仅提高了高职院校的育人质量,而且可以减少用人单位的培训成本,同时还能实现毕业与就业的零距离过渡。一些中小企业对岗位技能要求相对较低,同时也考虑到自身劳动力成本的问题,所以比较愿意接纳高职学生的顶岗实习[①]。当前,"顶岗实习"模式在高等职业院校中被广泛应用,成为职业院校与中小企业合作办学普遍采用的重要模式之一。国家骨干高职院校采用"顶岗实习"模式开展校企合作的典型案例如下:

> 1. 广州铁路职业技术学院的"顶岗实习"模式。广州铁路职业技术学院与企业共建顶岗实习质量保障体系。如经过校企双方联合面试、层层选拔的2014届621名订单班学生,自2013年7月开始就在广铁集团实践教学基地毕业顶岗实习,校企共同培养、管理、考核学生。通过在实践教学基地顶岗实习,学生把在校学习的理论知识应用于实际工作岗位,既完成了实训教学环节又实现了由"在校学生"到"企业员工"的身份转换,解决了广铁集团新进人员因"水土"不服,往往需要较长适应期的问题,实现了"零距离"上岗。[②]
>
> 2. 江苏经贸职业技术学院的"顶岗实习"模式。从2010年起,江苏经贸职业技术学院制冷与空调技术专业开展了基于现代"学徒制"的顶岗实习,学生在第四学期的6月至8月到企业进行为期三个月的顶岗实习,采用一个企业技术骨干带一个学生的"三双式"("双师""双聘"和"双岗")师徒制顶岗实习。该培养模式特

[①] 杨理连,邢清华.高职教育深度校企合作机制创新的再思考[J].教育与职业,2013(24):15-17.

[②] 广州铁路职业技术学院.广州铁路职业技术学院2015质量年度报告[EB/OL].(2015-08-10)[2019-07-20].https://www.tech.net.cn/column_rcpy/art.aspx?id=2367&type=2.

点有：(1) 融入完整的社会保障体系，企业为学员购买"雇主责任险"，保障学员上班途中和工作期间的合法权益，企业为学生提供不低于南京最低工资水平的劳动报酬。(2) 10 家产品和岗位不完全相同的公司参与顶岗实习计划，这些企业既有国际化大企业，也有大中型民营企业，采用双向选择，学生可以根据自己的兴趣选择其中一家，部分企业会现场面试。(3) 企业顶岗实习内容与人才培养体系和学生的职业发展规划相融合，一个企业骨干培养一个学生，培养的人才企业以免除试用期方式直接录用。在第三方评价机构组织的调查中，就"2014 年毕业生愿意推荐母校比例"调查项，制冷与空调专业调查结果位列全校所有专业前三甲。2011—2014 年毕业生就业对口率分别为 65%、70%、77%和 90%。[1]

3.2.1.5 "订单培养"模式

所谓"订单培养"模式，就是学校与企业签订正式的人才培养协议，双方一起制定人才培养计划，学生经过毕业考核后直接到企业工作。其中，冠名班是以班的形式批量订单培养。这种模式的特点包括：针对单位人才需求定向培养；针对单位定向培养的学生，大大降低人员流动的频率及人员流动带来的损失；节省单位为招人、留人、养人等投入的人力、物力、财力、时间[2]。

"订单培养"模式提升了学生的文化素质、技术能力素质和职业素养素质，增加了学生的学习动力，解决了学生就业难的问题，实现了招生与招工同步、教学与生产同步、实习与就业同步。"订单培养"模式是

---

[1] 江苏经贸职业技术学院.江苏经贸职业技术学院 2015 质量年度报告[EB/OL].(2015－08－10)[2019－07－20].https://www.tech.net.cn/column_rcpy/art.aspx?id=2677&type=2.
[2] 杨理连，邢清华.高职教育深度校企合作机制创新的再思考[J].教育与职业，2013(24)：15－17.

以"人才共建"为纽带的一对一合作模式,解决了企业用人需求的实际情况,受到了企业的普遍欢迎①。国家骨干高职院校采用"订单培养"模式开展校企合作的典型案例如下:

1. 广州铁路职业技术学院的"订单培养"模式。广州铁路职业技术学院2013—2014届企业冠名订单班达60个,有以下特点:一是从广铁集团等企业冠名订单扩展到30多个省内外企业订单;二是订单毕业生从2011届的521人增加到2014届的1356人,增幅超过130%;三是订单从第三年级为主转变为覆盖从新生到毕业班三个年级的学生;四是订单专业从轨道交通类扩展到先进制造类、电子信息类等非轨道类专业。订单培养模式基于学校与企业的深度合作、资源整合,实现了职业教育与产业企业的共赢发展,打造了有利于学生成长、学校就业、企业用人的共赢发展体系。②

2. 常州机电职业技术学院的"订单培养"模式。2010年,常州机电职业技术学院与苏文电能科技有限公司合作进行订单式人才培养。办学经费共同投入:三年期间,企业和学校共同选拔订单班学生,企业每年为苏文班每名学生提供5 000~7 000元奖学金;学生高职毕业后,根据三年大专期间综合成绩考评,学生与企业进行双向选择,符合企业要求的学生将获得继续深造的机会,企业每年给予8 000~10 000元奖学金。人才培养方案共同制定:企业和学校共同制定在校三年期间人才培养方案和毕业后专接本(应

---

① 马建松.职业学校校企合作模式的实践与创新[J].职教通讯,2011(22):49-51.
② 广州铁路职业技术学院.广州铁路职业技术学院2015质量年度报告[EB/OL].(2015-08-10)[2019-07-26].https://www.tech.net.cn/column_rcpy/art.aspx?id=2367&type=2.

用型本科)培养方案。在校三年期间,实行"工学交替":学生在企业期间,按照"1对2"的"师徒制"模式,每两名学生配备1名师傅,由师傅量身定制学生的学习计划;学生在学校期间,企业参与人才培养过程。学生发展共同规划:校企共同制定"苏文订单班"学生发展规划,学生修完大专课程,第三年到甲方顶岗实习,第四年符合企业要求的学生可以选择进入企业定点人才培育基地(应用型本科)继续学习。①

3.2.2 校企合作的主要成效

当前,国家骨干高职院校在校企合作过程中,与企业建立了良好的合作关系,形成了校企共建、项目驱动、双证培养、定向培养等多种校企合作形式,促进了教育教学的发展,推动了高职院校创新型人才的培养和社会影响力的提升。

3.2.2.1 校企紧密型合作体制机制已初步形成

当前,国家骨干高职院校的校企合作虽然还存在一些不足,但校企双方的合作与互动体制机制已初步形成,能以企业需求制定专业教学计划,并建立一定的协调机构,还能实现车间进校、校内实训等理论与实践相结合的教育环境。

首先,校企合作使得高职院校的人才培养以企业需求为依据。国家骨干高职院校在制定专业教学计划时,会根据市场调研获得的人才需求信息,按岗位群分类,确定专业能力结构和非专业能力素质的群体要求。其次,校企合作双方建立了一定的协调机构。一些国家骨干高职院校的校企合作双方建立了专业专家指导委员会和实习指导委员

---

① 常州机电职业技术学院.常州机电职业技术学院 2015 质量年度报告[EB/OL].(2015 - 08 - 10)[2019 - 07 - 09].https://www.tech.net.cn/column_rcpy/art.aspx? id=2663&type=2.

会,这些机构通常由政府部门、行业企业骨干和高职院校成员组成,能做到多元互动,集体决策,为协调高职院校的校企合作提供了极大的便利。再次,校企合作双方能实现利益共赢。国家骨干高职院校通过聘请行业(企业)的专家、高级技师为指导委员会成员,与企业签订专业实习协议等方式,逐步形成了产学合作共同体。在校企合作过程中,学校为企业提供咨询、培训等服务,并获得市场上与专业相关需求的第一手资料,为课堂教学提供案例,使理论与实践有机结合。最后,校企合作实现了学校教学环境和企业生产环境的有机结合。一方面,企业把与学校对口的生产车间搬进学校,实现生产车间与实习车间合一、教师与师傅合一、学习与生产合一、作品与产品合一,车间进校使校企双方真正达到了互利共赢、共同发展;另一方面,在校内建立企业真实环境模拟实训室,学生先在校内进行实训,企业定期派相关人员到学校向学生宣传企业文化,进行就业指导,并定期接受学生到企业进行顶岗实习,最后平稳过渡到企业中实习并工作①。

在国家骨干高职院校的校企合作中,双方的这些做法,是打破学生进企业实习这类简单的校企合作做法的有效尝试,表明当前我国高职院校的校企合作已经朝着紧密型合作方向发展。

3.2.2.2 高职院校人才培养质量得到有效提升

国家骨干高职院校校企合作的开展,促进了人才培养质量的提升。其一,校企合作为国家骨干高职院校的内部改革提供了企业视角。校企合作使得国家骨干高职院校从关门办学到开放办学,以市场和行业的人才需求为出发点进行专业设置、课程建设以及相应的管理制度变革,促使高职院校的人才培养定位更为精准,也有利于国家骨干高职院校现代教育治理结构和现代大学制度的建设。其二,校企合作为国家

---

① 林桢,卢川榕,黄雪琴.高职院校"校企合作"现状分析及应对策略[J].科技信息,2014(5):177-235.

骨干高职院校从企业引进"双师型"教师和教师实践能力的提升提供了便利,通过不断深化校企合作,一些国家骨干高职院校从企业引进了业务骨干担任学校的兼职教师或导师;还有国家骨干高职院校有计划地安排教师到企业挂职或进行企业横向科研项目的攻关,了解企业经营过程、工作流程,大幅提高了教师的实践经验,确保理论和实践教学的有机结合。国家骨干高职院校教师整体水平的提升,促进了学校教学水平的提高,从而使学生获得更好的学习效果。其三,校企合作为国家骨干高职院校学生提供了实习实训条件。合作企业为国家骨干高职院校提供了一定的实习实训场所,如共建的教学基地、实训基地和企业为学生提供的实习机会,学生进入这些场所进行实习与实训,能提前参与生产实践,对胜任本职工作的各项要求可以深刻体会,从而不断提升职业素养。

3.2.2.3 企业持续发展获得更有力的人力支持

企业需要创新型人才和高技能人才,需要实用技术和科研成果的引进与转化。面对高端、现代、新型、集约化的经济特点,企业必然要求高素质的劳动者和高质量的职业教育,也必然要依靠高水平人才进行技术创新。因此,与高等教育和职业教育合作已逐渐成为企业的战略需求。国家骨干高职院校开展校企合作有着多方面的积极意义。一是,通过校企合作培养的人才,较好地适应了行业、企业和社会的需要,缩短就业"磨合期",降低了企业的培训成本和劳动成本,有力地提升了企业的竞争力和发展,为经济社会的平稳健康发展提供了合适的人力保障。二是,通过校企合作,国家骨干高职院校能利用自身教育资源,服务地方经济社会发展,为企业开展各类培训服务,包括岗前技术培训、基础素质培训、职业技能培训、生产安全培训等[1]。三是,校企合作

---

[1] 中山火炬职业技术学院.中山火炬职业技术学院 2015 质量年度报告[EB/OL].(2015-08-10)[2019-08-09]. https://www.tech.net.cn/column_rcpy/art.aspx?id=2387&type=2.

促使国家骨干高职院校联合行业企业围绕前沿技术，开展联合项目申报，促进行业企业重要科技攻关的解决，使得企业的持续发展有了更强的人力支撑。

3.3 国家骨干高职院校校企合作存在的主要问题

校企合作不仅是学校与企业的合作，教学与生产实践的合作，也是科技与经济相结合的行为。它需要有关政策与法规的支持及资金投入的保障，也需要高等院校和企业深度融合，进行深层次体制机制创新。自20世纪80年代以来，校企合作已成为教育行政部门、高职院校和学术界的普遍共识，越来越受到政府部门、学校和企业的广泛关注和重视，在理论研究方面和实践探索方面也取得了一些成果，但其在快速发展的同时，也面临着一些问题和困难。当前，政府的相关法律法规不够完善，企业的积极度不高，校企双方未建立长效合作机制等等问题的存在，导致国家骨干高职院校的校企合作离"产教融合"的理想还有较大差距。具体来说，国家骨干高职院校校企合作存在的主要问题有以下几个方面。

3.3.1 政府出台的相关政策法规有待完善

发达国家历来注重制定政策和法律法规来应对职业教育校企合作的发展。如德国颁布了堪称西方国家最严密、最详细的《职业教育法》，还发布了针对手工业的《手工业法》，保障青少年接受和完成职业培训和职业义务的《青少年劳动保护法》，明确企业在职业教育中所承担的义务和享有权利的《企业基本法》，保证职业教育数量与质量持续稳定发展的《职业教育促进法》。法国也通过立法的方式，强制要求企业承担实施职业教育的义务,为职工提供接受教育的机会,还必须承担接受职业教育的毕业生的任务。美国、英国等职业教育发达的国家无一不是通过法律等手段来维护和促进职业教育平稳持续的发展的[①]。但在国家骨干高职院校建设的过程中,政府有关部门针对校企合作的政策法规相对来说还较为缺乏,有待完善,具体表现在以下几个方面。

3.3.1.1 缺乏对参与企业责权利的明确规定

完善有效的法律法规,通常需要明确相关主体的责、权、利等要素。当前,企业在参与校企合作中没有被赋予明确的法律地位。关于高职院校校企合作的最主要法律是《职业教育法》,但它对于各主体参与校企合作只是宏观的要求,对于政府、企业和学校等主体的责任、权利和利益,尤其是对于企业参与高职院校校企合作的责权利问题,并没有十分明确的规定,造成企业参与合作的动力不足。政府政策法规缺乏对校企合作中企业责权利的明确规定,主要表现在:首先,虽然规定了企业有履行实施职业教育的义务,但对于企业义务尽到何种地步,不尽义务会有何种程度的惩罚,都没有明确的规定。其次,在《职业教育法》中,规定了企业应当接受职业院校实习的学生和老师,但并未规定企业拥有何种权利,出现了企业权利义务不对等的现象。再次,相关政策法规对于企业参与高职院校校企合作缺乏有效的激励性规定。在校企合作过程中,企业为高职院校的人才培养承担了一定的成本,也可能在与高职院校共同开展科研及成果转化的过程中获得一定盈利,但是,相关的政策法规对于企业在参与高职院校校企合作时可能承担的成本及相关的盈利并没有细化的说明,也没有相关税收及管理上的激励,导致校企合作关系的建立和维系主要靠"关系和信誉",企业缺乏参与高职院校校企合作的积极性[②]。政府政策法规缺乏对校企合作中企业责权利

---

① 孙菲.谈我国高职院校校企合作[J].经营管理者,2015(5):239.
② 刘婷婷.我国高等职业教育校企合作法律制度存在的问题及完善的必要性分析[J].法制与社会,2013(36):49-50.

的明确规定,在一定程度上阻碍了国家骨干高职院校校企合作的长效发展。

3.3.1.2 未有效认定实习学生与企业之间的法律关系

人才培养是校企合作的重要纽带,明确校企合作中高职院校学生与企业的法律关系,是高职院校校企合作健康发展的基础。当前,高职院校学生与企业之间的法律关系,颇具争议。因为《职业教育法》《劳动法》和《高等教育法》等相关法律未对实习生的身份做出明确界定,导致实习生所在的实习单位,以实习生与企业之间不是劳动关系为由,对侵害实习生合法权益的违法犯罪行为以及在工作中出现的意外伤害,不承担相应责任。原劳动部1996年10月1日颁布的《企业职工工伤保险试行办法》规定:"到参加工伤保险的企业实习的大中专院校、技工学校、职业高中学生发生伤亡事故的,可以参照本办法的有关待遇标准,由当地工伤保险经办机构发给一次性待遇。"而于2004年1月1日起施行的新《工伤保险条例》,对此项规定予以取消,也没有对实习生伤亡事故可否参照工伤认定及处理做出规定。在这种情况下,实习生是否属于"各种用工形式各种用工期限的劳动者",缺乏法律明确规定[①]。这导致实习生在与实习单位的利益关系中始终处于劣势,其合法权益得不到保障,不利于国家骨干高职院校校企合作双方的责任认定。

3.3.1.3 相关政策法规的压力性条款有待增加

压力性政策主要指通过相关政策上的规定或要求,给学校和企业带来一种压力,迫使其实施校企合作或端正校企合作态度,可以通过惩罚及不定期检查来达成[②]。当前,关于高职院校校企合作的法律和政策文件,多为正向规定,相关的压力性条款和政策相对较为缺乏。比如:企业不参与高职院校校企合作,是否有惩罚措施;在校企合作过程

---

① 杨甜.高职教育校企合作的法律保障之完善[J].湖南警察学院学报,2011(1): 129-131.
② 邓文萍.高职院校校企合作促进机制研究[J].职教通讯,2011(19): 13-18.

中,什么样的企业将承受较多的工商税务检查;高职院校师生进企业实践,若出现安全和意外事故,谁将承担主要责任等。以上这些情况都没有较为明确的规定和说明,导致在校企合作实践中出现的一些违法违规行为,缺乏有效的约束与规范。相关政策法规中压力性条款的缺乏,导致一些高职院校和企业的校企合作,缺乏实质性,没有明确各方的责任,也就出现合作松散的现状。

3.3.2 高职院校在校企合作中作用不明显

在市场经济条件下,高职院校与企业开展校企合作,必须建立在"双赢"的基础上,不能寄希望于企业牺牲自身利益来满足高职院校需求。因此,高职院校要认真分析自身定位、找准优势,加强学校硬件设施建设,明确自己能够为企业做些什么,不断提升服务企业的能力,以满足企业的人才、技术、文化需求,这是高职院校与企业开展校企合作的前提条件[①]。当前,国家骨干高职院校的校企合作还存在一些问题,与高职院校的作用不够凸显也有一定关系。具体来说,高职院校在校企合作中的作用不够明显,主要表现在以下几个方面。

3.3.2.1 专业建设吸引企业合作力度较小

职业院校本身是刺激企业参与职业教育的诱因,只有不断提升职业院校自身的吸引力,企业才愿意与学校长期合作。其中,高职院校加强自身建设,以特色性专业建设为载体来培养有针对性、有差异性的教师和学生,对于校企合作而言具有极大的推动作用。但是,在校企合作过程中,国家骨干高职院校的专业建设没有特色性,相对滞后,因而对企业合作的吸引力较小。由于受自身办学条件的限制,高职院校对企业的吸引力远不如本科院校(尤其是研究型大学)。由于办学经费的不

---

① 王济魁.高职教育校企合作模式的探析[J].科技展望,2014(14):80.

足,有些高职院校在专业设置上,什么专业省钱就开办什么。专业设置未能紧密联系市场,没有经过认真的市场调研和充分的论证,存在较大的随意性,市场需求面狭窄,专业设置与地方经济发展需要不协调,专业设置缺乏特色,教学内容与社会需求脱节。高职院校专业设置的滞后性,导致高职院校培养出来的人才不适合企业需要,而企业需要的人才高职院校又不能及时培养的局面。有些专业甚至没有就业市场[①]。这些导致国家骨干高职院校的专业教育无法吸引企业,也就难以与企业形成长期合作的关系。

3.3.2.2 校企合作过程中的支撑保障不够

国家骨干高职院校开展校企合作,需要相应的实验(实训)条件,需要足够的场地以及必要的设施设备等作为保障。然而,当前,在国家骨干高职院校的校企合作中,校企双方在合作之前都没有进行充分考察,因而国家骨干高职院校过分看重校企合作项目本身的社会效益,即解决学生的实习和未来的就业问题,没有考虑项目实施的可行性,在实训条件的配备上显得不足,仍需改善。一是实训基本条件较差,还无法满足学生基本技能训练,只有部分专业能做到"边做边学、学做合一"。二是实训场地不足,无法满足生产性实训的需要。三是具有生产性和新技术(新产品)研发功能的设备不够,不能吸引企业来校开展合作[②]。总体看来,高职院校实验(实训)条件及相关保障没有随着社会对人才培养要求的提高而同步改善,部分高职院校实验(实训)设施还比较简陋,实践训练水平还较为低下,无法满足现代企业用人质量的要求[③]。因此,从企业角度来说,国家骨干高职院校为校企合作提供的支撑保障

---

① 肖称萍.企业参与校企合作的动因分析与激励机制探究[J].职教论坛,2012(34):77-80.
② 丁金昌.实施"校企合作、工学结合"学校层面的思考及示范院校建设的实践[J].温州职业技术学院学报,2008(8):16-20.
③ 李辉,陈斌.高职院校校企合作存在的问题与措施[J].当代职业教育,2014(1):80-81.

明显不足,没有体现出校企合作的诚意。

3.3.2.3 科研社会服务难以满足企业需求

在校企合作过程中,科研和社会服务是高职院校对接企业和市场人才需求的重要内容,也是吸引企业参与校企合作的重要因素。因此,高职院校应该找准定位,发挥优势,体现特色,充分为企业开展科研服务,为市场做好培训工作。但是,当前高职院校的科研水平和社会服务能力难以满足企业需求,主要表现为:一是为企业开展的科研服务难以达到企业要求。高职院校具有生产性和新技术、新产品研发功能的设备不足,教师的科技开发和技术服务能力较弱。再加上在科研和技术开发研究方面积累不多,能为企业提供技术支持的能力有限,缺乏吸引力。产学研结合缺乏科研的引领,无论是在校企合作方面还是在校办产业(实业)方面都难以达到高水平,因而限制了高职院校的校企合作朝更高层次的方向发展[①]。二是为企业开展培训服务的亮点不够明显。高职院校应该针对行业企业需求,结合自身专业和师资队伍特色,积极为行业企业开展员工培训和相关专业讲座活动。但在校企合作过程中,国家骨干高职院校并未能有针对性地为行业企业开展相关培训服务,导致自身的职能未能有效发挥,没有给企业带来一定的价值。

3.3.3 企业参与校企合作的动力亟须增强

当前,国家骨干高职院校的校企合作并未取得深层次效果,还缺乏长效机制,除其他因素制约外,企业自身合作动力不足也是重要的原因。这一现象的形成与企业工业文明缺乏,企业付出与回报不均等因素有着密切的关系。企业参与校企合作的动力不足,具体表现在以下

---

① 殷红,米靖,卢月萍.我国高职院校校企合作研究综述[J].职教论坛,2011(12):11-17.

几个方面。

3.3.3.1 "双主体"意识不强影响企业参与合作

自19世纪中叶至今,我国现代化进程不过一个半世纪,虽然近代以来,国内的工业得到了长足发展,工业文明的物质基础也基本具备。然而,文化的积累与改变是渐进的,与工业化物质文明相伴的精神文明不可能如物质积累一样在短时期内建立。于是中国出现了工业文明滞后的现象,如不尊重社会分工带来的不同职业差异,不重视技术专长和技术创新精神等。这导致企业"双主体"意识不强,只注重承担对创造经济利润的主体责任,缺乏必要的社会责任,未能成为承担教育责任的主体,缺乏参与各类教育的理念与行动。在这种背景下,大多数企业对参与国家骨干高职院校的合作观念较为滞后,认为培养人才是高职院校的责任和义务,导致国家骨干高职院校校企合作只停留在单纯选择人才的层面,企业不参与或很少参与国家骨干高职院校的人才培养,在高职院校校企合作中较为被动[1]。这种因工业文明缺乏带来的企业对高职院校校企合作的不够重视,成为影响国家骨干高职院校校企合作工作开展的重要原因。

3.3.3.2 企业尚未建立校企合作管理的专门机构

校企合作作为校企双方履行社会责任的新教育模式,理应有相应的新部门和新机构加以管理和规范。当前,在骨干高职院校校企合作过程中,一些国家骨干高职院校都先后成立了校企合作机构,如"校企合作理事会""校企合作处""校企合作办公室""校企合作专业建设理事会"等机构,作为邀请多方参与的校企合作决策和管理机构,为校企合作的健康可持续发展提供了组织基础。但在校企合作过程中,企业的管理机构相对缺乏,企业一方面没有充分认识到参与高职院校

---

[1] 叶小明,朱雪梅.中国高职教育校企合作:模式特征与实践策略[J].现代教育管理,2011(4):91-94.

校企合作的重要性,另一方面,在制度和组织管理机构建设上还较为滞后,大多数合作企业没有建立统筹和管理企业参与校企合作的机构。这导致高职院校学生和教师进企业实践,涉及相关科研专利等关键环节的沟通,以及相关制度的建立与完善等,都是听凭管理层的意志,临时抽调人手开展。这种缺乏组织机构协调下的校企合作,容易造成企业管理资源的浪费和管理上的低效,也阻碍了企业管理校企合作的专业性。

3.3.3.3 企业对校企合作培养的人才认可度不高

高职院校校企合作的质量,取决于高职院校和企业双方的过程投入;其合作成果,如双方取得的科研成果、获得的发明专利等,需要得到合作双方的高度重视,以形成合作办学的正反馈循环。其中,双方合作最重要的成果是高级技能型人才,更应该受到彼此的重视。但是,在国家骨干高职院校的校企合作中,一些企业对于合作所培养的人才,并不是十分重视。具体表现在:有些企业不愿意招收校企联合培养的学生进入企业,在技能人才选拔方面没有真正把校企合作培养的学生作为主渠道。这种现象反映出企业不认可或重视与高职院校联合培养的学生,这会影响校企合作中高职院校的积极性,也降低了学生的就业预期。

3.3.4 校企紧密合作的长效机制尚不健全

机制具有引导、激励和约束功能,要促进高职院校与企业的有效合作,就必须从机制上进行创新。当前,国家骨干高职院校的校企合作,在政行企校的合力推动下,"学校热、企业冷"的局面有较大改观,但仍然存在一定的问题,除了政府、企业和高职院校各自的问题外,校企合作整体缺乏相应的协议、运行和评价保障机制也是值得探讨的重要因素。具体来说,国家骨干高职院校校企合作长效机制不健全主要表现在以下方面。

3.3.4.1 合作协议规范性和制度性不够

适时签订正式的合作协议,对于国家骨干高职院校的校企合作而言,有利于实现项目的规范化,防止合作的随意性。当前,国家骨干高职院校的校企合作,其长效合作制度尚不够规范的一个重要表现是缺乏协议规定。一方面,现有的校企合作大多依靠领导或教师的私人关系形成,所签订的合作协议比较简单,对于双方的权利义务一般没有明确规定,没有形成对校企合作完备的契约治理。另一方面,多数校企合作关系没有形成明确的产权关系,适应校企合作办学的专用性资产投入不多,使得校企之间的合作关系容易受到双方人员和资产等变更的影响。这导致许多校企合作关系都是临时性的,只能维持少数和短时间的合作。再者,有些校企合作关系虽然维持了较长时间,但在合作项目上并不具有稳定的周期性,特别是一些"订单培养"项目,各年度或有或无,或多或少,缺乏固定性,因而影响到学校专业建设和资源配置等的长期规划。

3.3.4.2 校企合作的运行机制有待完善

在建立校企合作关系后,高职院校和企业必须制定好相应的运行机制,才能确保校企合作的顺利运转。这些运行机制包括共同决策机制、利益共享机制和成本分担机制三个方面,但当前的校企合作运行机制并不健全。一是共同决策机制还未有效建立。虽然一些国家骨干高职院校的校企合作成立了"校企合作理事会""职教集团"等机构来统筹校企合作工作,但并不是所有的高职院校都成立了这样的机构。而且,即使成立了一些共同决策的机构,其中政府、企业和高职院校的人员占比仍缺乏明确规定,企业在这些机构中的话语权还不够高,导致不能很好地影响高职院校的校企合作。二是利益共享机制还不够明晰。当前,一些国家骨干高职院校的校企合作并未就合作可能带来的收益,如联合申报成功的项目和专利发明等,并未进行合理的分配说明,使得在取得一定的收益时,其分配具有较大的随意性。三是责任分担机制不够健全。在高职院校的校企合作中,进企业实习实训的学生,有时会出现一些安全和意外事故,需要高职院校和企业承担一定责任。但当前,国家骨干高职院校和企业在这方面的责任认定并没有很好划分,缺乏一定的制度文件加以明确,在处理时也有很大的随意性,给企业和高职院校的管理带来了一定的难题。

3.3.4.3 校企合作的评价机制尚不健全

就高职院校校企合作健康可持续发展而言,搭建顺畅的合作平台是前提,确定校企双方利益共同点是核心;而建立合适的实效性评价方法,定期进行质量检查和评价,根据反馈结果进行相应的调整和完善,以保障校企合作优质、高效和良性运作,则是其中的要点和关键[①]。因此,要构建一套科学合理的国家骨干高职院校校企合作评价机制。但当前,国家骨干高职院校的校企合作,明显缺乏这样的评价机制,具体表现在以下几个方面。一是行业协会评价的作用较为微弱。行业协会在国家骨干高职院校校企合作中所发挥的重要作用,就是对校企合作水平和人才培养质量进行评价。但当前,行业协会进行的评估很少,对高职院校校企合作能发挥的作用很小。二是其他第三方评价的缺失。行业协会之外的其他第三方评价作为教育评价的重要力量,对于公平客观地评估高职院校校企合作的质量,起着重要的作用。然而,因为国内第三方评估不够发达,高职院校校企合作的第三方评估机制尚未有效建立,导致其社会评估相对缺乏。

3.4 国家骨干高职院校加强校企合作的对策建议

高职院校与企业的合作,是现代职业教育发展的必然要求。高职

---

① 赖永辉.企业深度参与、多方共同评价下的校企合作评价体系研究[J].职教论坛,2013(24):20-23.

院校校企合作的有效性离不开目标共定、资源共建、人才共育、成果共享、责任共担的办学体制机制。当前,国家骨干高职院校的校企合作还存在着一些问题和制约因素,这需要政府、高职院校和企业三方积极面对,努力探索。

3.4.1 政府加强政策法规建设,营建校企合作的法治环境

政府在政策保障、统筹规划、资源配置、经费投入、绩效评价等方面扮演着不可替代的重要角色。当前,政府的政策法规缺乏对国家骨干高职院校校企合作中各参与主体,尤其是企业责权利的明确规定。因而,应通过加强政策法规建设,对校企合作中政府、企业和高职院校的责权利加以规定,要重点对企业参与的责权利进行细化,以营建国家骨干高职院校校企合作的法治环境。在此基础上,对企业参与国家骨干高职院校校企合作的责权利进行规定,具体来说应从以下几个方面入手。

3.4.1.1 出台法规政策明确企业的责权利范围

企业作为国家骨干高职院校校企合作的重要参与主体,在多大程度上能实现其责权利相统一,需要政府的政策法规加以规定和规范。当务之急是完善相关法规,如:在《职业教育法》中明确规定校企合作的合法性和各主体参与高职院校校企合作的义务;尽快出台《职业教育校企合作促进办法》等校企合作的专门性法规。进一步明确有关政府部门、职业院校、行业和企业参与发展职业教育的权利、社会责任与法律义务[①]。在具体内容上,首先,应该对企业参与校企合作的义务加以明确规定,如接受国家骨干高职院校学生和教师进企业实践的义务,派

---

① 肖称萍.企业参与校企合作的动因分析与激励机制探究[J].职教论坛,2012(34):77-80.

合适的业务骨干进高职院校挂职的义务等,要让企业认识到参与高职院校校企合作是一种社会责任和义务的体现,从理念上认识到应积极参与高职院校的校企合作;其次,对企业参与国家骨干高职院校的校企合作,明确其有哪些权利,如获得专利挂名权、联合申报项目权、获得税收优惠权等,这样才能保证企业应尽的义务和享受到的权利的对等;最后,针对企业参与高职院校的校企合作,政府有关政策法规应该出台激励性条款,从税收、成本分担等角度,为企业参与高职院校的校企合作提供优惠,以确保企业参与高职院校校企合作有经济动因。在具体做法上,可根据企业参与校企合作的程度,在法规中明确规定参与校企合作的企业享有财税、土地、金融等相关优惠政策,使企业能切实看到具体享有哪些权利。也可以借鉴国外的做法,将企业用于教育的费用计入成本,直接在税收中减免[①]。借鉴国际经验,我国还可以在政策法规中要求各级政府设立校企合作专项经费,用于支持校企合作。

3.4.1.2 明晰实习学生与合作企业的法律关系

人才培养是高职院校校企合作的最终目标指向,学生进企业实习实训是校企合作最基础、最重要的内容。当前,在国家骨干高职院校校企合作过程中,《职业教育法》《劳动法》等相关法律法规,对高职院校的实习学生与企业的法律关系还缺乏有效的认定,导致学生实习中各种安全和意外事故发生,责任主体却不是很明确,因而权益得不到应有的保障。因此,为保障校企合作的长效发展,要明晰校企合作中实习学生与合作企业的法律关系。一方面,要完善《职业教育法》《劳动法》《高等教育法》《工伤保险条例》等相关法律,对实习生是否属于"各种用工形式各种用工期限的劳动者",做出明确规定,以对高职院校学生进企业学习的性质进行界定;另一方面,要确保进企业实习实训的高职院校学

---

① 刘琴.高职院校促进校企合作的体制机制研究[J].管理观察,2014(28):143-146.

生的权益,进一步明确到参加工伤保险的企业实习的高职院校学生,如果发生意外事故,该由哪个机构担责,是否具有工伤保险和相应赔偿等内容。

3.4.1.3 强化校企合作的压力性政策条款规定

校企合作有了好的政策规定后,还必须将政策落到实处。当前,国家对于校企合作的政策正向规定居多,导致在实践中,一些违反规定的行为和现象缺乏有效约束。为了落实国家关于校企合作的各项政策,促进国家骨干高职院校校企合作的有效、长期进行,政府有关部门必须辅之以相应的惩罚政策。如:对于违反校企合作相关规定的企业进行罚款,对于不积极进行校企合作或是校企合作效果不好的学校进行降级,对于在校企合作中出现重大师生安全事故的企业和高职院校进行惩罚和通告批评,等等。为了达到压力性政策的效果,政府有关部门需要制定不定期检查政策,给企业及学校在实施校企合作时制造一种政策上的压力,使其不敢懈怠,避免组织形同虚设或相关人员玩忽职守[①]。总之,在国家骨干高职院校的校企合作过程中,压力性政策应该成为敦促企业和高职院校主动参与校企合作,进行深度融合的催化剂。

3.4.2 高职院校加强特色建设,提升校企合作的质量水平

高职院校作为校企合作的发起者,在校企合作的人才培养方面,起着至关重要的作用。因此,要实现高职院校校企合作的良性有序发展,高职院校应该有所作为。针对当前国家骨干高职院校在校企合作过程中存在的专业建设对企业缺乏吸引力、硬件投入不足、科研社会服务难以满足企业发展需求等方面的问题,国家骨干高职院校

---

① 邓文萍.高职院校校企合作促进机制研究[J].职教通讯,2011(19):13-18.

应加强自身特色建设,加大校企合作的硬件投入,同时积极为企业开展科研和培训服务。具体来说,国家骨干高职院校应从以下几个方面入手。

3.4.2.1 加强自身特色建设,提升对企业的吸引力

高职院校校企合作的发展离不开企业的大力参与,因此应加强高职院校自身特色建设,克服当前一些国家骨干高职院校自身特色不强、难以吸引企业的不足。一是做好专业建设与调整的规划和市场调研工作。专业是高职院校人才培养定位与办学特色的重要体现和载体,国家骨干高职院校要打造自身特色,离不开对专业建设的重视。针对当前国家骨干高职院校在合作办学中专业建设难以吸引企业的现象,有必要加强以专业为基础的高职院校特色建设。既要做好专业建设与调整的规划工作,做到科学设置和调整专业,不随意;又要做好专业建设与调整的市场调研工作,以市场和行业发展需求为基础促进专业发展。二是邀请企业参与国家骨干高职院校的改革实践。在校企合作的背景下,国家骨干高职院校的各项改革有必要听取合作企业的意见,以了解企业人才需求,提高企业参与学校建设的积极性。在专业设置和调整方面,国家骨干高职院校也应该邀请企业提出相应的行业意见,做到既与时俱进又不盲目跟风。

3.4.2.2 加大实训硬件投入,实现合作的条件保障

在国家骨干高职院校校企合作过程中,学校作为人才培养的重要主体,应该充分发挥自身作用,以现代企业的人才需求为指南,为校企合作提供坚实的硬件条件,通过实施多种措施和途径,使学校自身具备良好的条件和过硬的能力,为校企合作做好充分的准备[①]。具体来说,一方面,国家骨干高职院校应该尽量扩大实训场地

---

① 肖称萍.企业参与校企合作的动因分析与激励机制探究[J].职教论坛,2012(34):77-80.

的面积,重点加强"生产型"实训基地建设,提高实训实验设备的共享程度,也可以将校园的一部分或是租借一定场地作为学生实训场地、实验室;另一方面,国家骨干高职院校要联合企业改善实训场地的操作环境,如增添足够数量的办公设备,为现场操作的学生配备合适的师资,减少实训场地的安全风险等,以确保实训能满足学生的锻炼要求。

3.4.2.3 提升社会服务能力,为企业提供智力支持

国家骨干高职院校要想充分激发企业参与办学的积极性,必须为企业创造相应的价值,这要求国家骨干高职院校为企业提供智力支持。一是加强科研服务,为企业解决一些科技难题。国家骨干高职院校要提高教师科研的能力和积极性,尤其是相应的技术开发能力,围绕行业发展需求开展相应的应用型研究,为企业判断行业发展趋势和技术进步路径提供决策参考;同时,联合企业承担科研项目,为企业解决相应的技术问题。二是结合自身办学优势,为企业开展培训服务。国家骨干高职院校除了给企业带去科技服务外,还应为企业提供一定知识培训服务,要利用自身的办学优势和特色,为合作企业带去最前沿的知识,方便企业员工提高自身素质,更好地服务于企业发展。

3.4.3 企业加强参与融入意识,培育校企合作的发展动力

企业是现代高职教育的重要组成部分。针对当前企业参与国家骨干高职院校校企合作动力不足的问题,建议企业做好以下几个方面的工作。

3.4.3.1 切实转变合作观念,主动承担社会责任

现代社会的发展要求企业在营利的同时积极承担社会责任,以确保企业的发展合乎社会道德规范,它要求企业在创造利润、对投资者利益负责的同时,还要承担对环境、顾客和社区等方面的责任。校企合作

是高素质、高技能型人才培养的重要途径,企业是校企合作成果的受益者,因而应是校企合作的责任承担者。从利益相关者的角度来看,积极参与高职院校的校企合作是企业应尽的社会责任。虽然从短期来看,企业在校企合作中效率会有所降低,但长期来看,企业将从高素质的人力资源供给中获益,增强自身的生存与创新发展能力。因此,在新形势下,校企合作已成为时代教育的发展要求,也是企业必须承担的社会责任。企业要切实转变合作观念,从自身形象塑造和主动承担社会责任的角度看待校企合作,变"要我合作"为"我要合作",促使在校企合作中的主体作用得到充分发挥①。

3.4.3.2 设置专门合作部门,加强校企合作管理

缺乏组织机构协调下的高职院校校企合作,具有管理上的随意性,浪费校企合作资源。为实现国家骨干高职院校校企合作的制度化和常态化,提高校企合作管理的效率,企业应该借鉴一些高职院校的做法,设置独立的校企合作部门,如"校企合作部""校企合作管理办公室""校企合作联络中心"等机构,专门管理校企合作中的相关事宜。这些企业设置的校企合作管理部门,其主要职能应包括:一是校企合作的联络工作,包括各种培训、项目申报、研讨会、重大事项通气会等,实现与高职院校相关办事人员沟通的畅通;二是对高职院校教师和学生进企业的有效管理,实现师生进企业锻炼的质量保证和安全保障;三是对校企合作进行宣传和效果评估,实现校企合作效果和社会效应的扩大化,从而树立自身校企合作的良好品牌。

3.4.3.3 有效发挥主体作用,积极参与合作办学

企业不仅要转变观念,明确参与高职院校校企合作的重要性,还应主动参与高职院校人才培养的全过程,包括制订人才培养方案、设置专

---

① 高静,刘旭东.高职院校校企合作人才培养模式研究[J].中国成人教育,2014(9):97-99.

业和教学计划、安排课程内容、改革教学方法、建设实习实训基地、培养"双师型"教师等。在具体做法上,首先,企业要选派技术专家或操作能手到院校兼职授课,将最新的产品、技术、工艺等引进校园,为学生提供更多的实习岗位与当前就业市场信息;其次,企业要与高职院校建立多功能的实习实训基地,促进学生和教师进企业提升实践技能,要进行良好的沟通,形成有效的实习基地协调模式;再次,企业应建立健全培训制度,制定科学的校企合作管理章程和工作条例,做到周密安排、有效管理,为与院校共同完成人才培养任务提供制度保障[①];最后,企业要积极参与各种行业的职业教育教学指导委员会,参加各种校企合作的职业教育会议,为职业教育课程建设、职业教育项目建设出谋划策、提供指导性建议[②]。

3.4.3.4 重视校企合作成果,扩大合作学生招聘

学生是高职院校人才培养质量的体现,也是国家骨干高职院校校企合作的最终目标。企业参与国家骨干高职院校校企合作,必须对合作的成果,尤其是所培养的学生加以重视。针对当前一些企业不够重视学生,不认可学生,并不将合作培养的学生当成企业人才招聘主渠道的问题,建议企业应该加以改善,重视校企合作成果,加大招聘合作院校学生的力度,具体做法如下:一是建立从合作院校招聘毕业生的制度,设置招聘的最低录用率,实现这类招聘的制度化和常态化;二是加强宣传,促进合作院校管理层和学生加强对自身企业技能要求和文化氛围的学习和了解,更好地促进学生进入企业工作。

---

① 杨理连,邢清华.高职教育深度校企合作机制创新的再思考[J].教育与职业,2013(24):15-17.
② 刘明生,王玲,李建华.论高职校企合作长效机制的构建[J].教育与职业,2013(2):17-19.

3.4.4 加强长效运行机制建设,推进校企合作的制度保障

国家骨干高职院校的校企合作,只有建立长效机制,才能顺利开展。当前,国家骨干高职院校的校企合作整体缺乏相应的协议、运行和评价保障机制,应该予以完善,推进国家骨干高职院校校企合作的制度保障,具体来说,可以从以下几个方面入手。

3.4.4.1 完善校企合作的正式协议制度

国家骨干高职院校校企合作,应力戒仅靠私人关系签订的简单随意性协议,必须建立在正式的契约之上。具体来说,应该做好以下几项工作。一是签订正式协议,对于国家骨干高职院校与企业的合作,一定要有相应的正规协议保障合作的合法性,避免项目受到私人意志影响。二是在协议中理顺校企合作的产权关系,规定项目的责任单位和责任个体,确保各方的资源投入和相关资产有责任主体,减少因部门或人员变更引起的产权调整。三是以正式协议保障合作的长期性和稳定性,对于一些"订单式"项目,要在双方合作的基础上,制定相应的协议,以确保项目运行的可预期性和相对稳定性,使得双方的资源投入具有长期规划。

3.4.4.2 形成校企合作的长效运行机制

在国家骨干高职院校校企合作过程中,运行机制建设是最为关键的要素,因而,必须完善校企合作的各项运行机制。一是加强校企合作的共同决策机制建设。一方面,对于没有建立校企合作协商机构的高职院校,应该尽快成立诸如"校企合作理事会""职教集团"之类的校企合作各主体议事决策机构;另一方面,对于已有的一些校企合作协商机构,应完善制度建设,对校企各方参与决策的范围和主题加以限定,尤其要加大企业人员参与校企合作决策的力度。二是完善校企合作的利益共享机制。校企合作的各主体,应该就校企合作

可能获得的收益建立一定的协议,明确规定收益的主体和比例,以实现收益分配的公平合理,激发各主体的积极性。三是明确校企双方的责任边界。对于校企合作可能出现的安全和意外事故,国家骨干高职院校和企业也应该明确责任边界,尤其是对学生权益损害的赔偿问题,应该有详细规定,以提高校企合作的管理质量。

3.4.4.3 建立校企合作的多方评估机制

当前,国家骨干高职院校的校企合作缺乏行业和以第三方评估为代表的社会化评估,不利于其质量标准的制定和实践成果的检验。因此,应建立校企合作的多方评估机制,建立全方位的评估体系。一方面,要发挥行业职业教育教学指导委员会的评估和指导作用,促使它们建立高职院校校企合作办学的质量评定标准,从而形成校企合作的规范;另一方面,要加强以第三方评估为基础的社会化评价机制建设,与各级政府共同建立职业教育校企合作的社会化评价体系①。建立由教育行政部门牵头,各相关方面共同参与的校企合作评价制度,其中第三方评估的作用最应该得到高度重视,允许第三方评价机构成立并在国家骨干高职院校校企合作中发挥重要的评估监督作用。

---

① 和震.职业教育校企合作中的问题与促进政策分析[J].中国高教研究,2013(1):90-93.

第4章
国家骨干高职院校的专业建设

"国家示范性高等职业院校建设计划"骨干高职院校建设项目,要求着力推进国家骨干高职院校的办学体制机制创新,增强办学活力,其中,强化内涵建设,进行专业建设是其核心。本章首先从理论上分析了高职院校专业建设的内涵与特点,继而分别就专业设置与调整、课程与专业教学库建设、专业实训基地建设等方面,详细探讨了国家骨干高职院校专业建设的实务。

4.1 高职院校专业建设的内涵与特点

专业是高职院校开展教学活动的基本单元,是高职院校与社会的联系点,是社会需要和高职学校的结合点。专业建设的状况直接影响高职院校的人才培养质量,关系到高职院校的生存与发展[①]。要加强高职院校的专业建设,首先必须了解高职院校专业建设的内涵与特点,以有的放矢。

---

① 黄东昱.论高职院校特色专业的内涵及其建设策略[J].南昌高专学报,2008(6):149-151.

4.1.1 高职院校专业建设的内涵

4.1.1.1 专业建设的内涵

"高等教育的实质是专业教育"[①],相关辞书及教育著作对"专业"一词有不同的定义。在《现代汉语词典》中,"专业"指"高等学校的一个系里或中等专业学校里,根据科学分工或生产部门的分工把学业分成的门类"。《辞海》对专业的定义与《现代汉语词典》中的定义相类似,为"高等学校或中等专业学校根据社会分工需要设立的学业类别"。《教育大辞典》对"专业"的解释是:"中国、苏联等国高等教育培养学生的各个专门领域。大体相当于《国际教育标准分类》的课程计划(program)或美国高等学校的主修(major)。"联合国教科文组织所编《国际教育标准分类》中,没有出现专业一词,对应出现的是"课程计划(program)"[②]。

我国学者就专业的内涵提出了一些新的见解。周川(1992)[③]认为专业有广义、狭义和特指之分。广义的专业指任何一种职业;狭义的专业指从事比较高级、复杂、专门化程度较高的脑力劳动的特定的社会职业;特指的专业则是高等学校依据确定的培养目标和课程体系,以及通过教学活动而联系起来的教育者和学习者共同构成的基本教育单位。赵康(2000)[④]从专业社会学的角度将专业称为专门性职业(professional occupation),并认为每一个专业都有一个科学的知识体系(a scientific

---

① 董秀华.试论"专业高等教育"——基于人才培养规格差异的视角[J].复旦教育论坛,2008(2): 38-41,47.
② 张炳生,王树立.学科、专业一体化建设研究[J].中国高教研究,2012(12): 43-45.
③ 周川."专业"散论[J].高等教育研究,1992(1): 78-83.
④ 赵康.论高等教育中的专业设计[J].教育研究,2000(10): 21-27.

knowledge base)。谢桂华(2002)[1]认为,高等学校的专业,是以学科为依托,根据社会职业分工的需要,分门别类地进行人才培养的基本单位。

通过以上对专业的解释与论述,可以将专业的内涵归纳为以下几点:高等学校的专业是我国向苏联高等教育系统学习的产物,以培养人才为目的;专业与从事较高脑力劳动的特定社会职业相对应;每一个专业都有一个相关科学的知识体系,因而必须以一定的学科为依托。同时,专业作为高等院校与社会的接口,也是教育教学的基本单元,是根据社会职业分工的需要确定人才培养目标和方案,整合学科和社会资源,从而分类进行专门知识、技能和工作岗位技术、经验,以及行业道德规范的教、学、研、训等活动的基本单位。

4.1.1.2 高职院校专业建设的内涵

普通高校的专业是为学科承担人才培养的职能而设置的,专业建设以学科发展为导向,具有鲜明的学科性特征[2]。与普通高校不同,高职院校专业则是根据社会职业分工而设置,面向职业岗位或岗位群,专业建设以市场需求为导向,具有鲜明的职业性特征[3]。

高等职业教育的职能是为社会主义现代化建设培养、输送高素质的技术应用型人才。高等职业教育的性质和职能决定了"高职院校的专业设置是联系社会和学校的一个纽带"。在影响高职院校核心竞争力的诸多要素中,专业资源是一项关键性的要素。高职院校的专业资源并不简单地等同于专业目录、课程设置,而是一个包含教学资源、师资配备、实训设施在内的系统工程,其内涵主要表现在:

---

[1] 谢桂华.关于学科建设的若干问题[J].高等教育研究,2002(5):46-52.
[2] 单嵩麟.地方多科性高职院校专业设置的实践与思考[J].青岛职业技术学院学报,2009(3):31-34.
[3] 卢致俊,曾华,张海峰.高职院校专业体系的特征及其构建[J].教育与职业,2006(33):28-29.

第一,专业的设置和优化是专业建设的前提。因为高职院校的专业所培养的人才是直接走向工作岗位的,因此其专业建设有很强的针对性。同时高职院校的专业设置要从市场的实际情况出发,不能偏离市场需求和就业岗位需求①。所以,高职院校的专业设置需要不断地进行调整更新,具有相对的灵活性,这也是高职院校专业设置不同于普通高等教育专业设置的一个重要方面。

第二,提高教学质量是专业建设的首要任务。由于高等职业教育与普通高等教育的培养对象不同,高等职业教育在专业建设中应树立以学生为本的理念,建立学生个性发展的机制,拓展学生的个性发展空间,选择和创造适合学生的教育,引导学生学习,使学生的个性和特长能够得到充分的发挥,并在主动的学习中提高素质和培养技能,满足就业需要和适应社会的要求②。因而,高等职业教育的专业建设目标与普通高等教育的专业建设目标存在较大差异。

第三,实践实训是专业建设的保障。高职教育培养的是社会急需的高等技术应用型人才,高职毕业生走出校门就能直接就业上岗。实现教学与就业的零距离接轨,既是用人单位对高职院校的期望,也是各高职院校教学的重点和难点。缩短理论与实践的距离,唯一的途径就是强化实践环节的教学。因此,高职学院的专业建设面临着一个重要任务,就是建立相对完善的、先进的实训教学体系。

第四,师资队伍建设是专业建设的关键。高职院校的专业建设、实践教学和实验实训条件打造等都离不开一支高素质的师资队伍,重点是"双师型"教师队伍的支撑。高等职业教育的高等教育属性,要求教师必须具备较高的学历,有扎实的专业理论功底。其实践属性则要求

---

① 应智国.论专业群建设与高职院校的核心竞争力[J].教育与职业,2006(14):33-35.
② 傅伟,柳青松,邓光.基于工作过程系统化的高职专业建设内涵探析[J].职教论坛,2010(9):40-42.

教师具备丰富的实践经验,有过硬的动手能力[1]。所以,如何集聚师资力量,形成专业竞争优势,特别是实践教学的师资优势,形成"双师型"教师队伍,是高职院校必须要解决的一个难题。

基于此,在本研究中,高职院校的专业建设是指:高等职业院校以市场人才需求为导向,根据社会职业岗位分工,分别从优化专业设置,提高教育质量,加强实训基地建设以及师资保障等各方面入手,形成具有较强竞争优势专业群的一系列活动。

4.1.2 国家骨干高职院校专业建设的主要特点

《教育部、财政部关于进一步推进"国家示范性高等职业院校建设计划"实施工作的通知》(教高〔2010〕8号)关于专业建设的内容指出,国家骨干高职院校要主动适应区域产业结构升级需要,及时调整专业结构;深化订单培养、工学交替等多样化的人才培养模式改革,参照职业岗位任职要求制订培养方案,引入行业企业技术标准开发专业课程;推行任务驱动、项目导向的教学模式;探索建立"校中厂""厂中校"实习实训基地[2]。从中可以看出国家骨干高职院校专业建设的主要特点包括:

4.1.2.1 依托产业发展进行专业布局

"就业导向、能力本位"一直是高职院校遵循的基本原则和专业建设的指导思想。随着就业市场的纷繁变化以及就业形势的日益严峻,依据所在区域的经济产业发展形势进行相应的专业建设更是高等职业

---

[1] 应智国.论专业群建设与高职院校的核心竞争力[J].教育与职业,2006(14):33-35.
[2] 中华人民共和国教育部.教育部 财政部关于进一步推进"国家示范性高等职业院校建设计划"实施工作的通知[EB/OL].(2010-07-26)[2019-08-20]. http://www.moe.gov.cn/srcsite/A07/moe_737/s3876_qt/201007/t20100726_93891.html.

教育人才培养的重心。教高〔2010〕8号文件也指出，国家骨干高职院校要主动适应区域产业结构升级需要，及时调整专业结构。因此，高职院校在进行专业建设时要跟踪产业发展，优化专业布局，根据城市战略发展进行专业定位调整，紧密跟踪产业结构发展、增长方式转变的步伐①。只有依托产业发展进行专业布局，国家骨干高职院校的专业建设才能适应区域经济、社会的转型发展。

4.1.2.2 基于工作过程优化课程结构

课程结构是指在一定课程价值观的指导下，学校课程系统中的组成要素、要素间的组织、排列形式以及各要素间的配比关系②。课程建设与改革是提高高职院校教学质量的核心，也是教学改革的重点和难点③。课程结构建设是高等职业教育办学的核心环节，也是非常复杂的建设任务。高职院校课程的实施过程是工作与学习一体化的综合发展过程，因此国家骨干高职院校课程的核心载体就是工作过程。工作过程中的"工作"不是一个抽象的概念，而是通过一个个具体的工作任务反映出的工作对象、内容和要求，它是工作与学习的任务，是反映职业能力的综合性的典型工作任务，而不是脱离具体工作过程的点状专业知识和操作技能④。基于工作过程的课程优化，不仅要实现既有课程结构功能的转变，还要使改革后的课程结构整体功能最大化，使之配合企业的工作流程。

4.1.2.3 注重"双师型"教学团队打造

从当前国家骨干高职院校教学实际情况来看，许多教学工作者进

---

① 周建松.金融高等职业教育专业内涵建设研究——浙江金融职业学院专业建设十年[M].杭州：浙江工商大学出版社,2014：15-16.
② 罗尧成,胡弼成.大学课程结构：改革的目标及其优化[J].高等理科教育,2004(1)：26-31.
③ 刘雯,罗尧成.校企合作理念下的高职课程改革策略[J].职教论坛,2011(24)：61-64.
④ 邹劲松.基于工作过程的课程体系构建[J].改革与开放,2011(20)：158-159.

行课程建设时都会把工作重点放在教学内容与方法设计上,而在师资打造上则显不足。其实,任何一门出色的课程,都必须有一个学术造诣高、团结协作好的教学团队进行知识传授,否则必然会失去应有的光彩或难以为继①。开展课程建设首先应进行师资队伍或者教学团队的组建与培养。然而,由于高等职业教育规模迅速扩张与其教师队伍规模相对较小且质量较低,形成了强烈反差,有碍于我国高职教育的健康发展②。高等职业教育的特点要求教师应是"双师型"的,不仅需要"传道、授业、解惑"的传统型教师,更需要技艺高超、能文能武的"教练"和"师傅"③。培养高素质的"双师型"教师,建设高水平的"双师型"教师队伍,是教师专业化的发展目标,是高质量高等职业教育的重要保障,也是国家骨干高职院校专业建设的关键。

4.1.2.4 重视"生产性"实训基地建设

现代工业科技的迅速发展,不断分化出新的职业岗位,社会迫切要求培养新型劳动力和新型技术技能人才。高等职业教育担负着培养高素质劳动者和高级技能型人才的重任,学生的实践动手能力和创新精神直接关系到高等职业教育的生存与发展。近年来,在教育教学领域,职业教育观念和培养模式相对滞后,高职教育很难满足日益增长的多样化职业需求。教学工作存在与生产和生活实际联系不紧密,对知识应用、创新精神和实践能力培养重视不够,实践和专业技能训练薄弱等问题,难以使学生具备熟练的职业技能和适应职业变化的能力,也制约了高职教育的健康发展④。因此,实现教学与就业的零距离接轨,既是

---

① 刘宁.对高职院校课程建设的反思与重构[J].教育与职业,2011(11):122-124.
② 肖凤翔,张弛."双师型"教师的内涵解读[J].中国职业技术教育,2012(15):69-74.
③ 郑秀英,周志刚."双师型"教师:职教教师专业化的发展目标[J].中国职业技术教育,2010(27):75-78.
④ 何建新.高职实验实训教学探讨[J].教育与职业,2013(11):155-156.

用人单位对高职院校的期望,也是国家骨干高职院校教学的重点和难点。这就要求高职学院建立先进完善与先进的实训教学体系,加强"生产性"实训基地建设,以确保所培养的学生满足市场和经济社会发展的需求。

4.2 国家骨干高职院校专业的设置与调整

高职院校的专业建设要具有竞争性,必须紧跟经济与社会发展趋势和产业发展要求,因而国家骨干高职院校在专业建设方面,存在不断进行设置与调整的空间。这要求国家骨干高职院校把握好专业设置与调整的基本原则、基本思路,做到专业建设与调整有的放矢,有条不紊。

4.2.1 专业设置与调整的基本原则

国家骨干高职院校在建设过程中,其专业建设的问题不尽相同,但其专业设置与调整,都需要遵循以学生就业为导向、以工学结合为基础、以差异发展为追求、以动态调整为遵循等基本原则。

4.2.1.1 以学生就业为导向

教学、科研和社会服务是现代大学的基本职能,且社会服务的职能日益凸显,这要求国家骨干高职院校的专业建设应适应地方经济建设和发展的要求,走19世纪美国的赠地学院、20世纪日本的短期大学以及德国的职业教育等服务型大学紧密围绕地方大做文章的道路[①]。高职院校的这种地域性和我国东中西部存在的区域产业优势、资源优势、

---

① 陈家玉,李晓明,曹石珠等.普通高等学校新专业建设:问题与对策[J].现代大学教育,2008(6):107-111,117.

地缘优势的专业及经济社会发展的差异,给国家骨干高职院校学生就业带来了就近择业、就近就业的便利。在产业升级和经济社会转型的大背景下,国家骨干高职院校的专业建设必须以学生就业为导向。可以说,坚持以就业为导向,不断创新高职院校的专业设置、专业教学和专业管理,是以就业为导向的高职专业建设的逻辑构成和理性选择[1]。

4.2.1.2 以工学结合为基础

《国务院关于加快发展现代职业教育的决定》(国发〔2014〕19号)提出要"加快现代职业教育体系建设,深化产教融合、校企合作,培养数以亿计的高素质劳动者和技术技能人才"[2],其培养必须实现"三面向"(面向职业、面向岗位、面向生产任务),教学必须做到"三贴近"(贴近生产、贴近技术、贴近工艺),既承担职业技能的培养与训练任务,更要介入学生职业素质的训导与养成[3]。因此,高职教育离不开企业,其办学途径必须是校企融合、工学结合、产学互动[4]。

工学结合人才培养模式,深刻揭示了高职教育作为跨界教育的本质内涵,它使高职院校面向整个社会统筹教育资源,通过教育思想和教学理念的确立和深化、课程体系和教学内容的重构、教学方法和手段的改革、校内基地生产性功能和校外基地教育功能的拓展、专兼教学团队的结构优化和功能集聚、多元评价体系的建立和完善、学生专业能力和职业能力的协同发展,丰富了高等职业教育的内涵,有效实现了高等职业教育的开放性、职业性和实践性,推动了高等职业教育发展,提高了

---

[1] 龙伟.试论以就业为导向的高职专业建设[J].教育与职业,2006(12):13-15.
[2] 中华人民共和国国务院.国务院关于加快发展现代职业教育的决定[EB/OL].(2014-06-22)[2019-09-02].http://www.gov.cn/zhengce/content/2014-06/22/content_8901.htm.
[3] 俞仲文,刘守义,宋方来.高等职业技术教育实践教学研究[M].北京:清华大学出版社,2004:116-117.
[4] 李继中.工学结合教学模式的研究与实践[J].高等工程教育研究,2010(4):136-140.

其人才培养质量①。因此,国家骨干高职院校在进行专业建设时,要以工学结合人才模式为基础,根据该模式的要求进行专业设置和调整,使专业建设符合训练学生能力,提升学生职业素养,将其培养为理论与技能兼备的复合型人才的目标。

4.2.1.3　以差异发展为追求

当前,不少国家骨干高职院校的基本特点是依托某些特定行业,为行业培养专门人才②。但是,高职院校的专业建设仅依托某一些行业还远远不够,要形成学校的核心竞争力和优势地位,必须坚持差异化办学,这是决定高职院校能否实现特色发展的重要因素。

国家骨干高职院校专业建设以差异发展为追求,重点是面向市场,依托行业,采取"人无我有、人有我优、人优我特"的发展策略。在具体做法上,要坚持以就业为导向,加强专业建设的发展规划,以人才培养模式改革为核心,全面实施示范专业、特色专业发展战略,要重点培育与(区域)经济支柱产业和区域新产业的密切相关的专业。要把握市场人才需求趋势,以独特的专业建设理念和超前的专业建设意识设置新专业③。对那些不适合市场人才培养需求的专业,国家骨干高职院校应加快创新转型、调整的步伐。

4.2.1.4　以动态调整为遵循

高职院校的专业结构必须与区域经济社会发展趋势,与高等职业教育自身发展的规律以及受教育者成长发展的规律相适应④。因此,国家

---

① 黄蘋.国家骨干高职院校建设背景下的报关与国际货运专业建设思路——以重庆城市管理职业学院为例[J].物流技术,2012(8):436-438.
② 韩先满.坚持差异化发展不断提高核心竞争力[J].中国职业技术教育,2011(34):86-88.
③ 黄东昱.论高职院校特色专业的内涵及其建设策略[J].南昌高专学报,2008(6):149-151.
④ 吕红军,靳晓光.高职院校专业结构调整优化的探索与实践[J].中国高教研究,2004(8):59-60.

骨干高职院校专业建设必须以动态调整为遵循,强调适时性、前瞻性。

一是适时性原则。国家骨干高职院校专业建设与调整应围绕区域经济社会发展的需求,增强专业服务经济社会发展的能力,提高学校专业与行业产业、人才培养和社会需求的匹配度。这种适时性,要求国家骨干高职院校建立动态专业调整机制,以适应区域经济发展和产业结构的动态调整过程①。这样有利于国家骨干高职院校在专业建设方面根据经济社会的发展需求主动新设与调整专业结构,减少专业设置上的被动性和盲目性。

二是前瞻性原则。高职教育要满足地方经济及社会发展需要,就必须适度超前发展,其专业设置与调整,应该有一定的前瞻性。高职院校人才培养周期一般为3年,人才培养相对于瞬息万变的市场来讲,始终具有一定的滞后性。因此,国家骨干高职院校务必在坚持稳定性、适时性的前提下,充分分析市场变化,增强专业调整的前瞻性,提前部署符合战略性的新兴产业和改善民生急需的相关专业。这样有利于国家骨干高职院校的专业设置方向与国民经济和社会发展的远景规划相协调,既能在数量、品质、规格上满足区域经济对人才的需求,又能为未来经济发展做好人才储备。

4.2.2 专业设置与调整的基本思路

高职院校已由规模扩张阶段进入内涵发展阶段,高职院校亟须从单纯的专业建设"做强做大"的"内循环"思路转向寻求专业结构规划合理性的"开放式"路径②。随着国家骨干高职院校建设计划的实施,如

---

① 张光跃,张萌.高职专业建设的新思路与内涵解析[J].职业技术教育,2012(23):136-139.
② 潘荣江,姬瑞海,伍红军.高职院校专业结构调整优化研究[J].高等工程教育研究,2014(3):186-190.

何有效进行专业结构设置与调整,促进学校内涵发展,进一步提升高技能人才的培养质量,是高职院校需要重视的课题。这要求高职院校在专业设置与调整时具有正确、清晰的思路。本研究认为,高职院校在进行专业设置和调整时,应按照以下思路进行。

4.2.2.1 专业设置与调整融入行业产业发展

当前,高职院校的专业建设和改革仍然跟不上产业和行业结构调整的步伐,在专业设置上新意不足,大多依据已有的专业目录进行招生,习惯于"供给导向",忽视"需求导向",不能将专业发展与产业、行业发展对接,并按行业和产业的需求制定不同的专业培养计划[①]。这导致国家骨干高职院校的专业改革和发展难以形成突破。

国务院办公厅《关于深化产教融合的若干意见》(国办发〔2017〕95号)指出了"深化产教融合,促进教育链、人才链与产业链、创新链有机衔接"的明确要求[②]。随着技术不断进步,新兴产业不断兴起,国家骨干高职院校应积极调整和改造传统专业,转变过去单一为个别行业、专门地域培养学生的思路,主动将专业与课程体系的改革融入产业和行业链中。比如开设区域内行业企业和社会各方认同、经济发展急需的各类应用型专业,增加与高新技术相关度较高的专业门类,并加强这些专业的建设水平,积极为区域经济的支柱产业、高新技术产业及新型服务业培养专业技术人才。

4.2.2.2 专业设置与专业教学模式同步重构

"培养什么人,怎样培养人",是关系我国高等教育长远发展的根本性问题。当前,高职院校的专业建设受传统院校专业设置思维制约,缺

---

① 周建松.基于可持续发展的高职教育专业建设机制研究[J].中国高教研究,2010(4):84-86.
② 中华人民共和国国务院办公厅.国务院办公厅关于深化产教融合的若干意见[EB/OL].(2017-12-19)[2019-09-12].http://www.gov.cn/zhengce/content/2017-12/19/content_5248564.htm.

乏灵活性。比如不同专业,是否有必要都设置成一样的课程、课时量?是否应该根据专业特征和对口企业的需求进行调整?甚至专业名称是否可以随着行业的深入发展进行修改?这些问题都未解决[①]。"十一五"以来,高职院校人才培养模式的改革不再是简单地在原有学科型模式基础上进行某种程度的调整改进,不论是办学理念、思路、策略到具体的专业建设、课程体系框架及相应的教学内容及教学管理模式,都要真正按照区域经济与社会发展对人才培养的要求,进行全新设计和重构[②]。

同时,值得特别注意的是,要重点把握特色专业建设的"高"与"职"的内涵。在制定相应专业的人才培养方案时,要立足社会人才需求,设计专业知识能力的课程模块,确保行业、企业专家参与课程体系的设置和教学内容的改革。在人才培养改革方面,要大力推进校企合作、工学结合模式,实现社会需求和办学定位相结合,产业发展和专业建设相结合,教学内容与生产教程相结合,学历教育与资格认证教育相结合,市场需求与毕业生就业相结合。

4.2.2.3 专业内容根据人才的需求进行调整

在当前国家骨干高职院校的专业建设中,很多院校的不同专业都采取统一的教学模式,教学内容也不能根据所在行业的人才需求设置相应的培养方案和教学计划,不能切实关注学生技术技能的培养、实现课程内容选择与社会职业需求的对接。因此,在国家骨干高职院校专业建设方面,要改变过去以个别行业为背景的专业建设模式,根据不同行业链对专业人才的要求,设置不同的培养方案和教学计划。开发出各个专业方向共享的基础能力课程平台,其包含基础理论课程、专业基

---

① 余凡.从职业教育本真价值透视高职专业建设的困境及出路[J].江苏高教,2014(6):147-148.
② 姚寿广,卢兵,吴学敏.高职教育人才培养模式转型改革的系统设计与实践建构[J].中国大学教学,2010(10):25.

础课程、项目课程和实践课程等不同形式,在学生学完基础平台规定的课程后,根据市场和行业需求,对专业课程进行组合,设置不同的专业方向[1]。

以高职数控技术专业为例,要拓展专业教学内容的内涵与外延。一方面,要从传统的机械制造业应用向其他领域和不同行业的数控设备应用方向发展;另一方面,要建立健全以数控原理、单片机接口技术、伺服控制技术等课程为基础的专业基础课程平台,使学生掌握最基本的专业理论知识及专业技能。在此基础上,可以根据区域产业调整、不同行业和产业对数控人才需求、就业市场变化以及学生就业愿望等设置不同的专业方向,并根据这些专业方向进行有针对性的课程教学设计。由此可见,国家骨干高职院校专业建设的教学内容,不能拘泥于一定的布局,而要根据专业的方向,市场的需求进行针对性的设计与外延扩展。

4.3 国家骨干高职院校的课程与专业教学资源库建设

课程建设与改革是提高高职院校教学质量的核心,也是国家骨干高职院校教学改革的重点和难点。培养高技能人才的目标决定了国家骨干高职院校的课程必须具有职业性、专业性和实用性等特点。课程建设的水平和模式关系着能否有效地为社会经济发展输送合格的知识型、发展型高技能人才[2]。而专业教学资源库建设也是课程建设与改革中的重要部分,专业教学资源库有利于教师组织和利用网络资源进行教学,有利于学生在网上自主合作学习,促进教学质量的提高和教育

---

[1] 张光跃,张萌.高职专业建设的新思路与内涵解析[J].职业技术教育,2012(23):136-139.
[2] 徐国庆.职业教育课程论[M].上海:华东师范大学出版社,2008:16-20.

信息化水平的提升。因此,国家骨干高职院校建设,必须高度重视课程建设和专业教学资源库建设。

4.3.1 课程建设

课程是教育教学的基本依据,是实现学校教育目标的基本保证,对学生全面发展起着决定性作用[1]。虽然课程建设是高等教育中尤为重要的事项,也是整个高职教育中非常重要的内容,但也最容易被忽视,在国家骨干高职院校的课程建设过程中,虽然教学体系不断得到更新,教学手段更加多样化,创新与传统并存,但仍然存在着课程体系和教学内容改革不同步、"双师"企业师资严重不足、评估指标体系缺乏适切性等方面的不足,需要加以重视。

4.3.1.1 课程建设存在的主要问题

综观当前各国家骨干高职院校的改革现状,课程建设还存在诸多问题,如:课程价值取向不明、受到挑战;课程核心载体模糊;课程改革生搬硬套;课程开发过程封闭,忽视学生主体性地位;课程定位模糊、结构性断裂以及效能低下[2][3]。本研究基于已有相关研究,认为国家骨干高职院校在课程建设方面存在的问题主要有以下几方面。

第一,课程体系与高职院校的教育改革不够同步。高等职业教育应以就业为导向,以理论学习为铺垫,以实践为手段。虽然不少高职院校一直在强调实践教学的重要性,但是从现实情况看,其课程建设只有成熟、规范化的技术和管理等明确性知识,但对不能明确表征的个人知识、本土知识重视不够。同时,课程学习缺乏让学生独立思考和解决

---

[1] 刘献君.大学课程建设的发展趋势[J].高等教育研究,2014(2):12.
[2] 欧阳丽.基于能力发展核心的高职课程建设研究[J].职教论坛,2011(9):12-15.
[3] 陈珺霞.我国高职课程设置的问题与思考[J].教育与职业,2015(28):96-98.

问题的机会;实践课程也是在教师的精心安排下,按照预定程序,对所学知识进行简单验证活动,学生缺乏独立操作,自己摸索、体会以解决问题的机会,教师的个人经验也未能有效地融入课程之中①。另外,从制度方面看,很多学校都提出了校企合作发展思路,但形式大于内容,真正了解职业工作内容并能参与课程开发与建议的企业技术人员不多②。这些导致国家骨干高职院校的课程体系和其教育改革缺乏同步性,很多教学工作者在进行课程特别是实践课程设计时,不能准确把握其定位和重点,技术性不明确,难以起到系统训练学生的目的。

第二,课程建设过程由学校主导带来了系列问题。课程建设方案是对人才培养目标与过程的整体性规定,是高职院校全面开展人才培养工作的基本依据。当前,高职院校课程建设的问题是由学校单方面主导,造成课程开发和课程实施出现了系列问题。一是课程建设方案的开发受学校课程编排传统的影响,缺乏创新性。一些国家骨干高职院校的课程建设方案主要由学校教师和课程理论工作者承担,因角色限制,课程内容的设计与编排远未跳出学科体系的藩篱③。受已有传统的影响,课程开发大多沿袭传统的学科课程特色,导致高职教育课程改革难以取得重大突破④。二是课程实施的主体不是"双师型"教师,缺乏来自企业的经验。当前,国家骨干高职院校的师资,绝大多数来源于从学科体系培养出来的从"校门"到"校门"的应届研究生,缺少从企业引进的骨干教师,不仅实践动手能力不强,不具备项目课程教学的

---

① 刘宁.对高职院校课程建设的反思与重构[J].教育与职业,2011(11):122-124.
② 刘雯,罗尧成.校企合作理念下的高职课程改革策略[J].职教论坛,2011(24):61-64.
③ 姜大源.职业教育学基本问题的思考[J].职业技术教育,2006(1):5-9.
④ 徐国庆.当前高职课程改革中的困境与对策[J].江苏高教,2008(4):124-126.

"双师"能力,而且导致国家骨干高职院校实施课程时,缺少来自企业的经验。因而,国家骨干高职院校的课程实施主要由学校懂理论的教师承担,教学团队来源的封闭性导致培养出的学生在实际操作技能上存在欠缺,难以达到企业用人的标准和要求。

第三,课程建设评估指标体系缺乏适切性。一般而言,课程建设评估指标体系应建立在学校已有的课程建设基础上。20 世纪 90 年代以来,高校设计的课程评估指标体系基本上可以归属于一种静态的指标体系,更多注重考察一些课程规范的建立要求[①]。有的学校明确强调课程教学文件的齐全、课程教学硬件的建设、课程规范框架的建立并以此作为一级指标列出,有的高校虽没有明确列出,但所设计的指标体系依然以此为蓝本,一套评价表运用于所有课程和教师[②]。随着课程建设进入成熟期,人们对高职院校课程建设的认识不断深化,评估指标的侧重点也应发生相应变化,以体现出由广度向深度的发展,并对课程内涵的发掘提出更高要求,注重课程建设的特色,原有的课程建设评估指标体系无疑不能适应社会对课程建设的要求。

4.3.1.2 课程改革完善的基本思路

在国家骨干高职院校课程建设的实施过程中,上述问题或隐或显地存在着,使其课程建设模式化、固定化、浅表化,对于高职院校进一步深化课程建设,提高教学质量,无疑极为不利。因而,在课程建设的管理实践中,应从以下几方面入手来提高课程建设的质量。

第一,构建具有职业性和岗位能力服务性的先进课程体系。回顾历史,我国高职院校课程体系大致经历了"学科本位""能力本位""工作过程导向"三次大规模的改革,每次课程体系的改革无疑都是对前一阶

---

① 吴泠.高校课程建设刍议[J].江苏高教,2005(3):59-61.
② 董杨琴,曹洪其.对高职院校课堂教学效果评估指标体系的研究[J].教育与职业,2011(15):164-166.

段教学实践的反思①。不可否认的是,基于不同本位的课程体系各有其独特的价值,但是也各自存在不少问题。基于学科本位的课程编制模式和课程设置模式,由于没有明确职业教育的定向性、应用性和整体性,基本上是照搬照套本科院校的做法而广为人诟病。"能力本位"的课程开发与设置模式,过分强调培养学生一岗一地的工作技能,忽略了知识体系的构建,不利于学生职业生涯的可持续发展。"工作过程导向"课程模式,突破了传统课堂教学范式,体现学用的统一性,是实现"工学结合,深度融合"高职教育思想的重要途径;然而,这种模式也有不足之处,比如并不是每一项工作和产品的任务都可以分解成供教学使用的明确步骤,并且项目化的教学模式需要重整已有的教学资源,增加了学校管理的难度。② 因此要构建科学先进的课程体系。

科学先进的课程体系的建立既要具有严谨的科学性、课程设置的职业性、学生就业的保障性,又要具有明确的岗位能力服务性。在解决这个问题的过程中,高职院校的课程体系应以培养岗位能力为着眼点,依据专业人才培养规格所制定的综合能力或技能培养目标,把各专业的培养目标分为基础模块、核心模块、辅助模块三部分。基础模块即必修的基础课程,在课程设置上应本着"够用适度"的原则进行优化,改变以往"蜻蜓点水,面面俱到""费力不讨好,劳民伤财"的课程设置状况;核心模块应本着"突出核心技能"的原则进行优化;辅助模块即选修部分,应本着辅助增强学生专业技能的原则进行优化。构建好新的课程(模块)体系后,按照层层分解的子能力要素选择相应的教学内容,然后按课程规律使相关内容有机衔接③。在课程内容体

---

① 朱赛萍,谢志远.高职教育"点线面体"课程体系的构建[J].教育评论,2014(9): 30-32.
② 王凤基.对我国高职课程体系改革的分析与思考[J].高教探索,2010(4): 98-102.
③ 刘宁.对高职院校课程建设的反思与重构[J].教育与职业,2011(11): 122-124.

系结构中,不必刻意追求学科的完整性,但也不必刻意去打破,内容的取舍要遵循教学规律,知识结构应做到有序可循,知识的综合应具有有机性和相融性,教学内容应与培养目标相呼应,根据课程目标选择和组合知识,确定基本内容。

第二,加大从企业引进"双师型"教师的力度。教师队伍建设是高等职业教育资源配置的首要内容。目前,"双师型"教师队伍建设已成为国家骨干高职教育师资队伍建设的方向,但与建设一支能够适应高职教育快速发展的素质优良、结构合理的教师队伍的目标相比仍有差距[1]。因此,探讨寻求切实可行、合理的"双师型"教师队伍建设途径,是目前国家骨干高职院校改革和发展的紧迫任务。

结构合理的师资团队是确保教育目标实现的重要基础。国家骨干高职院校师资队伍的优化应符合两个方面的要求:授课教师具有"双师"素质;整个教学团队是结构良好的"双师型"团队。授课教师的"双师"素质要求教师具有理论教学和实践教学双重能力,不仅能够传授给学生扎实的知识体系,也能够在教课中结合实际操作案例,使理论知识更加形象生动,理论与实践相结合。"双师"结构的师资队伍要求学校加大从企业引进能工巧匠和高级技术人员担任兼职教师的力度,调整现有师资团队的结构,建设一支专兼结合、具有较强实践能力和教学水平的师资队伍[2]。

在具体做法上,首先,拓宽教师来源渠道,采取外引、内培、聘用和调整的方式建立专兼结合的"双师型"教师队伍[3];其次,设立高职教育技能教师职业序列,完善国家骨干高职院校教师的岗位设置管理制度;

---

[1] 吴二利,付占国,那琳.高职院校"双师型"教师队伍建设研究[J].河北师范大学学报(教育科学版),2010(8):19-21.
[2] 刘雯,罗尧成.校企合作理念下的高职课程改革策略[J].职教论坛,2011(24):61-64.
[3] 王米圣.高职院校"双师型"教师队伍建设研究[J].教育探索,2011(11):72-73.

再次,建立健全高职教育技能教师资格认定制度,不能简单地再用普通高等教育的教师资格标准来要求和认定高职院校的教师[①];最后,建立科学的教师评价体系,提升"双师"专业技能。

第三,构建科学合理的课程建设评估指标体系。近年来,学者们曾从教学论和课程论等视角对评价指标的设定有过争论,认为从教学角度(如从教学文件、师资队伍、教学过程、教学效果等方面)制订的指标体系,体现的是典型的计划—执行模式,忽视了课程的动态发展[②]。在课程评价方面,教学管理部门大多从条条框框出发,以看书面材料或听汇报为主,缺乏科学的评价体系、方法和程序,缺乏多渠道、多方位、多层次的调查,无法全面、细致、客观、准确地分析课程教学质量和管理质量,无法修正课程建设与实施中存在的不足,无法进行绩效考核,从而导致课程建设的整体效率不高[③]。因此,国家骨干高职院校的课程评价应全面进行、分步实施,遵循以下相关原则。一是从学校实际情况出发的原则。课程建设的定位,与学校的发展目标密切相关,因此不能盲目照搬其他学校的评估指标体系。二是动态性原则。课程建设的评估指标应固定在一定的框架内,而具体的指标内涵说明则要做到与时俱进,不断深化。三是功能上的尺度性与导向性原则。即在具体的指标内涵设计上不宜过细,而应具有弹性,既要达到起码的标准,又要有一定的前瞻性。四是可行性与可操作性原则。评估指标体系应以一套为主,要根据课程的性质,对不同类别的课程赋予不同的权重。五是注重特色项目建设原则。尤其是在人才培养方面有成效有影响的课程教学、改革、管理等方面的建设,强调项目特色的打造。[④] 针对以上原则,

---

① 王斌,姚刚,危亚平.高职"双师型"教师队伍建设的创新对策[J].中国高等教育,2011(23):48-49.
② 郑丽君.谈高校课程建设中的几个误区[J].台州学院学报,2003(1):87-89.
③ 陶也青,朱盛萍,王斌.高职课程建设的瓶颈分析及对策探讨[J].中国职业技术教育,2010(18):83-84.
④ 吴泠.高校课程建设刍议[J].江苏高教,2005(3):59-61.

在具体的指标内涵的表述上,要做到定量与定性相结合,对需引导的项目则要予以明确要求。

4.3.2 专业教学资源库建设

国家骨干高职院校专业教学资源库,是以高等职业教育各专业为类别,以信息技术为手段,以现代职业教育理论为支撑的一种大容量数字化专业教学资源[1]。该建设项目是以教学资源建设、自主学习平台建设和社会服务能力建设为重点的国家级职业教育改革行为,是充分利用网络资源,以专业教学内容为主,大容量、开放式、强交互性,并适应网络发展的信息化教学服务系统。资源库建设定位于"以提高教育教学质量为目的,教师在教学中和学生在学习中都需要的,围绕专业教学服务而生产的教育产品"[2]。其重点在于专业教育教学资源的开发、收集、整理和入库等工作。国家骨干高职院校的专业教学资源库项目建设,是国家推动高等职业教育专业教学改革、提高人才培养质量和社会服务能力的一项重要举措。教学资源库建设项目的实践表明,其推进了国家示范性高职院校的建设进程,固化了示范校建设成果[3]。因此,教学资源库建设对于强化国家骨干高职院校的专业建设与内涵发展具有重要意义。

4.3.2.1 专业教学资源库的建设意义

高职院校建设专业教学资源库有利于教师组织和利用网络资源进行教学,有利于学生在网上自主合作学习,促进教学质量的提高和教育信息化水平的提升。具体来说,国家骨干高职院校专业教学资源库的

---

[1] 杨明.高等职业教育专业教学资源库发展的历史背景及意义[J].黑龙江高教研究,2012(10):99-102.
[2] 罗红.共享型专业教学资源库的建设[J].职业技术教育,2008(14):69-70.
[3] 李利平.高职教育专业教学资源库建设的改革思考[J].中国高教研究,2011(6):90-91.

建设意义主要有以下几个方面:

第一,有利于提高高职院校的教学质量。专业教学资源库中内容丰富、形式多样、专业针对性强的教学资源为教师的备课提供了一个数字化平台。通过教学资源库平台,教师可以根据教学目标和学生的需要,方便地选择最好的教学资源,设计最好的教学过程,达到最优化的课堂教学效果[1]。同时专业教学资源库为学生营造了数字化的学习环境,全面支持学生的自主性学习、研究性学习等多种学习模式。学生在数字化的学习环境中,能利用数字化学习资源,充分发挥自主性,进行探究、协作、自主和创造性学习,从而培养创新精神、协作精神和实践能力。因此,专业教学资源库建设,既有利于高职院校的教师教学,也有利于其学生的学习,有利于提高学校的整体教学质量。

第二,有利于提高专业建设的岗位针对性。专业教学资源库建设是在专业培养目标的指导下进行的,它以该专业所对应的工作岗位技能的学习为主要目标。岗位技能则是多项基础技能、专业技能组合而成的复合技能,在国家骨干高职院校的教学中,针对技能培养的技能训练、实验实习实训是贯穿始终的重要内容[2]。专业教学资源库,正是通过对这些技能的有效整合,建构一个理想的、具有全新沟通机制与丰富教学资源的学习环境,使学习者可以快速灵活地获取资源,真正做到资源共享,使高职院校专业建设更具有岗位针对性,更精准地满足行业企业的人才需求。

第三,有利于提高高职院校的社会服务能力。高等职业教育是社会发展的产物,随着社会的变化、发展而不断改革。同时,国家骨干高职院校作为高等院校的重要组成部分,应充分履行服务社会职能,为推动经济社会发展提供人力和技术支撑。由此,作为高职教育的重要内容之

---

[1] 宋维堂,张淑梅.关于高职教学资源库的建设[J].职教论坛,2011(17):18-20.
[2] 杨威.关于高职教育专业教学资源库建设的思考——以服装设计专业教学资源库建设为例[J].中国高教研究,2011(5):92-93.

一,专业教学资源库也应为经济社会发展服务。专业教学资源库建设的全过程,包括调研、论证、立项、建设、总结等,都贯穿着专业教学服务社会的主线,内容包括开展专业领域内的社会调研、行业标准、职业标准、专业人才需求分析,基于职业标准的课程开发,校企合作、"订单式"培养、资源库的利用和推广等,分别从理论上、实践上、制度上和手段上规范了专业教学的社会服务内涵,也是专业教学服务经济社会发展的重要内容。

第四,有利于提高高职教育的信息化水平。教育信息化是指在教育领域,运用计算机多媒体和网络信息技术,促进教育的全面改革,使之适应信息化社会对教育发展的新要求[①]。专业教学资源库建设项目,是国家重点支持的建设项目,国家对其教育信息化基础设施建设的投资空前,项目建设主持单位一般可获得较大数额的中央财政支持,在极大地保障国家骨干高职院校专业教学资源库建设质量和水平的同时,促进专业建设的信息化水平得到极大提升,为高职院校的现代化建设打下了坚实的基础。

4.3.2.2 专业教学资源库的建设现状

为更好地落实教育部、财政部《关于实施国家示范性高等职业院校建设计划加快高等职业教育改革与发展的意见》(教高〔2006〕14号)要求,深化高职教育教学改革,加强专业与课程建设,推动优质教学资源共建共享,提高人才培养质量,教育部于2010年启动高等职业教育专业教学资源库建设项目,建设资金达3亿多元,国家级专业教学资源库按专业大类分布情况如表4-1所示(数据来自各院校的申报书)[②]。投入如此巨大的人力、物力和财力建设共享型专业教学资源库,其目的

---

① 杨明.高等职业教育专业教学资源库发展的历史背景及意义[J].黑龙江高教研究,2012(10):99-102.
② 中国高职高专网.数字化学习资源中心高等职业教育教学资源库专栏[EB/OL].(2012-12-23)[2019-10-02].http://www.tech.net.cn/zyjs/index.aspx.

在于将分散、无序的资源整合起来,方便、高效地利用并实现最大范围的共享,引领、辐射和带动全国职业教育的人才培养模式改革,推动职业教育教学改革,促进学习方式转变,整体提升职业教育人才培养质量和社会服务能力①。在国家的大力支持下,其发展现状表现为以下几个特点:

表4-1 国家级专业教学资源库按专业大类分布情况

代码	专业大类名称	数量	预算经费（万元）	代码	专业大类名称	数量	预算经费（万元）
580000	制造大类	4	5 140	540000	资源开发与测绘大类	1	1 800
620000	财经大类	4	4 946	560000	土建大类	1	1 100
520000	交通运输类	3	3 695	610000	轻纺食品大类	1	1 100
530000	生化与药品大类	3	3 040	640000	旅游大类	1	639
590000	电子信息大类	3	3 430	670000	艺术设计传媒大类	1	1 000
510000	农林牧渔大类	2	2 478	680000	公安大类	1	1 400
630000	医药卫生大类	2	1 749	/	不分类	1	1 800

第一,专业教学资源库的建设力度加大、进度加快。国家骨干高职院校专业教学资源库建设资金主要来源于中央财政、地方财政、企业投入和联合申报学校自筹。较困难的是教学资源库内部的资源建设,特别是素材资源、课程资源、专业资源和校外资源建设,这些资源的数量大、资金占用比例大(约30%)、类别多、涉及人员多②。由于资金投入方面的问题,曾导致很多高校对专业教学资源库的建设望而却步,使得

---

① 刘锐.高职专业教学资源库研究综述[J].职业技术教育,2013(14):42-46.
② 杨明.高等职业教育专业教学资源库发展的历史背景及意义[J].黑龙江高教研究,2012(10):99-102.

其发展遇到了很大障碍。随着"国家骨干高职院校建设"项目专项资金的投入和高等教育出版社牵头"高等职业教育教学资源库建设"项目的启动,国家骨干高职院校专业教学资源库建设面临的问题正逐步得到解决。各高职院校,特别是国家骨干高职院校,在建设专业教学资源库方面,均加大力度、加快进度,逐步以重点建设专业为单位建立起专业教学资源库。

第二,专业教学资源库建设正趋于规范化。科学规划专业教学资源库的布局,是使其全面适应高职院校和社会发展的重要举措,是专业教学资源库建设科学化和专业结构优化的重要步骤,是国家骨干高职院校建设与发展总体规划的重要组成部分[1]。因此专业教学资源库的规范化建设对于国家骨干高职院校的建设具有重要意义。随着信息技术规范的不断完善,关于教学资源建设的相关规范也不断出台,为国家骨干高职院校建立教学资源库提供了可靠的指导和依据,促进了教学资源库建设的规范化,避免了教学资源建设属性标注混乱的情况,同时促进了国家骨干高职院校教学资源库之间教学资源的校际、网际共享与合作,提高了教学资源的利用率。

第三,专业教学资源库的高职特色正逐渐形成。高职院校的教育理念是要营造有行业企业氛围的校园文化,培养高级技能型的专业技术人才,教学方法注重"理实一体""工学结合",专业建设和课程建设提倡"校企合作"。教学资源库建设能服务于专业和课程建设库建设,使其适应当地区域经济社会发展,因而其定位也应突出体现"专业"和"职业"特色。专业教学资源库的设计应围绕专业核心知识、专业拓展知识,之后将这些知识与行业企业相关知识信息加以融合,形成校企合作、实训实践等课程[2],从而推进专业教学资源库的高

---

[1] 袁洪志.高职院校专业群建设探析[J].中国高教研究,2007(4):52-54.
[2] 王轶敏.高职专业教学资源库建设的现状及应对策略研究[J].教育与职业,2013(9):179-180.

职特色发展。在这方面,国家骨干高职院校的专业教学资源库正逐步体现出高职特色。

4.3.2.3 专业教学资源库建设存在的问题

虽然专业教学资源库在政府有关部门和国家骨干高职院校的推动下日益完善,高职特色逐渐凸显,但其建设仍存在一些问题。具体来说,国家骨干高职院校专业教学资源库建设存在的问题主要表现在以下几个方面。

第一,资源库建设的特色还不鲜明。高职院校以培养生产、建设、管理和服务一线的高素质技能型人才为办学目标[1]。但因所处区域行业的特点及所对应企业的岗位工作不同,不同高职院校的专业之间无论在培养目标、培养方案,还是在教学内容、教学环境、测评系统等方面都存在着较大的差异。因而,国家骨干高职院校必须把握专业门类的特色,根据专业教育教学需要,进行专业教学资源库的准确定位,建设切实针对本专业相关技术应用及职业岗位要求的专业教学资源库。但是,在国家骨干高职院校专业资源库建设过程中,很多院校都忽视了专业的特殊性和区域经济差异,没有根据当地的经济和行业发展特点,建设具有特色的专业教学资源库,存在简单模仿、低层次重复建设,甚至照搬照抄等问题,致使一些专业教学资源库的学科专业特色不鲜明,与行业及区域经济发展的需求相偏离。

第二,资源库建设缺乏长效发展机制。专业教学资源库建设是一个周期漫长的系统工程,必须做好顶层设计。要在体现高职特性的基础上,保持开放共享、动态更新的系统架构,实现资源库的持续更新与完善。当前,一些国家骨干高职院校专业教学资源库建设的项目团队,往往注重资源的开发和积累,侧重于提供丰富的专业教学

---

[1] 杨威.关于高职教育专业教学资源库建设的思考——以服装设计专业教学资源库建设为例[J].中国高教研究,2011(5):92-93.

与岗位培训资源,但在运营资源库,如课程开发、资源利用、运行管理及吸引用户使用资源库等方面缺乏系统策划,因而没有建立长效发展机制。其结果是在资源库的建设和应用方面制度不健全,建设资金投入缺少长效性,短期行为较多;一些团队对资源研发队伍建设的重视程度不够,还有部分资源库建设项目没有牵头单位,技术力量缺乏;甚至有高职院校希望完全通过购买的方式来建设专业资源,学校没有相应的激励机制来保证资源库建设的长期性①。缺乏长效发展机制,对于国家骨干高职院校专业教学资源来说,是对国家资金和教学资源的极大浪费。

第三,资源库建设的推广应用力度不够。一些国家骨干高职院校在进行教学资源库建设时,将资金大多集中在调研论证、专家咨询、素材制作、硬件设备采购等方面,而在资源库平台开发完善、系统推广培训、内容持续更新和资源库运营队伍等方面投入不足,导致专业教学资源库不能很好地开花结果,在专业教学、企业培训、企业技术研究方法等方面的推广力度较弱②。其结果是,不仅社会各界对国家骨干高职院校的教学资源库建设认识不够,甚至连学校师生对其认知和参与度都不高。

4.3.2.4 专业教学资源库建设改革的建议

国家骨干高等职业院校专业教学资源库建设是工作量较大的建设项目,整个建设过程复杂,要求严格。针对当前资源库建设的特色不强,缺乏长效发展机制,推广应用不够有效等问题,提出以下几点建议:

第一,保证专业教学资源库的建设特色。专业教学资源库建设要落实在专业建设和课程体系建设上,确保项目建设的特色。它的最终

---

① 周建.高校教学资源库建设研究[J].教育与职业,2013(6):183-184.
② 杨诚.高职专业教学资源库建设探析[J].职教论坛,2015(14):89-92.

目标是提高专业建设水平,建立完整的课程体系,如改革公共基础课、专业基础课、专业技能课和培训课等,并强化实践和社会服务。所以,要注意为专业本身建设和人才培养而建设。这是国家骨干高职院校专业教学资源库建设的根本目的。同时,要加强与当地产业的对接,及时吸纳行业、企业的先进技术,保障库内专业教学资源的先进性以及实用性,开发符合当地经济和行业发展特色的专业教学资源库[①]。这就要求必须挣脱知识技能线性思维传授的限制,打破传统教学思维的既定束缚,使当地企业及时参与到教学资源的开发过程中来,更注重提高企业在教学资源体系建设过程中的参与程度,最大限度开发符合当地经济和行业发展的专业教学资源库,从根本上提高专业教学资源库的教学效果,保障专业教学资源库的学科专业特色。

第二,使专业教学资源库建设形成长效机制。国家骨干高职院校专业教学资源库建设并不是通过一次项目建设就能完成,需要长期的积累和更新。专业教学资源库建设是一个周期漫长的系统工程,无论是功能还是内容都不可一成不变,需要随着社会进步、科技发展、高职改革的深入而不断丰富、发展和完善[②]。因为教学资源是"流动"的资源,教育工作者需要有目的地进行教学资源的交流与共享,并将其提供给各类学习者,教学资源的长期更新和交流是它本身的属性。另外,专业教学是按照市场变化而变化的,教学内容和专业建设都要按照市场的变化进行调整。所以,项目建设验收以后,应该加强教学资源库的长效机制研究,强化资源保障措施、完善资源评价体系、制定相关资源监督制度、探索其资源交易机制,建设的重点要面向应用,通过确保教学质量、资源的实用性,使建设应用成果的作

---

① 李真真.高等职业院校专业教学资源库建设研究[D].秦皇岛:河北科技师范学院,2012:36-37.
② 刘锐.高职专业教学资源库研究综述[J].职业技术教育,2013(14):42-46.

用得到最大化的发挥①。除了依托国家财政及政策的支持,国家骨干高职院校专业教学资源库应该自行寻求发展的运行机制,若有必要可适当向产业化运营靠拢,寻求自身可持续发展的保障条件,确保专业教学资源库的高效运行。

  第三,加强专业教学资源库的推广应用。要提高资源库的利用率,就要加快素材的开发和更新,提高现代教育技术对专业建设的支持。专业教学资源库建设的出发点和落脚点都是提高人才培养质量,要在专业教学、企业培训、企业技术研究等方面加大应用推广的力度。专业教学资源库与其他类型资源库的最大不同是,其主要资源制作者、管理维护人员,往往又可能是资源的主要使用者②。因此首先要以人为本,以教师、学生、企业员工和社会学习者为本,设计合理的网络界面进行推广。国家骨干高职院校要从教师教学、学生学习、社会学习者自学等各方面考虑项目建设方案,以符合各受众的喜好,以利于推广。其次,除了资源要丰富、专业要对口,方便易用的网页、自动化和智能化的管理支持和学习支持都很重要。这样可以方便使用者围绕资源定期开展组织网上活动,促成资源推广和交流。另外,也可以采用发放资源卡及手册、张贴海报、组织参观及展示等传统推广方式或者围绕资源做培训式推广,针对资源应用对象的特点采取多层次的培训,起到一定的推广作用。总之,建设专业教学资源库只是国家骨干高职院校一个前期基础性的工作,加强资源库的推广和应用,让每位使用者了解和应用资源库,实现资源的最大利用率才是其最终目的。

---

① 李真真.高等职业院校专业教学资源库建设研究[D].秦皇岛:河北科技师范学院,2012:47-48.
② 王轶敏.高职专业教学资源库建设的现状及应对策略研究[J].教育与职业,2013(9):179-180.

4.4 国家骨干高职院校的专业实训基地建设

高等职业教育的办学目标是培养服务经济社会发展和管理一线的高端技能型人才。为实现此目标,理论学习与实践训练的有机结合是关键,实训基地建设是保障[1]。高职院校的实训基地建设是学生进行技能实训的基础环境,是为学生提供实践教学、保证学生掌握一定职业技能的一系列要素的统一体,包括场所、设备、教学指导人员、教学计划等,是高职教育的基本硬件和实施职业技能训练的保证,是对学生进行专业岗位技术技能培训与鉴定的实践教学单位,也是实现高素质技能型培养目标的重要条件之一[2]。因此,加强国家骨干高职院校实训基地建设是高等职业院校改善办学条件、彰显办学特色、提高办学质量的重点内容。

4.4.1 职业教育实训基地建设的内涵

实训基地是学生进行学习和开展专业实验的重要场所。《辞海》和《新华词典》均没有对"实训"作出解释,但分别对"实验"和"实习"的概念做了界定。《辞海》将"实验"解释为"根据一定目的,运用必要手段,在人为控制的条件下,观察研究事物的实践活动"。《新华词典》对"实习"的解释为:"在教师或实际工作者的指导下,学生参加一定的实际工作,把学到的书本知识运用到实践中去,以取得实践经验、提高理论水

---

[1] 吴学敏.高职教育实训基地建设的理念与策略探讨[J].中国职业技术教育,2011(33):92-95.
[2] 孙孟健.高职院校实习基地建设的思考[J].中国教师,2009(6):1-2.

平、锻炼工作能力。"①

教育部《关于全面提高高等职业教育教学质量的若干意见》(教高〔2006〕16号)中指出:"人才培养模式改革的重点是教学过程的实践性、开放性和职业性,实验、实训、实习是三个关键环节。"由此可见,"实训"是教学过程中不同于实验、实习的一个关键环节。"实训"可理解为"提高学生的实践能力、创造能力、就业能力和创业能力,让学生在真实的或仿真的情景中进行训练的活动"。

教育部、财政部在《关于印发〈中央财政支持的职业教育实训基地建设项目支持奖励评审试行标准〉的通知》(教财〔2005〕12号)中对"实训基地"进行了分类和定义,把实训基地分为"专业性实训基地(建设型小模式)"和"区域综合性实训基地(建设型大模式)"两类,并对它们的设施、设备要求和师资情况进行了规定。其中,对于实训基地管理,要求,"学校设有专门机构对实训基地进行管理,规章制度健全,进行独立成本核算,讲求效益"。②

综上所述,实训基地并不局限在实验室、实习场所的范围内,而应包括能够训练学生各种能力或技能的空间,即"硬空间",这个空间可以是一间实验室或一个车间,也可以是整个校园。它既包含硬件的、有形的东西,也包括软件的、无形的东西,即"软空间",如规章制度、管理方法、校风、教风、学风和班风,等等。而从空间上划分,实训基地可分为校内实训基地和校外实训基地。③ 这些观点,对于理解国家骨干高职

---

① 张天波.校内生产性实训基地建设[J].实验室研究与探索,2010(08):367-369.
② 中华人民共和国教育部.教育部 财政部关于印发《中央财政支持的职业教育实训基地建设项目支持奖励评审试行标准》的通知[EB/OL].(2005-06-21)[2019-09-21].http://www.moe.gov.cn/srcsite/A05/s7052/200506/t20050621_78272.html.
③ 王平双.高职教育实训基地建设的探索与实践[J].山东省农业管理干部学院学报,2009(3):31-34.

院校专业的实训基地建设有很大帮助。

4.4.2 专业实训基地建设的必要性

实训基地承担了高职院校实践教学的大部分任务,是学生在校期间实践能力和职业素质养成的主要场所。因此,专业实训基地建设是国家骨干高职院校专业建设过程中不可忽略的重要内容。具体来说,国家骨干高职院校专业实训基地建设的必要性,主要体现在以下几个方面:

第一,能促进企业与高职教育的互动。离开行业、企业的支持与参与,高职院校学生的培养就没有真实的生产实践环境,工学结合就成了无本之木、无源之水。在生产性实训基地建设的过程中,国家骨干高职院校采取多种形式,利用行业、人缘、地域等优势,积极主动地与企业联系,实现校企联姻,文化融通,为企业提供员工培训和技术支持,引导企业专家和技术骨干参与学校的人才培养模式改革、基地建设、课程开发和课程教学、实训指导等专业建设工作。可以说,专业实训基地的建设,促进企业为学校提供足量的生产实践岗位为教师提供技术开发、产品研发条件,并接受学生参加生产实践,接受教师实践锻炼,有利于推进工学结合模式下高职教育的发展。

第二,能缩短高职院校毕业生的就业适应期。当前,用人单位对毕业生的工作经验和实践能力越来越重视。让学生尽量缩短毕业适应期,迅速成为用人单位需要的高素质技能型专门人才,实现毕业与就业的无缝对接,是国家骨干高职院校教学与人才培养面临的重要任务。通过生产性实训基地建设,真正实现高职院校人才培养的"工学结合",让学生在直接面向生产、建设、管理和服务一线的真实环境中,先"真刀真枪"地实战,使其了解现代企业的组织结构与经营规则,了解企业的工作过程,从而有利于学生在平时的学习中,逐步形成职业实践所需的社会归属感、责任意识和职业创造性,并为顺利就业打下良好的基础。

第三,能促进高职教学与社会发展相融合。社会服务是高职院校的重要职能,高职院校"工学结合"人才培养模式的本质就是教育与社会紧密结合。国家骨干高职院校进行专业实训基地建设,能将技术技能型紧缺人才培养、应用研究和技术开发等工作有机结合起来,充分发挥实训基地的系统功能和作用,进而使学校能紧密联系经济社会发展实际,把教学活动与开展社会服务结合起来,不断提升服务能力,进而建立基地可持续发展的良性循环机制,达到利益共享、文化融通的目的。因此,实训基地是国家骨干高职院校与经济社会发展相融合的有效纽带。

4.4.3 专业实训基地建设的路径

国家骨干高职院校的专业实训基地建设既要适应区域经济社会发展,又要适应专业集群建设,同时要在促进教学活动与适应高新技术对人才培养的需求之间保持平衡。而在实训室的建设上,从布局到使用的设备、提供的场地、加工的材料、指导实训的教师等方面,都要充分考虑如何贴近生产、贴近技术,即从技术教育出发,在实践教学中注重技术的应用、先进程度以及学生实际操作的熟练程度[1]。具体来说,国家骨干高职院校专业实训基地建设,可以从以下几个方面入手。

4.4.3.1 立足专业优势,构建基地建设框架

虽然实训基地建设的不同专业间,存在实训内容及教学的不同特点,但在总体设计上,要充分考虑相关专业的融通性,提高基地的使用效率,有效实现资源共享。实训基地建设,要以诸多相关专业的专业群为依托,强调以专业建设中的龙头专业或重点专业为核心,以其他相关专业为辐射,构建实训基地发展框架。基于专业建设的高职院校实训基地应深化专业内涵,延伸专业链条,从而保证将专业链融入企业价值

---

[1] 丁金昌.校内生产性实训基地建设的探索[J].中国高教研究,2008(2):22-23.

链,即应具有发展专业群建设的功能①。专业建设是一个不断发展进步的动态有机资源集合体,需要保持其所属技术领域的敏锐性和判断技术需求的准确性。国家骨干高职院校专业实训基地建设要根据专业发展的动态情况进行统一规划,为专业发展提供条件保障,进行有计划分批建设。

具体做法主要包括：在分析专业间内在规律和关联度的基础上,努力追求基地整体的整合效应,优先建设通用性强和决定学生关键职业能力的实训室,打破在设备配置上和基地管理上各自为政的局面,减少实训基地建设的重复投资,提高基地设备的利用率,提升设备的先进性和实训的系统性,从而满足学生的专业技能实训综合性和多样性的要求②。因此,所构建的实训基地框架要统筹实训基地资源要素,按照专业建设的预期发展有针对性地开展教师队伍建设,保证重点专业和核心专业的需求,以专业建设为对象开发适用的课程和教材,提高资源共享的程度和实训资源的利用效率。

4.4.3.2 做好总体规划,实现基地科学管理

实训基地的综合管理水平是影响高职院校专业实训基地建设和持续发展的重要因素,管理水平及制度的滞后将影响基地的长效发展。因此要做好总体规划,科学推进实训基地建设。规划不但要体现目前成熟的技术,还要考虑技术创新、试验与技术研究。在规划过程中要使受训者在这个基地内既能进行一般的技能训练,又可以从事综合性强的、带有创新性质的实验和研究,使实训基地真正扮演起两种角色：对内是教学场所,对外是交流窗口。另外,国家骨干高职院校专业实训基地建设的规划要因地制宜,兼顾超前性与实用性,确保其使用效益,使

---

① 周劲松.基于专业群建设的高职院校实训基地的功能开发与管理创新[J].高教论坛,2010(4)：38-39.
② 张东志,丁勇.后示范时期高职院校校内实训基地建设与发展的路径探析[J].实验技术与管理,2014(10)：219-222.

其成为集教学、培训、职业技能鉴定和技术服务为一体的多功能教育培训中心①。只有做好总体规划,才能保证校内实训基地建设的科学性和高水准。

4.4.3.3 对接企业需求,优化实训课程体系

高职院校专业实训基地的功能应该是多方面的,既是学生基本职业技能和实践能力训练的基地,也是培养学生职业道德和综合素质的场所②。课程和教材是人才培养的核心环节,因而国家骨干高职院校专业实训基地也要注重课程和教材对学生的综合培养作用。而市场需求是学校实训基地课程教材建设需要考虑的主要问题,企业在招聘人才时更注重学生的操作技能和综合素质。因此,在国家骨干高职院校专业实训课程教材建设过程中,要从行业和企业的实际需求出发,以培养高素质职业人才为目标。③ 综上,实训基地的课程一方面要注重培养学生理论知识及基本功底,另一方面要让学生具有各方面常识和操作技能,提高学生的综合素质。

为配合国家骨干高职院校实训基地建设,教师要与企业的管理人员和技术人员一起,按照高素质技能型人才培养的特点和规律,参照职业岗位要求,针对实训内容的特点和目标,编写具有很强岗位针对性、实用性且合乎高职学生认知结构的实训教材、指导书④。与实训教学相适应的课程和教材体系,充分体现国内外最新知识、最新技术和最新工艺,使学生的理论水平和实践技能协调发展。

---

① 王毅.整合实践教学资源高起点建设实训基地[J].中国高等教育,2005(18):16-18.
② 周国烛.高等职业学院校内实训基地建设内涵的探究[J].实验技术与管理,2010(11):367-369.
③ 刘洋.高职院校校企合作中实训基地建设与课程改革的研究[J].哈尔滨职业技术学院学报,2013(6):33-34.
④ 杜世禄.高职院校校外实训基地建设的思考[J].教育发展研究,2007(8):88-90.

第 5 章
国家骨干高职院校的教学改革

为实现内涵式稳健发展,高职院校必须正确认识和把握教学改革的内容,大胆进行教学改革,采用正确的教学模式,建立有效的管理制度,以提高教学质量和人才培养水平。本章从改革理念入手,结合高职院校教学改革的模式、实践等内容,深刻剖析了国家骨干高职院校的教学改革。

5.1 国家骨干高职院校教学改革的理念

高职院校的学生存在着实用导向的理论学习、注重职业资格获得、存在学习心理障碍、缺乏学习热情和能力等方面的特点,因此,适用于高职院校学生的教学理念包括行动导向、课证融合、差异化和互动式教学理念。本节对这些内容进行了详细分析,以期促进国家骨干高职院校采用正确的教学理念,提升教学质量。

5.1.1 高职院校学生学习的主要特点

高职院校学生较普通高等院校的学生,在学习上存在着较大的差异性,这种差异性,与高职院校的社会地位和其学生的基础、学习目的及自我定位等都有极大关联。概括来说,高职院校学生的学习特点主要有:实用导向的理论学习、注重职业资格的获得、存在学习心理障碍、缺乏学习热情和能力等。具体表现在以下几个方面。

5.1.1.1 理论学习注重实用价值

高职院校的学生为适应社会发展以及面对就业压力,多有学习意愿,认为学习可促进自身发展。但不少学生在价值取向上趋于务实,喜欢从主观上区分学习内容的"有用"与"无用"[①]。他们对于学习内容和学习方式的取舍往往取决于对今后生活和发展的有用程度的判断。片面理解技能的培养,重视实践操作,在理论学习上也以实用为导向,一味追求实用性,热衷于通过理论学习考取相应职业资格证书,对应用性不强及对考证没有帮助的知识内容则较少涉猎。

这种重实用的理论学习无疑带来了一定的问题。不少学生以"获得一技之长,找个好工作"作为学习的动力,并初步有了努力的方向,但对高职教育人才培养目标缺乏足够认识,往往片面地理解实践技能的培养,普遍存在轻基础、重专业,轻理论、重实践,轻理解、重操作等现象,心态浮躁和急功近利思想过重,学习动机多具有近景性。可以说,高职院校学生注重实践导向的理论学习特点与高等职业教育本身的应用性特征是息息相关的。

5.1.1.2 专业学习职业倾向明显

职业性是职业教育独立存在并区别于其他教育的本质的规定性。高职教育的目标是培养高端技能型人才,因此,其教育教学中突出培养学生的职业能力、职业道德和可持续发展能力。在这种情况下,其学生的学习具有较强的职业性特征,大多十分重视职业资格证书的获得。

---

① 储争流.高职院校学生学习特点及教育对策探讨[J].湖南科技学院学报,2010(1):157-158.

因为高职院校学生一进校就开始职业化培养,接受企业的教育和管理,包括未来职业活动中所需的心理品质,如观察事物的角度、记忆的类型、思维方式和解决问题的方法等。他们希望把各种专业知识运用到实践工作中,以提高专业技能,拓展专业知识,融入社会,在生活中学会学习,增强为人处世、团队合作的能力,为毕业后顺利踏上工作岗位积累相关的经验。①

高职院校学生专业学习的职业性主要表现是:厌烦枯燥的理论知识学习,喜欢参与活动和实践操作。高职的教学也正是以提高学生实践技能为目的,以培养学生的职业知识和职业技能为重点②。多数高职院校的学生希望学习内容与从事的职业相适应,并希望立足于职业岗位的具体要求,有针对性地开展职业适应性的学习。因而,他们多想学到实用技术、锤炼实践技能、积累从事职业需要的工作经验,提高技术应用能力③。

5.1.1.3 学习知识积累相对薄弱

高职院校生源层次多样,有高中毕业生、中专毕业生、职高毕业生,他们的文化知识水平与普通本科高校学生存在一定差距。同时,部分学生在学习上缺乏热情,主要表现在:不能根据学科特点选择适当的学习方法,被动上课,无目标地听课,死记硬背,简单重复地完成作业,没有任何计划性,学习缺乏热情,专业知识得不到任何拓展,难有创造性④。部分高职学生自控能力较差,学习缺乏主动性,学习效率不高,

---

① 黄晓峰,崔立勋.职业院校学生学习特点与发展对策研究[J].中国科教创新导刊,2013(1):64.
② 储争流.高职院校学生学习特点及教育对策探讨[J].湖南科技学院学报,2010(1):157-158.
③ 温九祥.基于学生学习特点的高职教育对策研究与实践[J].教育与职业,2014(5):173-174.
④ 彭琳.当代高职学生学习特点与教学对策研究[J].山东广播电视大学学报,2014(4):76-78.

不会按专业性质主动选择及安排课内及外延的学习内容,巩固、拓展自己的知识①。

与此同时,高职院校的学生由于基础相对薄弱,分析能力、思维能力、信息提取能力也相对不足,相当数量的学生表现出形象思维能力强、抽象思维水平不理想的特点,对理论性知识学习缺乏相关能力②。而且,大多数高职院校学生没有掌握一套适合自己的学习方法和技巧,即使有些学生想学习,也欠缺正确的学习方法,学习较为吃力,影响了高职院校的教学质量和学生的学习效率。

5.1.1.4 对于自身认知存在偏差

当前,许多高职院校的学生大都高考成绩不够理想,加上受生源竞争及部分省或地区职业教育招生政策的影响,高职院校的录取分数明显低于普通本科院校。不少人怀疑高职院校学生的学习状况和学习质量。同时,社会对高职院校存在偏见,高职院校学生对自己的认识也存在一定偏差,认为高职生属于专科层次,低人一等。③ 这些因素造成高职院校学生存在一定的自卑感,学习倦怠感、挫败感较为明显。在高职院校中,一方面,教师抱怨学生的低起点或学习上的惰性;另一方面,学生则抱怨课程枯燥或无用,在课程上流露出厌学情绪。由此形成了相互抱怨的怪圈④。还有学生因为知识准备相对不足,良好学习习惯养成缺失,在学习上遇到困难就退却,不愿意钻研和深入学习,面对学习上的挫折和未来就业的压力,不少学生悲观失望,丧失了信心,在思想

---

① 马保仙,王秀兰.高职院校学生学习特点及对策措施[J].山西煤炭管理干部学院学报,2010(3):48-49.
② 储争流.高职院校学生学习特点及教育对策探讨[J].湖南科技学院学报,2010(1):157-158.
③ 吕娟.高职院校学生学习特点及学习能力内涵研究——以长江工程职业技术学院为例[J].青年文学家,2013(35):219.
④ 马保仙,王秀兰.高职院校学生学习特点及对策措施[J].山西煤炭管理干部学院学报,2010(3):48-49.

情绪上多呈消极、浮躁、焦虑、紧张、忧郁、自我否定等状态①。高职院校学生的自卑心理，以及由此引发的对于自身的认知偏差，在一定程度上影响了他们的学习行为和学习进程。

5.1.2 适用于高职院校学生的教学理念

通过研究高职院校学生的学习特点，结合高职院校"以服务为宗旨，以就业为导向"的职教特色，本研究认为行动导向、课证融合、差异化和互动式教学四种理念较为适合高职院校的教学发展。

5.1.2.1 行动导向教学理念

当前，我国职业教育界提及的"行动导向"，自 20 世纪 80 年代起，就是德国职业教育和培训领域教学改革的主流。1998 年，德国联邦州文化部长联席会议通过并发布"学习领域"课程方案，确定了"以行动为导向"的教学法在职业学校教育改革中的基础地位，为提高教学成效开创了新的途径②。其核心理念是注重关键能力的培养。该教学法以学生为本，重在培养学生的职业基本能力，具有促进学生参与、合作、行动，提高教学效率，形成完整个性的功能③。

关于行动导向的含义，学者们有许多不同的观点。T.特拉姆认为，行为导向是一种指导思想，旨在培养学习者将来具备自我判断能力，懂行和负责的行为。H.Gudjons(1994)指出，行动导向教学不是教学法理论，而是一个教学原则，具有一定的特征，通过(学习心理学和社

---

① 储争流.高职院校学生学习特点及教育对策探讨[J].湖南科技学院学报，2010(1)：157-158.
② 陈曦萌."行动导向"职业教育教学的沿革及内涵[J].职业技术教育，2006(22)：11-14.
③ 史平，秦旭芳，张研.高等职业教育的有效模式：行动导向教学法[J].辽宁教育研究，2008(5)：57-59.

会化理论的)理论验证,并在不同的课堂情景中得以实现。"德国联邦职业教育研究专家劳尔·恩斯特指出,行动即学习原则。马庆发认为,所谓行为导向实质上是指在整个教学过程中,创造一种学与教、学生与教师互动的交往情境,把教与学的过程视为一种社会的交往情境,从而产生一种行为理论的假设。姜大源认为,行动导向所指的教学方法和教学组织形式强调学生是学习过程的中心,教师是学习过程的组织者与协调人,教师采取咨询计划、决策、实施、检查、评估的整体行动,在教学中与学生互动,让学生通过独立地获取信息、制定计划、实施计划及评估计划,使学生在自己动手的实践中,掌握职业技能、习得专业知识,从而构建属于自己的经验、知识或能力体系。[①] 李东升、丁敬敏(2014)指出,职业教育课程的本质是职业性,职业教育必须形成其特有的基于工作过程系统化的行动导向课程教学模式。这种课程教学模式强调职业工作的整体性、学生行动性、教师主导性[②]。

　　基于以上学者的观点,本研究认为行动导向是指贯穿于教学全过程,融入教学各要素,体现在教学各环节中的一种指导思想,是在整个教学过程中创设一种教与学、教师与学生平等互动的交往情景,通过情景模拟法、案例教学法、头脑风暴法及角色扮演法等教学方法,引导学生在相应的职业情境中、在动手实践中自主学习,从而掌握知识和技能,不断提高自己能力的一种教学理念。

　　行动导向教学理念强调在教学中创设教师与学生平等互动的环境。因此,在国家骨干高职院校的实际教学改革中,行动导向教学理念指导下的教学实践,主要特点表现在以下几个方面。

　　一是注重创设情境教学。追溯行动导向的理论依据,与认知心

[①] 陈曦萌."行动导向"职业教育教学的沿革及内涵[J].职业技术教育,2006(22):11-14.
[②] 李东升,丁敬敏.高职行动导向教学模式设计研究[J].教育与职业,2014(20):138-139.

理学派的一个分支——建构主义有关。建构主义学习理论认为,知识不是通过教师传授得到,而是学习者在一定的情境即社会文化背景下,借助他人(包括教师和学习伙伴)的帮助,利用必要的学习资料,通过意义建构的方式而获得。学生的学习本质是借助学习情境的帮助,实现学习者对知识意义的主动建构,学习不可能脱离具体的情境而产生,情境是整个学习中的重要而有意义的组成部分。[①] 因此,行动导向教学在教学实践中,注重创设一种真实的情境——一种与学生未来所从事的工作情境相一致的教学环境,让学生置身于这样的情境之中,引导学生进行学习和训练,通过自己的行动来获得知识、技能和体验,不断构建自己的经验、知识和能力体系,为以后的工作打下坚实的基础。

二是强调学生的关键能力。行动导向教学理念,强调学生作为学习的行动主体,以职业情境中的行动能力为目标,在学习中将自我构建的行动过程看成学习过程,以专业能力、方法能力、社会能力整合后形成的关键行动能力为评价标准[②]。这一教学理念强调对学生关键能力的培养胜于学生日常理论知识的吸收,它是以教学生"学会学习"为出发点,旨在培养学生具有继续学习的能力。其作用是,整个教学过程以学生的学为主,让学生独立地获取信息,独立地制定、实施、评估计划等行动来培养自主学习的意识,进一步发展他们的学习能力,从而提高"可持续学习"能力。[③] 学生通过关键能力的获得,学会自主学习,为其以后的职业选择提供了便利。

三是强调教学过程中师生有效互动。行动导向教学强调针对职业目标,学生在教师的引导下,在与职业典型工作环节相应的学习过程

[①] 王开富.行动导向教学的特征及其意义[J].科学咨询(决策管理),2009(9):69.
[②] 袁江.关于行动导向教学的教学观[J].中国职业技术教育,2005(4):1.
[③] 王开富.行动导向教学的特征及其意义[J].科学咨询(决策管理),2009(9):69.

中,通过自我调节的学习行动去构建知识及经验体系。教学不再是一种单纯的老师讲、学生听的教学模式,而是师生互动型的教学模式,学生全程参与到教学过程的各个环节中来。① 在这个过程中,学生独立地学习,在完成任务的过程中不受老师的指导。而教师只是教学过程的引导者与评判人,负责布置任务、组织教学过程,最后对学生完成的任务做出评判,并把一些有效的信息和策略再反馈给学生,学生根据教师的点评再不断修改和完善自己的策略、方案或策划,实现真正的双向互动②。这种师生有效互动的教学方法,学生作为学习主体,充分发挥了学习的主动性和积极性,变"要我学"为"我要学",学习效率得到有效提高。

5.1.2.2 课证融合教学理念

所谓课证融合,是指职业资格证书与学历证书的相互融合与衔接,即将学历教育规定的基础理论、专业知识与职业岗位群对应的国家职业标准中的职业道德、基础知识和工作技能融为一体,并将其贯穿于教学活动的始终,使学生在完成学历教育的同时,获得职业能力的训练和职业资格的认定③。课证融合的关键是学生职业能力的获得,其基本教学理念在于以就业为导向,以能力培养为中心。课证融通的目的,是通过纳入专业相关职业资格要求,采用与岗位职业活动类似的教学案例,以系统知识和技能要求的有机融合为手段,引入职业活动需要的职业要求,更好地培养学生的职业综合能力④。高职院校课证融合教学已成为高职教学改革的一个重要发展方向,其实施成效也在一定程度上影响着高职院校的教学改革成效。当前,不少国家骨干高职院校在

---

① 胡光辉,仇雅莉.高职课程行动导向教学的探索与实践[J].教育与职业,2008(23):66-67.
② 王开富.行动导向教学的特征及其意义[J].科学咨询(决策管理),2009(9):69.
③ 壮国桢.高职院校"双证"融通的优势、难点与突破[J].高等工程教育研究,2005(4):94-97.
④ 来建良,屠立等.高职教育"双证融通"人才培养方案构建与实施——以机械类专业为例[J].高等工程教育研究,2013(05):123-126.

建设过程中,正积极探索课证融合教学理念的实践应用,也形成了一些较为鲜明的特点,具体来说,主要表现在以下几个方面:

一是学历证书与职业资格证书的高度匹配。高等职业教育的专业人才培养坚持对基础理论的"应用",对专门知识强调针对性和实用性,特别注重对专业技术的把握以及实际操作能力、工作经验的积累和技能水平的提高[1]。这种强调基础理论知识学习与职业技能培训并重,正是课证融合教学理念的主要思想。其具体做法是,按照职业资格证书或技术等级证书的内容标准,制定课程标准和确定课堂教学内容,把职业资格证书对技能的要求融入课堂教学中去[2]。在课证融合教学理念的指导下,学生的学历证书与职业资格证书的获得相互融通、高度匹配。一方面,使学生在校期间就取得进入企业岗位的"通行证",即职业资格证书;另一方面,促使学生在校学习期间就熟悉岗位环境和工作要求,能缩减就业缓冲期,降低企业的用人成本。

二是教学考核与技能考核的紧密结合。为了使高职教育更好地满足经济社会发展的需要,对学生的考核方式应保持自己的特色。职业技能考核与教学考核相挂钩,是高职院校区别于普通高校的重要表现。职业技能鉴定是一项基于职业技能水平的考核活动,主要内容包括职业知识、操作技能和职业道德三个方面。这些内容是依据国家职业(技能)标准、职业技能鉴定规范和相应教材而定,并通过编制试卷来进行鉴定考核。[3] 在课证融合教学理念的指导下,在对学生的考核中,知识水平考核与职业技能考核并重。学校从这两个不同的层面对学生进行综合评定,并以此为标准进行评优选先。由于高职院校学生实际操作

---

[1] 袁秀英,刘淑敏,高雅萍.实现高职教育"课证融合"需把握的八个关键[J].中国职业技术教育,2010(24):27-30.
[2] 胡海.论提高高职课程教学质量的基石——课证融通[J].江西教育学院学报,2012(6):185-186.
[3] 田秀萍.关于实施双证书制度的相关问题研究[J].教育与职业,2008(11):24-25.

能力较强,理论知识吸收水平相对较弱,将职业技能考核有效地嵌入教学成绩考核,有利于增强高职学生的学习自信心,提高其学习效率。

三是课程标准与职业标准的有效衔接。职业教育满足岗位技能需求的特点,使职业标准纳入高职人才培养目标成为可能。在课证融合教学理念指导下,不少国家骨干高职院校的课程标准与职业标准实现了有效衔接。其具体做法是:以相关专业国家职业标准为依据,着重看知识要求、技能要求以及职业环境与条件、教育水平、职业道德等内容,将职业技能培养过程细化、分解为多个教学环节,通过调整课程体系、整合教学内容、修订课程大纲得以实现。在专业教学计划中,把整个职业技能培养的全过程都体现出来,把职业技能培养贯穿于教学的全过程,渗透于专业教学中,形成"教、学、做"一体的课堂教学、实习实训、毕业设计、社会实践相结合的职业技能培养链条[①]。将职业标准与课程教学标准有机结合,可以促进国家骨干高职院校的教学更好地适应区域经济及社会发展。

5.1.2.3 互动式的教学理念

互动式教学理念,是指在教师的启发和引导下,师生之间、学生之间采用对话、研讨和交流等学习方式,形成互动学习机制,调动学生学习的主动性,开发学生的创造性思维,培养他们学习能力的一种教学理念。它综合了主体性教育思想、建构主义学习理论和启发式教学等教学思想,强调以学生为本,旨在达到最佳的教学效果。其基本前提是尊重,强调师生平等对话、彼此沟通和真诚的交流,使课堂充满互动、民主、和谐。可以说,它是以现代教学思想和理论为指导,充分体现以教师为主导、以学生为主体、以训练为主线、以思维为核心的一种新型教学理念[②]。这种教学,以培养学生综合能力和自主学习能力为主要目

---

① 袁秀英,刘淑敏,高雅萍.实现高职教育"课证融合"需把握的八个关键[J].中国职业技术教育,2010(24):27-30.
② 唐世刚,钟万林.互动式教学模式构建研究[J].教育理论与实践,2013(18):42-43.

标,注重体现人文主义的教学思想,有利于全面推进教学改革,培养符合社会经济发展需求的高素质创新型人才。这种观点很好地概括了互动式教学理念的内涵,对于探讨互动式教学具有重要的指导意义。

互动式教学理念作为一种符合教育教学规律的理念,其主要特征表现在以下几个方面:

一是强调教学的互动性。传统教学理念,将研究对象仅仅局限于发生在学生个体自身内部世界的封闭过程,以及学生个体单纯的知识接受过程。因此,传统教学多为知识的"传授—接受"活动,其性质是教师主动、学生被动的单一活动[1]。而互动式教学理念则注重在教学活动中教师与学生的互动,注重学生参与到教学实践中,提高学生参与课堂的积极性。针对高职院校学生基础弱,学习动力不强等问题,运用互动式教学理念,采用互动式教学,有利于提高学生的学习兴趣,增加他们的学习主动性,提高课堂效率。

二是强调师生关系的平等。传统课堂中,教师在师生关系中占绝对主导地位,其教学内容在学生眼中是绝对的权威,课堂往往是"一言堂"。在教学实践中,教师一味地向学生灌输一成不变的知识,忽视学生的学习兴趣,师生之间缺乏真诚的情感交流。在这种情况下,学生对教师的敬畏大于敬佩。而在互动式教学理念中,注重师生关系的平等,传统的师生授受关系变成朋友式的对话与磋商关系,强调平等对话、彼此沟通和真诚交流,使课堂充满互动、民主与和谐。

三是注重培养学生的创新思维。互动式教学理念遵循学生的认知规律,以教师的引导和启迪为前提,以学生的自主学习为基础[2]。从整体上来讲,它是实践教学,要求教师在构建培养方案时,为学生构建一个科学合理的实践体系。在互动式教学过程中,学生走上讲台,和教师

---

[1] 罗三桂.现代教学理念下的教学方法改革[J].高等教育,2009(9):6-11.
[2] 王强.在互动式教学的实践中培养创新性人才[J].辽宁教育研究,2004(8):70-72.

处于平等的地位进行交流,寓学习于讲解中,有利于创新意识的养成①。互动式教学中,教师还可以结合科研实际和现代科技发展规律,向学生介绍技术上的改进与发明,将企业生产中面临的实际难题融入课堂教学案例。鼓励学生参与问题的解决,培养学生利用所学知识进行创新的能力。可见,这种教学,对于高职院校学生培养理论探究上的自信和培养实践中的创新思维,有极大帮助。

四是对教师有较高的要求。互动式教学是以教师的启发和引导为基础,为学生的自主学习提供明确的方向,这要求任课教师不仅要有扎实的专业基础知识,还要有与现代教学相适应的计算机及外语水平②。此外,由于互动式教学灵活性大,教学环境与传统教学相比相对宽松,因此教学活动的可操作性难度加大,需要教师融入更多的教学艺术和教学方法,提供不同层次的教学目标并发挥更多的创造性思维。因而,互动式教学给教师带来了更多更大的挑战。

5.1.2.4 差异化的教学理念

我国学者华国栋认为,所谓"差异化教学",是指在班集体教学中,立足于学生的差异,满足学生个别学习的需要,以促进学生在原有基础上都得到发展的教学。差异化教学理念是结合学校办学特色、学生的个体优势智能及社会的个性化需求,打破"千人一面"的标准化、规模化教育,有针对性地开展多样化的教育教学工作的一种教育模式③。差异化教学倡导的教育观,是把差异作为教育教学生态系统发生发展的基本条件的生态资源观,是强调发挥各种不同的智

---

① 赵尔杨,孟琰,王珊."互动式"教学模式教学效果评估体系的构建[J].黑龙江高教研究,2014(10):162-164.
② 牟惠康.以有效教学理念推进高职院校教学设计研究[J].职业技术教育,2010(5):53-56.
③ 赵春晖,董宇艳.差异化教育与人才竞争优势[J].黑龙江高教研究,2008(7):92-94.

能,使每个人都有成功可能的多元智能观;是接纳与适应学生个别需要,增强自我效能感的全纳效能观;是实现每个学生和谐、全面发展的差异发展观和体现多落点、表现性的多维评价观[①]。差异化教学理念,是将社会需求本位、办学条件本位和学生素质本位有效结合起来的学生观、教育观和教师观;其在教学实践上的表现是,兼顾学生的共性与个性,使师生成为合作学习的共同体;在发展平台上,差异化教学要求给予学生自主选择的空间,为他们施展个性、发展潜能创造条件;其在评价模式上的表现是,建立开放性的教学质量评价体系和学生素质评价体系,促进学生多元发展,同时调动教师实施多样化教育的积极性[②]。差异化教学可以有效利用学校办学特色及优势,最大可能地发挥学生学习潜能,使人才充分满足社会需求,从而具有较强的竞争力。差异化教学理念的特征具体表现在以下几个方面:

一是注重对学生个性的培养。我国传统文化里的"和而不同"思想,因注重学生不同特性的养成而受到普遍推崇。它不仅是教师教学任务的应有之义,也是教育工作遵循教育规律的必然要求。差异化教学理念与此有共通之处,它也强调教师尊重学生的特性,允许课堂上各种观念的存在,保留学生的自我思想,鼓励学生提出不同的意见或建议。因而,这种教学理念,能让教师在维持课堂正常秩序的前提下,促进每位学生的个性培养和全面发展。

二是强调教学内容和教学形式的多样性。差异化教学理念注重学生不同个性的养成,然而每位学生的家庭背景、学习习惯、生活特性等都存在差异,因此,差异化教学理念要求教学内容和形式的多样性。在日常教学中,一方面,要采用分层教学模式,对不同水平的学生设置不

[①] 王晓莺,贾念念.高等数学差异化教学模式的探索与实践[J].教育教学论坛,2013(13):228-229.
[②] 赵春晖,董宇艳.差异化教育与人才竞争优势[J].黑龙江高教研究,2008(7):92-94.

同的教学内容,采用不同的教学方法;另一方面,要采用弹性分组模式,即根据每位学生的自主选择,实施不同的教学分组,不同的小组之间互相学习,杜绝恶性竞争。教学内容和教学形式的多样性,能培养学生的学习自主性与自信心,有利于因材施教。

三是强调多种教学评价方式并存。差异化教学不仅强调学生个体潜能的开发,要求教学内容和形式具有多样性,还强调多种教学评价方式并存。在具体操作上,实行形成性评价和终结性评价相结合、课内教学与课外自主学习评价相结合、基本的质量要求与开放的评价标准相结合的综合评价模式①。采用开卷、论文答辩等多样化的考试手段,推进考试制度改革。同时,学生学业成绩的构成也要多元化,尤其要重视评价学生的研究创新能力及成果。对教师的教学采用多种评价方式,注重学生的评价主体地位,在一定程度上也体现了尊重学生,注重学生评价的人文关怀。

5.2 国家骨干高职院校的教学模式

近年来,我国高职教育取得了长足发展,学者们从理论和实践两个方面对高职院校的教学模式展开了深入研究。由于学校不同和地区差异,区域经济发展等方面的不同,使得高职院校的教学模式也一定程度上存在差异。结合多所国家骨干高职院校的教学改革实践,本研究认为以下几种教学模式较为适合高职院校的建设与发展。

5.2.1 "工学结合"教学模式

《国务院关于加快发展现代职业教育的决定》(国发〔2014〕19号)

---

① 史晓江.差异化教育背景下"层块式"人才培养模式的构建[J].教育教学论坛,2013(26):93-95.

指出,高职院校要推进人才培养模式创新。坚持校企合作、工学结合,强化教学、学习、实训相融合的教育教学活动①。由此可见工学结合模式对于促进我国高职教学改革与发展的重要性。

5.2.1.1 "工学结合"教学模式的内涵及特点

工学结合教学模式,是指职业院校通过对企业典型工作任务的分析描述,开发学习领域课程,创建真实企业实践环境,以培养学生的综合职业能力为重点,采取课堂教学与学生参加实际工作有机结合的方式,把学生的学习贯穿于整个工作过程之中,学习各种工作过程知识,培养适合不同用人单位需要的具有较高创新与实践能力人才的一种教育活动。简言之,工学结合教学模式,即学习的内容是工作,通过工作促进学习,从做中学,从学中做②。其主要特点如下:

一是教学培养方案由企业与学校共同制定。与工学结合教学模式相配套的一种典型人才培养形式,是"行业订单培养"教育,即与行业的一个或几个龙头企业联合设置人才培养方案,制订人才培养计划,订单培养学生。这种教育,既能培养现阶段企业所需要的人才,又能解决学校培养的人才到企业不适应的矛盾。高职院校可以根据与企业签订的订单,随着情况变化及时调整专业的教学内容,根据企业设专业,根据岗位定课程,根据岗位练技能,进行特色教学、特色培养。③ 企业可以向学校提出必要的课程和知识技能要求,可提供实践实训场地和实习指导技术人员,学生通过在企业岗位实践,可学到许多在学校、书本里学不到的东西,从而更加明确了学习的目的和任务,提高了学习主动性

---

① 中华人民共和国国务院.国务院关于加快发展现代职业教育的决定[EB/OL].(2014-06-22)[2019-10-14].http://www.gov.cn/zhengce/content/2014-06/22/content_8901.htm.
② 刘加勇.我国高职教育工学结合教学模式的构建[J].教育与职业.2008(20):12-14.
③ 邓志良.国家示范性高职院校建设中校企合作之路的探索与实践[J].常州信息职业技术学院学报,2009(04):3-6.

和效率①。这种教育形式的实质,是鼓励企业与学校共同制定学生的培养计划并参与其中,双方共同为高职院校的教学提供支持,符合工学结合教学模式的要求。

二是将职业技能和职业素养养成贯穿于教学过程。工学结合教学模式注重学生的个性化发展,具有针对性和适应性相融合的个人价值取向,符合人的发展需求。该模式的最大优势是以职业为导向,通过系统设计,把以课堂教学为主的学校教育与直接获取实际经验的校外工作有机结合,体现了"以学生为本"的人才培养观。② 在具体教学中,除了有计划地让学生走出校门,到实际工作中提升职业能力和职业素养外,还将企业和人才市场对高技能人才的多方面要求整合进教学过程中,实现在教学中养成学生职业技能和职业素养的目标。

三是该模式深刻揭示了高职教育教学的本质内涵。将理论学习与实践实训相结合的教学模式,使高职院校面向整个社会统筹教育资源,通过教育思想和教学理念的确立和深化、课程体系和教学内容的重构、教学方法和手段的改革、专兼教学团队的结构优化和功能集聚、多元评价体系的建立和完善、学生专业能力和职业能力的协同发展,丰富了高等职业教育的内涵,有效实现了高等职业教育的开放性、职业性和实践性,推动了高等职业教育发展,提高了人才培养质量③。

5.2.1.2 "工学结合"教学模式的典型案例

江苏经贸职业技术学院"工学结合"教学模式。江苏经贸职业技术学院与台湾网讯电通股份有限公司合作,在电子商务专业原

---

① 邓志良.国家示范性高职院校建设中校企合作之路的探索与实践[J].常州信息职业技术学报,2009(04):3-6.
② 陈解放."产学研结合"与"工学结合"的解读[J].机械职业教育,2006(12):34-36.
③ 成军.高职教育工学结合人才培养模式的价值判断、困境及对策[J].中国高教研究,2012(2):89-92.

校内"呼叫服务车间"实训基地设立"eCRM BPO 呼叫谷"校中企服务外包运营与实训基地,组织电子商务专业相关班级成立"网讯订单班"。课程分为通识课程(主要由电子商务专业专任教师授课)和运营项目式课程(主要由网讯公司高级技术人员授课)两类。学生通过"工学交替"的实战课,不仅完成顶岗实习实训学习任务,获得"服务项目"学分,还要完成呼叫谷企业工作任务,并获得一定收入。网讯订单班"校中厂"的运营与管理机制采用校企双方共同进行企业化管理机制,其中,经费划拨、员工考核、工资发放等由网讯电通股份有限公司进行企业化运作。这种人才培养和教学模式实现了企业兼职教师在量和质两方面真正可控化承担专业教学任务,创新了"动态能力集"人才培养模式的改革,也培养了更适合企业长期生存发展和忠诚度高的员工;节省了人力运营成本;引导网讯公司建立了接收高等职业院校学生实习的制度,实现了校内成绩考核与企业实践考核相结合。①

5.2.2 "双证融通"教学模式

5.2.2.1 "双证融通"教学模式的内涵及特点

"双证融通"教学模式,是指在职业技术教育中,职业资格证书与学历证书的相互沟通与衔接。在我国,学历证书与职业资格证书是不同教育或培训体系下的产物,两种制度在其结构、依据和培养方式、培养目标等方面既有一定的区别,又互为联系与补充。双证融通的目的,是通过纳入专业相关职业资格要求,采用与岗位职业活动类似的教学案例,以系统知识和技能要求的有机融合为手段,引入职业活动需要的职

---

① 江苏经贸职业技术学院.江苏经贸职业技术学院 2015 质量年度报告[EB/OL].(2015 - 08 - 10)[2019 - 09 - 20].https://www.tech.net.cn/column_rcpy/art.aspx? id=2677&type=2.

业要求,更好地培养学生的职业综合能力[1]。高职院校双证融通的关键是学生职业能力的获得,其基本教学理念在于以就业为导向,以能力培养为中心。双证融通教学的实质是,通过改革消除或减弱两种证书的差异,增强两者的一致性和兼容性。在具体实践中,双证融通教学理念的特征主要有以下几个方面:

一是课程标准与职业标准的融通。高职教育作为高层次、高标准、高水平的职业教育,应能够适应区域经济和社会发展的需要,实现社会发展目标、人才培养目标和学习者发展目标的融通,这要求高职院校的教学将职业标准融入课程标准。双证融通的实质是两种标准的融通,而这种融通又依赖于学生个人发展目标与社会发展目标的融通[2]。在这种教学模式下,教材的编写、教学内容的规划等,都在很大程度上与职业标准资格考试相对接。

二是教师教学水平与职业素养的融通。教师是教学的关键,要实现双证融通,必然要求教师具备较高的"双师"素质,实现教学水平与职业素养的融通,能对某一职业岗位群的能力进行分解,将其中的基本知识和专业技能分别设计成课程教学模块,实现教学内容和相关职业资格证书衔接[3]。在教学过程中,双证融通教学要求教师以学生为主体、以工作过程和工作任务为路径、以职业能力培养为本位,注重提升学生的职业技能,培养他们认真负责、团队合作、积极进取、吃苦耐劳和勇于创新的职业素养。当然,为实现这种融通,在职业资格证书获得的同时,也要对教师进行相应的职业素养培训。

三是课程评价方式与职业技能鉴定方式的融通。为了使高职教育

---

[1] 来建良,屠立,杜红文,胡家秀,任聪敏.高职教育"双证融通"人才培养方案构建与实施——以机械类专业为例[J].高等工程教育研究,2013(5):123-126.
[2] 田秀萍.关于实施双证书制度的相关问题研究[J].教育与职业,2008(11):24-25.
[3] 黄冬梅,汤天啊.基于"课证融合"的人才培养模式实践研究[J].职业教育研究,2010(6):68-69.

更好地满足社会发展的需求,其课程评价方式需要与职业技能鉴定方式相融通。职业技能鉴定是一项基于职业技能水平的考核活动,是由国家认定的考试考核机构对劳动者从事某种职业所应掌握的技术理论知识和实际操作能力做出客观的测量和评价,主要内容包括职业知识、操作技能和职业道德三个方面①。职业技能鉴定的标准和规范性更高,因此,在双证融通教学模式中,学校对学生的考核并非仅仅局限于考试成绩的高低,理论知识的获得,而是依据职业技能鉴定的标准,结合学生的职业技能测评的表现,给予每位学生合理的考核。

5.2.2.2 "双证融通"教学模式的典型案例

南京信息职业技术学院"双证融通"教学模式。南京信息职业技术学院在各专业的人才培养方案中,要求学生在校学习期间除了要获取计算机等级、高等学校英语应用能力等级证书外,还至少要获得1~2种与专业相关的中高级职业资格证书或技能证书,并要求在岗位能力课程中融入职业资格认证的内容和岗位技能标准,完成对职业资格或技能证书的衔接。目前学院各专业的岗位能力课程都能覆盖其所需取得的职业技能证书或职业资格证书内容。②

5.2.3 "以赛促教"教学模式

5.2.3.1 "以赛促教"教学模式的内涵及特点

"以赛促学、以赛促训、以赛促教"教学模式(可简称为"以赛促教"

---

① 张军海,李仁杰等.高等学校学生评教的问题及对策[J].河北师范大学学报,2009(2):81-85.
② 南京信息职业技术学院.南京信息职业技术学院2015质量年度报告[EB/OL].(2015-03-12)[2019-10-23].https://www.tech.net.cn/column_rcpy/art.aspx?id=2701&type=2.

教学模式)是结合行业、用人单位的实际需求,通过专业制定的人才培养方案,将技能大赛的内容与具体的课程内容相合,将技能大赛与学习技能、岗位练兵紧密结合,将学、练、赛融为一体,以大赛为契机,提高参赛者技术技能以及指导教师团队的整体水平,实现学生的专业技能水平与专业实践能力整体提高的一种教学模式①。

以赛促教模式通过技能竞赛的过程和结果,一是对学生进行考核,校验学生的专业知识、技能和职业素质的水平;二是对教学改革和教学质量进行考核,检验教师教学改革成效,找到教学过程中存在的偏差和不足,及时进行纠正和补充;三是保证教学达到"过程→结果→过程"的目标,即在过程中实现结果,在结果中优化过程,以赛促学、以赛促教、以赛促改,充分调动学生学习的积极性和教师教学改革的主动性,做到技能竞赛与教学改革、人才培养相辅相成、相得益彰,促进人才培养质量的提升②。其主要特征如下:

一是专业人才培养方案凸显职业性与技能性。制订各专业人才培养方案是培养学生职业能力,赢取技能竞赛的关键。高等职业教育专业技能竞赛具有鲜明的针对性和导向性,因此,其专业人才培养方案的制定以职业能力培养为主线,以学生技能大赛为契机,以企业的用人标准为依据,在此基础上进一步构建课程体系,按照基础课、技能基础课、专业技能课、职业岗位课四层递进,实现校企无缝链接和学生零距离就业③。在以赛促教模式下,专业人才培养方案通常依托中央财政支持实训基地的生产性设备,根据行业岗位技能需求,结合各专业技能和校内外各类竞赛项目,融入企业生产实际项目,合理设置课程。

---

① 肖海慧,邓凯."以赛促学、以赛促训、以赛促教"教学模式的应用[J].中国成人教育,2013(16):154-155.
② 靳润成.全国职业院校技能大赛促进职业教育发展的战略思考[J].教育研究,2011(9):56-61.
③ 吴健.以职业技能竞赛引领高职教学改革的几点思考[J].教育探索,2013(4):75-76.

二是以实训基地建设带动实践教学发展。对于高职院校,尤其是那些具备培养高水平竞赛选手的高职院校而言,良好的实训教学条件是提高教育教学质量的基础条件。高职院校高级技能型人才的培养要求,决定了理论教学与实践教学的高度统一,为此,要求学校配置时间、空间和内容上的"全开放"实训室,确保学生无论是上课还是业余时间,都能按需使用,随到随练,从而为学生提供一个良好的学习、训练、研究和创造的环境,有力保障他们日常技能训练顺利实施①。这些全方位的实验实训基地,保证了参赛选手的正常训练,为实现"以赛促学、以赛促训、以赛促教"的教学模式提供了保障。

三是以技能竞赛激发学校教学和人才培养水平。由于社会对高职教育的偏见,职业教育成了弱势群体的无奈选择,职业教育被社会看成了"次等教育"②。而高职院校中以赛促教模式的推行,一方面,鼓励学生及教师积极参与到职业技能大赛中并给予相应的奖励;另一方面,职业技能大赛通常会引入行业的新技术,新设备,企业全程参与竞赛项目的设计研发、标准制定、设备和材料的采购以及职业技能培训等③。可见,以赛促教模式能以技能竞赛激发学校教学和人才培养水平,有利于高职院校的发展。

5.2.3.2 "以赛促教"教学模式的典型案例

常州机电职业技术学院"以赛促教"教学模式。常州机电职业技术学院以"一赛双评"为抓手,拓展学生创业知识,提高学生创业实践能力。"一赛",即大学生创业计划大赛。通过大赛,普及创业

---

① 蔡勤生."赛教结合,寓学于赛,以赛促改"教学模式实践探索[J].职业技术教育,2010(26):40-43.
② 张小菊,鹿路等.浅议技能大赛对深化实践教学改革的促进作用[J].教育探索,2008(2):37-38.
③ 吴健.以职业技能竞赛引领高职教学改革的几点思考[J].教育探索,2013(4):75-76.

知识,帮助有创业意愿的学生提高创业能力。"双评",即校内大学生优秀创业示范基地评选和创业之星评选。通过"双评"活动,加大对创业基地的扶持力度,为学生的创业实践搭建平台。通过职业技能大赛带动学校的教学,使得学校师生的学习积极性及自主性得到了很大的发展,有力地促进了学校教学质量的提升。①

5.2.4 "双导师制"教学模式

5.2.4.1 "双导师制"教学模式的内涵及特点

高职院校的"双导师制",是指在人才培养中安排学校的专业教师和企业技术人员共同担任导师,双方导师建立相对固定的对应关系,由一个校内导师与一个或几个企业导师共同指导同一批学生②。目前,我国高职院校的"双导师制"大多实行两年制,在大二期间即为学生配备两位导师——校内导师及校外导师。原则上,每个校内导师所带学生不超过 10 人,主要负责课堂教学和专业基础知识指导;校外导师则以师徒形式通过双向选择,自愿组合,校外导师指导学生数不超过 3 人,其任务侧重于学生课堂外的专业能力培养,强化学生职业道德、专业技能和协调沟通能力等方面的训练。高职院校践行"双导师制"教学实践,能对教学质量的提高和高技能人才的培养起到积极的推动作用。

导师制作为一种新的教学管理形式,是对传统教育模式的有效补充,而针对高职院校特点实施校内导师与校外导师相结合的"双导师制",在一定程度促进了"教师中心"向"学生中心"的转变,深刻体现了

---

① 常州机电职业技术学院.常州机电职业技术学院 2015 质量年度报告[EB/OL].(2015-08-10)[2019-07-09].https://www.tech.net.cn/column_rcpy/art.aspx?id=2663&type=2.

② 王虹.基于"双导师"制的高职人才培养对策与路径[J].教育与职业,2015(3):29-31.

以人为本的教育理念。相对于传统教学模式而言,"双导师制"教学模式有如下几个特点:

一是严格的导师选聘。校内导师从专任教师中选拔,选聘时强调师德与专业水平。要求导师必须具有较高的政治素质与高度的责任心,有扎实的专业知识与合理的知识结构,了解本专业的培养目标,熟悉本专业教学计划和各教学环节的关系及培养目标,具有专业学习指导能力,具有硕士研究生以上学历或中级以上职称[1]。校外导师则在业务素质高、专业知识丰富、工作能力强、职业道德好的企业骨干中选聘,学校与校外导师及所在单位签订协议,规定各自的权利与义务,以保证校外导师指导工作的顺利进行。

二是师生之间的双向选择。学生自愿报名选择校内导师,然后由所在系进行适当调整,确定每位导师所指导的学生数。校外导师通过交流会与学生见面,并在基本了解岗位及学生情况后,进行双向选择[2]。高职院校的"双导师制",导师充分尊重学生的学习意愿,学生和导师共同制定学习计划,共同解决学生学习中遇到的问题。学生和老师之间的自主双向选择可以有效增进师生之间的情感交流,更好地体现现代职教理念。

三是注重学生综合素质的培养。当前高职教育的"双导师制"教学模式改革,教育管理者充分重视学生核心技能和竞争力的培养。在传授学生专业知识的同时,强化他们的综合素质培养,例如在教学中,导师会着重于培养学生认真负责、团队合作、积极进取、吃苦耐劳和勇于创新的职业素养,尤其通过诸多实践活动帮助学生尽快完成"由学生到工人""由学校到社会"的角色转型[3]。这样可以使学生更加快速地适

---

[1] 丁佩芬."双导师制"会计人才培养模式的研究与实践[J].职业教育探索,2007(3):56-57.
[2] 舒卫英,沈金辉."双导师制"人才培养体系构建的实践[J].职业技术教育,2008(23):75-76.
[3] 郭玉莲.课堂教学模式改革探论[J].教育理论与实践,2012(10):57-60.

应工作岗位,融入社会。

5.2.4.2 "双导师制"教学模式的典型案例

扬州工业职业技术学院"双导师制"教学模式。扬州工业职业技术学院积极强化与企业在人才培养方面的紧密合作,扎实推进顶岗实习工作,通过体制机制创新,打通校企合作的通道,全面提升人才培养质量。该校创新机制,实施校企"双导师制",强化顶岗实习管理。学院对顶岗实习学生的管理和指导实行"双导师制",由校内专业教师担任学生顶岗实习的专业导师,企业技术人员担任学生顶岗实习的职业导师。由专业导师负责顶岗实习的计划制定、理论知识培训等工作,由职业导师负责顶岗实习的具体指导和管理,同时兼顾传授企业文化和职业道德,帮助学生尽快融入企业的工作环境和文化氛围,实现专业文化与企业文化的融合。[①]

5.3 国家骨干高职院校的教学管理制度

随着教育国际化和信息化的发展,国家骨干高职院校的教学管理制度表现出一定程度的滞后,为营造和保持国家骨干高职院校良好的教学环境,推动高职院校教学工作健康高效运转,必须对其教学管理制度进行改革。学分制教学管理制度、学生评价教学管理制度和教育质量监控制度,成为国家骨干高职院校教学管理制度的重点内容。本节对这三个制度进行深入分析,以期提高高职院校的教学管理质量和水平。

---

① 扬州工业职业技术学院.扬州工业职业技术学院创新实施双导师制助推学生成人成才[EB/OL].(2016-12-30)[2019-11-20].http://www.ypi.edu.cn/2016/1230/c2256a47991/page.htm.

5.3.1 教学管理制度的内涵及建设意义

学分制教学管理制度、学生评价教学管理制度和教学质量监控制度,是高职院校教学管理制度的重要内容。我们必须把握好它们的内涵,并充分认识它们对于国家骨干高职院校存在的意义,以加强对它们的理论认识。

5.3.1.1 学分制教学管理制度

随着高职院校教学理念的不断深化,学分制已成为当前各国普遍采用的教学管理模式。关于学分制的概念,以下三种观点颇具代表性。一是顾明远教授(1991)①主编的《教育大辞典》的解释,认为"学分制(credit system)是高等学校的一种教学管理制度,以学生取得的学分数作为衡量其学业完成情况的基本依据,并据以进行有关管理工作"。二是《国际高等教育百科全书》②的描述:"学分制是衡量某一教学过程(通常为一门课程)对完成学位要求所作贡献的一种管理方法。"三是潘懋元教授(2010)③的观点,他认为"学分制是一种以选修课为前提,以学习量为计算单位的,有弹性的教学管理制度"。当然,也有学者认为,学分制最主要的特征是体现了以学生为本的理念,赋予学生以自主选择课程、自主选择教师、自主选择上课时间和自主选择学习进度的"四选"权利④。

由于学分制的实质是更科学地引导学生从被动接受学习变为主动自主学习,使培养出的人才质量更高,更符合经济社会发展的需要,因此,对于国家骨干高职院校而言,实行学分制是进行教育教学制度创

---

① 顾明远.教育大辞典:第三卷[M].上海:上海教育出版社,1991:20.
② 徐佩琴,王宏伟,赵亚姝等.学分制的由来与实践[M].长春:东北师范大学出版社,1987:1.
③ 潘懋元.潘懋元文集·讲课录[M].广州:广东高等教育出版社,2010:120.
④ 徐爱萍.适应学分制改革建立与完善教学质量监控体系[J].中国高等教育,2011(1):41-42.

新,建立适应经济建设、社会进步和个人发展需要的更加灵活、更加开放的教学组织和管理制度的重要举措[1]。国家骨干高职院校实行学分制教学管理制度具有重要的意义,具体表现为以下几个方面:

一是有利于学生知识结构的优化。学分制最基本的特点是选修制,允许学生在一定程度上选择学科、专业和课程,从而打破专业界限,促进学科相互渗透、文理相通。因此,学分制教学管理制度使得高职院校学生能够根据自己的原有知识基础、条件、志趣和个性特点,适当调整学习内容、速度和方法[2]。学生主动选择课程内容,一方面能增加学习兴趣;另一方面,也可以拓宽视野,与其他专业知识更好地融会贯通,从而达到优化知识结构的目的。

二是有利于促进学生个性的开发。学分制最早在美国确立,在一定程度上得益于美国"个人至上"的文化理念。不同于学年制,学分制忽略学生的学习年限,强调的是学习结果,关注的是学生学习方向和专业的选择,推行的是宽广的课程选择和自我管理的机会[3]。学分制的一个重要出发点,是强调并承认学生心理上、个性上的差异,强调教学民主,注重整体性、综合性的素质教育和培养学生的自我开拓和获取知识的能力。学分制强调因材施教,发展个性,既有一定的专长,又有较为广博的相关学科知识,学生自己可以选课、选教师、安排学习时间。在这种教学理念指导下,学生可以根据自身的发展规划和当前社会对人才的需求,及时调整个人的知识结构,打造更具个性更有竞争力的个人,从而更好地适应社会对多元化人才的需求。[4] 因而,学分制有利于

---

[1] 孙百鸣,王纪中等.高职院校实行学分制的实践与探索[J].职教论坛,2005(5):11-13.
[2] 蔡文伯.当前实施学分制教学管理制度的再度思考[J].高等理科教育,2001(4):72-75.
[3] 任淑淳.学分制管理的若干启示与对策[J].黑龙江高教研究,2004(12):55-57.
[4] 朱雪波.高校实施完全学分制的困境与对策研究[J].高等工程教育研究,2015(1):113-117.

促进学生个性的开发,更好地实现全面发展。

三是为学生的学习年限提供了多种选择。与传统的学年制相比,学分制在修习年限上较为灵活,允许学习优异者在修满规定学分的情况下提前毕业,也允许经济条件欠佳或成绩较差的学生延长修业年限或者暂时中断学业。用较为弹性的修读年限取代刚性规定,既在一定程度上表现出高等教育教学过程的"包容性",又体现了高等教育极大的"开放性",降低了辍学率[1]。因而,国家骨干高职院校的学分制教学管理制度,允许学生根据适合自身的学习年限进行学习,使高职院校的教育教学更加具有弹性。

5.3.1.2 学生评价管理制度

关于学生评价的内涵,一些专家学者给出了自己的观点。陆雪莲(2013)[2]认为,学生评价是对学生学业成绩、思想品德、个性发展等方面进行价值判断的过程。壮国桢(2010)[3]指出,学生评价是对学生个体思想品德、学业成绩、身心素质、情感态度等的发展过程和变化状况进行分析和价值判断的活动。何毅等(2010)[4]认为,学生评价制度是以学生的发展变化为对象的一种教育评价,它是在系统、科学、全面搜集和分析学生信息的基础上对学生发展和变化的价值做出判断的过程。王斌华(2012)[5]指出,考试制度、教育测验和学生评价始于不同时期,但是它们都一直延续至今,并各具特色。从以上学者的观点中不难

---

[1] 朱雪波.高校实施完全学分制的困境与对策研究[J].高等工程教育研究,2015(1):113-117.
[2] 陆雪莲.发展性学生评价的内涵及标准建构[J].教学与管理:理论版,2013(12):71-73.
[3] 壮国桢.高职院校"三位一体"学生评价机制研究[J].职教论坛,2010(9):70-72.
[4] 何毅,潘玉驹.试论当前高校学生评价体系改革的必要性[J].高等工程教育研究,2010(3):114-116.
[5] 王斌华.学生评价的发展轨迹[J].华东师范大学学报(教育科学版),2012(1):37-42.

看出,学生评价制度是高校为提高教育教学质量,而对学生采取的综合性评价。学生评价制度在高职院校的教学管理中,具有重要的理论和现实意义,主要表现在以下几个方面:

首先,高职院校的学生评价作为教育过程的反馈环节,有利于教育教学活动中对学生的关注。它不仅引导着学生的发展,而且对一个学校的办学水平及人才培养质量都有着不可低估的影响[①]。学生评价制度将评价嵌入学生发展的全过程,通过评价了解学生过去和现在、分析学生的优势和不足、关注学生个体的差异、提出改进建议和计划;通过学生评价,学生能够充分表达自己的教学意愿,增强参与教学的主动性和积极性。因此,学生评价有利于促进学生在原有水平上提高综合素质,最终达到高素质人才目标的要求[②]。

其次,高职院校的学生评价制度有利于教师教育教学水平的提高。通过学生评价,教师能够及时获得大量的对学生评价的反馈信息,促使教师积极投入教学,更加关注学生的需求和教学的有效性,调整教学内容,改进教学方法,不断提高教学质量[③]。可以说,学生评价不仅考察学生,更考验老师,不仅有利于学生的学习结果,也有利于高职院校教师教学水平的提升。

5.3.1.3 教学质量监控制度

对于教学质量,有三种较有代表性的定义:一是指教育所提供的成果或结果(即学生所获取的知识、技能和价值观)满足教育目标系统所规定标准的程度;二是指学生获取的知识、技能及价值观与人类和环境的条件及需要相关的程度;三是指教学过程中,在一定的时间和条件

---

① 刘洋洋,张华丽.高校学生评价基本问题[J].黑龙江教育(高教研究与评估),2006(Z2):180-181.
② 潘玉驹,陈文远.高校学生评价制度存在的问题与对策[J].教育发展研究,2010(17):78-82.
③ 别敦荣,孟凡.论学生评教及高校教学质量保障体系的改善[J].高等教育研究,2007(12):77-83.

下,学生的发展变化达到某一标准的程度以及公众对这种发展变化的满意度。① 基于以上关于教学质量的界定,所谓高校教学质量监控体系是指,高校在教学运行过程中,用以保证教学质量的一系列教学管理工作体系和监控运行机制。

完善的教学监控体系对于国家骨干高职院校的教学改革具有显著的现实意义。首先,加强教学质量监控,完善高职院校教学质量监控体系,是实现高等职业教育可持续发展的需要,实现教学过程全面质量管理,保证教学质量的有力措施②。它对于提升高职院校教学质量,构建合理的人才培养模式大有裨益。其次,建立和运行教学质量监控体系,可以对高职院校的教学工作起到积极的作用,主要表现在,教学质量监控体系把原来较抽象的建设目标、任务要求和考核标准进一步具体化,从而形成可直接操作的、可用以考察和分析乃至准确衡量一所学校教育教学发展状况的量化体系。教学质量监控体系的运行,可以使教学工作进一步科学、高效和规范,使教学管理各部门及师生按行为准则办事,并带动学校所有环节的工作。③ 再次,高职院校完善的教学质量监控体系,可以激发教师不断发挥自身潜力,积极学习先进的教学理论。同时,这也有利于增强教师的集体凝聚力和荣誉感,从而提高高职院校教师的教学水平和教师队伍建设的质量。

5.3.2 教学管理制度存在的主要问题

随着国家骨干高职院校的发展,教学管理制度在适应学校教学改

---

① 徐敦楷.谈基于内涵发展的质量工程建设[J].中国高等教育,2007(18):23-25.
② 刘景峰.高职院校内部教学质量监控与评价体系的研究[J].中国电力教育,2009(17):36-38.
③ 缪兵.高校教学质量监控体系:内涵、特征与功能[J].教学管理与评价,2010(19):45-47.

革的过程中,逐渐呈现出一些弊端,主要包括学分制面临教师教学和学生管理及教学监督评价方面的问题,学生评价制度存在着评价功能和主体及方法等方面的问题,教学质量监控存在内容不全面及效果不高等问题,具体表现在以下几个方面。

5.3.2.1 支持学分制教学管理制度的配套条件不健全

学分制作为高职院校教学管理改革的一种趋势,当前,其在教学实践中仍然存在配套制度不健全的问题,包括学生管理制度相对滞后,给教师教学带来压力,相对应的教学监督和评价不够有效等。具体来说,主要表现在以下几个方面:

一是基于选课的学生管理制度相对滞后。在学年制教学管理制度下,学校对学生学习过程的监控,主要是以行政院系和班级为单位,采取行政管理手段来实现,教学管理标准化程度较高;学分制则取消了统一的培养计划、课程类别、班级管理、培养目标,由学生自主选择开课班级及主讲教师。虽然学生的个性得到发展,但弱化了行政班的管理模式。这导致行政院系和班级几乎成为一种形式上的编制,实际操作过程中对学生学习的监控和指导的力度大大减弱[①]。因此,实行学分制教学管理制度以后,教学自由度和灵活度增大,但给高职院校的教学管理带来了挑战。

二是教师存在数量不足和素质不高的问题。学分制教学管理制度的实行,不仅要求国家骨干高职院校的教师结构合理,能满足不同学生学习的需求,还要求教师拥有较为宽广的视野,能够为跨学科和专业的学生带来新的视角。当前,制约国家骨干高职院校学分制教学管理制度推行的是,部分高职院校数量不足和素质不高的师资队伍。这在一定程度上限制了学分制条件下学生自主选择课程和教师的愿望。高职

---

① 徐爱萍.适应学分制改革建立与完善教学质量监控体系[J].中国高等教育,2011(01):41-42.

院校教师数量不足和素质不高表现在:一方面,教师队伍结构不尽合理。一些学校教师的年龄结构呈橄榄形,中坚力量较强、新鲜血液不足,导致教师教学疲怠;还有部分学校的教师配置存在着专业结构性短缺问题,基础课及新专业的专任教师缺乏,基础课教师的学历和职称相对低下,助教担任基础课专任教师现象时有发生[①]。另一方面,部分学校的任课老师自身缺乏宽广的知识面和较高的人文素养,知识结构单一,专业面窄,不具备开设新课的能力,学生对知识的渴求与教师能传授知识之间难以有效匹配。这些都给教师的教学能力带来了一定的挑战。

三是相对应的教学监督和评价不够有效。要提高高职院校日常教学活动的质量,有必要对其加以监督和评价。学分制强调学生的个性发展,在这种管理制度下,教师通常会按照教学进度灵活调整自身的教学内容及形式,学生则会根据自己的兴趣、爱好和能力等选择多种课程,甚至出现盲目选课的情况,这给教学督导考核带来难度[②]。还有,由于学生的毕业年限相对不够固定,使得高职院校在对毕业生进行统一教学评估和就业去向调查方面,变得复杂和困难。以上这些因素导致在学分制教学管理制度下,高职院校的教学监督和评价缺乏有效性。

5.3.2.2 学生评价制度难以承担引领学生发展的功能

当前,国家骨干高职院校的学生评价制度,主要借鉴欧美国家高等教育的教学经验。随着我国高等职业教育的发展,现有学生评价制度的弊端也日益凸显,难以对学生的发展起到有效引领作用。具体来说,国家骨干高职院校学生评价制度的不足主要表现在以下几个方面:

一是评价功能过于片面。当前,高职院校将学生评价的主要目的

---

① 张芊,刘海燕.论高职校教学管理制度设计中的缺失[J].教学管理,2006(6):57-59.
② 朱雪波.高校实施完全学分制的困境与对策研究[J].高等工程教育研究,2015(1):113-117.

定位在选拔与甄别功能上,即通过对学生发展水平的测试与诊断,给学生一个等级或分数并与他人进行比较,进而使之成为奖学金评比和毕业审核、就业推荐的依据①。现有的学生评价主要考察学生的理论知识,过多强调学生的专业考试成绩,不能采取系统的、可行的方式,对学生的实际运用能力和实践技能进行引导和考核,没有形成鼓励学生在创新精神和实践能力培养方面的导向作用,致使学生评价的内容缺乏广泛性和整合性②。只重视理论知识的评价导向,将削弱对学生全面发展和综合素质提高的引领作用,导致学生片面甚至畸形发展。

二是评价主体不全面。高职院校现行的学生评价存在着管理主义倾向,通常由教师和教育管理者来承担,忽视了学生、家长和社会等主体的作用。评价实践中,缺乏评价者和被评价者之间的相互交流和有效沟通,使评价流于形式,学生处于一种相对消极的地位,无法及时得到评价的反馈信息③。这在一方面造成教师和学生把对方视为相对立的客体;另一方面,教师掌握着评定学生优劣的决定权,对学生进行控制、观察与评价④。评价主体不全面的结果是,学生在这种关系中形成了消极的体验、产生被控制感和无助感,制约了学生个性自由、充分的发展。

三是评价方法过于单一。现行的高职院校学生评价,其方法主要是量化评价,在学业评价中,纸笔测试几乎成了唯一的评价形式,不能对学生应用知识的综合能力、学科整合能力、交流合作能力以及实践创

---

① 潘玉驹,陈文远.高校学生评价制度存在的问题与对策[J].教育发展研究,2010(17):78-82.
② 张军海,李仁杰等.高职院校学生评教的问题及对策[J].河北师范大学学报,2009(2):81-85.
③ 谢洁茹.论高校学生评价的现状及改革策略[J].青少年研究,2008(S1):197-199.
④ 潘玉驹,陈文远.高校学生评价制度存在的问题与对策[J].教育发展研究,2010(17):78-82.

新能力等进行有效的评价①。同时,考试的内容与形式又会影响学生学习方法和学习内容的选择,致使学生采取不同的方式来应付不同的考试。过分注重量化评价,而忽视质性评价;注重横向比较,而忽视纵向比较。这种单一化的评价方式,不仅无法全面评价和衡量学生的发展,反而会给学生的全面发展带来严重障碍,容易使学生的发展走向片面化,背离高职院校的高等教育目标。

5.3.2.3 教学质量监控缺乏全面性以及社会的参与性

当前,一些国家骨干高职院校的教学质量管理理念落后,对教学监控的认识不够,注重表面形式,在实际教学质量监控方面,缺乏实质性的举措,导致出现了内容不全面、缺少社会参与、效果不高等问题,具体表现在以下几个方面:

一是教学质量监控内容不全面。现有的大多数高职院校的教学及管理,沿袭着以学科为中心的教学模式,在对教学过程的监控中也往往偏重于课堂教学,而对职业院校学生动手能力培养起关键作用的实验、实训、社会实践、毕业设计、毕业论文等教学环节和教学过程则较少监控②。同时,对教学质量监控的范围仅局限于对学校教学秩序、教师理论课教学效果和学生理论知识考核的监控等,而对教学中的师生关系、教材选择、课时分配、教学内容、实践基地建设与管理、教师实践能力培养、学生动手操作能力培养等缺乏深入的研究③。因此,教学监控相对较为片面。

二是教学评价缺少社会参与。当前,大多数国家骨干高职院校都

---

① 刘景峰.高职院校内部教学质量监控与评价体系的研究[J].中国电力教育,2009(17):36-38.
② 仇雅莉,王林,胡光辉.构建高职院校实践教学质量监控体系的原则与方法[J].当代教育论坛,2008(5):35-37.
③ 张耀嵩.高职教育教学质量监控与评价体系研究[J].职业技术教育,2009(25):34-37.

在不断完善理论教学和实践教学质量评价体系,但在评价过程中更注重的是学生主体的评价、同行的评价和督导评价,这些评价都局限于学校内部的自我评价,是内视质量。评价过程中较少或根本没有注重吸收行业、联合办学企业人员的参与,忽视了社会化质量评价。这使得高职院校的教学质量监控缺少来自行业企业和社会人士的意见和建议,不利于高职院校教育教学质量的综合提高。

三是教学监控的效果不高。在实践中,一些国家骨干高职院校对实践教学质量的监控往往是在实践教学项目完成之后进行的,没有做到全程监控。同时,在做了大量的监控和信息采集工作发现问题后,往往只是提出问题、反馈问题,而没有解决的方法;或虽然有了解决方法,但没有落实到具体的部门和个人,更没有限期整改或跟踪检查[①]。因而,一些问题在每次的信息收集汇总中依然存在,教学监控的效果不高。

5.3.3 完善教学管理制度的对策建议

加强国家骨干高职院校的教学管理,完善高职院校教学管理制度,对于提升高职院校教学质量,构建合理的人才培养模式大有裨益,它是实现高等职业教育可持续发展的需要,也是保证教学质量的有力措施[②]。针对当前国家骨干高职院校教学管理制度存在的弊端,应给予各个教学管理制度相应的重视,并加以完善,以促进高职院校教学质量的提升。具体来说,可以从以下几个方面入手。

5.3.3.1 改革现有学生管理制度,加大师资队伍建设力度

针对高职院校学分制教学管理存在的基于选课的学生管理制度滞

[①] 仇雅莉,王林等.构建高职院校实践教学质量监控体系的原则与方法[J].当代教育论坛,2008(5):35-37.

[②] 刘景峰.高职院校内部教学质量监控与评价体系的研究[J].中国电力教育,2009(17):36-38.

后,给教师教学带来压力,相对应的教学监督和评价不够有效等问题,必须结合高职院校的具体情况制定具体措施,从以下几个方面加以改进:

第一,改善与加强高职院校的学生管理。高职院校在实行学分制后,个性化的培养目标与学生管理之间存在着一定的矛盾[①],这给高职院校的教学管理带来了挑战,因此,必须改革学生管理制度,实现学生全面发展与高校有序管理和谐共存。首先,完善高校内部治理体系,大力发展二级管理体制。通过权力分解,实行纵向权力结构的调整,使管理重心下移,管理权责下放,各院系针对自身情况可以采用不同的管理[②]。其次,充分发挥学生社团对学生的管理。鼓励学生组织主动分担学生管理工作,如学生宿舍管理组织可以通过举办各种形式多样的社团活动,对每个楼层的学生管理员分配一定的管理任务,通过学生之间自主的情感交流,共同建设和谐安全的生活环境。

第二,加大高职院校教师队伍建设的力度。一方面,实现教师队伍结构科学化,扩大"双师型"教师比例。国家骨干高职院校应根据各专业课程建设和教学工作需要,聘请有丰富实践经验的企业业务骨干、管理行家、技术能手(能工巧匠)为学校兼职教师,改变只看学历高低、学位高低来评聘教师的旧习。应通过外部引进和内部培养,逐步形成一支结构合理、人员稳定、既懂学科理论又懂专业操作、实践能力强、教学效果好的"双师型"教师团队。另一方面,提高教师综合素质。高职院校应积极鼓励教师尤其是专业教师深入企业实习、挂职锻炼,密切跟踪和把握行业最新业务、技术动态,大力提高教师实践动手能力,努力

---

① 杨铭,荀渊.学分制发展及我国实施学分制的可能与应对[J].大学(研究与评价),2009(6):35-39.
② 朱雪波.高校实施完全学分制的困境与对策研究[J].高等工程教育研究,2015(1):113-117.

实现教学与实践的零距离。① 要鼓励教师学习新型教学理论知识,丰富自身的知识体系,通过有效的绩效奖励措施激励教师不断提升自己的科研水平和职业素养等相关能力。

第三,完善高职院校的选课和教学管理评估制度。为实现学分制在高职院校的长效推广,必须加强和完善其教学监督与评价体系。首先,要完善选课制度。高职院校必须建立有效可控的学生选课机制,加强对学生选课的调控,确保选课能实现结构合理,满足学生的多样化需求。其次,要对基于学分制的教学管理制度进行一定的评估。高职院校必须通过理论研讨和调查、访谈等方法,充分认识学分制教学管理制度存在的优势和漏洞,做到发挥优势、避免不足,从而实现制度为教学服务、为学生服务的良好效果。

5.3.3.2 拓展学生评价功能,实现评价主体和方式多元化

针对学生评价制度存在评价功能过于片面、评价主体不全面和评价方法过于单一的问题,要从学生评价的功能、主体和方法上下功夫,以改进高职院校的学生评价制度。具体做法包括以下几个方面:

第一,实现学生评价功能的拓展。一方面,学生评价在内容上不仅要关注学生的学业成绩,也要重视他们的心理素质、情感体验等方面的发展;不仅要注重基本知识、基本技能的考核,也要注重学习习惯、学习能力、创新精神、实践能力、分析与解决问题能力的评价,强调评价目标与内容的多元化。另一方面,要转变评价功能。要转变观念,不仅仅将学生评价看作教师管理和教师考核学生的一个依据,更重要的是要充分发挥其促进教师改进教学和带动学生参与教学的功能。

第二,实现学生评价主体的多元化。针对当前学生评价主要由教师和教育管理者来承担的单一性问题,应实现评价主体多元化,让学

---

① 方华.基于工学结合人才培养模式下的高职教学管理改革研究[J].中国高教研究,2007(9):58-59.

生、家长和社会均参与其中。要重视提高评价对象的参与意识和主体意识,激发其积极性,使评价成为管理者、教师、学生、家长和社会共同参与的交互活动。为达到这个目标,首先,要鼓励学生通过学生组织或网络渠道,表达对学校和教师开展学生评价的认识和意见建议;其次,学生评价的指标设定要广泛听取教师的意见,确保指标设计的合理性;再次,鼓励学生家长与教师在课下进行有效沟通,关注学生的学习水平及学校相关制度规定。最后,加强校企合作,鼓励企业及时将实践教学中学生的学习情况反馈给学校,作为评价学生表现的重要内容。

第三,实现学生评价方式的多元化。多元化的学生评价方式方法要求将量化评价方法与质性评价方法相结合,把形成性评价和终结性评价相结合,更多地关注学生的学习过程和成长过程,达到对学生的持续发展进行有效指导的目的,形成对学生发展变化的正确而全面的认识[1]。潘玉驹等(2010)[2]指出:对于基础性的知识点,利用纸笔测验的方式进行量化评价,以保证评价的覆盖面和深入程度;对于学生的探究、实践、创新能力,利用开卷、口试、答辩、论文、社会调查等方式进行评价;对于学生思想品德、情感、价值观等难以量化的领域,采取描述性评价、档案评价、激励评价等方式。这种观点,为高职院校采取灵活多样的评价方式提供了一定的视角。

5.3.3.3 优化教学质量管理体系,提高教学质量保障成效

针对当前高职院校教学质量监控存在内容不全面、缺少社会参与和效果不高几大问题,可以通过落实全面质量管理,强化教学督导工作,鼓励多元主体参与督导,加强信息反馈提高教学监控效果等措施加以改进。具体措施如下:

---

[1] 谢洁茹.论高校学生评价的现状及改革策略[J].青少年研究,2008(S1):197-199.
[2] 潘玉驹,陈文远.高校学生评价制度存在的问题与对策[J].教育发展研究,2010(17):78-82.

第一,落实全面质量管理的理念。国家骨干高职院校的质量监控要坚持全面质量管理的理念,主要体现在全过程、全方位。全过程是指高职院校教学质量监控贯穿于从市场调研、专业设置开始,直到毕业教育、就业指导和毕业生质量跟踪调查等人才培养的整个过程。全方位是指高职院校教学质量监控不仅仅是教学全过程的质量监控,还包括与人才培养质量有关的所有工作的质量监控,如学生管理、社会调研、实践能力培养、校园文化营造等方面。不仅要利用期中、期末考试等方式监控学生的理论知识掌握程度,还要通过让学生参与解决企业生产所面临的实际问题来检测学生的职业技能。

第二,强化教学督导工作。坚持开展教学督导工作有利于国家骨干高职院校发挥监督、检查、评估和指导等督导职能,从而不断提高教学质量。教学督导要坚持督与导两者并举,形在督、重在导,要坚持以教学质量为中心的原则。要成立以分管教学院长为组长、学院有关职能部门和各教学单位负责人为成员的院系两级教学质量监控领导小组,设置独立运行的教学质量监控岗,建立完善的教学质量监控与评价制度,由专人负责日常监控工作①。

第三,鼓励多元主体参与教学质量监控工作。国家骨干高职院校的教学质量监控应该实现校内监督评估和校外监督评估的有机结合,实现参与主体的多元化。校内实践教学检查评估体系主要包括定期和不定期教学督导制度、教学检查制度、干部及教师相互听课制度、教师评学、学生评教等教学系部内部的各种教学检查、观摩和评优等。校外监督评估系统主要包括实习实训跟踪检查信息、毕业生跟踪调查信息、与用人单位间的双向交流和信息反馈、人才市场需求信息和社会调研等②。

---

① 毛建梁,潘汝良.浅谈高职院校教学质量的监控[J].教育探索,2011(2):99-100.
② 仇雅莉,王林,胡光辉.构建高职院校实践教学质量监控体系的原则与方法[J].当代教育论坛,2008(5):35-37.

实现教学质量评估主体的多元化,能发挥监控体系的导向作用,从多渠道科学地收集信息,形成对高职院校教学质量多角度、多方位、多层次的检查与评价。

第四,加强信息反馈,提高教学监控效果。一方面,要实现对教学质量监控的全面性和全程性。通过校长信箱、督导与教师评学、学生评教、听课、各类教学评估和检查、招生与毕业就业信息等多种渠道和方式收集各类人员对教师教学质量的评价、建议等信息,实现教学监控的全程性。另一方面,要做好信息反馈工作。对于教学监控反映的教学问题,一定要通过有效的信息反馈系统,确保不同类型的信息都有处理和反馈,做到质量监控反馈的及时性,减少资源浪费,提高质量监控的效率。

第 6 章
国家骨干高职院校的社会服务

高职教育是与经济社会联系非常紧密的一种教育形式,不断提升社会服务能力,是国家骨干高职院校建设计划的明确要求,也是其内涵建设的重要方面,更是其发挥示范引领作用的具体体现。社会服务能力建设是高职院校面临的新课题和新挑战,也是高职院校发展过程中的新空间和新机遇。因此,如何坚持走"服务地方、服务社会"之路,建立有效的社会服务机制,提升社会服务能力,多渠道、多层次、多方面地融入区域经济和社会发展中,已成为国家骨干高职院校必须认真研究并切实加以解决的课题。本研究回顾和总结了国家骨干高职院校社会服务的发展历程、具体内容及实践意义,通过介绍国家骨干高职院校建设以来在科学研究、社会培训以及对口支援等方面取得的一系列成绩,总结和归纳其成功经验,并及时发现社会服务工作中存在的不足,以期为高职院校后续开展社会服务工作提供对策建议。

6.1 高职院校的社会服务概述

社会服务是高等院校的重要职能之一,在高等院校的发展历程中,这一职能日益受到社会各界的重视。本节主要介绍了国家骨干高职院校社会服务职能产生的历史过程、基本内涵以及重要意义,以期加深对国家骨干高职院校社会服务工作的认识。

6.1.1 高职院校社会服务职能的产生

社会服务作为和教学、科学研究并驾齐驱的高等院校三大职能之一,已经获得了世界各国的一致认同。然而,社会服务这一职能能够获得今天的地位,历程较为漫长。社会服务成为大学的主要职能之一的理念,起源于美国[①]。1904年,美国威斯康星大学校长、著名教育家查尔斯·范·海斯就曾倡导大学要积极主动为地方经济发展服务,大学教师要改变过去只待在图书馆或实验室而不接触社会的陋习,积极主动地走出校门直接投入到社会服务中去。这就是高等教育史上著名的"威斯康星理论"。高职院校作为一种教育类型,是高等教育体系中的重要组成部分。因此,开展社会服务活动也是高职院校的主要职能之一。然而,由于高职院校的特殊性,社会服务作为高职院校的主要职能,对高职院校而言,地位更为突出。

1998年8月29日,我国颁布了《中华人民共和国高等教育法》,这是继《教育法》颁布后,我国第一部单独为高等教育颁布的法律。2018年12月29日第二次修订的《中华人民共和国高等教育法》明确规定"高等学校应当以培养人才为中心,开展教学、科学研究和社会服务,保证教育教学质量达到国家规定的标准。"[②]。自此,我国大学的社会服务职能获得了法律和政策的保障,开始走上快速发展的道路。随后,

---

① 蒋运劲.高职院校社会服务能力建设的探索——以广西交通职业技术学院为例[J].广西教育,2012(15):6-7.
② 中华人民共和国高等教育法[EB/OL].(2019-01-17)[2019-12-05]. http://www.moj.gov.cn/Department/content/2019-01/17/592_227076.html.

在2000年,教育部颁布的《关于加强高职高专教育人才培养工作的意见》(教高〔2000〕2号)提出,高等学校要积极开展科技工作,以科技成果推广、生产服务、科技咨询和科研开发为主要内容,积极参与社会服务活动。2002年国务院颁布了《关于大力推进职业教育改革与发展的决定》(国发〔2002〕16号),强调职业教育改革与发展要为经济结构调整和技术进步服务,为促进就业和再就业服务,为农业、农村和农民服务,为推进西部大开发服务。2006年教育部、财政部启动了国家示范性高等职业院校建设计划,对高职院校的社会服务提出了具体要求:"要在新技术推广、职工技能培训、农村劳动力转移培训、进城务工劳动力的培训、建设社会主义新农村等方面发挥主力作用,同时在若干领域形成较强的技术优势,成为区域性技术创新和技术服务中心,辐射和带动区域、行业高职教育发展,在对口支援农村和对口支援中西部职业院校等方面发挥重要作用。"项目实施过程中明确将"社会服务领先"作为入选院校的基本条件。社会服务能力成为国家示范性高等职业院校建设的重要内容,成为展现高职院校办学理念、师资质量、教研水平及社会知名度的重要窗口。至今,已先后有100所国家示范性高职院校和100所国家骨干高职院校参与该计划,推动了高职教育的快速发展。而国家骨干高职院校在延续国家示范性高职院校成功经验的基础上,对社会服务能力及其体制机制构建方面提出了比国家示范性高职院校建设标准更高的要求,在技术开发、管理政策咨询、职业技能培训、对口支援与交流等领域进行了广泛而深入的实践与探索[①]。至此,国家骨干高职院校社会服务的重要职能在我国被逐渐确立起来。

近几年来,我国各级教育行政部门又相继颁布了若干文件直接或

---

① 王江涛,张丽娟.高职院校社会服务体制机制研究——以北京劳动保障职业学院为例[J].中国职业技术教育,2013(33):55-60.

间接对国家骨干高职院校的社会服务职能进行了补充和强调。2010年,《国家中长期教育改革与发展规划纲要(2010—2020)》指出:"高等教育要进一步增强社会服务能力,高校要牢固树立主动为社会服务的意识,全方位开展服务。"2012 年,教育部发布的《关于全面提高高等教育质量的若干意见》(教高〔2012〕4 号)提出,高校要"主动服务经济发展方式转变和产业转型升级,加快高校科技成果转化和产业化,加强高校技术转移中心建设,形成比较完善的技术转移体系。支持高校参与技术创新体系建设,参与组建产学研战略联盟。开展产学研合作基地建设改革试点,引导高校和企业共建合作创新平台。支持高校与行业部门(协会)、龙头企业共建一批发展战略研究院,开展产业发展研究和咨询"。2014 年国务院发布了《关于加快发展现代职业教育的决定》(国发〔2014〕19 号),强调职业教育要服务经济社会发展和人的全面发展;建立有利于全体劳动者接受职业教育和培训的灵活学习制度,服务全民学习等。2014 年 12 月,教育部发布了《教育部关于深化职业教育教学改革全面提高人才培养质量的若干意见(征求意见稿)》,指出要总结和推广国家示范性(骨干)高等职业院校成果和经验,持续深化教育教学改革,提升技术创新服务能力,完善和巩固自身办学特色,培养高端技术技能人才。由此可见,高职教育应以为社会经济发展服务,为区域经济发展培养各类高素质技能型、应用型人才为办学宗旨。提升社会服务能力既是高职院校自身发展的内在动力和促进高职教育发展的重要内容,也是推动经济社会发展的现实需要。

6.1.2 高职院校社会服务的基本内涵

教学、科研和社会服务是高等院校的三大重要职能。当前,我国高等学校分为研究型、教学研究型、教学型和技能教学型等四大类,各类高校在三大职能上的定位不一样,社会服务的内容、途径各有侧重①。高校的社会服务是一个动态发展的概念,它的内涵随着社会、经济、科技的发展而不断丰富。高职院校属技能教学型高校,社会服务的内容、途径与高职教育区域性和行业性的特点密不可分。近年来,学界关于高职院校社会服务的内涵主要有以下几种看法。

耿金岭(2011)指出高职院校社会服务职能的性质界定,应当结合人才培养,根植专业建设,以专业促进与推动产业,以专业链服务于产业链。高职院校社会服务职能的内容界定,应当是实用技术推广、生产工艺改进、参与项目研发、管理咨询论证等②。刘明星(2011)③、蒋运劲(2012)④均认为社会服务的内涵存在广义和狭义之分。前者认为:广义上高职院校的社会服务包含其社会功能和社会角色,包括培养人才、科学研究和直接为社会服务;从狭义的角度看,高职院校的社会服务是指除了完成人才培养和科学研究工作外,为了满足区域社会和行业的需要,高职院校利用自身的优势和资源,为社会发展提供教学、科研、信息咨询、技术培训等方面的服务性质的活动。后者则认为,广义的社会服务包括人才培养和科学研究职能,狭义的社会服务是指高校利用自身优势为社会提供直接的服务。

教育部《关于加强高职高专教育人才培养工作的意见》中明确要求:"高职院校要积极开展科技工作。以科技成果推广、生产技术服务、科技咨询和科研开发为主要内容,积极参与社会服务活动。"因而,高职

---

① 岑秀云,刘合强.高职院校社会服务途径的探索与实践[J].科协论坛,2012(1):168-169.
② 耿金岭.对提升高职院校社会服务能力的思考[J].中国职业技术教育,2011(36):59-61.
③ 刘明星.地方高职院校社会服务能力建设基本路径探析——以株洲职业技术学院服务湖南"四化两型"建设为例[J].职教通讯,2011,(24):72-73.
④ 蒋运劲.高职院校社会服务能力建设的探索——以广西交通职业技术学院为例[J].广西教育,2012(15):6-7.

院校社会服务的主要内容是向区域和行业提供应用技术型和高技能型人才培训与培养,提供技术创新、推广和服务,使学校成为区域的技术技能培训中心、新技术的研发推广中心等。《国家示范性高等职业院校建设计划》对高职院校社会服务赋予了新的内涵:国家示范性高职院校要积极地为社会提供技术开发与服务,大力开展职业技能培训,努力为提高劳动者素质、促进就业以及转移农村劳动力提供服务,积极开展地区之间、城乡之间的对口支援与交流,主动为区域内职业院校的师资提供培训,促进地区职业教育发展。

根据相关学者的论述,结合有关政策法规的要求,本研究认为,国家骨干高职院校社会服务的内涵主要指:国家骨干高职院校以服务发展为宗旨,根据社会和行业发展需要,在完成教学和科研工作外,利用自身优势,借鉴外部资源,通过科学研究、社会培训、对口支援等方式为社会发展提供教学、科研、咨询、技术培训等服务的活动。当然,由于各高职院校所在地域的经济、文化、环境以及各高职院校发展历史、专业设置的不同,因此存在不同类型的社会服务模式。

一些专家学者对高职院校的社会服务模式进行了理论探究。卢冠明(2010)[1]在综合前人研究成果的基础上,归纳出我国高职院校当前的社会服务模式,包括职教集团模式、"订单式"人才培养模式、岗位技能再培训的社会服务模式、高校对口支援模式和"三下乡"服务模式等。王磊(2013,2013)[2][3]指出,在高职院校面向社会开展服务的过程中,主要形成了以工学交替为主要形式的定向合作模式,以订单合作为主要内容的委托培养以及以校企合作为主要特色的产学研一体化模式等。

---

[1] 卢冠明.高职院校社会服务模式述评[J].江苏经贸职业技术学院学报,2010(6):68-70.
[2] 王磊.高职院校工学交替、订单与校企合作的社会服务模式研究[J].吉林省经济管理干部学院报,2013(3):80-83,136.
[3] 王磊.高职院校三种社会服务模式研究[J].辽宁高职学报,2013(2):7-8,77.

许黎英(2013)①以社会服务的驱动力为分类标准,认为构建新型高职院校社会服务的模式主要有以下几种:以高职院校为主导的服务模式;以校、政为主导的服务模式;以校、企为主导的服务模式;以校、镇(村)为主导的服务模式。

  同时,有专家学者对国家骨干高职院校的社会服务实践进行了思考。贺修炎、欧阳培城(2007)②结合深圳职业技术学院的建设经验,总结出国家骨干高职院校的社会服务模式主要有以下几种:以校内实践教学基地为平台的,社会服务、教学、科研"三位一体"模式;校企合作的科技服务模式;对口支援社会服务的"贵州模式";大专课程班形式的职业技能培训模式;以社会实践基地为依托的社会服务模式等。盖馥(2011)③认为大连职业技术学院创建了"444"社会服务平台体系——以四个中心为服务窗口,以四个基地为物质条件,以四个板块为服务内容,打造了以四个基地为依托的职业培训及认证模式,以点带面的职教引领模式,"一点切入、全面辅助、力求双赢"的服务模式,志愿服务与专业技能服务并举、社区服务与人才培养工作有机结合的社会服务模式。这些管理模式充分显示了该校的发展特色,发挥了该校作为国家骨干高职院校的辐射作用。

  综上所述,高职院校实现社会服务职能,主要是利用学校科研、教学、实训平台,通过委托培养、定向培养、产学研一体化等形式向区域和行业提供多方面的服务。国家骨干高职院校作为我国高职院校的排头兵,作为高职院校发展的引领者,理应在社会服务模式上有所创新。

---

① 许黎英.高职院校社会服务模式探究——以绍兴市高职院校为例[J].绍兴文理学院学报(教育教学研究),2013(1):94-96.
② 贺修炎,欧阳培城.有高职院校特色的社会服务模式探索——深圳职业技术学院社会服务功能的实现[J].辽宁高职学报,2007(8):4-6.
③ 盖馥.特色化的高职社会服务模式的实践与探索——以大连职业技术学院为例[J].职业时空,2011(12):18-20.

2010年,《教育部财政部关于进一步推进〈国家示范性高等职业院校建设计划〉实施工作的通知》(教高〔2010〕8号)以及教育部、财政部下发的《关于确定"国家示范性高等职业院校建设计划"骨干高职院校立项建设单位的通知》(教高〔2010〕27号),为高职院校社会服务赋予了新的内涵:一是国家骨干高职院校在履行社会服务的职能时,应超越区域性的空间范畴,增强高职院校向区域外的辐射力;二是国家骨干高职院校在履行社会服务职能时,应增加新的社会服务内容,明确指出高职院校要积极参与社会主义新农村建设,承担农村劳动力转移培训,开展对口支援与交流,提供师资培训和促进区域内职业教育协调发展等内容。根据国家有关部门对国家骨干高职院校的相关要求,结合我国高职院校在近二十年的快速发展过程中总结的若干理论与实践经验,本研究认为国家骨干高职院校的社会服务模式归纳起来主要有以下三种:科技服务模式、社会培训模式以及对口支援模式。关于这三种模式将在下一节有更为详细的论述。

6.1.3 国家骨干高职院校加强社会服务的重要意义

威斯康星大学前校长查尔斯·范·海斯的名言"服务应该是大学唯一的理想",道出了高校服务社会的重要性。无论是《教育部关于推进高等职业教育改革创新引领职业教育科学发展的若干意见》(教职成〔2011〕12号)还是《国家中长期教育改革与发展规划纲要(2010—2020)》等政策文件,都明确强调了高校树立为社会服务的意识,全方位开展社会服务的重要价值。高职院校较普通高校而言,其社会服务的职能更为突出、意义更为重大,国家骨干高职院校作为我国高职院校发展的"领头羊",在办学理念、综合能力、教学改革、专业建设等多个方面均处在领先水平。因而,国家骨干高职院校开展社会服务,具有更为重要的意义。

第一,国家骨干高职院校社会服务职能的实现,为区域经济发展提供了人力和智力支持。国家骨干高职院校优秀的人才队伍、良好的实验设备以及对行业发展的把握,使得国家骨干高职院校不仅为区域经济发展提供了大量掌握专业领域最前沿技术的人才,还通过为企业提供咨询意见、派驻专业教师为企业生产、管理提供技术指导,乃至通过科研合作迅速地将企业科研成果推向市场,通过一系列活动促使高校的人才、技术、资源转化为现实生产力,为社会经济的发展做出了实际贡献。

第二,国家骨干高职院校社会服务职能的实现,拓宽了高职院校自身的发展空间。高职院校对社会服务能力的挖掘,不但从理论上深化了对高职教育的认识,更重要的是通过科技服务、社会培训、对口支援等形式,将国家骨干高职院校的服务对象、领域和形式进行了拓宽和延伸。在这一过程中,高职院校通过更加灵活的培养制度和更加开放的办学心态,为社会人员学习高新技能扫清了障碍,也为新技术走出校门开辟了通道。因此,国家骨干高职院校社会服务能力的实现,改变了高职院校仅为社会培养高技能人才的单一职能,拓宽了自身发展空间。

第三,国家骨干高职院校社会服务职能的实现,为高等职业教育的发展注入了活力。2005 年我国共有高职(专科)院校 1 091 所[①],到 2017 年,全国共有高职(专科)院校 1 388 所;2014 年,来自教育部的资料显示,国家普通高等院校 1 200 所学校中,将有 600 多所转向职业教育,转型的大学本科院校正好占高校总数的 50%[②]。由此可见,未来我国高职教育迅速发展的趋势已不可逆转,但是,同"985 工程""211 工程"

---

① 中华人民共和国教育部.2005 年全国教育事业发展统计公报[EB/OL].[2019-12-17]. http://www.moe.edu.cn/s78/A03/ghs_left/s182/moe_633/tnull_15809.html.

② 熊丙奇.600 多所地方本科院校将率先转做职业教育[EB/OL].(2014-05-12)[2019-12-17].https://gaokao.eol.cn/news/201405/t20140512_1112443.shtml.

高校相比,高职院校的社会知名度和认可度还较低。通过开展科研合作、社会培训以及对口支援等社会服务工作,一方面能提高高职院校自身的服务能力和办学质量,另一方面有利于扩大高职院校的社会影响力和知名度,从而有助于从外部为高等职业教育的发展注入新鲜活力。

6.2 国家骨干高职院校的科技服务

科技服务是高职院校社会服务的首要组成部分。2006年,为贯彻落实《国务院关于大力发展职业教育的决定》(国发〔2005〕35号)精神,提高高等职业教育质量,增强高等职业院校服务经济社会发展的能力,教育部、财政部发布了《关于实施国家示范性高等职业院校建设计划加快高等职业教育改革与发展的意见》(教高〔2006〕14号)(以下简称《意见》),对国家示范性高等职业院校的目标任务和主要内容进行了详细说明。2010年,为贯彻落实《国家中长期教育改革和发展规划纲要(2010—2020年)》(以下简称《规划纲要》),创新高等职业教育办学体制机制,深化教育教学改革,提高人才培养质量和办学水平,全面提升服务经济社会发展的能力,根据《意见》精神,教育部、财政部发布了《关于进一步推进"国家示范性高等职业院校建设计划"实施工作的通知》,明确指出要"引导和激励教师主动为企业和社会服务,开展技术研发,促进科技成果转化,实现互利共赢"。在上述背景下,国家骨干高职院校的科技服务工作取得了一定的成绩,但仍存在一些不足,需要改进。

6.2.1 科技服务工作取得的主要成绩

从2006年我国提出建设国家示范性高等职业院校,2010年提出建设"国家示范性高等职业院校建设计划"骨干高职院校至今,我国示范性高职院校建设已经走过近 15 个年头,国家骨干高职院校建设也已走过 10 个年头。国家骨干高职院校在科技服务上取得了十分突出的成绩,具体体现在以下几个方面。

6.2.1.1 科研规模和水平明显提升

2015 年 7 月,华东师范大学职业教育与成人教育研究所和浙江金融职业学院高职教育研究中心,联合中国知网平台(CNKI),对我国 200 所国家示范性和骨干高职院校 2010 年至 2014 年间的主要科研成果进行了量化分析。结果表明,相当一部分国家骨干高职院校在国家级课题、人文社科引文索引(CSSCI)论文、自然科学引文索引(CSCD)论文以及专利发明等方面取得了较好的成绩,这反映出国家骨干高职院校科研规模和水平的提升。深圳职业技术学院就是其中十分典型的案例。

> 创建于 1993 年的深圳职业技术学院,是国内最早独立举办高等职业技术教育的院校之一。建校以来,学校依托珠三角产业发展,秉承深圳特区改革创新精神,坚持把立德树人作为学校教育的根本任务,着力推行"政校行企四方联动,产学研用立体推进"的办学模式。在科研方面,学校积极探索以应用为导向的高职科研模式,重视产学研合作、科研应用开发与成果转化。学校共有 21 个国家、省、市级科研平台,承担各级各类项目 3 333 项,全校科研经费总量累计达到 3.8 亿元,2002 年以来连续 13 年获得国家自然科学基金项目。应用研发特色突出,获得国家专利授权 714 件,软件著作权登记 154 件,共完成技术(知识)转移项目 1 584 项,到账经费 1.58 亿元①。从 2010 年至 2014 年,骨干高职院校建设期间深圳职业技术学院先后获得 19 项国家级课题,发表人文社科引文索

---

① 深圳职业技术学院.学校简介[EB/OL].[2019-12-20]. http://www.szpt.edu.cn/xxgk/xxjj.htm.

引(CSSCI)论文264篇,发表自然科学引文索引(CSCD)论文271篇,(北大)核心期刊论文1 205篇。①

6.2.1.2 科技平台建设初见成效

为提高科学研究、技术推广与服务水平,各国家骨干高职院校自建设伊始,就开始了科技服务平台建设工作。当前,国家骨干高职院校依托科技服务平台,在整合科研及技术推广资源,加强与企、事业单位横向科技合作,集中优势力量提高科研、推广工作水平,促进承担国家或省部级重大科研攻关项目能力,培养科研创新人才,保证学院科研、技术推广工作持续、快速、健康发展等方面,均取得了比较突出的成效。与此同时,各学校在实际工作中,通过多种需要组建科技创新及服务团队,参与社会科技活动和社会服务工作,努力为地方经济社会发展服务,也借此机会促进了自身的发展,实现了双赢。在这方面,杭州职业技术学院就是典型的例子。

杭州职业技术学院系杭州市人民政府主办的全日制高职院校,2010年被评为浙江省"示范性高职院校",2015年以优秀等级获教育部验收通过,成为"国家骨干高职院校",2016年成为浙江省优质高职院校建设单位,2019年被评为"国家优质高职院校"。2019年12月,学校被教育部、财政部列为中国特色高水平高职学校建设单位(B档)。该校始终贯彻落实党的教育方针,坚持社会主义办学方向,坚持"校企合作、工学结合、文化育人"的办学理念,秉持姓"杭"、姓"职"、姓"院"的办学属性。突出"区域性",明确"立足钱塘新区、服务杭州发展"的办学定位,强调为杭州经济社会发展服务;突出

---

① 石伟平,唐林伟.我国高职院校科研总体水平偏低[N].中国教育报,2015-07-09(9).

"职业性",强调走类型发展道路;突出"高等性",强调"融"文化核心理念,在全国首创"校企共同体"办学模式,走出了一条校企利益与共、文化相通、成果共享的高职教育"校企共同体"多元发展模式。该校建有市政府投资 3 亿元、占地 30 亩、面向全市开放的集实训、培训、鉴定、研发于一体的杭职院实训中心暨杭州市公共实训基地,建有钱塘新区高职学生创业园(国家级大学生科技创业见习基地)。①

其"校企共同体"起于 2008 年。已相继建立 7 个"人财物融通、产学研一体、师徒生互动"的新型二级学院实体。下一步将进一步完善"校企共同体"的六大运行机制,即在产学对接上,创新管理共同体领导机制、产学研共同体融合机制、专业共同体建设机制;在工学结合上,创新资源共同体互助机制、文化共同体交融机制;在双师共育上,创新师资共同体互补机制。完善以"共同规划、共构组织、共同建设、共同管理、共享成果、共担风险"为主要特征的校企合作治理结构。

探索构建"校企共同体"多元发展模式,以杭州动漫游戏学院建设为重点,探索"政行企校"合作模式;以西子航空工业学院、安恒信息学院建设为重点,探索"专企融合"模式;以彩虹鱼康复护理学院建设为重点,探索"企业托管"模式;以特种设备学院建设为重点,探索"行企校"合作模式。②

6.2.1.3 协同创新能力不断增强

自高等学校创新能力提升计划("2011 计划")于 2011 年 4 月提

---

① 杭州职业技术学院.学院简介[EB/OL].(2021 - 05 - 12)[2021 - 10 - 13]. https://www.hzvtc.edu.cn/xxgk/xxjj.htm
② 杭州职业技术学院.杭州职业技术学院:创新体制机制 探索高职发展"杭州方案"[EB/OL].(2020 - 10 - 19)[2021 - 10 - 13]. https://www.gdit.edu.cn/cxqx/2020/1019/c5216a74146/page.htm.

出,于2012年5月正式启动以来,协同创新理念逐渐深入人心,高校、政府、科研院所、企业纷纷行动,积极主动加入协同创新行列,相继开展了不同层次、不同模式的协同创新活动。高职院校虽是承载高等职业教育的高等学校,但同普通高等本科院校一样,担负着培养人才、科学研究、服务社会的三大任务。在普通高等本科院校开展协同创新活动时,国家骨干高职院校也不甘落后,坚持将人才培养、科学研究放在非常突出的位置,通过内部和外部协同创新活动,逐步推动教学与科研的有机融合,从而提升教育教学质量与办学水平,更好服务于行业和区域经济社会的发展。其中,广东水利电力职业技术学院就是十分突出的例子。

广东水利电力职业技术学院是广东省唯一以水利电力类专业为主的公办全日制高等职业院校。学院创立了基于行业背景的高职院校协同创新模式,在协同创新过程中探索了行业背景高职院校协同创新三种模式:行业技术联盟模式、"校内行业园区"模式、"组建公司"实体模式。首先是行业技术联盟模式。学院近三年联合中山大学、广东省水利水电科学研究院、广东省水利水电勘测设计研究院、广东水电二局股份有限公司等多家单位签订战略合作协议,并以几个单位联合方式申报省级技术开发中心、承接纵横向科研课题,取得明显效果。2011至2013年,科研项目数量和金额逐年明显增加,2013年当年到账项目经费超过1 100万元。其次是"校内行业园区"模式。学院建立了"天河校区产学研基地",利用接近2万平方米的建筑场地引进广东南方电力科学研究院、广州济达投资有限公司等合作企业,同时引进广发银行研发中心、南方电力培训中心等机构参与合作。学院协同发展中心在人才培养、资金、设备管理等方面予以协助,企业非常满意,学院在科研、培训等技术服务方面的收益超过1 200万元,同时满足了对应专业学生顶岗实习的需求。最后是"组建公司"实体模式。2012年5月，学院基础工程技术专业牵头联合企业创办了"广州粤禹工程技术咨询有限公司"，公司独立法人，两家企业入股，由基础工程技术专业的教师担任董事长，注册资金100万元，公司成立董事会、监事会，确保运作规范。该公司由基础工程技术专业团队教师为主体开展技术服务，教师带领学生一起完成相关真实项目。实体公司为校企合作的深化做出有益探索，一年多来，公司承接项目9项，合同金额220万元，参与项目教师27人、学生107人。学院于2011年初成立"广州粤水教育科技有限公司"，公司为独立法人，由学院职工担任法人和董事长，注册资金50万元，公司具有科研管理、会议、培训、水资源评价等资质。三年来，承接各类技术服务项目28项，主营收入达到513万元。①

通过协同创新活动的实施，广东水利电力职业技术学院专业水平有了巨大突破，师资队伍水平有了很大提高，行业技术技能型人才的培养质量有了大幅提升。该校在2014年"国家示范性高等职业院校建设计划"骨干高职院校建设项目验收中获得"优秀"的评价；2015年，学院被中央文明委评为第四届全国文明单位。

6.2.2 科技服务工作存在的主要问题

当前，国家骨干高职院校的科技服务取得了较好成绩，但从总体上看，部分国家骨干高职院校的应用型科研还不能适应经济社会发展的需要，还存在一些突出的问题，导致国家骨干高职院校在解决行业产业

---

① 蒋伯杰.行业背景高职院校协同创新模式思考与实践——以广东水利电力职业技术学院为例[J].广东水利电力职业技术学院学报，2014(1)：42-45.

和社会经济发展的重大问题时,其作用非常有限。国家骨干高职院校的科技工作存在的主要问题表现为:

6.2.2.1 科研环境氛围较差,科技工作方向比较分散

国家示范性(骨干)高职院校建设虽然已有十多年的时间,在这期间,这些院校的师资条件、办学经费、教学能力、人才培养以及社会影响力都有了显著提升。但是,关于高职院校的办学与科研定位,还存在认识上的分歧。有人认为:高职院校属于教学型高校,教师既没有必要又没有能力搞科研;教师即使搞科研,也是为了评职称而迫不得已的行动。"高职院校要不要搞科研?"对这个问题,很多高职院校的管理者都无法给出一个明确的回答。当前,较多国家骨干高职院校科研条件落后,科研环境较差,有的学校甚至没有专门的实验室,一些必需的设备也经常不能满足要求,教师的科研积极性不高,学校整体科研氛围不浓;与此同时,较多国家骨干高职院校的教师,其科技服务工作并未形成特色性研究方向,教师多是根据兴趣和专业进行研究,未能形成学校科研工作的特色集聚效应,也就不利于国家骨干高职院校科研工作的特色发展和水平的整体提升。

6.2.2.2 科研管理制度滞后,科技工作整体水平不高

科研管理制度是高职院校开展科研和科技服务工作的规范与向导。国家骨干高职院校教师的科研水平和科技工作的质量,与合理有效的科研管理制度有极大关系。基于评职称等需要会申请课题和项目、发表论文,但是从统计结果看,往往是在数量上有较大提升,但是在质量上还处在较低水平。2015年,华东师范大学职业教育与成人教育研究所和浙江金融职业学院高职教育研究中心,联合中国知网平台(CNKI),对我国200所国家示范性和骨干高职院校2010年至2014年间的主要科研成果进行了量化,通过多维度科研竞争力的对比与分析,结果显示:绝大多数高职院校的科研总体水平相对偏低,其中有68%的高职院校在国家级课题的数量上趋近于"零",各

大核心论文数及专利数量也显现出较大的差距①。其原因之一就是当前国家骨干高职院校在科研管理制度上的滞后,未能建立体现高职院校科研工作特色的相关制度,对教师开展高水平的科研工作缺乏额外奖励规定,也缺乏针对教师开展行业应用型科研的差异化扶持政策,同时缺乏有关教师开展高水平科研的指导性文件,不利于广大教师根据自身专业背景和特色进行校本研究、开展行业和国家重大科研项目攻关。

6.2.2.3 科技服务规模较小,服务行业能力相对较弱

当前,国家骨干高职院校开展科技服务活动主要是通过创建科技服务平台,成立一定量的科技服务团队,开展横向项目研究,以校企合作的方式为企业提供技术支持、咨询服务以及简单的产品制作。这些活动在某种角度提高了教师的科技服务能力,缓解了教师的科研经费压力,扩大了学校的社会影响力。但是,由于国家骨干高职院校现有的科研实验设备不足,教师科研团队实力有限,科技服务方向特色不鲜明,导致国家骨干高职院校的教师在承接横向项目时并没有很大的优势。因此,在开展横向项目研究时,行业企业对将项目交付给国家骨干高职院校的教师完成还存在一些顾虑,出于自身利益考量,很难将一些规模大、层次高的项目委托给国家骨干高职院校。其结果是,国家骨干高职院校获得的横向项目基本是"别人吃剩下的骨头",以致其所承接的横向项目规模较小、层次也不高。当然,也有部分高职院校教师基于自身的人际关系承接了一些横向项目,虽然会在短期内有一定的经济回报,但从长远看,并不利于国家骨干高职院校在市场环境中获得更大的科技服务竞争力。

6.2.2.4 科研投入普遍不高,科技平台建设亟待加强

近年来,随着社会在发展过程中面临的问题日益复杂化,依靠单

---

① 石伟平,唐林伟.我国高职院校科研总体水平偏低[N].中国教育报,2015-07-09(09).

一学科领域的知识已经无法有效解决人类面临的难题,因此科学技术领域跨学科研究和协同研究已成为一种不可阻挡的潮流。高等院校在这一方面已经做了先期的尝试,"2011计划"就是其中典型的代表。国家示范性(骨干)高职院校通过创建协同创新中心,搭建科技服务平台,组织科技服务团队,能实现不同学科、不同学院教师间的相互沟通、交流与合作,并提升学校的整体科研水平。但是,由于受传统因素影响,社会、有关部门及国家骨干高职院校对于高职院校教师开展科研工作的认识还不到位,以致各方对于国家骨干高职院校的科研资金投入力度并不高,教师所能申请的政府纵向项目和行业企业横向项目的数量较为有限,极大地影响了教师与有关部门、行业企业及其他高校开展协同科研的积极性,也就难以建设具有人财物集聚功能的跨组织机构、跨学科领域的高水平科研平台。在这种情况下,高职院校的科技服务团队仍旧是以分散作业的研究模式为主,缺乏跨学科、跨学院的综合研究能力;各类协同创新机构也大多"徒有虚名",真正从事创新研究的少。

6.2.3 推进科技服务工作的对策建议

针对当前国家骨干高职院校在科技服务中出现的问题,建议从转变观念、重视质量、合作共赢等方面加以完善。具体来说,推进国家骨干高职院校科技服务工作的对策主要包括以下几个方面。

6.2.3.1 转变观念,创设良好的科研工作环境

开展科技服务工作是高职院校内涵建设的重要内容。国家骨干高职院校科研工作的首要目的是解决行业发展的技术问题、瓶颈问题,是直接服务于行业和社会的。教育部原部长袁贵仁说过:"没有科研,就没有高质量的教学。合格的大学教师,要有合格的科研能力,优秀的大学教师要有优秀的科研能力。科研能力是学校质量、教

师水平的一个重要标志。"[①]这就要求为国家骨干高职院校的教师们创造良好的科研工作环境。社会要转变"高职院校无科研"的错误观念,政府部门要加强对国家骨干高职院校科研的资金投入力度,国家骨干高职院校要改变过去"科研"与"服务社会"相分离的状态,积极为广大教师开展科研工作营建良好的科研工作环境,在科研设备、科研经费投入等方面,对教师从事科研活动提供必要的支持,同时通过一定的团队建设,凝聚学校特色科研方向,提升教师科研工作的参与度。

6.2.3.2 完善制度,实施科学的科技工作评价

"质量决定生命",不同类型高等院校的定位有所不同,功能和职责也有所差异。但是,科研质量不能就此降低,国家骨干高职院校要想提升科技服务质量,赢得社会认可,必须通过完善相关科研管理制度,对教师开展的科技工作进行有效评价,从而以制度形式保障教师高质量的科研成果。具体做法如下:通过出台或完善专门的科研管理及科研成果评价制度,提高省部级及以上重大课题、核心及高水平论文在教师及系部考核中的比重;鼓励教师从事发明创造,资助教师申请发明专利,并鼓励将有重大经济价值的发明专利投入到生产中去,对一些暂时没有重大经济价值,但科技附加值较大的专利予以后续资助;在横向项目数量达到一定标准后,对其质量提出要求,鼓励在校教师与综合实力强大的大企业、科技含量高的中小企业以及一些在行业领域领先的企业开展科技攻关合作。

6.2.3.3 合作共赢,构建互利的协同创新平台

协同创新是未来高校科技服务的发展趋势。各国家骨干高职院校应根据国家和地方建设协同创新中心的目标要求,积极筹划并联

---

① 袁贵仁.发挥教师教育优势 加快师范院校发展[N].中国教育报,2005-08-30(1).

合行业企业及有关部门,申报成立协同创新平台。协同创新平台通过申报与承接政府相关研究课题,与企业联合申报科技攻关项目,为政府和业界提供全方位的决策咨询和智力支持;建立中心"首席＋协调人＋助手＋辅助人员"的队伍架构,吸引政府、高校、研究机构和企业优秀人才依托中心开展研究;注重引进培养,造就优秀的科技服务团队;通过不断探索管理与运行机制的创新,形成政产学研结合、多学科融合,有利于行业企业问题解决的运行机制以及以任务聚散的人员流动机制。通过与其他科研机构、高校以及企业的合作,使得协同创新平台成为面向行业企业发展和政府决策的一流技术服务、咨询机构和功能平台。

6.3 国家骨干高职院校的社会培训

服务社会是高职院校的一项重要社会职能,而社会培训则是高职院校发挥社会服务职能的重要载体之一。开展社会培训不仅是高职院校应承担的社会责任,也是优化高职院校教育教学资源的需要,更是促进高职院校自身发展、提高高职院校社会影响力的需要。由此可见,在主动适应经济发展新常态,全面推进教育公平、着力调整教育结构、提高教育质量,为基本实现教育现代化奋斗的新形势下,调整教育结构,加大社会培训,提高非学历人才培养力度,为地方经济转型升级提供强有力的人才支撑,已成为高职院校的重要任务。当前,国家骨干高职院校在社会培训方面,成效较为显著,但还存在一些待优化之处。

6.3.1 社会培训工作取得的成效

社会培训是继高等教育大众化、终身教育等理念之后兴起的一种非学历教育形式,它满足了一部分人学习科技知识、接受继续教育、提高职业技能的愿望。自国家骨干高职院校建设计划实施以来,各高职院校均十分重视社会培训,积极拓展培训项目,增强服务社会的专业能力,为地方经济和教育事业的发展做出了贡献。总结起来,国家骨干高职院校社会培训工作取得的成绩主要有以下几个方面。

6.3.1.1　培训模式日益多样

高职院校传统社会培训模式的主要特征是利用自身学科知识优势,传授企业所需要的基本技能和知识,主要是教师自行根据社会需要,通过课堂授课来传播知识。而国家骨干高职院校在社会培训中,十分重视探究新模式,强调社会培训应贴近地方经济发展的需求、贴近行业、企业发展实际,贴近人民群众的需要,努力为社会、行业、企业劳动者素质提升提供系统化的解决方案。近年来,社会的日益进步、科技的迅猛发展,对高素质技能型人才的需求也越来越大,国家骨干高职院校社会培训的模式日益多样化。具体表现有三点:其一,根据企事业单位的不同需要,形成了"订单式""菜单式"等多种培训模式;其二,根据培训对象的不同,高职院校不仅针对企事业员工、下岗职工、农村剩余劳动力提供社会培训,还为中高等职业院校教师提供师资培训工作;其三,根据学员的自身需求,依托互联网开发网络课程,依托学校资源开展职业资格培训以及依托企事业资源开展现场培训等。其中,山西职业技术学院在社会培训模式多样化方面具有代表性。

山西职业技术学院自国家骨干高职院校建设以来,不断拓展培训功能,将培训功能作为社会服务的核心内容加以研究和建设,注重采取多种形式,在实践中研究企业和学员的需求,量身制订教学计划,有针对性地实施教学,从而提高学员的培训效果。采取灵活开放的教学管理形式,进行集中培训降低培训成本,主动将社会培训工作拓展到工地、车间、企业等,方便不能离岗来校培训学习的学员,扩大社会培训工作的覆盖面,确保培训质量。从 2014 年初至今,学院依托可进行 69 种职业资格培训认证的三个职业技能鉴定所(站)服务平台,积极开展面向学校、行业、企业和社会组织的各级各类培训、考试和资格鉴定工作。分别与山西大土河焦化有限责任公司、太原市复退军人创业指导中心、运城市驻新绛县煤化园区办事处及吕梁孝义汇通村镇银行股份有限公司等组织机构签订了《培训合作协议》;学院还筹划设立山西职业技术学院驻运城职业技能培训中心。通过社会培训服务工作的开展,架设了校企深度融合的桥梁,一方面锻炼培养了学院"双师"教师队伍,为毕业生提供实习就业岗位,扩大了学院办学影响力,另一方面提高了培训企业职工的专业理论素养和技能操作水平,使企业的人力资源更加优化。①

6.3.1.2 培训内容逐渐丰富

无论是社会的发展还是人自身的发展,都离不开学习。为满足社会对高素质技能型人才的需求和个人对提高自我素质的追求,国家骨干高职院校在社会培训的内容上进行了丰富。首先,在原有注重理论知识教学的基础上,充分利用学校政策、师资、场地、设备等方面的优势,增加实践操作内容,使学生不仅明白原理还掌握了技术;其次,主动联系市场,开展"订单式"的培训,使培训内容更加符合企事业单位的实际要求;最后,对特殊人群提供有针对性的培训内容,比如:为在校生提供职业资格证的培训,为下岗职工和农村剩余劳动力提供再就业培训,为企事业单位在职人员提供党群、经管等培训。在这方面,宁波职业技术学院比较具有代表性。

---

① 眉山职业技术学院.山西职业技术学院大力开展社会培训主动服务地方经济[EB/OL].(2014-05-27)[2021-10-15]. http://www.msvtc.net/htmlarticles/ztzl/cjsjsfgzyxzt/zhjsxm/shfw/2014_05/16731.html.

宁波职业技术学院于2002年参与投资建设全国高职高专师资培训基地，截至2014年12月，该基地已举办各类高职高专师资培训班240期，培训教师18 000余人，积累了较丰富的培训经验。作为国家首批立项建设的示范性高等职业院校，宁波职业技术学院于2008年成为中国高职高专教育网(www.tech.net.cn)及全国高职高专校长联席会议秘书处的承办单位。在开展社会培训的过程中，宁波职业技术学院开展了内容丰富的培训项目，仅以2015年暑期为例，该校先后开展了"三维建模数字化设计与制造实践培训班""信息化教学——从设计、开发到实施培训班""高职教师经济贸易类专业技能提升培训班""高等职业教育外语科研与教学能力提升培训班""高等职业教育教师教学能力培训班"等五个培训班，培训内容丰富。①

6.3.1.3 培训制度日趋完善

近年来，随着国家示范性(骨干)高职院校建设的有序推进，我国高职院校各项管理制度日益完善。社会培训作为高职院校对外展现其职能的重要方面，其运行方式和管理制度也在不断规范。首先，社会培训在各高职院校越来越受到重视，主要表现是各高职院校相继成立了实训中心和继续教育部，有些学校直接成立了社会培训部，以此作为管理各类社会培训的平台；其次，围绕社会培训的各种管理规章制度日益完善，如社会培训课程的审批办法、社会培训教学的管理办法、社会培训的财务管理办法等等，使得社会培训在日常管理中有章可循。

我国高职院校社会服务的制度建设在21世纪初就已经提出，教育部自2001年开始实施《对口支援西部地区高等学校计划》，其中就有对社会培训的相关规定；2006年提出建设国家示范性高职院校计划，同

---

① 资料来源：根据中国高职高专教育网相关网页内容总结。

年11月发布的《教育部财政部关于实施国家示范性高等职业院校建设计划加快高等职业教育改革与发展的意见》就曾指出示范性院校要积极为社会提供技术开发与服务,大力开展职业技能培训,积极承担面向区域产业发展的社会培训。《国家中长期教育改革和发展规划纲要(2010—2020年)》也曾指出鼓励行业组织、企业举办职业学校,鼓励委托职业学校进行职工培训。《国家高等职业教育发展规划(2011—2015年)》指出,应适应学习型社会建设需要,面向社会大力开展高技能和新技术培训,年培训量达到1 000万人次,其中国家示范性(骨干)院校年培训人次要达到全日制在校生人数的2倍,省级示范院校要达到1.5倍。除了上述制度从宏观上对我国高职院校社会服务提供了制度保障外,各国家骨干高职院校还根据各校的实际情况制定了若干管理制度。

6.3.1.4 培训效益不断提升

在以信息技术为代表的知识经济时代,设备、技术更新周期变得十分短暂,企业在投入新设备、新工艺的同时,还十分重视对员工职业素质的培养。在这一背景下,高职院校依托自己在场地、技术、师资上的优势开展职业技能、职业资格以及综合素质等社会培训,不仅有利于为企事业单位提供优秀的人才,缓解这些单位的用工压力,也有利于为学校增加收益,缓解学校经费紧张的情况。国家骨干高职院校依托自身实力和品牌效应,在过去几年中,通过社会培训为企业提供了大量优秀的技能人才,为下岗职工再就业创造了机会,为转移农村剩余劳动力做出了应有的贡献;同时,为学校创收做出了贡献,实现了社会效益和经济效益的双丰收。四川机电职业技术学院就是其中的典型代表。

四川机电职业技术学院抓住"攀枝花钢铁(钒钛)国家新型工业化产业示范基地和攀西国家战略资源创新开发试验区"发展契

机,发挥资源优势、专业优势和行业优势,以合作办学和重点专业建设成果为基础,增强社会服务能力,为企业、行业、区域经济和社会发展服务。学校现已组建社会培训团队18个,完善了培训体系,建立培训管理平台,对外进行企事业职工培训、农村外出务工人员培训。开设了党群、经管等六大培训项目,包括党员干部高级研修班和普通员工素质能力提升班,范围从省内辐射到省外。三年来,学校开展社会培训人数62 206人次,农村剩余劳动力转移培训达1 323人,培训总收入4 500余万元。①

6.3.2 社会培训工作存在的主要问题

高职院校作为培养高技能人才的摇篮,拥有充足的场地资源、教师资源和社会资源,依托此类资源开展的社会培训越来越受到社会、学生以及政府部门的重视,从国家示范性高职院校建设计划到国家骨干高职院校建设计划,都充分体现了这一理念,事实也证实了这一点。当前,国家骨干高职院校的社会培训工作取得了显著成效,高职院校的社会服务功能得到彰显,但是,在取得这些成绩的同时,国家骨干高职院校的社会培训工作还面临着一些问题,主要表现在以下几个方面:

6.3.2.1 社会培训未获充分重视

虽然高职院校的社会培训,在满足社会成员学习科技知识、接受继续教育、提高职业技能等需求方面具有重大意义,但在实际推行过程中,各国家骨干高职院校仍旧没有给予社会培训足够的重视。例如,一些高职院校认为,相较于全日制学历教育而言,社会培训人员流动性比

---

① 许志军,祝玲.深耕裂谷 铸独树一帜的钒钛钢筋铁骨——四川机电职业技术学院骨干高职建设巡礼[N].中国教育报.2015-07-27(4).

较大,培训时间紧,任务重,培训成本高,利润空间较小,加之社会上对非学历教育存在偏见,因此,部分国家骨干高职院校较为重视学历教育,对社会培训缺乏主动性和积极性,没有真正重视社会培训服务工作,对社会培训工作的质量和创新要求不高,注重经济效益而忽视了社会效益。

6.3.2.2 社会培训范围有待扩展

当前,绝大多数国家骨干高职院校举办的职业培训主要对象为在校大学生,目的是使他们获取相应的职业资格证书,这是一种职业资格类培训,真正面对社会下岗人员、企业在职员工、农村劳动力等的社会再就业式的培训较少。在针对学生的培训中,国家骨干高职院校也多采用专业教育课程教材,所使用的教材也多体现学历教育所要求的全面性、系统性和综合性,没有突出职业培训的特点。而社会培训通常是针对单一固定的职业岗位,要求在培训过程中突出职业岗位技能,培训的教材必须具有实用性和有效性。但是,国家骨干高职院校使用的教材,不能及时有效地反映科技发展变化的最新成果,不能深入了解职业岗位的实际技能需求,在单独开发相关的课程教材方面,有着一定的难度,导致培训课程内容相对陈旧,不能面对广大企业和学员的实际需求。

6.3.2.3 社会培训保障条件有限

当前,国家骨干高职院校的社会培训保障机制还较为有限,主要表现在以下两个方面:第一,受认识的局限,虽然社会培训工作是国家骨干高职院校社会服务的一部分,但各高职院校仍然认为搞好全日制学历教育是主业,社会培训是副业,对社会培训工作的实际投入有限,在社会培训的机构设置上,人手配备较少,科学指导较少,在实际培训市场开拓、教学管理、课程教材开发等方面,存在缺少专业专门人才等问题,使得高职院校社会培训的物质、人力资源保障缺乏。另一方面,由于制度建设落后、思想观念跟不上,有的地方国家骨干高职院校对社会培训工作仍以单一的经济指标进行考核,对培训质量、人才效益、服务地方经济影响力等缺乏考核,社会培训的激励机制落后,导致培训质量差、效益低,难以调动培训机构和教师的工作积极性。

6.3.2.4 社会培训品牌效应不强

拥有良好的品牌是国家骨干高职院校做好社会培训的重要资源。据调查,目前北京大学和清华大学两个高等学府,每年的培训收入就高达十亿元人民币,为周边产业带来九十亿元人民币的收入,在全国高校占有巨大优势,取得了可观的经济效益和社会效益①。相比之下,国家骨干高职院校在开展社会培训工作时,往往不注重对社会需求和社会培训市场的调研,不注重对社会培训特点的研究,未能充分发挥高职院校在专业设置、师资队伍、实习实训基地等方面的优势,与社会其他培训机构相比,其市场竞争意识不强,导致国家骨干高职院校在社会上的影响力仍然不够高,缺少品牌效应。

6.3.3 推进社会培训工作的对策建议

社会培训作为国家骨干高职院校社会服务职能实现的重要形式,是国家骨干高职院校对外展示的"窗口",社会培训工作的完善不是一蹴而就的,需要在"后示范(骨干)"时期继续提高对社会培训工作的重视,扩展社会培训的服务方式,建立健全社会培训的保障机制,努力打造具有高职高专特色的行业社会培训品牌。

6.3.3.1 提高对社会培训的重视度

一方面,自 2008 年以来,全国参加高考的学生数逐年减少,而各高校全日制本科招生不断扩招,高考录取率逐年提高,高职院校生源吃

---

① 李弟财.示范高职院校服务社会培训模式创新[J].教育与职业,2014(32):45-47.

紧,高职院校学历教育所能发挥的作用有限;另一方面,新技术新方法在不断更新,原有的知识技能已经不再适合新的生产要求,来自企业的社会培训需求在增大,用于提高个人素质、技能的各类培训需求也在上升。国家骨干高职院校应明确,开展社会培训是学校实现社会服务职能的重要手段,充分认识到社会培训对于缓解我国结构性失业矛盾、扩大高职院校社会影响力以及提升高职院校内涵建设的重要作用。因此,国家骨干高职院校要彻底纠正过去视学历教育为正统、社会培训等非学历教育为支流的错误观念,拓宽视野,提高对社会培训重要性的认识。

6.3.3.2 扩展社会培训的服务方式

高职院校提升社会服务能力的核心,是能够为需要培训的企业和个人提供令人满意的培训内容。在当前高等职业教育内涵建设的背景下,国家骨干高职院校服务社会培训面临着经济与社会转型、互联网云平台和培训业"2.0 时代"的三大变化,促使今后国家骨干高职院校社会培训的内容做出适当的调整。首先,在培训内容的选择上,全面性、综合性和系统性的教材要求将会被更加有针对性、实用性和有效性的教材所取代,社会培训内容将更有利于满足职业培训的需求;其次,在培训内容的呈现上,着眼于传统社会培训的纸质教材将会被存储在计算机和网络中的数字资源所取代,培训内容将会以现代人更加方便的方式接收;最后,在社会培训内容的参与上,原有被动的听教师的讲解会被实地参观、实际操作等方式所取代,多种参与方式让社会培训的内容在时间上和空间上更有意义。

6.3.3.3 完善社会培训的保障机制

相比于高职院校的学历教育,社会培训形式多样,人员不固定,内容丰富,因此更需要完善保障机制建设。结合国家骨干高职院校社会培训的特征,要建立完善社会培训的保障机制建设,加强对社会培训的跟踪管理。首先,做好社会培训的前期准备工作,加大对社会培训的投入,根据实际工作需要,为社会培训机构配备人手,成立教研团队,根据市场和个人需求开发课程教材,聘请专家加强对社会培训的指导。其次,加强对社会培训的过程性评价,加强对社会培训的教学管理,通过开放办学的原则,吸引企事业单位技术能手担任教师,确保社会培训的质量。最后,做好社会培训的跟踪服务工作,社会培训的质量要在实际生产过程中才能得以体现,课程培训并不意味着社会培训就此结束,国家骨干高职院校的培训机构要做好社会培训的质量跟踪调查,发现培训过程中的优缺点,以便提高后期的培训质量。

6.3.3.4 打造社会培训的专业品牌

社会培训作为学校推向社会的一种教育产品,也需要建立自身的专业品牌。一个好的社会培训专业品牌是一所学校的重要无形资产。国家骨干高职院校要想在社会培训中树立品牌,最重要的就是依据行业特色和学校办学特色,结合学校所在区域经济发展特征,构建校企合作平台,同时增强校企合作平台与社会培训之间的联系和互动,把各类社会培训机构和各类企业结合起来形成一个网络,使社会培训形成真正意义上的规模化、产业化、集团化。与此同时,国家骨干高职院校要想形成自身的社会培训专业品牌,一定要结合所在学校的办学特色和学科专业建设亮点,发挥自己的优势和特长,真正为行业企业和社会人士接受继续教育提供智力支持。

6.4 国家骨干高职院校的对口支援

东西部高校对口支援是指由政府启动,利用东部高校的物质财富和智力资源,促进西部高校发展的一项援助制度[①]。由于我国经济发

---

① 郑刚,刘健.中国特色的东西部高校对口支援政策模式[J].教育与职业,2013(23):14-17.

展的东西部不平衡性,导致我国高等教育在地域上也存在比较明显的差距,总体而言,东部高等教育发展水平优于中西部,高职教育亦是此中典型。为此,教育部自 2001 年开始实施"对口支援西部地区高等学校计划"。2006 年,教育部、财政部启动了国家示范性高职院校建设计划,对示范性高职院校提出了"推动示范院校与经济欠发达地区的对口支援,与区域内中高等职业院校的对口交流,促进高等职业教育整体质量的提升"的要求①,在以内涵建设和提高教育质量为重点的示范院校建设中,办学模式、专业建设、课程改革和实践教学基地建设等正发生重大变革。2010 年,教育部、财政部发布了《关于确定"国家示范性高等职业院校建设计划"骨干高职院校立项建设单位的通知》(教高函〔2010〕27 号),确定了国家骨干高职院校立项建设单位,明确要求建设院校要制定具体可行的措施,开展地区之间、城乡之间、东西部之间的校际合作与对口支援工作,提高辐射带动能力②。由此可见,对口支援一直是高等学校社会服务的题中应有之义。对口支援西部院校是国家示范性(骨干)院校建设的任务之一,其主要目的是在紧密结合西部地区经济建设和社会发展需要的思想指导下,使对口支援院校教师在教育理念、人才培养模式、教学管理和社会服务等方面迈向新台阶,进而提高西部高等院校的教育质量和整体办学水平。当前,国家骨干高职院校在对口支援工作上形成了较为成熟的实践模式,但仍存在一些不足,需要加以完善。

---

① 中华人民共和国教育部,中华人民共和国财政部.教育部、财政部关于实施国家示范性高等职业院校建设计划加快高等职业教育改革与发展的意见[EB/OL].(2006-11-03)[2020-01-09].http://www.moe.gov.cn/srcsite/A07/moe_737/s3876_qt/200611/t20061103_109728.html.

② 中华人民共和国教育部.教育部 财政部关于确定"国家示范性高等职业院校建设计划"骨干高职院校立项建设单位的通知[EB/OL].(2010-11-23)[2020-01-10].http://www.moe.gov.cn/srcsite/A07/moe_737/s3876_qt/201011/t20101123_112718.html.

6.4.1 对口支援工作取得的成效

随着国家骨干高职院校建设的推进,国家骨干高职院校在对口支援方面也取得了一些成绩。通过对口支援,提升了支援学校的社会服务能力,促进了国家骨干高职院校的内涵建设;提升了受援院校办学理念、专业建设水平和管理水平的提升;培养壮大了师资队伍,促进了受援院校快速发展。具体而言,国家骨干高职院校对口支援工作取得的成效主要有以下几点。

6.4.1.1 对口支援平台建设不断完善

高职院校作为高等教育领域独具特色的一种类型,其在快速发展的伊始就十分重视平台建设,全国高职高专校长联席会就是其中的典型代表。高职院校对口支援不同于本科院校,每所院校既要从自身优势出发,又要兼顾高职办学实际和技能人才培养特点,从而开创出自己的对口支援模式。以全国高职高专校长联席会议为活动组织的平台,由东部经济发达地区高职院校牵头,国家示范性和骨干高职院校积极跟进,成批次地参与到对口支援工作中来。成立全国高职高专校长联席会议的目的是让全国高职高专共同进步,全面发展。联席会议期间,组织校长实地考察西部地区的高职教育发展状况就成其为一项重要活动。2006年,在联席会议的倡议和组织下,首批11所国家示范性高职院校与西部19所高职院校签订了对口支援协议;至2012年,全国两百余所示范性和骨干高职院校与数百所西部同类院校建立了对口支援、合作办学的关系。除了"全国高职高专校长联席会"外,各高职院校之间还根据自身的优势和需求,自愿成立类似平台,通过这些平台,加强了中东部地区与西部高职院校之间的交流与沟通,提高了各高职院校的整体教学水平,促进了高职教育的发展。如青岛职业技术学院的对口支援工作,就十分重视平台建设。

自2006年以来,青岛职业技术学院已与10所中西部院校建立对口支援合作关系。2010年7月,在前期签订对口支援协议的基础上,由该校牵头,10所中西部院校(其中中部地区2所)参与,成立"高职院校对口合作联盟",签订合作协议。签约单位以"交流、合作、发展、共赢"为宗旨,在上级政府部门的指导下,搭建交流合作平台,开展交流合作活动,互补教学资源,推动各院校整体教学水平的提高,加强东西部院校工作交流与合作,促进高职教育发展,实现各方效益共赢。签约单位开展校际间师资培养、教师互派、教师研修、挂职锻炼、专业建设、课程建设、教材建设、教学资源开发、教学研究、科学研究、应用技术研发、咨询服务、联合培养、学生交流等合作项目。通过这些支援活动解决了中西部院校在师资队伍建设、学生培养及就业等方面的一些问题,促进了中西部院校更新教师教育理念、培养师资队伍、提高教学水平以及中西部院校学生开辟东部地区就业之路,从而发挥了示范院校的辐射作用。①

6.4.1.2 对口支援模式日益丰富多元

由于中西部学校之间存在的差异性,在对口支援过程中,各国家骨干高职院校结合自身情况和被支援学校的实际困难,采取了多种形式探索示范帮扶与合作发展的模式。经过近十年的摸索,国家骨干高职院校的对口支援已形成多种模式,主要有:一是师资支援,主要采用师资培训、师资互派、师资在教学与科研方面合作等形式来支援中西部学校。二是干部支援,干部是高职院校的管理人才,干部素质的高低关系到中西部高职院校的发展,国家骨干高职院校地处东部发达地区,学校

---

① 鲁晓泽,王文中,孙会扬.东西部区域高职院校对口支援与合作的实践与思考[J].青岛职业技术学院学报,2012(25):19-22.

管理人员大多具备学历高、见识广、能力强、综合素质高等特点，对中西部高职院校的干部支援主要是为其培养管理人才，目前来说主要形式包括干部挂职锻炼、干部交流等。三是学生培养，由于中西部高职院校在硬件、软件以及整个大环境中均处在劣势地位，其人才培养质量势必会受到环境的限制，因此，通过借助国家骨干高职院校的良好设备、优秀师资，采取联合招生、联合培养、就业合作等形式提升中西部地区高职院校人才培养质量。四是专业帮扶，包括专业建设、实训基地建设以及教学、课程、实践教学交流与合作等。五是设备支援，包括图书资源共享、网络资源共享、设备支援等。这些多元化支援模式，能全方位促进中西部地区高职院校的发展。如，深圳职业技术学院的对口支援，就采用了多种模式。

深圳职业技术学院针对西部高职院校整体办学条件差、资金投入不足、教学基本设施缺乏、实验设备陈旧、实习实训条件简陋、师资力量薄弱、专任教师数量少、毕业生就业率低等问题，本着互惠互利、优势互补、资源共享、市场导向、开放联合的原则，先后与贵州、云南、甘肃、新疆、西藏、陕西、广西等10省（自治区）的25所高职院校签订对口支援协议，建立了稳定的对口支援关系。支援过程中，学校积极探索示范帮扶与合作发展的新路子，经过调查发现欠发达地区的高职教育基础比较薄弱，适当给予硬件支持，十分有必要帮助他们改善教育教学条件，但帮扶的重点更应该在更新教育教学理念、提升专业建设及课程开发水平、学生交流等方面。例如，该校在对口帮扶河源职业技术学院时，不仅给予他们必要的硬件支持，帮助建设楼宇实训室、捐建电子阅览室、改善实训环境等，更重要的是：派出专家到河源职业技术学院举办数十场专题讲座和交流；先后派出5名专业带头人协助开展专业建设；免费接收50余名教师来学校进行进修交流，接收40余名教师观摩学校精品课程评审等。这些内涵建设、软实力打造等方面的支持对提高受援学校办学水平有很大帮助。①

6.4.1.3 对口支援项目类型特色多样

中西部高职院校依托项目开展合作与交流,成了对口支援工作十分重要的形式和载体。在建设国家骨干高职院校的背景下,各高职院校积极稳妥地在高等职业教育领域中,以科学发展观为统领,紧紧围绕学院总体发展战略规划,结合各国家骨干建设重点专业人才培养模式及课程改革创新任务,探索、创新、设计了类型特色多样的对外交流与对口支援合作项目。依托若干合作项目,各高职院校着力开展学习借鉴先进的职业技术教育教学、科学管理理念,以人为本、以学生为本的服务理念,引进优质职业教育培训资源,促进学校各层面人力资源素质优化、职业能力提升和领导能力建设。如,陕西国防工业职业技术学院的对口支援工作就实现了支援项目的特色与多样化。

陕西国防工业职业技术学院是一所带有军工色彩的"国家示范性高等职业院校建设计划"骨干高职院校首批立项建设单位,该校在 2010 年至 2012 年期间主动承担对本地区职业院校的带动责任,对口支援延安职业技术学院、甘肃工业职业技术学院、陕西机电工程学校、陕西经贸学校、户县职教中心、略阳县天津职教中心等 12 所职业院校或职教中心。主要通过对其师资进行培训,互派教师访问交流,共同研究制订专业人才培养方案,共同开发课程和实训项目,共同开展社会服务及对受援院校学生进行技能培训等,共同提高专业教学水平,带动其他院校提高社会服务能力。努力构建中高职教育衔接的立交桥,引领和带动区域中职教育协调健康发展,探

---

① 王文涛.高职院校对口支援工作的实践与思考——以深圳职业技术学院为例[J].中国职业技术教育,2009(10):35-37.

索中职生对口升入高职院校的教学安排,合作开展中高职一体化人才培养模式改革试点,促进中高职课程和教学的有效衔接,更好地为区域经济服务。三年内培训专业师资200多人次,联合培训学生780名,接受对口院校450名学生到校进行实训、培训以及学历提升。①

6.4.2 对口支援工作存在的主要问题

6.4.2.1 多元主体参与的对口支援模式仍需强化

现代经济学研究成果表明,市场机制和政府机制是调节和推动现代社会经济发展的"两只手",它们在各自领域内能成功地发挥资源优化配置的作用。按不同层次,参与高校对口支援工作的主体有国家、高校、高校执行部门、教师个人,外围参与主体有企业、媒体和其他个人等②,这些主体在高职院校对口支援中有着不同的职责。对口支援是一项系统工程,需要充分发挥政府、市场和社会各自的优势。做好对口支援工作,既离不开政府的支持、规划和引导,也离不开市场在资源配置中的基础性地位。因而,由政府、市场双范畴构成的国家骨干高职院校对口支援,必须形成多元主体参与的模式,通过该模式的建立,确保各主体参与其中,实现利益诉求的表达,同时承担相应的主体责任。

6.4.2.2 对口支援政策制度不够完善

高校对口支援机制,是为有效完成高校对口支援行为并结合各方参与主体的要求等而建立起的一整套运行伦理、规则,其目的是保障支受双方顺利实现预期目标③。为确保国家骨干高职院校对口支援工作

---

① 赵熹.高职院校对外交流与对口支援项目建设成果与思考[J].机械职业教育,2013(9):59-61.
② 程荣霞.高校对口支援工作多元主体动因分析与实践研究[J].教育教学论坛,2012(32):9-10.
③ 崔琳,杨蕾,高亢.协同创新视角下高校对口支援机制研究[J].江西科技师范大学学报,2014(3):90-93.

的长期性和稳定性,有必要建立科学有效的对口支援政策执行制度。从当前的实际情况来看,国家骨干高职院校与对口支援政策执行的制度还未有效建立。一是监督制度缺乏,高职院校对口支援涉及的资金、设备等信息的公示监督工作并不到位;二是评估制度缺乏,动态评估机制还不够健全,未能对对口支援项目可能的成败进行有效评估并及时反馈;三是未建立相关激励制度,对于支援高校缺乏补偿或增加其收益范围的相关制度,在一定程度上抑制了国家骨干高职院校参与对口支援的积极性。

6.4.2.3 持续长效的对口支援运行机制尚未形成

国家骨干高职院校对口支援除了离不开有力政策的支持,有效政策执行的配套制度,建立高效的模式外,还需要通过支援高校和受援高校共同努力,形成对口支援的良好实施机制。当前,国家骨干高职院校的对口支援,就其具体实施机制来说,还存在一些不足。一是双方互信的协作领导机制还未有效形成,一些重要的工作,仍然缺乏支援高校和受援高校校领导的良好协作,共商共议机制还有待进一步完善。二是科教协同的运行机制尚不完善,科教协同对口支援机制的形成有利于支援和受援高校的创新与共赢,但当前这种对口支援机制并未有效形成。三是未建立基于受援高校需求的对口支援机制。基于受援高校建设与发展需求的对口支援机制,对于受援高校的发展而言将更有价值,当前的对口支援模式,对于受援高校的需求来说,还较为被动,未能真正解决它们需要的发展资源,也就难以真正起到应有的效果。

6.4.3 强化对口支援工作的对策思考

6.4.3.1 明确各方责任,构建多元主体参与的支援模式

对口支援政策的改进首先应该是政府、社会和对口支援的双方均在平等博弈的基础上合理表达自己的利益诉求,在法律、伦理与公德的

基础上确定自己的责任。理想的政策框架和各方责任应该是：政府向西部发展中高职院校提供资源并向东中部示范性（骨干）高职院校购买学术服务，以扶持西部院校发展；社会监督政府与支援双方并提出愿景，进行评价，然后对各方赋予政治收益；支援高校以市场机制向受援院校提供学术支持；受援学校结合社会需要和区域状况谋划发展方向并强化自身"造血"功能①。在高职院校专业建设过程中，政府主管部门、支援院校和专业、相应的受援对象，应按照上述方案科学确定各方责任，形成多元主体均能积极参与的对口支援机制，最大程度保障对口支援工作的实施。

6.4.3.2 建立政策执行制度，提供对口支援的运行保障

为了使对口支援政策在高职院校专业建设中发挥最大效益，必须辅以相关的运行机制，具体包括：第一，有效的监督机制。在支援高校和受援学校建立对口支援相关事务公示制度，保证资金及设备等使用的透明度；建立畅通的反馈机制，确保信息的自由流动，实现双方的有效沟通。第二，科学的评估机制。针对对口支援项目建立动态评估机制，把有限资源用在有助于学校专业持续发展的地方，同时，通过评估明确项目成功的经验和失败的原因，以供其他同类项目借鉴及主管机构及时掌握相关信息，实现对援助项目的科学管理，从而逐步提高对口支援工作的质量。第三，多方共赢机制。高校对口支援政策在宏观上存在三种收益，即政治收益、经济收益和学术收益。要实现对口支援政策的可持续性，关键在于能否对支援高校进行补偿或提高与增加其收益范围。其理想模式应是政府部门、社会与对口支援双方都获得收益，即政府因为促进教育公平而收获社会认同和公民认可，社会则享有公平的高等教育环境，受援高职院校的学术水平与经济社会效益得到提

---

① 孙华.基于问题导向的我国高校对口支援政策分析[J].上海交通大学学报：哲学社会科学版，2010(3)：83-90.

升,支援高校得到成本补偿和政治收益。

6.4.3.3 创新对口支援机制,实现对口支援的长效运行

为实现对口支援的持续性,创新高校对口支援的模式与机制尤为关键。第一,确立"协作发展"的对口支援理念。实现对口支援由政治动员向制度激励转变;实现支援目标、项目既定性向协商对接机制转变;培养对口支援双方的信任资本;建构协作领导机制,实现协作中的多元参与,推动互信协作局面的形成①。通过资源共享、要素整合、优势互补、互惠互利、合作共赢,促进支援高校与受援院校实现"协作性"发展之路。第二,实施"科教结合,协同创新"的运行模式。这一模式注重支援方与受援方的优势互补,互相取长补短。模式以"协同创新"为载体,联合校外的科研机构,把教育与科研资源有机结合,把各方优势聚集为一体,改变了过去"输血"方式的支援,不仅使受援高校专业受益,而且使支援高校扩大了"协同创新"的视野,是机制创新的对口支援模式②。第三,引入需求导向的对口支援机制。以受援高校专业发展的实际需求为导向,确定支援项目;以内涵建设为抓手,提高受援高校专业建设水平;以构建科学对口支援运行机制为依据,保障对口支援顺利开展。通过激发受援高校专业发展的内在需求,将受援过程从单纯的接受"输血"转化为自我"造血",实现受援高校专业建设水平的有效提升。

---

① 周晓丽,马晓东.协作治理模式:从"对口支援"到"协作发展"[J].南京社会科学,2012(9):67-73.
② 何淳宽.高校对口支援的"科教结合,协同创新"模式研究[J].社会科学家,2014(2):121-124.

第 7 章
国家骨干高职院校的现代大学制度建设

建设高职院校现代大学制度,完善现代职业教育治理体系,是我国高职院校打造"中国教育升级版",切实承担起培养符合我国产业结构调整与转型发展需要的大批技术技能型人才的关键。高职教育作为一种独立的教育类型,其现代大学制度建设不能依附于普通高校进行。高职院校建立起符合自身特点的现代大学制度,不仅实现了高职院校可持续发展的需要,也是贯彻落实"加快现代职业教育体系建设,深化产教融合、校企合作"的具体措施。本章就国家骨干高职院校现代大学制度建设的主要特点、内外部治理结构、机制及存在的问题等内容进行了研究,并提出了相应对策建议。

7.1 高职院校现代大学制度的主要特点

高职院校作为高等教育的重要组成部分,其现代大学制度建设,对于优化高等教育治理结构、推动经济社会转型、促进高等教育现代化等具有重要意义。而高职院校现代大学制度与普通本科院校现代大学制度相比,在"依法治教""党委领导、校长负责""民主管理"等方面,存在着极大的相似性,但高职院校现代大学制度在"多元参与""校企合作""'双师'治学"等方面则有其特色。

7.1.1 高职院校现代大学制度的内涵及建设意义

7.1.1.1 高职院校现代大学制度的基本内涵

对高职院校现代大学制度,一些研究者往往基于以偏概全的惯性思维,将其等同于普通本科高校的现代大学制度。实际上,以研究型大学或教学研究型大学为研究对象,把高职院校纳入一般意义上的现代大学制度研究的话语体系,不仅在理论上模糊了高职院校和其他类型高校的界限,在实践上也导致人们照搬研究型大学或教学研究型大学的办学规律,未能明确高职院校的办学定位,最终伤害高等职业教育的发展[1]。因此,明确提出"高职院校现代大学制度",并对其展开专门、系统研究,进而构建现代高职院校制度研究的理论框架,是事关高职院校可持续发展的重要课题。

关于现代大学制度的内涵,在不同的视域下,各种研究有不同的观点。陈晔、徐晨、袁柯明(2010)[2]认为,现代大学制度是在政府宏观调控下,大学建立起的适应时代发展要求、顺应社会发展方向、符合教育教学发展规律的,能有效规范大学各种行为活动的完整的制度体系。其核心是在政府宏观调控下,大学面向社会,依法自主办学,实行民主管理,其内容包括外在制度和内在制度两个基本方面。方晓田、王德清(2013)[3]认为,现代大学制度的本质是现代大学"办学制度",重点是独

---

[1] 孙卫平.现代高职院校制度:意义、内涵和特征[J].职教论坛,2010(13):41-44.
[2] 陈晔,徐晨,袁柯明.刍议人才培养视角下的现代大学制度建设[J].中国大学教学,2010(12):62-64.
[3] 方晓田,王德清.关于现代大学制度建设的三维思考[J].江苏高教,2013(6):21-23.

立自主的办学制度。它以制度形式确立了大学办学独立自主,不受政府、社会干扰,校务独立,思想开放,学术自由。卢晓梅、董泽芳(2011)①认为,现代大学制度是指欧美发达国家的大学制度,是大学组织管理与运行的规则体系,包括宏观层面和微观层面。宏观层面即外部制度,包括办学体制、投资体制和管理体制;微观层面即大学运行机制,包括运行方式和管理制度。现代大学制度并非一个既定的存在,而是一个建构中的事实,在结构上具有开放性、适应性、民族性和国际性等特征。《国家中长期教育改革和发展规划纲要(2010—2020年)》提出,现代大学制度建设包含四个要点:一是要完善治理结构,二是要加强章程建设,三是要扩大社会合作,四是要推进专业评价②。

以上几种观点,虽然只揭示了现代大学制度的一些侧面,但能从中提炼出现代大学制度的基本内涵。本研究认为,现代大学制度起源于西方的"学术自由""大学自治""教授治校""教学与科研统一"的办学思想,其内涵随着社会的发展和文明的演进而不断发展更新。现代大学制度包括宏观和微观两个层面,重点是处理好学校与外部各方的关系以及学校内部各主体间的关系。宏观层面包括办学体制、投资体制和管理体制;微观层面即大学运行机制,其中大学运行方式和管理制度是重要内容。

高职院校现代大学制度属于现代大学制度的范畴,但又区别于一般意义上的现代大学制度。关于高职院校现代大学制度的内涵,孙卫平(2010)③认为,它是指与高职院校所处的特定政治、经济和文化背景相适应,切合高素质技能型人才成长的规律、特点,着眼于处理政府、社

---

① 卢晓梅,董泽芳.我国现代大学制度建设研究现状及反思[J].国家教育行政学院学报,2011(2):21-22.
② 孙霄兵.中国特色现代大学制度研究[M].北京:教育科学出版社,2014.247.
③ 孙卫平.现代高职院校制度:意义、内涵和特征[J].职教论坛,2010(13):42-44.

会与高职院校之间以及高职院校内部各种关系的规则体系,其内涵包括四个方面:一是要体现"中国特色",二是要切合"职教特色",三是内部管理体制改革,四是一整套的规则体系,要体现整体性、协调性的特点。骆家宽(2012)[①]认为高职院校现代大学制度主要指高职院校为顺应现代社会经济发展要求,在政府宏观调控下,面向社会依法自主办学、实施民主管理、全面落实作为法人实体和办学主体所具有的权利和责任相统一的管理制度,其内涵中至少蕴含三大核心理念:一是自主管理;二是教授治学;三是学生参与。赵玲珍(2012)[②]认为,高职院校现代大学制度的基本特征有:一是具有中国特色;二是体现"职教特色";三是突出行业、企业参与;四是体现系统性。王荣辉、孙卫平等(2012)[③]认为,高职院校现代大学制度是有关高职院校内部管理与外部协调的规章制度,高职院校现代大学制度建设,有助于学校的宏观决策与微观运行,有助于提高学校的办学效益与强化学校的自我约束。

  以上学者的观点虽然不尽相同,但可以从中看出高职院校现代大学制度的一些基本内涵。本研究认为,高职院校现代大学制度是指,高职院校与特定的政治、经济和文化背景相适应,着眼于处理高职院校与政府、社会、行业企业、第三方机构之间的外部关系,核心在于以权力制约与平衡为中心的高职院校内部治理结构的完善,以形成具有整体性、协调性特点的一整套规则体系。

7.1.1.2 高职院校现代大学制度建设的意义

高职院校现代大学制度建设是优化高等教育治理结构的必然选

[①] 骆家宽.努力构建现代大学制度扎实推进高职院校科学发展[J].湖北广播电视大学学报,2012(12):5-6.
[②] 赵玲珍.现代高职院校制度建设初探[J].教育与职业,2012(21):23-24.
[③] 王荣辉,孙卫平,吕红.构建现代高职院校制度的问题分析与对策建议[J].中国职业技术教育,2012(18):26-29.

择,是提高高等教育人才培养质量的必要条件,有助于推动其更好地适应经济社会转型,也有助于实现高等职业教育的可持续发展,是高等教育现代化的必由之路。具体来说,高职院校现代大学制度建设的意义主要包括以下几个方面。

第一,它是优化高等教育治理结构的必然选择。2010年,国务委员刘延东在第二十次高校咨询会上指出:要建设中国特色的现代大学制度,形成新型的高校内部治理关系;要在坚持和完善党委领导下的校长负责制的基础上,探索高校理事会制度和内部治理结构,建立高校自我发展、自我管理、自我激励、自我约束相结合的管理和运行机制。[①] 高职院校现代大学制度建设重在完善治理结构,包括外部治理结构和内部治理结构两个重要方面,涉及高职院校与政府、社会、行业企业、第三方机构、内部等各个主体。高职院校现代大学制度建设如果做得好,其内外部的治理结构也必然是合理完善的。高等教育治理结构的优化,不仅指普通高等院校治理结构的优化,应该且必须包含高职院校治理结构的优化,而高职院校现代大学制度的建设正是其必然选择。

第二,有助于推动高职院校更好地适应经济社会发展。服务经济社会发展是高等职业教育的重要使命。从其与经济社会发展的关系来看,高等职业教育始终是和经济社会发展紧密联系在一起的。一方面,经济社会发展是高等职业教育发展的根本动力;另一方面,高等职业教育的发展反过来会推动经济社会发展[②]。人才培养质量的提高有赖于学校自身的发展与完善,高职院校现代大学制度建设,立足于经济社会

[①] 刘延东.加快建设中国特色现代高等教育,努力实现高等教育的历史性跨越——在教育部直属高校工作咨询委员会第二十次全体会议上的讲话[EB/OL].(2010-09-13)[2021-11-20]. http://www.moe.gov.cn/jyb_xwfb/moe_176/201009/t20100913_108606.html.

[②] 孙卫平.现代高职院校制度:意义、内涵和特征[J].职教论坛,2010(13):41-44.

发展的新需求,加大行业企业参与高职教育的力度,着力于创新人才培养模式,进而提高学校的人才培养质量。可见,高职院校现代大学制度的建设,有助于培养高素质技术技能型人才,从而推动高等职业教育更好地适应经济社会的转型发展。

第三,有助于实现高等职业教育的可持续发展。建设高职院校现代大学制度是我国高等职业教育自身求生存、谋发展的需要。近年来,伴随我国高等教育大众化的进程,高等职业教育规模得以急剧扩大,但同时出现了一些问题。政府在一些领域实施集中管理,出现管理越位;在另一些领域却又管理不到位,出现缺位。行业企业及其他社会中介组织,在深层次参与职业教育办学方面显得乏力,现状不容乐观,动力不足。就高职院校而言,一方面,缺乏足够的面向市场办学的自主权,相关的意识和能力也显得薄弱;另一方面,高职院校自身普遍未能建立起能体现高等职业教育特点的治理结构,内部管理混乱。[①] 所有这些问题都影响到高等职业教育的可持续发展。构建以治理体系为核心的高职院校现代大学制度,正是解决这些问题的出路所在,也是实现高职院校可持续发展的基石。

第四,它是高等教育现代化的必由之路。教育现代化是国家现代化的支撑和重要组成部分。《国家中长期教育改革和发展规划纲要(2010—2020年)》指出:"教育是民族振兴、社会进步的基石,是提高国民素质、促进人的全面发展的根本途径。优先发展教育、提高教育现代化水平,对建设富强民主文明和谐的社会主义现代化国家具有决定性意义。"高职教育是高等教育的一个类型,高职院校与本科院校同属高等教育的范畴,二者的区别,只是在培养方式上有所差异。高职教育作为整个高等教育系统的重要组成部分,因其与社会

---

① 孙卫平.现代高职院校制度:意义、内涵和特征[J].职教论坛,2010(13):41-44.

经济发展和科学技术进步的密切关系,在教育现代化中起着重要作用,高职院校现代大学制度建设对高职院校的发展至关重要,是高等教育现代化的必由之路。从某种意义上说,高职院校建立现代大学制度可能比一些本科院校更加迫切,对于教育现代化和国家现代化的作用也将更加明显。

7.1.2 高职院校现代大学制度的主要特点

高职院校的现代大学制度,与普通高等本科院校的现代大学制度相比,既有共性也有差异性和特色性。高职院校现代大学制度的主要特点,可以概括为以下 28 个字:"依法治校、党委领导、校长负责、多元参与、校企合作、'双师'治学、民主管理。"其中,高职院校现代大学制度与普通高等本科院校现代大学制度的共性主要包括:依法治教、党委领导、校长负责、民主管理;而高职院校现代大学制度较普通高等本科院校现代大学制度的差异性和特色性主要包括:多元参与、校企合作、"双师"治学。

高职院校与普通高等本科院校一样,要坚持依法治教、依法治校。依法治教,即依法规范教育管理,把法作为规范教育管理的唯一标准和最高权威,必须依法而不是依据其他标准来实施教育管理行为[①]。高职院校之所以需要与普通高校一样坚持依法治教和依法治校,原因主要有以下两点:一是我国正处于社会经济转型期,高职院校改革步伐也逐渐加快。管理关系由原来的自上而下的纵向型教育行政管理关系,转变为纵横交错型的新格局,所有这些关系的产生和维系,都在教育行政部门的监督管理之下,通过依法治教,才能更好地平衡、维系、规范和调整各主体间的教育法律关系。二是依法治教有助于教育行政管

---

① 史峰,李鹤飞.对依法治教的几点思考[J].人民论坛,2012(11):86.

理部门职能和管理方式的转变。政府主管部门在实现从直接管理、具体管理到间接管理、宏观管理的转变过程中,不断实行简政放权和落实学校自主办学,以期高职院校能更好地适应新形势下教育管理的需要。①

高职院校与普通高等院校一样,要坚持党委领导、校长负责。《高等教育法》第 39 条规定,高校内部权力的运行体制模式为"党委领导下的校长负责制",从法律角度规定了中国高校内部权力的核心,政治权力的主导性,党委作为学校整体活动的决策中心,学校稳定发展的领导核心,其政治领导权已经具体化为立法权和决策权。党委主要职责体现在抓大事、谋全局、管方向、用人才、保稳定、促发展。党委坚持社会主义办学方向,坚持中国共产党的路线、方针、政策在高校中的运用,对学校的政治思想、德育教育进行领导,并对学校的重大问题进行决策,有利于学校重要事项和重大问题的合理性与慎重性。② 坚持和完善党委领导下的校长负责制不仅是政治要求,而且是依法治校的必然要求。这一领导体制对我国高校持续健康协调发展具有重要意义,在任何时候、任何情况下都不能动摇③。党委领导下的校长负责制,是由我国的基本政治制度所决定的,与政府对大学的治理、大学内部权力格局和学术生态密切相关,是中国特色现代大学制度建设的重要内容④。同时,党委领导下的校长负责制也是我国高等教育管理体制的特色⑤。高职

---

① 黄敏.在依法治教中提升高职院校教师主观幸福感水平[J].当代职业教育,2015(5):73-75.
② 余佳.现代大学制度下高校内部权力制衡机制研究[D].南昌:江西师范大学,2013.
③ 毕宪顺,刘庆东.高校内部权力的科学配置及其运行机制研究[J].国家教育行政学院学报,2010(8):13-18.
④ 钟秉林,赵应生,洪煜.中国特色现代大学制度建设——目标、特征、内容及推进策略[J].北京师范大学学报,2011(4):5-12.
⑤ 史静寰.现代大学制度建设需要"根""魂"及"骨架"[J].中国高教研究,2014(4):1-6.

教育作为我国高等教育必不可少的重要组成部分,在建设现代大学制度的过程中也必须同普通高校一样,毫不动摇地坚持党委领导下的校长负责制这一基本制度。

高职院校与普通高等院校一样,要坚持民主管理。民主管理是现代大学制度建设的重要内容之一,现代大学制度建设,需要促进、创造民主气氛。我国高校的民主管理进程正围绕着"政治权力、行政权力、学术权力、民主管理权力"这四种权力不断推进。高校在对政治权力和行政权力不断规范的基础上,教职工代表大会和学术委员会在高校内部管理中的作用在逐渐加强,同时学生也逐渐参与高校民主管理。① 对高职院校而言亦是如此,加强民主监督,推进民主管理,是构建和谐校园、实现高职院校办学功能的重要保障措施。构建和完善民主监督机制,是建设现代大学制度的重点,是推进民主政治建设的重要保证,是政治文明的重要标志。高职院校从扩张规模转向提升教学质量的内涵发展,加强和完善民主监督机制显得尤为重要。②

高职院校作为高等教育的一个重要组成部分,在建设现代大学制度的过程中,与普通高等院校相比有其共性之处,必须长期坚持与完善。但更重要的是,要在基于自身发展的基础上,突出高职院校自身的办学特点,把握其发展的关键环节,促使其现代大学制度的不断发展与完善。具体来说,高职院校较普通高等院校而言,其现代大学制度建设具有以下特色。

7.1.2.1 主体多元是高职院校现代大学制度建设的内在基础

主体多元是高职院校现代大学制度的职业教育特色所在。在分析

---

① 蔡砚秋.现代大学制度下高校民主管理的进程与问题[J].中国轻工教育,2011(5):3-5.
② 张一平.高职院校完善民主监督机制研究与实践[J].长春工业大学学报,2012(1):17-19.

高职院校的多元主体时,利益相关者理论能对其加以说明。张维迎(2004)、胡赤帝(2005)、李福华(2007)、马延奇(2009)、陈汉聪(2011)等许多学者,都比较认同高等院校是典型的利益相关者组织的理念。其中张维迎在《大学的逻辑》中的解释极具代表性:"大学作为非营利性组织,是一个典型的利益相关者组织,每个人都承担一些责任,但没有任何一部分人对自己的行为负全部责任。大学里面的利益相关者包括教授、校长、院长,包括行政人员,包括学生以及毕业了的校友,当然也包括我们这个社会本身(纳税人)。"[①]利益相关者理论用在高职院校极具适切性。"校企合作,工学结合"理念下的高职院校,其发展与政府、行业企业、毕业校友、学校教师和学生、社会中介机构等密切相关,是多元主体的利益集合体。其中,各级政府、行业企业、合作院校、在校学生、教职员工与高职院校的现代大学制度建设关系重大。作为利益相关者组织,高职院校有必要由利益相关者共同治理。因为高职院校的利益相关者存在不同的利益诉求,要协调好个人和组织利益,实现高职院校价值最大化,有必要根据各利益相关者与高职院校的利益相关程度以及参与大学治理的意愿及能力,按照非均衡分散分布原则,在各利益相关者内部配置剩余控制权,从而实现高职院校利益相关者的共同治理[②]。

7.1.2.2 校企合作是高职院校现代大学制度建设的重要载体

校企合作是学校与企业利用各自教育资源、环境的优势,在资源、技术、师资培养、岗位培训、学生就业、科研活动等方面深度合作,把以课堂传授间接知识为主的教育环境与直接获取实际经验能力为主的生产现场环境有机结合起来,培养能适应市场经济发展、企业需要的高素质应用型人才为目的,最终实现学校与企业双赢的一种人

---

① 张维迎.大学的逻辑[M].北京:北京大学出版社,2004:19.
② 潘海生.作为利益相关者组织的大学治理理论分析[J].中国地质大学学报(社会科学版),2007(9):17-20.

才培养模式①。校企合作对于高职院校现代大学制度建设的重要意义不言而喻：一方面，它是高职院校现代化办学的基础，通过校企合作可以充分发挥各自的资源优势，做到资源共享、优势互补，既促进学校教学的进步，又推动企业的发展，更主要的是从根本上解决了长期以来困扰高职院校教学发展的难题②；另一方面，它体现了学校教育与企业生产实践相结合，有助于促进学生在学校学习专业理论及提高专业素质，培养学生成为服务社会的高技能型人才。可见，校企合作办学是高职教育发展的必由之路，校企合作体制机制的建立和完善，为探索高职院校现代大学制度建设提供了载体。

7.1.2.3 "双师"治学是高职院校现代大学制度的人力保障

之所以说"双师"治学是高职院校的特色所在，原因在于：一方面，在普通高等本科院校强调的是教授治学，重点是协同制衡学术权力和行政权力，赋予学术组织和专家学者更多学术自主权。而对高职院校而言，教授的数量是有限的，不足以完全行使学术权力，因而行使学术权力的主体是数量更为广大的"双师型"教师；另一方面，高职院校因其与经济社会的密切联系，更加强调教师的实践动手能力，而"双师型"教师正是实践能力与理论能力并存的人才，更符合高职院校的教学和人才培养要求，"双师"治学为高职院校现代大学制度提供了人力保障。综合以上两点可以看出，高职院校更强调以"双师"为主体的"双师治学"，这是结合高职院校实际情况所提出的，符合高等职业教育自身办学规律，同时也是高职院校区别于普通本科院校办学的重要特点。

---

① 张建春，殷志扬，程培罡.高职院校校企合作研究：文献综述与展望——基于CNKI(2000—2011)收录文献的分析[J].现代教育管理，2013(2)：100-101.
② 赵薇.刍议高职院校校企合作的重要性[J].北方经贸，2012(12)：194.

7.2 现代大学制度视域下国家骨干高职院校的外部治理结构

国家骨干高职院校现代大学制度建设重在完善治理结构,即处理好高职院校与内外各主体间的关系。其中,国家骨干高职院校的外部治理结构主要包括:国家骨干高职院校与政府间的新型目标管理关系的合理建立,行业企业参与国家骨干高职院校合作的机制构建,第三方机构对国家骨干高职院校现代大学制度建设的监督评估以及校友有效参与国家骨干高职院校的管理决策四个方面。

7.2.1 建立高职院校与政府间的新型目标管理关系

教育发达国家十分重视大学外部治理结构建设,并且呈现出一个共同特点:政校分开,学校自治。政府一般不直接管理大学,大学内部事务由大学自己管理。在英美等西方国家,大学是独立于政府的学术自治体,政府是政府,学校是学校,各管各的事儿[1]。除设置审批权、董事会成员任命权和经费预算权等权力是由政府行使之外,各级政府一般不干预高校内部的事务。学习国外的一些成功做法,国家骨干高职院校现代大学制度的外部治理结构建设的重点是处理好政府与高职院校的关系,核心是要落实学校的办学自主权,当务之急是从制度上界定政府对于高职院校的权限,解决政府对大学管理过死过细、管办评不

---

[1] 王守伦,李长明,毕廷延.现代大学制度的建立与完善——基于国外实践经验的启示[J].国家教育行政学院学报,2011(3):8-9.

分、角色错位缺位等问题,以更多地依靠宏观调控手段引导高职院校发展①。

然而,长期以来,国家骨干高职院校与政府的关系在一定程度上不恰当,主要表现在三个方面:一是政府集举办者、管理者、办学者三个角色于一体②,二是国家骨干高职院校的办学自主权尚未有效落实③,三是政府有差别地对待国家骨干高职院校与普通本科院校。这种关系的不恰当导致了很多问题。

完善国家骨干高职院校现代大学制度的外部治理结构,需要建立政府与学校间的新型目标管理关系。其中,政府在国家骨干高职院校现代大学制度建设中主要扮演三种角色,即管理者、投资者和监督者。政府要恰当地扮演好这三种角色,认清自身的职责,使高职院校得到长足的发展。第一,政府应成为高职院校的宏观管理者。政府应该抓大放小,更多地运用宏观管理的手段对高职院校进行管理,把那些属于学校自己管的事情,交给学校去管。可以通过出台法律、政策和宏观教育规划来管理高职院校。第二,政府应成为高职院校的重要投资者。政府应负责高职院校教育经费的拨款工作,通过财政拨款,提供高职院校运行和发展所需经费保障。政府要加大对高职院校的经费投入,确保高职院校的正常运行,同时建设基于评估的绩效拨款机制,促进高职院校资源使用效率的提高。第三,政府应成为高职院校的有效监督者。政府作为高职院校的监督者,其作用主要体现在:一方面,对高职院校的违纪违法情况进行监督,确保其在法律法规允许范围内依法办学,依

---

① 钟秉林,赵应生,洪煜.中国特色现代大学制度建设——目标、特征、内容及推进策略[J].北京师范大学学报,2011(4):9-10.
② 郁士宽.市场经济条件下高职院校与政府新型关系的构建[J].濮阳职业技术学院学报,2014(1):139-141.
③ 俞克新.高等职业教育的理论探索与教改实践[M].北京:高等教育出版社,1999:201.

法管理;另一方面,政府应制定各级各类高职院校办学质量标准,建立质量评估体系,通过适当方式开展质量监测和评估,并据此对高职院校开展绩效考核。

总之,为建立起政府与国家骨干高职院校间的新型目标管理关系,政府应简政放权、转变职能,通过统筹协调、监督评估、政策指导、经济杠杆调节和提供服务等方式,对国家骨干高职院校依法实行宏观管理。国家骨干高职院校作为独立的法人实体,在政府的宏观管理之下,要不断提升自身的自主办学能力,建立健全自我约束、自我发展、自我完善的机制,不断增强自律能力。

7.2.2 加大行业企业积极参与高职院校建设的力度

高职院校是由利益相关者共同治理的社会组织,行业、企业作为高职院校的合作者,是国家骨干高职院校中非常重要的利益相关者,应该参与国家骨干高职院校的治理。行业企业在国家骨干高职院校现代大学制度建设中的作用主要表现在:促进高职院校人才培养模式的转型,参与高职院校加大校企协同创新、产学研一体化、高职院校学生进企业实践等,共建校企合作专门委员会,形成校企共同决策体制机制等[①]。同时,参与国家骨干高职院校校企合作的企业和行业,既需要招聘合适的高职院校毕业生到企业和行业工作,并对高职院校的毕业生做出相应评价,充当着教育产品的客户角色;也通过"校企合作、工学结合"模式为高职院校提供"双师型"教师队伍建设、技能型人才培养的实习实训基地等教育资源,因此也是高职教育资源的提供者[②]。随着校

---

① 刘涛.共同治理视阈下公办高职院校内部治理结构改革的实践探索[J].职教论坛,2013(15):14-17.
② 杜嘉美.初探高职院校的外部利益相关者[J].福建论坛.人文社科版,2010(S1):92-93.

企合作的不断深入,企业的话语地位应当和高职院校平等,彻底实现合作企业作为高职院校核心利益相关者,这是高职教育的独特之处①。然而,长期以来,国家骨干高职院校的校企合作状况并不佳,原因主要有以下几点:一是政府缺乏相关法律规范,二是行业企业因各种原因参与校企合作的积极性不高,三是国家骨干高职院校缺少相关机构和组织保证。

因此,在高职院校现代大学制度建设的语境下,必须加大行业企业参与国家骨干高职院校建设的力度。具体来说,主要包括以下几点。

一是政府应对校企合作进行引导协调与管理评估。校企合作的有序开展离不开政府功能的发挥,重点是发挥对校企合作的组织引导与评估监督职能,主要表现在以下几个方面。第一,组织协调。地方政府在校企合作的组织协调方面可做的事情包括:建立合作教育协调机构,建立健全各级行业协会,制订高职教育的框架结构和专业与课程标准,与本地的国家骨干高职院校实行政校互动。第二,引导保障。政府要建立发展职业教育的资金投入机制,如建立职业教育发展基金;从教育附加或企业的职教经费中提出适当比例,专项用于职业教育产学研合作实训基地的建设;对积极参与校企合作的企业给予税收与政策优惠;建立校企合作专项基金扶持产学合作等等。第三,评估监督。对国家骨干高职院校而言,明确了产学研结合的办学思路,专业教学改革和人才培养就有了方向,学校办学就会充满活力。只有通过地方政府的评估、监督,才能促进高职院校主动和企业、行业合作,不断探索校企合作教育的新路。②

二是国家骨干高职院校应积极为行业企业提供合作平台。国家骨

---

① 雷世平.我国高职院校治理结构存在的问题及其优化研究[J].职教通讯,2013(10):33-37.
② 杜世禄,黄宏伟.高职校企合作中地方政府的角色与功能[J].教育发展研究,2006(6):77-79.

干高职院校可以从以下几个方面入手为行业企业提供合作平台:首先,高职院校要对接行业企业需求,探寻高职院校校企合作的实施路径。对接行业企业需求,是探索职业教育校企合作实施路径的起点。国家骨干高职院校应调查企业的需求,分析职业教育能够为企业进行哪些服务;还要调查了解本校的优势资源,包括师资、教学资源、实训基地等,分析学校能够为企业的发展做些什么。高职院校要通过这些步骤来了解行业企业的需求,为行业企业参与高职院校现代大学制度建设奠定基础。其次,高职院校要树立以市场调控为方向的利益驱动型运行目标。学校可成立"服务中心",完全采用公司经营模式,作为公司代理商从事相关专业经营活动,所获经济利益双方共享,使部分学生实现"零距离"就业。再次,高职院校可通过校内各专业实训中心建设,加大与企业联姻的力度,增加实训中心的"实体性"项目。实训中心可直接作为企业的合作成员或合作伙伴,可代理承揽企业的经营业务,并为企业争取更多客户,也使校企首先真正成为各自的客户[①]。

三是构建行业企业参与高职院校建设的体制机制。行业企业参与国家骨干高职院校建设的机制主要概括为两种。一种是可持续的参与模式。行业企业和职业院校是办好职业教育的两种主体力量,职业教育多元参与的属性决定了职业教育必须从学院式的封闭教育模式转变为学校与行业企业合作的开放教育模式。我国行业企业参与职业教育的可持续模式大致可归纳为四种:"政校行企"四方联动之"学校主体"模式;校企共同体之"企业主体、学校主导"模式;教育型企业之"企校一体"模式;现代职教集团之"多元主体"模式[②]。另一种是保障机制。建立支持行业企业参与高职教育事业的保障制度体系,使得国家骨干高

---

① 窦坤芳.构建行业企业参与的高职教育激励机制的探索[J].辽宁高职学报,2012(1):5-7.
② 童卫军,范怡瑜.行业企业参与职业教育运行模式研究[J].教育发展研究,2012(11):26-28.

职院校与行业企业都能通过校企合作平台实现价值增值。国家骨干高职院校与企业开展校企合作的制度建构的信念基础是合作双方间的彼此信任。这要求高职教育主管部门放开对国家骨干高职院校与行业企业间合作的行政管制,赋予国家骨干高职院校自主选择合作伙伴的权力。国家骨干高职院校可以根据行业企业的个性化需求自行决定其专业设置方向和课程调整内容,按照行业企业的现实生产力需求来完善高职教育的实践教学内容和教学方式。①

7.2.3 实现第三方机构对高职院校建设的监督评估

当前,我国高等学校教育质量评估按主体的不同,可分为自评、他评两种。自评由学校内设评估部门完成,重心是教学质量的过程监控;他评可细分为三类:一是教育行政主管机构开展的评估,二是专业评估组织开展的评估(如国家质量认证协会对学校开展的评估),三是行业协会等横向部门开展的评估,重心在于对学校教育行为的外部监控。第三方机构的监督评估是外部评估,指由专业评估组织、行业协会、媒体、民众等横向部门开展的评估。只有整合各种层面的第三方评估,才能真实有效地反映高等学校的教育质量。梳理发达国家高等学校教育质量评估工作的发展脉络,不难发现,专业化、标准化、系统化的第三方评估,尤其是专业评估机构开展的评估,是高等学校教育质量评估工作的必由之路。

教育部在《关于充分发挥职业教育行业指导作用的意见》(教职成〔2011〕6号)中提出:逐步建立和完善职业教育人才培养质量行业评价制度。要建立社会、行业、企业、教育行政部门和学校等多方参与,以

---

① 林翰雄.行业企业参与高职教育的激励机制探究[J].教育与职业,2014(4):15-16.

能力水平和贡献大小为依据的职业教育质量评价体系,把行业规范和职业标准作为学校教学质量评价的重要依据,把社会和用人单位的意见作为职业教育质量评价的重要指标。逐步建立以行业企业为主导的职业教育第三方评价机制。在《关于推进中等和高等职业教育协调发展的指导意见》(教职成〔2011〕9号)中也提出:"积极开展中等和高等职业教育协调发展的研究,吸收企业等参加教育质量评估,探索建立职业教育第三方质量评价制度。"由此可见,职业教育质量的评价问题已成为职业教育质量提高的一个突破口,因此,应正确发挥第三方评价在高职院校现代大学制度建设中的作用,合理使用第三方评价促进高职院校现代大学制度的发展与完善。

加强第三方机构对国家骨干高职院校现代大学制度建设的评估有重要意义。第三方评估机构,是相对独立的社会性组织,由于评估工作的执行主体是与评估对象利益不相关的第三方组织,这类评估能有效避免教育系统内部评估在公信度方面的不足,从而增强评估的透明性。同时,由于评估立场的中立性,可以较大限度地保证评估数据的客观性。而且,由于第三方评估机构能确保所开展的评估目的明确、指标清晰、数据翔实、结论完整和建议可行,能有效避免教育评估走过场和形式主义的现象。

当前,第三方机构在制度、程序和技术上还存在着一定问题,因此,要发挥第三方机构在国家骨干高职院校现代大学制度建设中的监督评估作用,应广泛借鉴先进经验,并紧密结合职业教育的实际,在理论上不断创新,在实践中不断完善,具体的举措包括:

一是加强立法保障,将第三方机构评估纳入制度化体系。第三方评估目前最大的障碍就是缺乏立法的保障。因此,要从立法上确定第三方主体的地位,给予其一定的独立性空间。要从法律上提高第三方评价主体的权威性,保证评估主体享有调查、评估有关职业院校的权利。通过立法确定第三方评价的制度和规范,对评价主体评估什么、怎么评估、评估应注意的事项等问题做出决定,使评估工作有法可依、有章可循。① 同时,要通过法制化手段,使第三方评估具有制度性保障,通过制度形式详细规定第三方评估主体的权利和义务,使第三方评估成为职业教育评价体系的必要组成部分。将第三方机构评估纳入制度化体系,在法律上确定其合法地位,是发挥第三方机构对国家骨干高职院校现代大学制度建设监督评估作用的前提。

二是建立客观、全面的第三方评价指标体系。设计第三方评价指标体系时,要以《国家高等职业教育发展规划(2011—2015年)》为指引,全面考核办学定位、评价发展路径、研判目标落实、分析教育质量、跟踪人才成效等。促使"评价指标体系能够体现落实办学责任、符合学校关切,满足用人需求,符合实践导向,从而充分体现评估指标体系的政策性、科学性、系统性、有用性和导向性"②。第三方评价指标体系应当是在广泛的调查、深入的研究和充分的论证的基础上建立起来的。调查要有广度,要涉及行业、企业、学生、学校等利益相关主体,不仅仅局限在学校周边区域,要辐射至整座城市甚至更大范围;调查要能透过纷繁复杂的表象,抽象出具有代表性的结论;要充分考虑利益相关方的诉求,依据专业人才培养目标,制定客观、全面的评价指标体系,并在实践中反复论证、不断优化③。另外,第三方评价指标体系的设计,要做到单项指标与综合指标相结合,深度和广度相统一,尽可能全面反映专业建设的预期目标。

三是应注重第三方机构评估的过程管理,提升绩效水平。作为人才培养工作评估的新模式,第三方评价也要突出和强化过程管理,不能

---

① 陈川雄,安剑.职业教育第三方评价机制的探索[J].产业与科技论坛,2011(11):240-241.
② 耿金岭.对构建高职办学第三方评价体系的思考[J].中国职业技术教育,2012(33):22-24.
③ 汪功明,杜兰萍,姚道如.高职院校专业人才培养质量第三方评价研究[J].巢湖学院学报,2013(5):160-164.

仅仅重视对国家骨干高职院校办学质量的评价结果。保证第三方评价过程管理的科学有效,必须遵循管理目标的绩效性、管理范围的全面性、管理体制的系统性、管理主体的多元性、管理方式的综合性、管理趋向的发展性、管理功能的导向性和管理工作的计划性等基本原则[①]。国家骨干高职院校需要在树立过程管理意识和理念的基础上,有效分析影响过程管理的促进和制约因素,探索适合第三方评价的过程管理机制,确保人财物资源投入的及时到位,加强成本控制、监督和管理,提高过程管理信息的开放性,从而保证第三方评价的有效运作。

7.2.4 形成校友有效参与高职院校管理决策的机制

随着社会主义市场经济体制的逐步完善和教育体制改革的不断深入,我国高等教育日益社会化和国际化,许多高校的校友会已注册为独立的社会团体,建立起完善的校友工作网络,校友工作已实现信息化、常态化。但是发展还不平衡,有的高校只在校庆期间临时想到校友,让校友为校庆捐款,校友资源开发运用还处于较低层次。为更好地开发与运用校友资源,为国家、高校、校友发展服务,需要进一步推动校友资源开发与运用走向科学化、制度化[②]。校友的职业生涯与学校的声誉彼此相连,息息相关:一方面,当学校的声誉提高,校友的地位也能相应得到提高;另一方面,当校友取得了较大的成就时,也能促进学校声誉的提高。

校友在国家骨干高职院校现代大学制度建设中的作用主要表现在:第一,校友是学校的育人资源,校友是由学校生产,向社会输送的人才精品,是母校在社会公众中最直观的形象品牌,校友在各自岗位上

---

① 刘志峰.高职教育实施第三方评价的主要问题与改进策略[J].职业技术教育,2012(19):49-54.
② 谢晓青.高校校友资源开发与运用研究[J].高教探索,2010(2):27-30.

所取得的成绩是学校赢得社会声誉的重要体现,其毕业后的工作经历和体验,对学校人才培养和教学改革起着重要的推动作用。第二,校友是学校的就业资源,校友资源以其不可替代的特点在促进高职院校学生就业中发挥着积极作用。首先,校友对就业信息及企业对人才的需求信息了解最全面,具有直接、通畅、面广等优势;校友对母校的了解全面深刻,对本校毕业生就业的信任程度比较高。其次,校友所提供的就业和人才培养信息具有很强的针对性。第三,校友是学校建设与发展的资源,很多校友在自身发展的同时,不忘回报母校,通过校友会积极开展捐资助教活动,为学校建设和发展增加资金投入;通过设立奖学金、奖教金等形式,既对学校人才培养产生影响,又支持学校的进一步发展。此外,校友的建言献策,也会积极地推动学校的改革发展。[①] 总之,校友通过资金捐赠等方式为高职院校现代大学制度建设提供物质支持,部分行业中的校友能为在校学生提供实习、就业机会。此外,还通过在校友会和校董事会、理事会的任职和参与决策,为国家骨干高职院校的发展建言献策。

校友在国家骨干高职院校发展过程中所起的作用是其他任何团体都不可取代的,国家骨干高职院校现代大学制度的建设同样离不开校友的参与。因此,应创建校友校董有效参与国家骨干高职院校管理决策的机制,具体做法包括:

一是完善体制,健全组织机构。校友会要完善各项校友工作制度,通过建立完善的组织机构,提高工作人员素质和增强创新能力,为有效开发和利用校友资源夯实基础。一方面,要根据具体需要,建立权责分明、结构简约的校友会秘书处下属的部门,各司其职,规范组织活动,创新工作方法,坚持以校友为本,落实"三服务"内容。同时,要建立校内

---

① 周建松,郭福春.以校友资源为纽带促高职教育新发展[J].中国高等教育,2008(1):56-57.

的"校、院二级校友工作机制",与各省校友分会工作形成良性互动,保证信息畅通、联系密切、合作深入,使校内外的校友工作平台发挥更好的作用,从而获得好的效益,满足各方需求,增强校友工作的凝聚力和活力。① 对于尚无条件或目前不需要专门注册成立校友会的国家骨干高职院校,建立挂靠或附属于有关职能部门的校友工作办公室是必要和可行的。成立由校领导或分管校领导负责,校长办公室、工会、宣传部等相关部门负责人组成的校友工作办公室,对内以校友会名义开展工作,对外作为学校的行政职能机构,合法开展各项活动,确保校友会功能的相对健全。

二是创新机制,探索服务校友的有效途径。当前,国家骨干高职院校校友会等同校内的行政部门,其运作基本上是为了适应高职院校本身的要求,直接服务对象是高职院校,而不是校友,只考虑到高职院校的利益,而忽视了校友的利益。因此,国家骨干高职院校校友会必须创新服务和运作模式,探索有效开发校友资源的途径。首先,可开展毕业生延伸服务。国家骨干高职院校可以向毕业生提供延伸服务,这是高职院校对就业工作全程化服务的新认识,也是国家骨干高职院校以校友为本,实现服务理念的良好途径。延伸服务内容可包括:提供见习岗位与就业岗位、职业能力培训、职业规划咨询和心理健康辅导、延伸信息、体育设施等。其次,建立产学合作工作站。产学合作关系的建立,拉近了母校与校友企业家的距离,加强了彼此的联系与合作,实现了院校与校友企业双赢的格局,包括实现企业用工和学生实习就业双赢、实现技术需求和服务双赢、实现培训需求和服务双赢。

三是强化网络,整合校友资源。高职院校的校友人数多,分布面广,要开发校友资源,单凭校友会有限的专职工作人员的力量较难做

---

① 黄飞,邢相勤,刘锐.我国高校校友资源的可持续性开发[J].中国高等教育,2009(5):57-58.

到。为此,必须建立和完善校友工作网络,依托各地校友会和广大在校师生的积极性,充分动员和凝聚广大校友和社会各方力量参与到有效开发利用校友的资源之中,为促进国家骨干高职院校和校友发展服务[①]。在国家骨干高职院校内部,建立健全二级学院校友会,负责联系和沟通本学院的广大校友;在一个城市内,建立城市校友会,负责联系和沟通本市的广大校友;在省外,建立省外校友会,负责联络和沟通省外的校友;甚至还可以在海外,建立海外校友会,负责联系和沟通海外的校友。国家骨干高职院校校友总会与各地校友不是上下级的领导关系,而是互相联系、共同合作的关系,共同为促进学校和校友发展服务。

7.3 现代大学制度视域下国家骨干高职院校的内部治理结构

对高职院校的内部治理结构,陈寿根、刘涛(2012)[②]认为是指高职院校内部治理体制和机制实现的正式制度安排,主要是学校内部高层决策权、执行权、监督权的配置和参与人(代表性、参与度)成分属性的组织机构格局及其权力运行的实施规则。王作兴(2011)[③]认为高校内部治理结构是指与内部利益相关者都有关的决策结构和过程,涉及学校内部多个利益相关者。包括学校党政之间、学校与职能部门、教学科研部门之间等机构的设置及其间的权力配置、运行、监督等的机制和机

---

① 谢晓青.高校校友资源开发与运用研究[J].高教探索,2010(2): 27-30.
② 陈寿根,刘涛.高职院校内部治理结构的制度设计[J].教育发展研究,2012(17): 59-60.
③ 王作兴.完善高职院校内部治理结构的现实选择[J].江苏高教,2011(4): 134-136.

理。王守伦、李长明、毕廷延(2011)①认为,大学的内部治理结构是指大学内部组织机构的设置、隶属关系和权限划分。崔清源、傅伟(2014)②认为,高职院校内部治理结构是关于以其经营管理者为代表的行政人员、教师和学生等内部利益相关者如何行使控制权的制度性安排。学术权力和行政权力之间的关系是高职院校内部治理结构的各利益相关者控制权力关系的外在表现形式。寻求行政权力与学术权力、民主与效率之间的平衡,成为构建高职院校内部治理结构的关键。赵晓妮(2016)③指出,高职院校内部治理结构是指高职院校内部利益相关者之间在权责分配上的正式和非正式关系的制度安排。虽然学者对高职院校内部治理结构的定义不尽相同,但有其共同之处。本研究认为,国家骨干高职院校的内部治理结构是指治理体制和机制实现的正式制度安排,重点是内部各利益相关者之间权力的运行与平衡。这些权力包括,党委权力和行政权力,学术权力和师生民主权力,以及对各主体相关权力的有效监督等。在现代大学制度视域下来审视国家骨干高职院校的内部治理结构,必须做好以下几个方面的工作。

7.3.1 实现党委权力和行政权力的协调

《高等教育法》明确规定,"国家举办的高等学校实行中国共产党高等学校基层委员会领导下的校长负责制"。《国家中长期教育改革和发展规划纲要(2010—2020年)》重申,公办大学要坚持和完善党委领导

---

① 王守伦,李长明,毕廷延.现代大学制度的建立与完善——基于国外实践经验的启示[J].国家教育行政学院学报,2011(3):9.
② 崔清源,傅伟.内涵发展观视野中的高职院校内部治理结构研究[J].职教论坛,2014(18):18-21.
③ 赵晓妮.高职院校内部治理结构的内涵、实践迷思及变革趋向[J].教育与职业,2016(12):12-16.

下的校长负责制。这一体制是由我国的基本政治制度所决定的,与政府对大学的治理、大学内部权力格局和学术生态密切相关,是现代大学制度建设的重要内容。

由于大多数高职院校是由原来实行校长负责制的中专学校改制升格为普通高等学校,党委领导下的校长负责制在高职院校的实践时间不长,思想认识差别较大。普遍遇到的问题是,如何才能更好协调、理顺党委和行政的关系。国家骨干高职院校内部治理结构要以坚持和加强党委领导下的校长负责制为前提,以改进和完善党委领导下的校长负责制为目的,党委对高校,不仅是思想政治上的领导,而且是改革发展稳定全局上的核心。正确认识、把握和实现党委领导核心的地位和作用,是加强和改进党委领导下的校长负责制的首要任务,也是完善高校内部治理结构的基本要求。①

坚定不移地实行党委领导下的校长负责制,必须分析研究、解决有关问题,使之不断完善。根据现实状况,实现党委权力和行政权力的协调,应正确处理好以下关系：

一是党委和行政的关系。学校党委、行政在方向、目标上是一致的,都是以党的基本路线和教育方针来指导治校办学行为,都围绕培养国家需要的人才,两者主要差别是任务分工不同。学校党委在高职院校处于领导核心地位,党委对高职院校发展的政治方向把关,对重大事项具有决策权。以校长为首的行政系统是党委决策的贯彻执行者,国家骨干高职院校校长是学校法定代表人和教学、科研和社会服务等行政管理负责人。简单地说,党委决定一件事应不应该做,一旦作了决定,怎么做则是行政的事。党委不应包揽行政的事,行政应坚决贯彻党委决议。② 国家骨干高职院校党、政系统并存,要明确权力边界,实现管理功能互补。

---

① 王作兴.完善高职院校内部治理结构的现实选择[J].江苏高教,2011(4)：135-136.
② 刘献君.中国特色现代大学制度建设的思考[J].中国高等教育,2012(24)：13-15.

国家骨干高职院校作为学术组织的特性,使校长并非是党委决策的被动执行者,在涉及学校教学、科研和其他行政管理的工作中,要充分发挥校长的作用和决策力①。

二是党委书记和党委的关系。党委决策实行的是集体决策制,即"集体讨论、做出决定"。党委领导是集体领导,而不是党委书记的个人领导。在党的委员会中,党委书记和其他委员处于平等关系,而不是上下级、领导与被领导的关系。党委书记当"班长",负有重要的责任,但工作中必须依靠党委全体成员来努力,而不能个人说了算。党委书记应制定切实可行的议事规则,对党委会议题的提出、确立,议题的研究论证,论题的充分讨论以及最后形成决议,做出明确的规定。

三是党委和教职工代表大会的关系。党委和教职工代表大会是领导与被领导的关系。一方面,党委要加强对教代会的领导,确保教代会的正常运行,使教代会发挥作用的体制机制完善,渠道畅通;另一方面,党委要相信、依靠教代会,重视教代会民主参与作用的发挥,不应对其束缚太多、管理僵化,应充分发挥其在民主决策、民主监督中的重要作用。

7.3.2 划清学术权力和行政权力的边界

大学职能包括教学、科研和社会服务,作为学术性组织,追求学术进步,培养高素质创新人才的学术目标。我国现代大学已由小规模的、选拔性的、关系松散的团体,发展成为具有重大社会经济意义的巨型系统,管理十分复杂,需要强有力的行政系统。因而,效率目标也是大学的重要目标。相应地,大学具有学术体系和行政体系两个系统,学术权

---

① 史静寰.现代大学制度建设需要"根""魂"及"骨架"[J].中国高教研究,2014(4):1-6.

力和行政权力两种权力,形成二元权力结构①。学术目标和效率目标的实现,是国家骨干高职院校现代大学制度建设过程中所应追寻的,正确处理学术权力和行政权力两者间的关系,使之协同制衡是现代大学制度建设中十分重要的问题。对国家骨干高职院校而言,行政权力与学术权力的二元结构同样存在,但学术权力较弱,理顺学术权力和行政权力的关系尤为重要。

2014年1月29日,国家教育部颁布了第35号令《高等学校学术委员会规程》(以下简称《规程》),其第二十四条明确规定,高等职业学校可以参照本规程,结合自身特点,确定学术委员会的组成及职责,制定学术委员会章程②。这为正确处理国家骨干高职院校学术权力与行政权力的关系提供了政策依据和保障。高职教育的高等性决定了高职院校必须加强学术权力建设,加强学术权力建设是提高高职院校办学水平、提升高职教师水平和高职核心竞争力、实现内涵发展的必然选择和有力举措。落实《规程》要求和提高高职院校学术权力,必须首先弄清学术权力与行政权力的关系。只有正确处理好国家骨干高职院校学术权力与行政权力的关系,才能推动国家骨干高职院校内部治理结构的调整与改革,促进国家骨干高职院校科学发展,有效推动以就业为导向的现代职业教育体系建设③。

行政权力(administrative power),是高等学校的行政机构和行政人员履行管理的职责和权力,是大学为实现其目标,赋予科层制结构中各管理层,依据一定规章制度、法律法规对大学中的非学术事务进行管

---

① 刘献君.中国特色现代大学制度建设的思考[J].中国高等教育,2012(24):13.
② 中华人民共和国教育部.高等学校学术委员会规程[EB/OL].(2014-01-29)[2020-02-02]. http://www.moe.edu.cn/publicfiles/business/htmlfiles/moe/s7964/201402/xxgk_163994.html.
③ 罗星海,陈方晔.论高职院校学术权力与行政权力的关系[J].职业技术教育,2014(13):41.

理的能力或力量。学术权力(academic power),是由专家学者拥有的影响他人或组织行为的一种权力形式,是学术人员和学术组织根据学术事务、学术活动及学术关系等的特点和规律,所拥有的对其施加影响和干预的力量①。学术权力和行政权力具有不同的特点。第一,两种权力的性质不同。行政权力是以"科层化"为特征的法定权力,以上级管理主体对组织活动的控制与协调为特征,处于强势地位。学术权力是以"自主性和个人知识"为基础的专业权威,在权力结构中处于弱势地位。第二,两种权力的运行规则不同。行政系统是科层组织,科层组织重视效率和低成本运作,组织严密,强调下级服从上级,组织结构控制着组织内部的上下沟通。学术系统是专业组织,在专业组织中,专业人员享有大量的自主权,这种权力是以其专业知识和技能为基础的,专业人员之间的交流是相对开放和非正式的,专业组织关心质量甚于关心成本,其组织结构松散。第三,两种权力的权力主体多元、交叉。行政权力的主体主要是校长和行政人员,但是教师、学生对行政决策有建议权、监督权,对一些重大行政决策还有投票权、制约权。学术权力的主体是学术人员,但随着大学的发展,情况也有变化。大学功能复杂化,致使各种学术工作之间的界限更显模糊。②

行政权力和学术权力是高职院校的两种基本权力形式,两种权力的主体呈现多元、交叉的状态,能否合理、正常地运转,是国家骨干高职院校现代大学制度建设的重要问题。长期以来,由于我国高职院校发展的历史,受到等级制、"官本位"等思想影响,以及学术权力和行政权力的不同性质,导致权力分配过于向行政管理倾斜,学术人员在决策中的权威受到忽视,学术权力受到挤压,以行政权力代替学术权力的现象

---

① 徐元俊.创新高职院校管理需重构行政权力与学术权力[J].湖南广播电视大学学报,2010(2):13-15.
② 刘献君.中国特色现代大学制度建设的思考[J].中国高等教育,2012(24):13-15.

仍然十分严重。因此,应根据学术权力和行政权力各自的特点,理顺两种权力的关系,具体应把握好以下几个方面:

一是进行管理机构改革,分清两者的权利边界。权力结构改革是国家骨干高职院校内部管理体制改革的核心,是建立国家骨干高职院校现代大学制度的关键。正确处理学术权力和行政权力的关系,关键是通过制度设计,科学界定学术权力和行政权力各自发挥作用的领域和范围,规范权力运行①。科学合理的权力分配有助于各种力量之间的协调,从而维护国家骨干高职院校发展的基本秩序,提高运行效率,实现学术自由及以人为本的大学理念。机构改革并不是要消灭行政、只尊学术,而是逐步走向"小行政、大学术"。要建立发挥学术权力效能的制度保障机制,给学术权力以应有的地位和权威,管理部门要明确"管理就是服务"的行政服务理念,为学术权力的实现提供物质、制度等全方位的后勤保障和服务。

二是改革人事分配制度,真正向教学科研一线倾斜。国家骨干高职院校人事分配制度改革要充分体现对拥有学术权力人员的利益侧重和倾斜,这是打破"官本位"思想的基本条件,也能起到树立尊重学术与知识的权威,制衡和约束行政权力泛化的作用。国家骨干高职院校要以人事制度改革为突破口,将优秀人才安排到最能发挥才干的教学科研岗位,营造一种最能培育学术成就的良好工作环境。在岗位津贴分配上,要按教师和科研人员实际完成的课时数量与质量、学术论文(著作)、科研项目和科研成果,实行工作业绩与效能动态考核,真正实现向一线专业和学术带头人倾斜,将优秀的教师和科研人员吸引到最能发挥光和热的岗位上来,为他们提供良好的学术创新环境和福利待遇②。

---

① 柳建设,缪爱国.论高职院校学术和行政的权力分配[J].北方经贸,2011(6):165-167.
② 徐元俊.创新高职院校管理需重构行政权力与学术权力[J].湖南广播电视大学学报,2010(2):13-15.

三是发挥高职院校校长在协调学术权力和行政权力中的领导作用。我国《高等教育法》第四十一条规定:"高等学校的校长全面负责本学校的教学、科学研究和其他行政管理工作。"国家骨干高职院校院长作为学校最高行政负责人,代表上级主管部门来行使权力;同时,他还是学术权力的核心。这种双重角色实际上十分有利于校长充当校行政权力系统和教授团体之间联系的桥梁,从而也就十分有利于平衡和协调学术权力和行政权力的关系,进一步发挥教授的参政、议政、决策的作用①。因此,在国家骨干高职院校现代大学制度的建设中,应充分发挥校长对于两种权力的平衡和协调的作用,在强调行政权力注重校长负责的同时,决不能排斥学术权力,在强调学术权力注重"双师"治校的同时,也不能排斥行政权力,以此来促进高职教育的健康发展。

四是建立健全各级学术组织和机构。近几年来,高校都开始重视各级学术组织的建设,制定学术组织条例,探讨其成员的组成等,但仍然没有触及各级学术组织建设的核心问题,即其职能、职责的确定②。各种学术性委员会要制定明确的章程、议事程序和职权范围,改变目前我国高校中各学术组织机构实际上是虚拟的格局,使各学科的学术带头人成为有职有权的管理者③。要改变国家骨干高职院校以往学术问题由行政权力干涉、决定的不合理状态,可通过对权限的规定和划分,建立健全相关学术组织和机构,将学术问题的决策权回归给这些学术组织,使学术权力在国家骨干高职院校管理中享有较高的"发言权",自觉地融入学校的建设和发展中,从而促进国家骨干高职院校现代大学制度的建设。

---

① 吴丽萍.理顺高校内部行政权力与学术权力的关系[J].江苏高教,2005(2):32-34.
② 刘献君.中国特色现代大学制度建设的思考[J].中国高等教育,2012(24):13-15.
③ 吴丽萍.理顺高校内部行政权力与学术权力的关系[J].江苏高教,2005(2):32-34.

7.3.3 保障师生民主权力得以有效发挥

民主的大学管理应由全校师生广泛参与,以反映广大师生心声、满足广大师生需求。高校要为广大师生参与学校管理提供平台,吸引广大师生参与到学校管理中,不断探索民主管理的有效途径①。民主管理是国家骨干高职院校实行科学管理的一条基本原则,是国家骨干高职院校民主政治建设的一项重要措施。由于国家骨干高职院校办学时间往往都不长,在学院建设和教学改革、人才培养模式构建等重大决策中,高度重视学术委员会、教学委员会等各类专家团体的咨询作用,重视教职工代表大会等各种民主管理机构的建议、决策、监督作用,对于充分发扬学校内的政治民主、学术民主、管理民主,实现学院重大决策的科学化、民主化和现代化,具有重大意义②。

当前,一些国家骨干高职院校民主管理缺失,主要表现为:制度不健全、缺乏民主内涵。学校领导在制定制度时以自我意志为目的,从自身利益出发,缺乏对教职工切身利益和民主权利的考虑,忽视、弱化,甚至压制教职工民主与个人特长的发挥,造成民主权利的压抑与对立③。国家骨干高职院校在现代大学制度的建设过程中,应充分保障学校师生民主权力的实现,具体举措包括以下几个方面:

一是完善教职工代表大会和学生代表大会制度。个体单一的权力,难以形成有效的制约,必须借助一定的组织形式。教职工代表大会制度和学生代表大会制度,是具有中国特色的学校民主制度。教职工、

---

① 赵忠.以章程建设为引擎积极推进现代大学制度构建[J].国家教育行政学院学报,2015(2):11.
② 鲁霜慧.高职院校民主管理体制构建刍议[J].职教论坛,2011(16):87.
③ 张一平.高职院校完善民主监督机制研究与实践[J].长春工业大学学报,2012(1):17-19.

学生通过代表大会的方式,发表意见,参与管理,能取得较好成效。当前,一些高职院校的教职工代表大会、学生代表大会,在学校决策中没有发挥应有的作用。在现代大学制度建设中,这个问题必须引起重视,加以解决,具体举措,如通过章程,以法定形式明确其职权[1]。以教职工代表大会为例,国家骨干高职院校要建立现代大学制度,要认真落实现代大学制度下的教代会五项职权:一是审议建议权,对院长工作报告、学院改革发展等重大工作审议建议权(提出意见和建议,不作决定);二是审查同意或否决权,对人事制度改革、规章制度等学院内与教职工切身利益相关事项的审议通过权(行使审查同意或否决权,审议通过的事项,要经院长颁布后才能实施);三是审议决定权,对教职工的福利、物质利益等具体工作的审议决定权(审议决定的事项,直接付诸实施);四是评议监督权,对学院领导干部的评议监督权;五是质询权或民主选举权,邀请有关职能部门的负责人听取代表的意见,并向教代会通报本部门的工作(关于教代会行使选举职权,按上级有关规定执行)。[2]

二是建立校务公开制度。实行校务公开是加强民主管理、保障和维护教职工合法权益的有效途径,是确保教职工主人翁地位得到体现的必然要求。校务公开能够提高依法治校的自觉性,提高工作效率和水平,树立学校高效、廉洁的良好形象[3]。为确保权力运行的透明化,应发挥师生在学校决策中的作用,以权力制约权力。学校可通过校长信箱、座谈、走访等方式广泛与师生交流;同时,随着信息化的发展,学校也可更多地通过网络平台与师生交流,听取大家的意见,吸取群体智慧,充分发扬民主,推进学校发展。校务公开的内容包括:学校的财务状况;事关教职工利益的热点问题,如绩效考核方案的制定,以及学校

---

[1] 刘献君.中国特色现代大学制度建设的思考[J].中国高等教育,2012(24):13-15.
[2] 范迪新.高职院校民主管理的途径与方式初探[J].硅谷,2009(17):122-123.
[3] 管玮.基于工会视角的高职院校民主管理思考[J].兰州教育学院学报,2014(10):85-86.

的人事招聘和人事调动等工作等。同时,校务公开的内容应在某一段时间内制度化,便于对各部门校务公开工作的管理和监督。另外,还要建立高素质、专业化的管理队伍。建设一支过硬的管理队伍是校务公开工作有效开展的保障。学校应成立校务公开小组,通过培训,使小组成员具备相当的校务公开知识和管理知识,提高小组成员的工作能力和业务水平。①

三是建设科学完善的监督机制。要构建以纪委、监察、审计、教代会等各种职能机构为主体的监督机制,在制度上明确上述各个机构的职权范围和权限,明确其行使权力的程序,以便于各个机构开展工作。在实行院务公开的基础上建立科学完善的监督机制。要以制度形式规定院务公开的内容、程序、形式和覆盖面;以学院的主要工作、重大决策以及教职工最关心的热点问题和难点问题为重点,进行全面公开;要完善领导机制和工作机制,明确行政职能部门在院务公开中的义务和责任,清晰界定纪检、工会等部门的职责;要建立院务公开评议制度,由纪检监察部门牵头,组织教职工对院务公开进行民主评议,并将评议结果向学院党委和行政部门进行反馈,促进院务公开工作有序开展;要正确处理教代会与院务公开的关系,使两者在公开内容和渠道、对象和方式、享有的权利有所侧重,互相补充②。此外,可进一步扩展,建立健全对领导干部的监督检查、考核、奖惩、责任追究等一系列制度,建立罢免、引咎辞职等查处制度。

7.3.4 注重对各类主体权力的有效监督

权力监督,是基于权力特性及权力双重效应而建立起来的一种特

---

① 庞敏.论高职院校校务公开制度实施中的问题与对策[J].中共山西省直机关党校学报,2013(6):45-46.
② 鲁霜慧.高职院校民主管理体制构建刍议[J].职教论坛,2011(16):88.

定关系,是对权力的监督与限制。监督是一种普遍的权力现象,存在权力的地方,就会有权力的监督。权力监督分为纵向权力监督和横向权力监督。纵向、横向相结合的权力监督的实质就是权力监督和权力制衡的结合。纵向权力监督机制,是指由上一级权力组织监督和制约下一级权力组织的权力监督和制约方式,或者是指下一级权力组织监督和制约上一级权力组织的权力监督和制约方式。横向权力监督机制,是指同级权力组织间相互监督和制约的权力监督和制约方式。① 国家骨干高职院校权力运行监控机制是指,通过建立一套纵向、横向相结合,科学、严密、有效的权力运行制约机制,使国家骨干高职院校内部各部门之间及其工作人员所从事的活动,既能按照工作流程顺畅、高效地运行,又能对其进行有效的监督和制约,从而尽可能地防止权力运行过程中可能出现的有章不循、违规操作、违法乱纪等现象,以减少腐败行为的发生②。国家骨干高职院校的权力体系,包括以党委为核心的政治权力,以校长为首的行政权力,以教授为主导的学术权力及以师生为基础的民主管理权力,对这四种权力的监督与制衡包括以下几个方面。

一是做好顶层设计,构建权力运行内控机制。要做好顶层设计,通过全面推进国家骨干高职院校惩治和预防腐败体系建设,健全和完善学校科学民主决策机制、权力运行执行机制和权力运行监督机制。具体做法包括:首先,厘清职权,优化流程。要将包含在政治权力、行政权力、学术权力及民主管理权力职权中的各级职权进行全面梳理,明确职责,优化工作流程。通过定岗、定责,梳理形成包括权力行使依据、相应责任的职权目录及重要运行流程图。通过征求教职工意见、公开栏、网上公示

---

① 陈国权,曹伟.权力制约监督的制度功能与现实意义[J].社会科学战线,2011(9):159-165.
② 丁鸿利.高职院校构建权力运行有效监控机制的实践与思考[J].南京工业职业技术学院学报,2013(1):57-60.

等各种方式,将职权目录和重要权力运行流程进行公开,接受干部群众和社会监督。其次,上下联动,排查权力等级风险点。要通过自己查、群众评、组织审、上级提等排查方法,认真排查权力运行过程中容易出现的风险点,重点排查思想道德风险、制度机制风险、岗位职责风险、业务操作风险。最后,完善制度,严格监督。通过分析风险点产生的原因,明确防控的责任和措施,健全反腐倡廉教育制度、权力运行监控制度、制度执行的处罚制度及责任追究制度,形成内容科学、程序严密、配套完备、廉洁性强的部门权力运行监控制度体系,加强对决策权、干部人事权、资金和财务管理权、项目资金和大宗物品采购权、招生权等权力的制约和监督,切实做到风险定到岗、制度建到岗、责任落到人,最大限度地铲除权力滥用的土壤和条件,从源头上有效治理和预防腐败。

二是严格遵守领导干部选拔任用和考核制度,提高干部的执行力。国家骨干高职院校职务犯罪的主体基本上是控制学校资源和权力的拥有者,利用职务之便牟取私利。因此,严格国家骨干高职院校干部选拔任用、管理和考核至关重要。具体做法包括:首先,干部的选拔应该严格遵守中央颁布的《党政领导干部选拔任用工作条例》,用科学的制度、民主的方法、严密的程序、严格的纪律,选贤任能。其次,要提高领导干部的执行力,严格加强考核。干部的执行力离不开能力素质的支撑,能力素质的高低决定执行质量的好坏。领导干部要带头提高自身的能力,包括依法决策和指导的能力,创造性贯彻落实的能力,协调化解矛盾的能力等。领导干部,特别是"一把手",要带头执行制度,要牢固树立法律面前人人平等、制度面前没有特权的意识,在执行制度上率先垂范。最后,加强对各级领导干部的监督和考核。要将党内反腐倡廉制度落实情况作为重要内容列入党风廉政建设责任制考核,推行反腐倡廉制度执行问责制,严格责任追究,坚决纠正有令不行、有禁不止的行为。要把责任追究落实到具体责任人身上,确保责任追究落实到位,权力运行内控制约机制落到实处。

三是加强对权力运行的监督，建立健全反馈和评估机制。失去监督的权力必然导致腐败，要健全监督制度，完善监督机制，为坚持和完善党委领导下的校长负责制提供纪律上的保证。具体做法包括：首先，要通过制度、流程、规范的执行、反馈等环节，修改、补充和完善制度、流程、规范，建立完善重点部位和关键环节廉政风险信息收集、分析评估、预测预警、控制防范、考核奖惩等配套制度，让权力在行使过程中充分发挥作用，真正形成使干部不能腐败、不敢腐败、不必腐败的科学完善的制度和机制。通过建立督查反馈机制，认真分析和研究在权力运行监控机制建设和执行中碰到的问题，提出反馈意见，督促纠正和整改。其次，纪检监察部门要充分发挥监督检查职能，切实履行职责，加强对权力运行监控制度落实情况的督促检查，要经常了解和掌握权力运行各项制度的执行情况，对在权力过程中违纪违法的行为要严肃查处，切实维护权力运行监控机制的严肃性和权威性。再次，要整合监督资源、拓宽监督渠道，在加强党内监督的同时，要健全群众监督机制，积极发挥教代会、广大师生的监督作用，使广大教职工真正成为监督活动的主体。除必须保密的事项外，各项党务和行政运作过程都应公开，以保障党员和师生员工的知情权、参与权和监督权。要为他们提供和创造能够监督、方便监督的平台和条件，让公权力在阳光下公开、透明、公正、合理运行，防止公共权力的滥用。最后，加强审计监督和技术监督。一方面，有效发挥审计监督制约作用，有效利用审计成果，促进国家骨干高职院校内部资金管理，提高资金使用效率，规范学校经济运行，避免和制止利用职权违规、违纪行为发生，在加强财务监管，减少浪费，维护学校经济利益方面发挥作用；另一方面，充分利用信息化手段开展权力监控，以信息、通信和网络技术为主要手段，以电子监察综合系统为主要载体，将现代信息科学技术广泛应用于反腐倡廉的各个环节，促进重要领域权力运行网络化管理和电子化监督，积极搭建科技反腐新型平台，让权力在阳光下运行，保障国家骨干高职院校各项事业健康和谐发展①。

7.4 国家骨干高职院校现代大学制度建设的主要问题及对策建议

《国家中长期教育改革和发展规划纲要(2010—2020年)》的颁布与实施,为促进高职院校创新发展,探索高职院校现代大学制度建设提供了历史机遇。当前国家骨干高职院校现代大学制度建设存在的突出问题包括:界定尚不清晰、行业企业参与学校治理机制不够健全、高职院校二级管理体制尚未有效确立、各种权力主体间的关系缺乏明晰划分。这些问题都制约着国家骨干高职院校的发展。在新的背景下,应采取的有效措施包括:形成政府与高职院校间新型关系、健全行业企业参与学校治理机制、明确校系(部)二级管理权限划分、确定治理主体的权力与责任边界。只有如此,才能有效推动国家骨干高职院校现代大学制度建设和依法办学的实施。

7.4.1 高职院校现代大学制度建设存在的主要问题

7.4.1.1 高职院校与政府的关系界定尚不清晰

当前,高等职业教育改革已经迈入深水区,高职院校与政府的关系受到党、政府以及社会各界的高度关注,是构建高职院校现代大学制度的重大问题。《国家中长期教育改革和发展规划纲要(2010—2020年)》对重构高校与政府关系的方向和原则做出了规定。《纲要》指出,"推进政校分开、管办分离","适应中国国情和时代要求,建设依法办

---

① 丁鸿利.高职院校构建权力运行有效监控机制的实践与思考[J].南京工业职业技术学院学报,2013(1):57-60.

学、自主管理、民主监督、社会参与的现代学校制度,构建政府、学校、社会之间新型关系";"落实和扩大学校办学自主权","政府及其部门要树立服务意识,改进管理方式,完善监管机制,减少和规范对学校的行政审批事项,依法保障学校充分行使办学自主权和承担相应责任";"完善中国特色现代大学制度","完善治理结构"[1]。但当前,国家骨干高职院校与政府的关系还存在一些不合理的地方,主要表现在:

一是政府职能定位不清,存在缺位或越位现象。政府过多干预大学的微观办学行为,尤其对学术事务亦有干预,在国家骨干高职院校的具体办学过程中直接干预和过多干涉,造成政府垄断资源;同时,政府的宏观管理存在缺位现象,表现是在监督、调控、评价等方面的职责未能有效履行[2]。这种政府权力缺位与越位并存的现象,充分表明在政府与国家骨干高职院校的关系中,政府职能定位还较为模糊,导致二者关系混乱,对国家骨干高职院校现代大学制度的建设形成阻碍。

二是政府未给予国家骨干高职院校现代大学制度建设足够支持。这一点突出表现在政府对国家骨干高职院校的投入与本科院校相比,明显存在不足。政府的投入只能保证国家骨干高职院校最基本的需要,在2014、2015年,北京、上海、广东、湖北、江苏、浙江等6个省市30多所高职院校《高等职业教育人才培养质量年度报告》中,几乎所有的学校都提到应加大政府对院校的财政投入,给予高职院校更多的重视与支持。说明政府的财政支持力度偏小,影响了国家骨干高职院校现代大学制度的建设。

三是国家骨干高职院校对政府存在依附关系。由于受政府管束过多,高职院校与政府的关系体现为一种依附关系,导致国家骨干高职院

---

[1] 董仁忠,刘新学,陈寿根.关于政府与公立高职院校关系的调查报告[J].职教论坛,2011(12):73-81.
[2] 钟秉林,赵应生,洪煜.中国特色现代大学制度建设——目标、特征、内容及推进策略[J].北京师范大学学报,2011(4):5-12.

校管理者习惯于盲目揣摩和服从政府意志,更多关注如何获取行政配置的资源,对办学规律研究不够,自主发展和自我约束意识不强①。这种依附关系,不仅会造成政府办学资源的浪费,使资源不能实现有效利用,而且使国家骨干高职院校的发展缺乏内在动力与运行规范,不利于国家骨干高职院校办学自主权的实现及自身的现代大学制度建设。

7.4.1.2 行业企业参与学校治理机制不够健全

在社会公共事务治理中,强调引入市场机制,倡导多元参与,已经成为治理理论的基本共识。国家骨干高职院校的治理同样需要引入市场机制,尤其要倡导行业企业在内的其他主体参与。然而在现实中,行业企业参与国家骨干高职院校的治理普遍流于形式,参与国家骨干高职院校治理乏力,有效参与国家骨干高职院校治理的机制尚未形成,主要表现在以下几个方面:

一是行业企业参与国家骨干高职院校治理的决策机制不够完善。行业企业参与国家骨干高职院校治理首先需要建立二者共同决策的机制,以方便行业企业对高职院校办学建议和指导。但当前,行业企业参与国家骨干高职院校办学流于形式,积极性不高,主要限于为学校学生提供实习实训岗位,为专业设置、课程教学改革提供咨询,而没有能真正地参与到高职院校决策、管理以及课程教学改革之中,行业企业在国家骨干高职院校治理结构中缺乏话语权②。虽然一些国家骨干高职院校成立了"校企合作理事会""职业教育集团"等组织机构,但主要是针对校企合作而言的。就整个国家骨干高职院校发展的决策,行业企业的参与力度仍然较小。这在很大程度上影响了行业企业参与的积极性。

二是行业企业参与国家骨干高职院校治理的组织机构尚未建立。

---

① 熊丙奇.高校行政化之弊端[J].中国高等教育,2009(5):64-67.
② 董仁忠.高职院校治理结构研究[J].教育发展研究,2011(7):36-38.

国家骨干高职院校要吸引行业企业参与学校办学,必须设立相应的组织机构,提高二者共同办学的效率。国家骨干高职院校尽管在校企合作模式和体制机制创新上取得了显著成绩,但是仍然存在企业参与合作积极性不高、合作企业就业市场有限、合作可持续发展能力不足、产教融合机制不畅等问题①。即使一些关于行业企业参与高职院校办学的组织协调机构,也存在着职能不全、管理低效等问题。这导致行业企业参与国家骨干高职院校治理缺乏强有力的组织保证,影响了国家骨干高职院校与行业企业的沟通和合作。

三是行业企业参与国家骨干高职院校治理的激励机制缺乏。行业企业在承担社会责任,参与国家骨干高职院校的治理过程中,难免要承担一定的成本,因而需要有一定的激励机制来弥补这些损失。但当前,无论是政府部门还是高职院校,都缺乏对企业参与国家骨干高职院校治理的激励机制。例如,当前国家还未能出台推动行业企业参股公立高职院校的政策法规,导致行业企业不能以举办者身份深层次参与高职院校治理;同时,政府也没有出台对行业企业参与国家骨干高职院校运行的税收激励制度,导致国家骨干高职院校的校企合作中,企业付出的成本得不到弥补。再者,国家骨干高职院校也未与行业企业签订相关的协议,对于行业企业的大额成本,国家骨干高职院校没有给予分担。行业企业参与国家骨干高职院校治理的激励机制缺乏,显然打击了行业企业参与的积极性,影响着国家骨干高职院校现代教育治理体系的发展与完善。

7.4.1.3 高职院校二级管理体制尚未有效确立

长期以来,一些高职院校事关学校建设、稳定、改革和发展全局的重大事项,通常由学校领导班子决策,存在主体单一、权力集中的问

---

① 王虹,李成明,何万一.论高职教育治理体系建设[J].中国职业技术教育,2016(28):56-60.

题,使得决策的有效执行在源头上埋下隐患①。随着国家骨干高职院校办学规模不断扩张,专业覆盖面广,校区多而分散等特点,学院一级管理模式已经不适应发展的需要,院系二级管理模式作为一种适当赋予系部权力,逐步将办学重心下移的方式被广泛采用。但是,当前部分国家骨干高职院校的校系二级管理仍然处于过渡期,管理机构的权限划分受原管理模式的制约,校系二级管理模式还有待完善,具体内容包括:

一是二级管理职权划分不清。当前,国家骨干高职院校的二级管理职权存在划分不清的现象,主要表现在:一方面,学校行政管理部门与系部在职能上存在过多的重叠和交叉,权力仍然过多地集中在校一级职能部门,管理重心并未真正下移,系部享有的管理权限相对较少。另一方面,一些国家骨干高职院校出现事下放、权不下放的局面。② 这种职权不清的状态,造成国家骨干高职院校管理职能的错位和管理运行效率的低下,二级管理功能和优势未能得到充分发挥。

二是二级管理主体地位不明确。当前,一些高职院校对二级系部管理的模式还没有形成一种规范化的体制,学校的相关政策、运行机制还没有体现二级管理的特征,对系部的管理仍沿用传统的集权管理模式,学校职能部门和系部的职责划分不明确,责权利分离;同时,二级系部还没有成为教学资源的实体和主体③。因此,当前一些国家骨干高职院校校系二级管理存在主体地位缺失现象,其导致的问题包括:一

---

① 陈寿根,刘涛.高职院校内部治理结构的制度设计[J].教育发展研究,2012(17):59-60.
② 陈继军.高职院校二级管理模式的实践与思考[J].中国成人教育,2013(12):86-87.
③ 李珍刚.现代大学二级学院管理体制创新探析[J].广西民族大学学报,2009(11):136-140.

方面,学校的系部管理还停留在框架的设计上,没有配套的体制、机制来推动和运行,系部仍属于管理的"客体",在管理中仍然扮演着办事员的角色;另一方面,系部对自身管理的定位存在一定的模糊性,工作独立性、自主性和主动性均不强。

7.4.1.4 各类权力主体间的关系缺乏明晰划分

高职院校内部存在着四种权力:一是以党委书记为代表的政治权力,二是以校长为代表的行政权力,三是以教授为代表的学术权力,四是以师生为代表的民主权利。能否正确处理这四种权力关系,对高职院校的现代大学制度建设至关重要。当前,高职院校内部各种权力之间的关系缺乏明晰边界,出现行政权力越位、学术权力虚位、学生权力无位现象,具体来说,主要表现在以下几个方面:

一是行政权力越位。由于行政权力泛化,高校的管理重心偏上,主体错位,本应是高校主体的教学、科研人员,反而成为行政权力的从属,行政人员成了支配学术的核心[①]。这种行政权力越位现象在高职院校表现更为明显,行政权力过多介入学术事务,干预学术权力的现象比较普遍,常常替代学术权力,甚至包办学术事务,忽视了"双师"型教师对学术事务的管理,削弱了学术权力的发挥。有些行政部门支配人、财、物等办学资源,居高临下指挥系部工作,评价、奖惩系部成果。行政权力越俎代庖、主宰学术事务的越位行为,给国家骨干高职院校的教学和科研自主性带来了极大的困扰。

二是学术权力虚位。学术委员会功能的有效发挥,是高校学术权力的重要体现。《高等教育法》规定,"高等学校设立学术委员会"。职责包括审议学科和专业的设置,制定教学和科研计划,评定教学、科研成果等。但一方面,国家骨干高职院校的学术委员会组织机构

---

① 田宗远.我国高校党委行政学术三种权力运行问题研究[J].贵州社会科学,2009(5):96-99.

还未有效建立,目前只有部分重视学术权力的国家骨干高职院校建立了校级层面的学术委员会。因而其教师发挥学术权力的作用十分有限。另有研究指出,即使是普通高校,在具体实践中,学术委员会主要发挥咨询审议的功能,议事规则不规范,相关决议的效力不明①。这种现象,在已经成立了学术委员会的国家骨干高职院校中同样存在。因而,在高职院校中,学术权力的虚位现象是较为普遍的现象,影响了广大教师进行学术研究的积极性与创造性,扭曲了学术生态,还影响了行政管理效能。

三是学生权力无位。治理理论、利益相关者理论和主体性教育理论为高职院校学生参与学校管理与治理提供了理论依据。但有研究表明,当前,就学生参与学校管理与治理而言,还存在着如下问题:政府政策法规的实际效力相对有限,部分学校和学生从理念上缺乏重视,学生参与学校治理的渠道不够多元②。可以说,在部分国家骨干高职院校的管理中,学生的民主权利被忽视现象同样较为严重,学生在学校的管理工作中少有话语权,成为被动接受教育和管理的"机器"。即使国家骨干高职院校有学生权力相关机构,也流于形式,没有发挥其应有的建议、监督、权益维护等方面的重要作用。国家骨干高职院校学生权力的无位现象,反映出学校管理中的"权力傲慢",并没有真正做到以生为本,在一定程度上会影响到学校的办学目标和质量评价。

7.4.2 加强高职院校现代大学制度建设的对策建议

针对国家骨干高职院校现代大学制度建设存在的问题,建议要

---

① 秦惠民.我国大学内部治理中的权力制衡与协调——对我国大学权力现象的解析[J].中国高教研究,2009(8):52-53.
② 肖纲领,罗尧成.学生参与高职院校治理的理论、问题与应对策略[J].出版与印刷,2016(3):24-26.

从高职院校外部治理关系和内部治理结构的完善入手加以解决，包括：形成新型政府高职院校外部关系，建立行业企业参与治理的新机制，重构学校各二级单位的管理权限，明确划分各主体的权力责任边界。

7.4.2.1　形成政府与高职院校间新型关系

国家骨干高职院校的现代大学制度建设，首先必须转变政府职能，处理好政府与高职院校之间的关系。具体来说，应重点做好以下几点：

一是构建政府与高职院校之间新型权力关系。政府应遵循"政校分开"的原则，结合高等职业教育自身的特点，启动和推进政校关系的改革，剥离高职院校与政府之间的寄生关系，使高职院校不再是政府的"二级机构"，真正赋予高职院校办学自主权，促使高职院校成为独立的法人实体；注重发挥市场和社会职能，使政府成为监督和协调高等职业教育领域的举办者、办学者与消费者之间关系的管理者。在举办权方面，应引入更多的办学主体；在办学权方面，政府应将权力交给高职院校，使其成为一个享有办学权、独立承担法律责任的法人实体；在管理方面，政府应主动退出对高职院校内部事务的具体管理，更多地进行宏观层面的监督与指导。

二是建立高职院校与政府的良性互动机制。国家骨干高职院校在国民经济和社会发展中的作用越来越突出，构建高职院校与政府的良性互动机制，形成张力与平衡，是处理学校与政府关系的必然选择。高职院校在办学思想上，要紧扣市场而不是政府或领导的脉搏，要以校企合作、工学结合为人才培养的切入点；在专业设置和招生上，国家骨干高职院校首先应考虑区域经济发展的实际情况，尤其是当前和未来劳动力市场相关人才的供需情况，或直接由企业依据自身的发展需要提出人才培养的规格和标准，委托职业院校培养人才或者企业直接参与对学生的培养。国家骨干高职院校的眼光应从政府转向为社会服务。应该扩宽社会各界人士在高校管理中的参与面，全面加强学校同社会各界的密切联系,使自身发展有机地融入当地社会发展进程之中①。

三是实现"自主和自律"有机统一。建立新型政府与国家骨干高职院校的外部关系,要求高职院校成为一个"自主和自律"有机统一的社会组织,它既要对国家负责,又要对社会负责,还要对广大学生和家长负责。一方面,高职院校在争取和扩大办学自主权的同时,必须严格履行高等教育法规定的社会职能和责任。作为一个独立的法人,国家骨干高职院校要自觉接受政府部门的调控与监督,并保证党和国家的方针政策的贯彻执行②。另一方面,国家骨干高职院校必须自觉地接受社会的广泛监督,及时将办学信息向全社会公布,使其成为高职院校"面向社会,依法自主办学,自我约束"的一种有效方式。为更好接受社会监督,国家骨干高职院校要建立健全社会监督机制、信息反馈与工作改进机制。

7.4.2.2 健全行业企业参与学校治理机制

针对当前行业企业参与国家骨干高职院校治理决策机制不够完善,组织保障机制尚未建立,激励机制缺乏的问题,应从决策、组织保障和激励三个角度入手,完善行业企业参与高职院校治理的机制。

一是完善行业企业参与高职院校决策的机制。国家骨干高职院校要充分认识到行业企业参与高职院校治理,对于学校了解市场动态和行业发展需求的重要意义。要让行业企业参与学校治理,可在已有的"校企合作理事会""职教集团"等校企合作议事机构的基础上,建立由政府、行业、企业等多元主体参与的理事会决策制度,成立学校理事会。在保证党委对学院重大事项进行领导的基础上,更强调多元主体的参

---

① 许可昭,石鸥.差距与超越:中美教育管理比较研究[M].长沙:湖南师范大学出版社,2000:222.
② 贺旻.我国政府与高校关系的历史考量与最佳维度选择[J].国家教育行政学院学报,2005(8):42-43.

与，尤其是行业企业的参与，体现利益相关者共同治理的思想①。在具体运行上，可以借鉴美国社区学院董事会的经验，人员构成体现多元利益相关者共治原则，职能定位注重多方沟通和统筹决策监督，运行机制与行政系统既独立又协作，注重多种举措提升董事会履职的专业性②。

二是建立行业企业参与高职院校的组织保障机制。行业企业参与国家骨干高职院校办学，需要国家骨干高职院校有相应的组织机构加以协调，以提高参与的效率。当前，一些国家骨干高职院校并未建立内部有效的机构来应对行业企业的参与，因此，有必要成立相应的组织机构，实现行业企业参与的组织机构保障。在具体机构设立上，不能再沿袭政府部门以及普通本科高校内部的部门设置模式，要根据行业企业参与高职院校校企合作，进行综合治理的特点，设立功能多样，管理高效的机构，尤其是能加强国家骨干高职院校与行业企业紧密联系的机构，从而实现行业企业参与高职院校治理的顺畅。

三是加强行业企业参与高职院校治理的激励机制建设。行业企业参与国家骨干高职院校治理，有激励才有动力。针对当前行业企业参与国家骨干高职院校治理缺乏相应的激励问题，要着重加强激励机制建设。一方面，政府应该出台相应的政策，如行业企业入股公立国家骨干高职院校政策、税收优惠政策等，既鼓励社会资本参与高职院校办学，也为那些积极参与国家骨干高职院校治理的企业提供经济上的福利，促使这些企业减少参与国家骨干高职院校治理的后顾之忧。另一方面，国家骨干高职院也可以与行业企业签订一定的协议，对于行业企业在参与国家骨干高职院校办学过程中的重大支出，国家骨干高职院校也可以加以分担，以减轻行业企业的负担。

---

① 陈寿根，刘涛.高职院校内部治理结构的制度设计[J].教育发展研究，2012(17)：59-63.
② 罗尧成，肖纲领.高职院校理事会的职能定位与运行机制——美国社区学院董事会的经验借鉴[J].高校教育管理，2016(1)：105-110.

7.4.2.3 明确校系(部)二级管理权限划分

国家骨干高职院校校系(部)二级管理是一种不同于传统管理方式的新模式,其根本目的是要优化资源配置,解决高职院校发展的效率和效益问题。学校在下放管理权的同时,也要转变对系部的投入方式,以更加开放的方式配置办学资源,将相应办学资源下放到系部,使之成为支配办学资源的主体,把系部开拓资源、合理配置资源、充分利用资源的主动性、积极性和创造性充分调动起来,以此深化教学改革、提高办学质量和效益[①]。针对国家骨干高职院校二级管理所存在的问题,应加大二级单位的管理权限,具体途径主要有以下几个方面:

一是调整与重构二级管理职权。首先,使学校内部集权与分权有机结合。依据校、系(部)二级管理的要求,一方面,学校一级行政部门要把一些权力集中起来,对学校进行科学定位,确立发展目标和发展途径。另一方面,从坚持学术自由的原则出发,实现学校、系(部)的适度分权,降低管理重心。使系(部)具有包括自主人事权、自主管理权和对系(部)内资源自主配置的权力,扩大中下层学术自主权,改变学校层面高度集权的模式,实现学校管理重心的下移。再次,要重构职能机构职责与权限。在国家骨干高职院校实施二级管理的过程中,为加强学校一级管理的全面掌控能力和科学决策能力,各职能部门必须实现管理职能上的转变。要扮演好领导的政策咨询角色、各职能机构应不断提高管理水平和管理效率、学校各职能部门主要是履行业务指导和协调控制职能,系(部)各职能机构在系(部)的行政领导和校属职能机构的业务指导下进行具体的操作和执行管理,确保院(系)在学校总体目标指导下实施过程管理[②]。

---

① 陈海忠.推进院系二级管理优化高职教学管理模式[J].中国高等教育,2007(19):40-41.
② 颜坤,韩建静.高职院校二级管理框架体系构建研究[J].职教论坛,2010(13):26-28.

二是加强二级管理队伍建设,提高决策水平。加强国家骨干高职院校的管理队伍建设,应注重以下三个方面:首先,提高领导者的决策能力,即领导力。国家骨干高职院校管理者面对复杂的市场信息和教育信息,需要对学校发展做出科学合理的定位和决策,从而提升整个学校的管理水平。其次,注重管理队伍专业化建设。要加强管理干部系统的管理基础理论学习和基本功训练。要制定相应的政策或制度,鼓励管理干部结合其本职工作开展科学研究。再次,积极稳妥地推行高校管理人员职级制。在推进高校教师聘任制的同时,试行国家骨干高校管理人员职级制,设置职员分类管理制度,实行职务、职级相结合,以充分调动各类管理人员的积极性。

三是建立切实有效的二级管理运行机制。这些机制包括:第一,评价考核机制。在评价考核制度的建设中,遵循科学性、客观性、可操作性和发展性原则。考核评价机制应该围绕任职期间的德、能、勤、绩、廉五个方面进行,关键要建立责、权、利相统一的任期目标责任制度。第二,监督与约束机制。系部要结合自己的实际工作,在学校宏观制度指导下,重视微观可操作制度的建设,与学校职能部门联动,从强化二级部门制度建设入手,不断探索、完善一整套内部管理运作机制,包括系部干部队伍建设、人事管理、教学科研管理、财务管理、资产管理、实验室管理、党务和行政工作、学生管理、绩效考核与分配等系列制度[①]。第三,保障机制。在处理学校一级宏观决策与各系(部)的中微观管理的协调统一上,要严格操作规范,对学校内部管理的每一个环节都有严格的程序和明确的要求,逐步建立和完善国家骨干高职院校二级管理的各项规章制度,以及与此相关的教育质量检查制度、教学督导与评估制度、学校决策审议制度、奖惩制度、财务审计制度、学术委员会、教职

---

① 仇美云.完善高职院校二级管理的路径探析[J].管理观察,2013(33):101-103.

工代表大会、专业建设委员会等组织议事制度①。

四是营造良好的二级单位管理文化。国家骨干高职院校二级单位管理的文化环境建设，应重点处理好以下几个方面的问题：首先，创新管理观念，树立人本管理理念。高职院校学生相对于普通本科院校学生具有相对较强的技能，因此，国家骨干高职院校在教育管理过程中应因材施教，因人施教，关注学生能力的全面发展，鼓励每一个学生成才。其次，塑造高职院校校园文化。国家骨干高职院校应特别重视把校企合作的理念融入学校制度文化，把实习实训基地建设、校企合作项目和订单式培养模式列入管理制度。另外，还要在校企合作过程中，逐步引进和吸收优秀企业文化，以丰富高职院校制度文化的内涵。

7.4.2.4 确定治理主体的权力与责任边界

国家骨干高职院校内部存在较为复杂的权力结构和利益关系，各权力主体有着相关但不同的利益诉求，高等教育分权机制的建立，既体现了管理权力的重新配置，也是办学责任的重新划分。明确划分政治权、行政权、学术权和民主权等权力的边界，完善各权力主体间的制衡机制，是建立健全国家骨干高职院校治理结构的坚实保障。具体做法包括以下几点：

一是划清行政权力与学术权力的边界。根据《高等学校学术委员会规程》，高校内部治理结构的改革方向是，推动行政权力与学术权力的良性博弈，以达成各种权利的协调共治，形成从"行政主导"转向"学术为本、权力共治"的和谐局面②。这应是国家骨干高职院校行政权力与学术权力边界划分的重要依据。一方面，要适当减少行政权力的介入范围；另一方面，必须根据《高等学校学术委员会规程》，加强国家骨

---

① 陈国锋.高职院校二级管理：运行现状与发展策略[J].中国职业技术教育，2008(21)：19-21.
② 张胤，武丽民."行政主导"到"学术为本、权力共治"——从《高等学校学术委员会规程》看中国高校治理结构[J].江苏高教，2015(1)：47-49.

干高职院校学术委员会的人员、职能和制度建设,以确保其真正推动高职院校学术权力的发挥。

二是实现高职院校民主权力的享有。国家骨干高职院校民主权力的实现,离不开教职工代表大会功能的完善,国家骨干高职院校既要在贯彻落实教职工代表大会已有的建议权、审议通过权、审议决定权和评议监督权的同时,修订、完善相关法律,制定大会主席和代表的资格并规定任期,规定在全校范围内公开、民主选举教职工代表大会主席及在各部门公开、民主选举教职工代表,赋予教职工代表大会民主监督董事会、党委、行政系统职权行为的权力,强化教职工代表大会的监督职能[1]。另一方面,国家骨干高职院校还应该加强学生代表大会制度建设,完善其作用发挥机制。通过建立相关制度,提升学生代表的权力参与意识,国家骨干高职院校有必要形成学生主动为学校管理和建设发展提出建议的良好氛围。

---

[1] 董仁忠.高职院校治理结构研究[J]教育发展研究,2011(7):38-39.

第8章
国家骨干高职院校的数据管理

教育部于2012年3月正式颁布了《教育信息化十年发展规划（2011—2020年）》，明确提出"推动信息技术与高等教育深度融合，创新人才培养模式"的发展任务。我国高职院校信息化的发展历程，可划分为"系统集成""应用集成""信息集成""社会集成"等四个阶段。在信息化建设初期，高职院校纷纷建立各类应用系统，这些应用系统往往缺乏统一的整体规划，独立分散开发，数据没有统一标准，系统间无法共享，应用集成在很大程度上解决了"数据孤岛"等难题，提升了高职院校信息化的建设水平与工作效率，使得学校信息化真正迈入"数字校园"的建设阶段[1]。随着大数据时代的到来，高职院校已逐步认识到"让数据说话"以创造价值的重要性，并树立了数据既可以治校、也可以强校的理念。从某种意义上来说，数据将成为高职院校的重要资产，高职院校的数据管理应有效借助信息化，使学校的数据资源透明开放，从而带动管理自动高效，资源互通共享，进一步把握高职院校管理的内在规律和未来发展趋势，以教育信息化带动教育现代化，推动高职教育创新发展，助力高端技术技能型人才培养。本章将详细介绍高职院校的状态数据平台和专业建设平台，并探讨国家骨干高职

---

[1] 蒋东兴,付小龙主编.高校数字校园建设指南[M].北京：高等教育出版社，2008.11.

院校的数据管理创新。

8.1 高职院校的状态数据平台建设

8.1.1 状态数据平台建设的背景与意义

2008年4月,教育部颁发了新版《高等职业院校人才培养工作评估方案》(教高〔2008〕5号),其中一个重要特色是"高等职业院校人才培养工作状态数据平台"(以下简称状态数据平台)的建立和运行。该方案指出"推动教育行政部门完善对高等职业院校的宏观管理,逐步形成以学校为核心、教育行政部门为引导、社会参与的教学质量保障体系",明确要求所有独立设置的高等职业院校须填写状态数据平台的各项数据。《国家中长期教育改革和发展规划纲要(2010—2020年)》也提出,要"建立高等学校质量年度报告发布制度",而状态数据平台建设是支撑将来质量年度报告的一项重要基础工作。高职院校通过平台建设,将在全国形成"学校—省教育厅—国家教育部"的三级信息网络,满足高职院校、教育行政部门、评估机构、社会各方对高职院校的信息需求[①]。

2008年状态数据平台开始启用,大部分高职院校采用的是Excel版,也称单机版,单机版需要单表导出分发给相关部门和人员,填报完成后再回收汇总,源头、实时采集比较困难。2010年12月,由广州工程技术职业学院和广东清远职业技术学院承办高等职业院校人才培养工作状态数据平台优化建设经验交流研讨会,会议主要介绍了分别由上海行健职业学院、江苏经贸职业技校学院、清远职业技校学院开发的

---

① 余明辉,郭锡泉.现代职业教育体系下专业人才培养质量的测量与评价[J].中国高教研究,2015(9):98-101.

三个平台的网络版,以及广州工程职业技术学院开发的"校园资源计划系统(Campus Resource Planning,简称CRP)"。网络版数据采集平台的推出和广泛应用,提升了各高职院校信息化管理水平,促进了校内教学质量保障体系以及现代化信息平台的建设,为教育行政主管部门科学决策提供数据资料,为评估专家提供了有效观察的窗口[1]。2014年10月,教育部职业教育与成人教育司组织了"2014年全国高职院校人才培养工作状态数据采集与管理平台"使用培训会,会议着重介绍了广州工程技术职业学院开发的标准版和网络版人才培养工作状态数据采集与管理平台,其中,网络版从智能采集、源头唯一、实时汇总和数据共享四个方面全方位地进行了升级,是学校从"有数据"到"大数据"发展的必然趋势。具体来说,高职院校状态数据平台的建设意义表现在以下几个方面:

一是为评估服务。采集平台是评估信息的主要来源,从采集平台展示的结果(显性的或隐性的),发现考察的重点与关键,进而分析、查找其成因,在此基础上,结合平台提供的"全息图像"和深层原因的剖析,对主要评估指标做出价值判断[2]。状态数据平台从学校概况、基本办学条件、经费收支、办学目标与定位、领导作用、师资队伍、专业与课程建设、校企合作、教学管理、社会评价与学生管理等方面对学校人才培养现状做出全景式的描述,评估专家可以及时发现存在的问题,并进行诊断,从而最大限度地满足评估工作的需要。

二是为教学服务。状态数据采集平台是完善教学质量保障体系的重要手段和途径,能带动学校的内涵建设,推进教学改革,加强专业建设、课程建设和教学团队等各项建设工作,从而提升人才培养工

---

[1] 陈方辉,经月美.浅谈高等职业院校人才培养工作状态数据采集平台网络版的优化建设[J].黑龙江生态工程职业学院学报,2011(3):88-89.
[2] 杨应崧.自源头开始的探索——高等职业院校人才培养工作评估方案导读[J].中国高教研究,2008(8):69-71.

作的水平①。采集平台设计的依据体现了高等职业教育教学改革方向,如在采集平台的"产学合作"中,要求高职院校与企业合作开展订单培养,共同开发课程和教材等,体现了高职院校在开展校企合作教育方面最基本的要求②。状态数据反映的是实时的、动态的人才培养过程,高职院校从中发现教学问题,做出分析和判断,有助于引导学校建立起一套科学、高效的质量保障体系,改善教学进程中信息不对称的状况,进一步提高教学质量。

三是为管理服务。教育行政部门通过数据平台,能够及时、准确地掌握高等职业教育的各类综合性信息,强化宏观管理和指导的针对性;有助于引导高职院校明晰办学方向、加强内涵建设,统筹优化配置社会教育资源;有助于推进"质量工程"建设,进一步推进高等职业教育的可持续发展,从而使数据采集平台真正成为教育行政部门宏观管理和有效监督不可或缺的重要支撑③。对学校而言,数据采集平台的重要作用在于作为后台日常管理的工具,有利于进一步规范学校业务职能部门及教学单位的管理,引导业务职能部门和教学单位提升教学工作水平④。从状态数据中发现管理问题,进行改革与治理,有助于激发学校创新"以服务为宗旨,以就业为导向"的管理模式,提升人才培养质量的常态管理与日常监控水平,进一步加强学校内涵建设。

四是为社会监督服务。状态数据在采集结束后,可以通过网络向社会公布,随时接受社会监督。通过对高职院校人才培养工作状态数

---

① 殷红.对高职院校状态数据采集平台的思考[J].中国高等医药教育,2009(6):47-48.
② 屠群峰.高职院校评估状态数据采集平台的作用与改进意见[J].黑龙江教育(高教研究与评估),2010(10):13-15.
③ 郑卫东.构建高职院校教学质量保障体系的研究与探索——从数据采集走向数据管理[J].中国高教研究,2011(2):76-78.
④ 杨玉泉,李军.《高等职业院校人才培养工作状态数据采集平台》评析[J].北京政法职业学院学报,2009(4):97-99.

据分析,考生和家长能更加全面地了解各高职院校的实际情况,增强透明度,增加考生对报考院校的选择力度,使高职教育的优质资源得到更充分的发挥①。状态数据平台的开放有利于实现用人单位、学校、家长和学生的无障碍沟通,很大程度上有利于社会对高职教育的评价与监督,从而提高高职教育的社会认可度。

8.1.2 状态数据平台的主要特征和功能

8.1.2.1 状态数据平台的基本特征

首先,状态数据具有数据信息采集的原始性。状态数据反映的是在教学运行过程中形成的动态化、系统化的数据集合,将学校的日常教学和实践活动及时地采集到平台中。平台各项数据的填写,不是由学校指定某个专人来完成,而是要求相关人员填写,以体现数据的原始性②。采集工作要求从数据产生的源头部门及相关人员进行填报,数据必须真实可靠,谁填报谁负责,其他人员无权随意改动,以保障源头数据的原始性、独立性和准确性。

其次,状态数据平台要求数据管理规范化。由于本身系统的复杂性和内容的多样性,在对源头采集的数据进行汇总过程中,会遇到数据格式、标准等不同造成的格式问题,或数据字段注释理解有误造成的概念偏差,这就要求平台有专人负责数据的审核和管理工作,把握好数据的规范和内涵,确保数据管理的标准化和规范化。

最后,状态数据平台对数据质量提出了较高的要求。李克强总理在首届中国质量大会上指出,"把注意力放在提高产品和服务质量上来,牢固确立质量即是生命、质量决定发展效益和价值的理念"。状态

---

① 王成方.高职院校人才培养工作状态数据分析[J].中国高教研究,2010(5):79-80.
② 何锡涛.试论高职新评估方案的特色[J].高教发展与评估,2008(4):100-104.

数据平台建设正面临着大数据时代、质量时代,需要在提升平台数据质量上下功夫。平台数据的一个重要特征是唯一性①。平台内部的字段存在一定的关联,从2014年度发布平台版本以来,增加了"平台逻辑检验表",共有18个字段进行相关数据项的关联性校验,这一举措不仅可以检验数据的唯一性,也在一定程度上保证了数据的质量。

8.1.2.2 状态数据平台的主要功能

国务院于2014年印发了《关于加快发展现代职业教育的决定》(国发〔2014〕19号),要求"加快信息化管理平台建设",各高职院校需进一步规范和完善状态数据的采集与管理,提升高等职业院校人才培养工作信息化水平和决策管理能力。状态数据平台自2008年开始使用至今,不仅是新评估方案的重要组成部分,也是利用信息技术,根据已规定的指标体系,辅助学校管理和分析日常教学及其他基础数据的重要途径,被广泛应用于人才培养工作评估、国家示范性和骨干高职院校建设项目等多个领域。具体来说,状态数据平台的主要功能包括以下几个方面:

1. 数据分析,深度挖掘

2011年度高等职业院校人才培养工作评估暨状态数据采集平台优化建设工作会议提出,"要重视数据的开发和应用。采集是手段,更要重视数据分析和挖掘"。从数据采集到数据管理,逐步形成了一个以数据采集为基础,以数据分析为抓手的高职人才培养质量监控及管理平台,成为省级教育行政部门和各高职院校开展统计分析、过程监控、质量管理、战略决策的重要信息化工具。

数据分析的重要前提是保证人才培养工作状态数据的真实性。数据的真实性直接影响分析和评价的结果,没有真实可靠的数据,横向和纵向比较都将失去意义。状态数据平台本身具有统计、分析等功能,例

---

① 何锡涛.高职平台的关联性探索[J].辽宁高职学报,2015(5):1-3,14.

如：平台案例分析中的"社会评价"一栏，其中"报考本校原因"反映的是学校的办学实力情况；对于一所以培养高技能应用型人才为目标的高职院校而言，"专业爱好""技能培养"等是重要的办学标志；对家长和学生而言，"学校品牌""就业优势"是重要的选择因子。通过采用数据挖掘技术，开发"管理仪表盘"，生成"案例分析"中的多维度数据，并以易看易懂的界面呈现出来。随着平台的智能建设和数据的持续积累，这个功能将会越来越强。

2. 数据管理，服务决策

高职院校通过状态数据分析，可以对本校人才培养工作状态做出合理的分析和评价，准确判断自身办学条件在同类院校中的地位，与社会需求的符合度，从而为更加科学地规划发展战略及制定政策制度等提供决策依据。通过历年来对状态数据平台的采集和分析，学校领导可以从整体的、宏观的角度去认清学校当前的形势，合理分配办学资源，正确把握学校发展的基本轨迹，并用于学校的中长期决策和预测未来发展趋势。各级教育行政部门通过分析高职院校人才培养工作状态数据，可以全面把握各地高等职业教育的总体状况及发展走向，为制定高职教育发展战略、确定高职教育投入和招生规模、研究高职教育发展政策等提供决策依据[①]。多年来的状态数据积累，各级教育行政部门乃至全国已经形成了不同层次的高职院校人才培养工作状态数据仓库。利用数据仓库，对数据进行多维分析操作和高度自动化的分析、推理，提取隐含在其中的、具有潜在有用的信息和知识，帮助有关部门掌握各类高职院校的办学特点及其存在的问题，为管理与决策提供可靠的参考。

状态数据平台的决策功能需建立在对数据科学分析的基础上，不

---

① 周慎.基于 V2.11a001 人才培养工作状态数据平台的功能与使用研究[J].湖北社会科学，2012(6)：165 - 167.

可能简单地从若干张数据报表中就得出依据和结论,应针对数据中存在的关系和规则,利用有效的信息技术,在挖掘出数据背后隐藏知识的基础上制定决策,使决策科学化,具备可靠性。这几年通过开发"管理仪表盘",使高职院校人才培养状态数据及基于此的分析与挖掘得到了直观、智能、人性化的应用。

3. 数据共享,公开透明

高职院校通过"职业评估教育"网站上的"高职数据中心",可把全国、全省的平均值或中位数作为评价的参考,对人才培养质量进行横向和纵向的比较分析。省教育厅利用省级数据中心,汇总全省状态数据,提取、管理、分析、挖掘全省高职人才培养相关数据,可建立一个覆盖全省高职院校的、信息共享的数据库,形成状态数据分析报告,例如浙江省教育厅发布的年度《浙江省高职人才培养工作状态数据分析报告》。国家教育部可通过不同的层级逐渐形成全国人才培养质量数据仓库,在合适的时机向高职院校、省市,乃至全国公开数据,接受社会公众的监督,促进人才培养数据在一定范围内实现共享。

数据采集平台是一个对社会开放的平台,学生家长和用人单位可以通过数据采集平台来了解高职院校的办学特色、师资状况、专业建设水平、社会服务能力和人才培养的质量等重要信息,直接影响考生报考的意愿,同时也是用人单位录用毕业生的重要依据[①]。高职院校每年的人才质量年报需在校园网上定期公开,随着状态数据平台日渐成熟和完善,高职院校应逐步做到信息公开,增强透明度,主动接受公众监督,把平台打造为与社会各界联系的有效媒介。

4. 数据集成,统一平台

2014 年状态数据平台官方名称正式改为"高等职业院校人才培养

---

① 陈方辉.高等职业院校人才培养工作状态数据采集平台与内涵建设关系辨析[J].黑龙江生态工程职业学院学报,2012(1):70-71.

工作状态数据采集与管理平台",不仅实现了数据采集向数据管理的过渡,推进学校日常教学管理的改善,也对人才培养的过程监控和质量评估提出了更高的要求。平台的改版旨在倡导各高职院校建立数据中心,逐步消除"数据孤岛";源头即时采集,建设数字化环境;升级智能水平,提高决策质量。采集平台关注的是如何实现人才培养质量监控,推进学校日常教学管理的改善,其重点在于对人才培养过程进行监控、评估,这也是采集平台要达到的一个终极目标。①

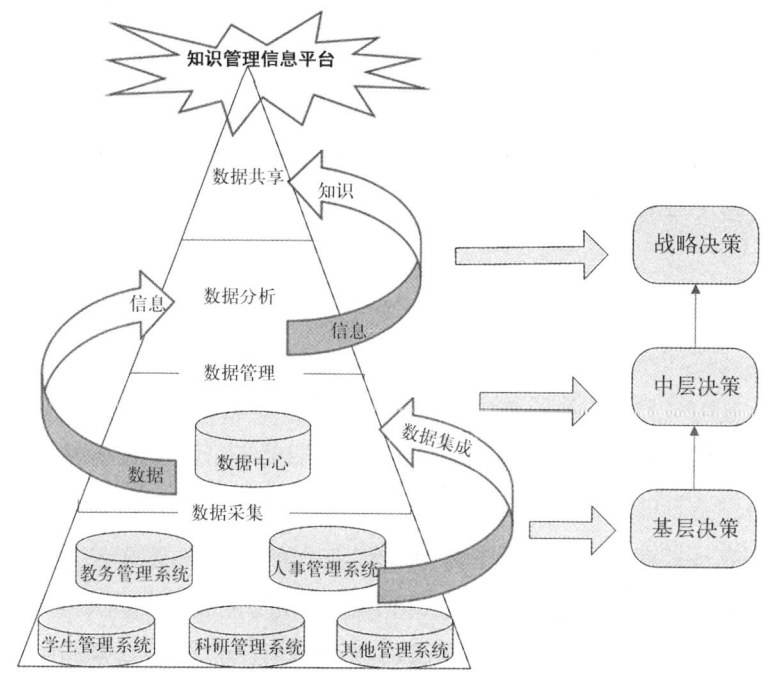

图 8-1 基于数据中心的知识管理信息系统模型

《国家中长期教育改革和发展规划纲要(2010—2020 年)》提出要"推进数字化校园建设",很多高职院校经过近年来的信息化建设,基本

---

① 李果,赵鹏飞等.知识管理视角下高职人才培养工作状态数据采集平台的建设与实施[J].职业技术教育,2013(8):55-57.

上形成了以校园网络为基础、以各类应用系统为核心的数字化校园。在这个阶段,教务管理系统、人事管理系统、学生管理系统等应用系统大量应运而生,这些系统都注重业务全过程的信息化管理,同时由于应用系统和信息资源越来越多,为了解决数据孤岛、数据监狱、协同不足等问题,从长远来看,通过建设一个集数据管理、数据分析和信息发布、共享于一体的知识管理信息平台,能够最终实现自动从学校的数字化校园数据中心接口采集数据的功能。

通过数据中心把学校的各类应用系统进行数字化规范管理,可以实现数据间的互通共享,提高学校的现代化管理水平。基于数据中心的知识管理信息系统为部门间的信息沟通、协同工作提供了有效途径,为学校领导管理决策提供了科学的数据分析和可视化的仪表盘,有利于战略决策的贯彻落实。

8.1.3 状态数据平台在国家骨干高职院校中的应用

8.1.3.1 促进教育教学质量的科学评价

教育部于2006年11月颁发了《教育部关于全面提高高等职业教育教学质量的若干意见》(教高〔2006〕16号),明确指出"高等职业教育作为高等教育发展中的一个类型",要"加强教学评估,完善教学质量保障体系",高职院校要强化质量意识,把工作重点放到提高质量上来。教育教学质量是学校发展的基础,教育教学质量评价是衡量高职院校办学水平的重要策略。宋海涛(2009)[1]指出数据采集平台是评估信息的主要来源,更是院校激发内在创新活力、实现管理水平跨越式提升的基础,也是提高教育行政部门宏观管理科学、有效、及时、准确的

---

① 宋海涛.准确把握"新方案"开展高职人才培养工作评估——高职人才培养工作评估骨干专家培训班述评[J].辽宁高职学报,2009(9):1-2,12.

重要途径,因而要抓好各校人才培养工作状态数据采集平台的建设。

裴中岐等(2011)[①]根据状态数据平台发展现状提出了基于状态数据平台构建教学质量保障体系的四点基本要求,继而提出基于状态数据平台的教学质量保障体系构建设想。文中指出将状态数据平台相关指标体系与高职院校教学质量保障体系框架一一对应,分别建立基于状态数据平台的外部教学质量保障体系和内部教学质量保障体系,从而分析得出教育行政部门对高职院校的政策支持和教育资源投入力度,行业企业等社会组织和院校的合作程度,以及院校内部自身对教育教学质量保障机制的过程监控和结果反馈。

天津轻工职业技术学院[②]以状态数据平台为依据,通过对2013年和2014年状态数据的比较分析,对师资队伍建设、优质核心课建设、校内外实训基地建设等指标信息进行采集、统计及分析,指出通过对教师培养和引进的体制机制建设,师资水平大幅提升,形成了互促型专兼教师团队,"双师"素质专业教师比例达到了91.1%;以重点专业优质课程建设带动了全校范围内的课程建设,把工学结合落实到课程上,积极推进优质教学资源共享,3门原国家级精品课程转型升级为国家精品资源共享课程;强化重点建设专业各具特色的校内实训基地建设,与企业深度合作,共建校外实习实训基地,积极开展社会服务工作,2014/2015学年生均校内实践基地使用时间达到307.1学时,生均校外实习实训基地实习时间为4.13天;根据状态数据平台案例分析,定期掌握毕业生的动态,了解毕业生的就业单位情况和对母校的整体评价等。状态数据平台对高职院校开展教育教学质量评价提供了有效途径,为教育教学质量科学决策给出了定量化

---

① 裴中岐,张正兢,邹茜茜.基于状态数据平台的高职院校教学质量保障体系建设初探[J].江苏教育学院学报(自然科学),2011(2):88-91.
② 刘悦凌,李靖.高职院校教育教学质量评价与实证分析——以天津轻工职业技术学院为例[J].天津职业院校联合学报,2015(10):29-34.

的指导。

8.1.3.2 指导高职师资队伍的科学建设

师资队伍建设是高职院校人才培养工作的重中之重,"师资队伍"作为状态数据平台的重要内容之一,分析、研究师资数据,有助于学校建设一支年龄结构、职称结构、学历学位结构合理,教学科研能力强的师资队伍。平台将教师分为四类,分别为校内专任教师、校内兼课教师、校外兼职教师和校外兼课教师。根据数据字典:校内专任教师是指具有教师资格,专门从事教学工作的人员,可包括正式签约聘用的非在编全职教师;校内兼课教师指校内非专任教师岗位,但由系(部)聘请授课的工作人员;校外兼职教师专指聘请来校授课的一线管理、技术人员和能工巧匠;校外兼课教师是指聘请来校兼课的教师,其所在工作单位是学校。

教育部、财政部《关于进一步推进"国家示范性高等职业院校建设计划"实施工作的通知》(教高〔2010〕8号)文件指出要"提高专业教师双师素质,与企业联合培养专业教师,3年建设期内,使具有'双师'素质专业比例达到90%"。"双师"素质教师的培养是国家骨干高职院校建设的主要内容之一,状态数据平台指出,"双师"素质教师是指具有教师资格,又具备下列条件之一的校内专任教师和校内兼课人员:(1)具有本专业中级(或以上)技术职称及职业资格(含持有行业特许的资格证书及具有专业资格或专业技能考评员资格者),并在近五年主持(或主要参与)过校内实践教学设施建设或提升技术水平的设计安装工作,使用效果好,在省内同类院校中居先进水平;(2)近五年中有两年以上(可累计计算)在企业第一线本专业实际工作经历,能全面指导学生专业实践实训活动;(3)近五年主持(或主要参与)过应用技术研究,成果已被企业使用,效益良好。可见,平台中的"双师"素质教师的认定主要侧重于专业知识和实践能力的融通。

武汉软件工程职业学院借助状态数据平台中关于师资队伍状态数

据的统计,分析了 2008—2013 年学校的师资队伍情况。该学院校内专任教师中各年龄段的人数基本呈现上升趋势,与教师总人数增加相匹配;高级、中级职称的专任教师人数呈现逐年增加,初级职称人数逐年下降;高学历的教师人数也在逐年增长,"双师"素质教师人数也呈现逐年增加之势。校外兼职教师中男性比例较大,年富力强的兼职教师占比较少,高级职称兼职教师相对较多。①

林娟(2014)②对某省 2009 学年和 2012 学年状态数据平台中的师资队伍进行了分析研究,以校内专任教师队伍和校外兼职教师队伍为研究对象,把两类教师的师资队伍数量、结构和培养等指标作为研究内容,进行横向和纵向比较分析,指出该省高职院校师资队伍建设在数量和结构质量上取得了一定的进展,师资数量有所增长,"双师"结构逐渐优化,校外兼职教师队伍数量有所增长,在一定程度上缓解了校内专任教师的授课压力,然而在培养力度、资源配置等方面依然存在不足,提出拓宽教师来源渠道、引进优秀教师人才、重视专任教师"双师"专业培养工作及建立健全校外兼职教师管理制度等对策建议,以促进高职教育师资整体质量的提升。

8.1.3.3 实现教育教学档案的科学管理

在高职院校中,教学档案不仅是学校综合档案的主体,也是多年教学工作积累起来的重要历史资料。教学评估与教学档案相辅相成,教学档案是教学评估的重要基础和依据,状态数据平台的推行,对高职院校教学档案的建设与管理提出了新的要求,状态数据背后的大量佐证材料及教学运行过程中产生的原始材料,都需要通过完善的教学档案管理才能形成有价值的内涵建设材料。

---

① 郑瑛,金学平,刘小宁.高职院校师资队伍状态数据分析——以武汉软件工程职业学院为例[J].武汉冶金干学院学报,2015(2):58-60.
② 林娟.高职院校师资队伍建设的实证研究——以某省为例[J].绍兴文理学院学报,2014(12):116-120.

孙莉萍(2010)[①]提出，校、系教学档案管理和教育统计工作应根据采集平台的要求规范教学档案的范围、分类和内容，将教学档案分为基本办学条件档案、实践教学建设档案、办学经费、教师业务档案、专业和课程建设档案、教学管理与教学研究档案，以及社会评价档案。同时强调了状态数据平台对高职院校进一步促进教学档案建设与管理的重要意义，提出教学档案的规范管理是影响平台数据可靠性和真实性的关键因素，要注重状态数据的积累、采集和分析，促进教学管理工作的规范化、科学化和程序化。要以状态数据平台采集与管理为契机，加强高职院校教学档案建设，实行现代化管理。

8.1.3.4 推动专业建设改革的科学运行

专业建设是高职院校落实教学质量的重要环节，高职教育的专业建设具有鲜明的特色，应主动适应区域、行业经济和社会发展的需要。"专业"在状态数据平台中是重要组成部分，基于平台的专业关键指标研究，引导专业内涵建设和专业教学质量的持续改进，通过产学合作等数据的比较分析，可以了解校企参与合作的情况，有利于促进专业布局设置与优化。

蔡志鹏(2015)[②]采用2014年状态数据，使用聚类分析方法，分析了顺德职业技术学院的专业发展状态和发展前景。文中将该学院44个专业进行聚类，形成学科大类全国排名，在学科大类基础上再进行聚类分析，形成专业大类全国排名，指出在进行状态数据集中汇总后，通过对专业建设情况的分析，可以为专业设置以及新专业建设提供很多有价值的数据信息。例如，护理专业的在校生数在全国该学院排名第一，但就业率和起薪点在全国排名较靠后，他认为该专业的发展和就业

[①] 孙莉萍.基于高职评估状态数据采集平台的教学档案管理[J].浙江交通职业技术学院学报,2010(3)：69-72.

[②] 蔡志鹏.基于人才培养工作状态数据采集与管理平台(网络版)的专业建设研究——以顺德职业技术学院为例[J].电子测试,2015(23)：92,156-157.

面临着严峻的局面。有效发挥状态数据的分析功能,有助于为学校未来的专业建设发展方向提供决策辅助,推进学校专业建设的可持续发展。

8.2 高职院校的专业建设平台分析

根据《教育部办公厅财政部办公厅关于继续做好高等职业学校提升专业服务产业发展能力项目 2012 年度实施工作有关事项的通知》(教职成厅函〔2012〕30 号)的要求,2004—2012 年期间所有已列入高等职业学校提升专业服务产业发展能力建设、国家示范性(骨干)高职学校重点建设、高等职业教育专业教学资源库建设、职业教育实训基地建设项目的专业相关信息,将加入高等职业院校专业建设与职业发展管理平台(以下简称"专业建设平台"),记录日常教学活动。教育部、财政部将组织专家定期分析专业建设专栏记录的信息,形成对各类项目建设的省级、学校绩效分析报告,并作为今后对各地项目布局和支持的重要依据。

8.2.1 建立专业建设平台的背景与意义

我国现有的高等教育基层统计报表,沿用教育部颁布的《高等职业学校设置标准(暂行)》(教发〔2000〕41 号)和《普通高等学校基本办学条件指标(试行)》(教发〔2004〕2 号)的相关评价指标。教育部于 2008 年启动的高等职业院校人才培养工作状态数据平台,运行至今,已经成为高职院校人才培养评估信息的主要来源。然而,由于高等职业教育的区域性、职业性等重要属性,现有数据仍然难以全面、真实、整体地反映高职院校专业建设与学生职业发展的现状。根据《教育部财政部关于支持高等职业学校提升专业服务产业发展能力的通知》(教职成厅函〔2011〕11 号)提出的"在全国独立设置公办高等职业学校中,支持一批紧贴产业发展需求、校企深度融合、社会认可度高、就业好的专业进行重点建设"要求,各高职院校能够以国家级重点建设专业数据采集为基础,把澳大利亚、德国等发达国家对职业教育长期的数据统计与管理模式作为经验借鉴,通过对专业人才培养全过程以及职业发展的写实性数据描述,搭建专业建设平台,将为国家职业教育政策由定性分析转变为定量分析提供强有力的数据支撑。

示范性高等职业院校建设计划实施工作办公室在国家骨干高职院校建设项目中强调,省级验收支持系统应主要展现三类数据:一是项目建设情况进展表数据;二是高等职业院校人才培养工作状态数据;三是高等职业教育专业建设与职业发展管理平台数据。这三类数据的呈现将从不同角度反映国家骨干高职院校建设项目的成效。专业建设平台通过对国家骨干高职院校重点建设项目的专业建设过程和日常教学活动进行数据追踪,为专业分析、项目验收与绩效报告提供依据。平台分为三部分,主要包含专业设置与招生、人才培养全过程(教与学的实时跟踪)和就业跟踪与职业发展的相关数据,以专业为维度,持续记录专业的建设过程,追踪学习者职业生涯发展轨迹,展现了专业建设与职业发展生命周期。专业建设平台旨在建立国家高等职业教育数据标准,实施全国范围高等职业教育基础数据的采集、集成与管理,以反映全国高等职业教育发展现状和未来预期的、综合的、高质量的专业建设与职业发展数据管理平台为建设目标,为国家、省级教育部门、学校等各方进行数据统计、分析与决策提供依据。

8.2.2 专业建设平台的主要特点和功能

1. 专业建设平台的主要特点

专业建设平台通过动态、持续地记录一个专业及其相关任课教师的教学数据和每位学生的学习数据,从专业调研、人才培养方案实施与评价、教师与学生的教学活动以及学生毕业后的就业跟踪,形成一个完整的专业建设与职业发展生命周期。该平台较之其他数据管理平台,具有以下三个特点。

一是以专业为维度。专业建设是学校内涵建设的核心,专业建设平台通过对专业人才培养全过程以及职业发展的写实性描述,将有效反映专业建设对职业发展的推动作用。从专业建设进入到平台进行专业设置,包含人才培养方案、师资队伍、课程建设、国际合作等信息,专业负责人及其相关授课教师根据专业建设方案,实时记录教学过程,评估教学质量;持续跟踪学习过程,评估学生的知识、能力掌握状况。行业企业通过参与教学条件建设,企业工程师加入教学团队作为兼职教师等方式,以技术服务、经费投入、人员投入等多种形式深化专业建设。专业根据市场人才需求,了解行业与专业特点,分析就业形势,动态调整专业建设方案,形成良好的专业结构调整机制。

二是追踪学生职业生涯发展轨迹。学生是学校最重要的"资产",他们从选择专业开始进入到该平台,除了记录一年级到三年级的课堂学习、校内外基地实践、企业顶岗实习等信息外,更重要的是追踪他们毕业后的企业生涯发展轨迹。一个学生离开学校进入社会变成了企业员工,最先可能是学徒,经过培训锻炼,逐渐变成熟手、能手,甚至技能大师,这些信息的跟踪与采集对于区域经济发展具有深远的意义,该平台通过对学生在校三年学习活动的写实性记录以及毕业后的职业生涯发展轨迹的持续性追踪,反映他们的成才历程。

三是多元用户参与。专业建设平台以人才培养生命周期为主线,学生从选择专业开始进入到该平台,采用实名制成为其中的真实用户,记录每个学期、每门课程的学习情况和实践经历,以及毕业后的就业信息,乃至继续教育情况,自动形成学生的专业学习和职业发展简历。专业负责人、专业授课教师作为平台的主要用户之一,通过跟踪教学过程和教学效果的记录,帮助形成最新的教师业绩档案。平台的开放性使得行业企业通过参与课程评价、校企合作、毕业生用人反馈,也成为平台用户,人性化的指标设计确保了多元用户参与的积极性。

2. 专业建设平台的主要功能

专业建设平台旨在建立一个反映全国高等职业教育发展现状和未来预期的、综合的、高质量的专业建设与职业发展数据管理平台。其主要功能是:

一是教育主管部门决策的信息支撑平台。专业建设平台以专业为维度,紧扣职教内涵建设核心环节,对专业教学活动进行大数据追踪采集,实现同一专业数据跨地域、跨院校的全国范围横向分析比较,为教育管理者与职教专家提供大数据分析研究与宏观决策依据。依托平台,各级教育主管部门可以判断各地区专业建设发展水平,统计不同地区的生均办学成本,了解各地区的招生情况,掌握区域内行业企业对高职教育的参与度和满意度,为制定相关政策提供数据支撑和科学依据。

二是高职院校专业内涵建设的监控平台。高职院校可以实时掌握人才培养全过程,让数据提供者受益,学校领导及教学管理部门可以从该平台中查找学校工作亮点、存在问题以及影响专业发展的瓶颈,为以后的工作方向及决策提供依据,以提升管理水平[1]。对专业负责人,通过同类专业建设成效的对比,帮助专业建设从内涵建设到应对企业需求,使他们做到知己知彼、取长补短、协同共建;为学生记录从入学到毕业,从学徒、熟手、能手到大师的职业生涯发展轨迹,毕业生就业信息的实时反馈对于促进教育教学改革具有十分重要的意义。

三是行业企业与高职院校无缝对接的交流平台。高职院校可以实

---

[1] 李萃.高职专业建设与职业发展管理平台建设探析[J].船舶职业教育,2015(3):21-24.

时追踪毕业生就业信息,掌握行业企业的用人需求和用人反馈,使得专业人才培养方案紧扣行业企业招聘岗位的目标设定、能力要求和就业需求,行业企业不仅可以参与人才培养方案制定,及时了解人才培养状况,也可以通过基地建设、设备(准)捐赠、技术服务等形式,进一步推进工学结合,深化校企合作,同时在一定程度上,为行业企业编制产业发展规划和人才需求报告提供依据。

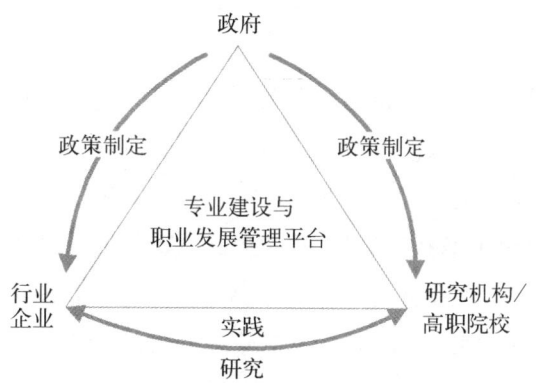

图 8-2 政府、行业企业、研究机构/高职院校的"铁三角"关系示意图

专业建设平台是一个以专业为维度,由政府、行业企业、研究机构/高职院校构成的"铁三角"。政府部门为了推进校企合作,应该制定相应的扶持政策;高职院校和行业企业通过工学结合模式,借助专业研究机构,或者高职院校内部的研究部门,在研究的基础上不断实践,在实践的探索中不断创新。政府、行业企业、研究机构/高职院校利用各自独特的职能属性,使政策、实践、研究三角关系能够形成发展合力。

8.2.3 专业建设平台与状态数据平台的比较分析

《现代职业教育体系建设规划(2014—2020年)》提出将信息化作

为现代职业教育体系建设的基础,推进信息化平台体系建设。为有效收集有关高职教育活动的信息,全面、真实、整体地反映高职院校办学条件、专业建设、师资队伍、学生发展等各个方面的现状,教育部先后推出了状态数据平台和专业建设平台,旨在借助数据统计和基于数据的研究分析,形成一系列具有中国特色的高职教育绩效管理体系,为高职教育未来发展预期提供全面系统的信息。比较状态数据平台和专业建设平台,两个平台的建设和管理既有着诸多的相似点,也存在明显的不同点。

就共同点来说,主要包括数据采集的源头性、管理的动态性和重要的建设效果。首先,从平台数据的填报方式来看,两个平台都为原始数据的录入,源头填报。由不同角色进行写实性的输入、采集与审核,通过对日常教学活动的监控和管理,及时形成原始数据集,从而保证采集数据的原始性、真实性和有效性。其次,从平台的过程管理角度而言,两个平台皆采用"动态跟踪,实时更新"的管理方式,从战略上保持人才培养工作与教学需求的一致。通过显性数据的在线写入,生成若干个隐性KPI核心指标,以供学校领导决策之用。最后,从平台的建设效果出发,两个平台都是综合的、高质量的数据管理库,对于加强高职院校日常教学管理和教育行政部门宏观监控等方面都具有十分重要的作用和影响。

两个平台的不同之处主要在平台目标定位等关键因素上的侧重。专业建设平台和状态数据平台在目标定位、背景意义、用户设置、特色设计、指标内容和统计时间六个方面均存在差异,详见表8-1。

表8-1 专业建设平台和状态数据平台的比较

	专业建设平台	状态数据平台
目标	以专业为维度,记录人才培养写实数据,追踪学习者职业生涯发展轨迹	监控、评估人才培养过程,反映学校整体人才培养工作全貌

续表

	专业建设平台	状态数据平台
背景	《教育部办公厅财政部办公厅关于继续做好高等职业学校提升专业服务产业发展能力项目2012年度实施工作有关事项的通知》(教职成厅函〔2012〕30号),要求将2004—2012年期间所有已列入高等职业学校提升专业服务产业发展能力建设、国家示范性(骨干)高职学校重点建设、高等职业教育专业教学资源库建设、职业教育实训基地建设项目的专业相关信息,加入高等职业院校专业建设与职业发展管理平台	根据《高等职业院校人才培养工作评估方案》(教高〔2008〕5号),新评估方案的一个重要特色是《高等职业院校人才培养工作状态数据平台》的建立和运行
用户	校内层面:院校领导、相关部门负责人和数据管理员、专业负责人及其校内相关授课教师、学生;校外层面:校外相关授课教师、行业企业/用人单位	校内层面:院校领导、相关部门负责人和数据管理员、系部校内两类教师(校内专任教师、校内兼课教师);校外层面:系部校外两类教师(校外兼职人员、校外兼课教师)
特色	建立国家高职教育数据标准	建立国家高职数据中心
内容	学校概况、专业建设、教学活动、校企合作、教师活动、学生活动	基本信息、院校领导、基本办学条件、实践教学条件、办学经费、师资队伍、专业、教学管理与教学研究、社会评价、学生信息、补充数据
统计时间	日常的实时活动记录	某一学年,通常是从第一年的九月初到第二年的八月底

专业建设平台在用户方面,引入学生和行业企业、用人单位的参与,每位学生在进入学校选择专业后,需第一时间进入该平台登记相关基本信息,在学校期间获得的奖助学金、课程成绩、资格证书、荣誉,就业后的毕业去向、职业发展、继续教育等信息,都由学生写实性地记录到该平台中,自动生成学生个性化的成长档案,促进个人职业

生涯发展。行业企业与学校共同承担教育责任,通过相互合作,达到促进学生理论与实践知识共同进步的目的,用人单位通过对毕业生的用人反馈,帮助专业更深入地了解市场需求和技能要求,不断完善人才培养方案,真实反映行业企业对职业教育的参与度与满意度。

在网络化管理方面,状态数据平台中的不同角色可以同时登录填报有关数据,而专业建设平台有所不同,填报的每一步都与下一步有着紧密的联系,一个环节出错将导致一条信息链上的所有数据重新填写,专业负责人在这个平台上的统筹作用尤其显著。以 2014 年国家骨干高职院校专业建设验收为例,专业建设平台汇总出了兼职教师承担的专业课学时比例、专任专业教师的"双师"素质比例、实践教学课时数占课程总课时比例、招生计划完成率、新生报到率、初次就业率、专业对口率、师资培训人数、生均校内实训工位数、合作企业投入总值等方面的数据[①]。上述指标数据突出了在工学结合的高职教育教学改革大背景下,师资队伍建设,特别是企业一线管理、技术人员和能工巧匠的引入,"双师"素质教师的培养,以及招生就业、实践条件建设、校企合作等方面的重要地位。在职业教育评估网的高职数据中心,状态数据平台强调了生师比、具有研究生学位教师占专任教师的比例、生均教学行政用房、生均教学科研仪器设备值、生均图书、具有高级职务教师占专任教师的比例、生均占地面积、生均宿舍面积、生均实践场所、百名学生配教学用计算机数、新增科研仪器设备所占比例和生均年进书量 12 个核心指标。高职教育在人才培养的评价指标体系中,更侧重于基本办学条件、与企业的合作水平以及毕业生的社会评价等方面,在状态数据平台的基本构架上得到了很好的体现。

---

① 李萃.高职专业建设与职业发展管理平台建设探析[J].船舶职业教育,2015(3):21-24.

8.3 国家骨干高职院校的数据管理创新

8.3.1 数据管理创新的背景与意义

教育部于 2015 年发布了《职业院校管理水平提升行动计划（2015—2018 年）》(教职成〔2015〕7 号)(以下简称"行动计划"),提出要制订和完善数字校园建设规划,做好管理信息系统整体设计,建设数据集中、系统集成的应用环境,实现教学、学生、后勤、安全、科研等各类数据管理的信息化和数据交换的规范化;也指出要加强运用信息化手段对各类数据进行记录、更新、采集、分析以及诊断和改进学校管理的能力。高职院校的数据管理创新是一场大数据背景下学校管理模式的信息化革命,成功的高职院校信息化建设将成为推动数据管理创新的契机,从而提高学校管理的规范化、现代化和精细化水平,加快实现学校治理能力的现代化。

数字校园建设初期,大部分高职院校纷纷建设了多个部门级的管理信息系统,如教务系统、人事系统,这些系统在很大程度上能满足部门内部的管理需要,然而在校级层面上却存在着严重的数据孤岛现象,管理应用相互独立,数据难以共享。学校的数字校园规划基本上都围绕着实现系统间的数据整合、交换以及业务流程贯通展开,但这些系统是为了方便业务部门的日常管理建设的,并没有很好地体现面向最终用户的服务理念,在使用上往往以用户的不便来换取管理的便利[1]。状态数据平台作为高职院校人才培养工作评估的重要基础,是学校对人才培养工作实施数据管理的重要途径和手段,专业建设平台通过对

---

[1] 胡钦太,郑凯等.教育信息化的发展转型:从"数字校园"到"智慧校园"[J].中国电化教育,2014(1):35-39.

专业建设日常教学活动的有效监督和管理,为专业分析、项目验收与绩效报告提供过程管理和数据支持。除了这两个平台外,高职院校内部的其他数据平台对于人才培养工作都发挥着不同的作用,然而由于在校内独立运行,数据分别采集,数据标准不一,给师生造成了一定的困扰,也影响了数据的准确度。

2010年,在信息化"十二五"规划中,浙江大学提出建设"令人激动"的"智慧校园"①,与此类似,智慧校园建设是推动高职院校信息化发展的一个重大举措,坚持"以人为本",以资源整合、数据共享为核心,通过对信息资源的统一规划,整合状态数据平台、专业建设平台和其他部门管理信息系统,建立"校级数据中心",消除学校数据孤岛,集成数据环境,实现学校数据管理的标准化、集成化,确保数据的完整性、一致性、有序性和共享性,为业务系统和最终用户提供方便、高效、安全的数据存储和访问服务,以科学手段激活学校的办学管理水平,全面提升学校数据整体的质量和信息化决策支持能力。

大数据对教育以外的行业的影响已经十分明显,基于大数据的决策已成为现代社会各行业运行和发展的基础。大数据作为一种被引入到教育领域的新理念和新技术,首先,将从根本上改变教育。陈文等(2017)提出大数据时代的教育管理模式将实现管理预测前瞻化、管理决策系统化、管理过程权变化、管理服务个性化、管理对象协同化、管理评价客观化六个方面的转变②。通过对个人学习状况信息的进一步收集和分析,将有能力改进技巧,并且基于特定的学生、教师和教室的具体需求定制教材③。

---

① 程艳旗.浙江大学智慧型校园探索[EB/OL].(2013 - 09 - 27)[2020 - 02 - 17]. http://wlzx.uzz.edu.cn/show.asp? id=652.
② 陈文,蒲清平等.大数据时代的高校学生教育管理模式转变与应对策略[J].江苏高教,2017(1):67 - 69.
③ 维克托·迈尔-舍恩伯格,肯尼思·库克耶.与大数据同行:学习和教育的未来[M].赵中建,张燕南,译.上海:华东师范大学出版社,2015.

其次有助于实现教育的"四种效应"——整合效应、降噪效应、倍增效应和破除效应①。通过利用大数据技术整合各类教育数据资源,实现"1+1>2"的规模效应;激活有用数据、剔除虚假数据,利用大数据技术对教育数据做"减法",提升数据资源的真实性和可用性;发挥大数据激活休眠数据,使静态数据走向动态;统一异构数据、打破数据壁垒,实现与其他高校、行业企业间的数据互联互通。高职院校的活动,不管是教学、科研、社会服务还是内部管理,主要是一个数据的产生、传播与接受的过程,以数据流为核心的管理模式将从很大程度上改善传统的数据传递方式,加快数据的传递速度,减少数据在传递过程中的失真,任何数据平台的价值,都是由其承载的数据的流量、活力和质量决定的。

最后,数据管理创新有利于高职院校信息化向高阶段迈进。根据美国哈佛大学教授理查德·诺兰(Richard. Nolan)提出的"诺兰模型",信息系统进化模型可分为六个阶段,分别是初始阶段、普及阶段、控制阶段、集成阶段、数据管理阶段和成熟阶段。目前不到5%的职业院校走到了应用集成阶段,这些学校多为国家示范性(骨干)高职院校。进入数据管理阶段,"互联网+"环境下的大数据管理和分析将给学校带来新的机遇,那将是学校管理和教学水平的再一次飞跃②。高职院校对传统数据管理模式的创新将助推学校信息化向更高阶段深入,即"成熟阶段",完成从"数字校园"到"智慧校园"的发展转型,基于"大数据"理念,从海量数据中挖掘出准确的、有用的以及用户感兴趣的知识,实现智能化的决策管理。

---

① 唐斯斯,杨现民,单志广,等.智慧教育与大数据[M].北京:科学出版社,2015.
② 李丽华.以整合集成的数字校园软件平台提升学校管理水平和教学质量——浅议诺兰模型对职业院校信息化建设的指导意义[J].中国培训,2016(3):46-47.

8.3.2 数据管理创新的理论基础

8.3.2.1 大数据理论

随着互联网和电子商务的快速发展,大数据的理念和技术被不断开发出来,2008年《自然》(*Nature*)刊登了一个名为"Big Data"的专辑①,首次提出了大数据概念;2011年,全球著名战略咨询公司麦肯锡的全球研究院(MGI)发布了《大数据:创新、竞争和生产力的下一个新领域》(*Big Data: The Next Frontier for Innovation, Competition, and Productivity*)研究报告,首次提出"大数据时代来临"的说法②。

"大数据"作为信息社会发展的一个新生事物,无论学术界还是IT行业对其理解各有侧重,很难对其进行精准的定义③。2011年6月,麦肯锡的报告指出,大数据是指无法在一定时间内用传统数据库软件工具对其内容进行抓取、管理和处理的数据集合④。这是目前各种学术和应用领域最广泛引用的一个定义。

大数据的特点通常可归纳为"4V":Volume(数据量巨大)、Variety(数据类型多)、Velocity(数据流动快)、Value(数据潜在价值大)⑤。对于高校而言,教育数据产生于教育的每一个环节。与传统教育数据比较,教育大数据的特点主要表现在以下几个方面:数据更具

---

① 该专辑电子版请见:http://www.nature.com/news/specials/bigdata/index.html。
② McKinsey Global Institute. Big Data for Development:Challenges & Opportunities[EB/OL]. (2011 - 06 - 01)[2020 - 03 - 04]. http://www.mckinsey.com/insights/business_technology/big_data_the_next_frontier_for_innovation.
③ 赵文银.大数据的本质与大数据竞争中的误区[J].中国工业评论,2016(7):104 - 105.
④ James Manyika. Big data:The next frontier for innovation, competition, and productivity[J]. McKinsey & Company, 2011(5):23 - 26.
⑤ 赵刚.大数据:技术与应用实践指南[M].北京:电子工业出版社,2013.

实时性;数据颗粒度更细;数据真实性更强;数据处理难度更大;数据决策性更强;数据安全问题更突出①。

大数据的理念、技术和应用已经深入到各行各业,无论是互联网与电子商务行业、金融业、物流业,还是电信运营业,基于大数据的决策已经成为现代社会各行业运行的基础。随着大数据在教育领域的逐步重视和广泛应用,其影响力和效用将发挥更大的价值。

从已有的文献资料来看,大数据理论对学校管理的主要启示包括:改变决策模式,将从传统的经验式管理方式转向基于数据驱动的管理决策方式;助推人才培养模式改革,通过对学生管理系统(诚信积分银行)、考评系统、学习空间等产生的大量数据的挖掘,加强学生学习行为轨迹的分析,创新教学模式,实现教育个性化。在大数据时代,国家骨干高职院校必须更加关注运用大数据理念和技术提升学校管理水平的探索,一方面随着数据共享程度的提高,可以推动学校管理的民主性、公平性、透明性和高效性;另一方面,数据安全问题更为突出,需要建立隐私规范,加强对学生、家长等隐私信息的保护。大数据将有效地促进教育和技术的结合,加速学校建立"数据治校"的理念,形成"数据文化"的校园氛围,引领学校实现"教育信息化带动教育现代化"的发展目标。

8.3.2.2 知识管理理论

知识管理的概念最早是在 1986 年联合国国际劳工大会上提出的②,它是知识经济时代涌现出来的一种最新管理思想与方法,融合了现代信息技术、知识经济理论、企业管理思想和现代管理理念,是一个时代的综合产物③。我国的知识管理始于 1998 年,最初运用于企业管理领域,之后被广泛应用于社会各个领域。在教育领域,知识管理意味

---

① 唐斯斯,杨现民,单志广,等.智慧教育与大数据[M].北京:科学出版社,2015.
② 卡尔·弗莱保罗.知识管理[M].徐国强,译.北京:华夏出版社,2004.
③ 邱均平,文庭孝,张蕊,等.论知识管理学的构建[J].中国图书馆学报,2005(3):11-16.

着基于网络传递、共享、访问知识和经验的管理方式,利用程序和工具,来处理以数字化手段存储的信息①。

知识管理理论的兴起及运用为学校知识管理提供了新的思考方式。从管理理念角度,知识管理被认为是学校为实现特定培养目标,通过对院校内外知识的获取、传播、扩散和创造,有效发挥学校成员的知识潜能,实现显性知识和隐性知识的共享与转化,提升学校的核心竞争力,取得良好的办学效益,从而完成知识经济时代赋予高职院校使命的过程②;从管理技术角度,知识管理要求高职院校建立一种信息平台,以使其教职员工借助此平台更加有效、快捷地获取资源和信息。人才培养工作状态数据采集平台作为实施知识管理的数字化平台,为高职院校加强自身内涵建设与管理提供了技术手段与支持,有利于促进知识交流与共享的技术手段在学院科学管理中的运用,实现高职院校管理的改革与创新③。

知识管理理论对本研究的启示是:组织知识管理的建模已经非常成熟,未来的知识管理者必须将知识管理与战略管理和信息管理结合起来④。高职院校要实行知识管理,不仅要充分利用现有的显性知识,更要挖掘教职工头脑中的隐性知识,例如实训技能技艺,通过建立完善的网络基础设施来实现知识的全面共享,保障隐性和显性知识的互动,提高学校的创新能力,建立具有自己特色的教育知识实施体系和管理模式。在大数据时代,学校要采取有效的数据管理方法来处理海量数

---

① Jeremy Galbreath. Knowledge Management Technology in Education:An Overview[J]. Educational Technology,2000(5):28-33.
② 刘成新.高职院校实施知识管理的探索与思考[J].教育与职业,2006(20):39-41.
③ 陈宇光,高慧.基于知识管理的高职院校数据平台建设[J].教育与职业,2011(17):24-25.
④ 储节旺.国内外知识管理研究领域、主要成就及未来趋势[J].情报资料工作,2006(5):36-39.

据,让数据服务于实际应用,利用数据挖掘、数据分析等技术,将数据上升到知识,以知识管理作为方法来指导创新数据管理模式,加强数据质量管理,推动学校的知识创新,进一步提升学校的内涵建设水平。

8.3.3 数据管理创新的实践探索

迈尔-舍恩伯格和库克耶认为,"以信息技术作为进步的基础是不容置辩的,但当下面临的变革并不是技术层面的"①。当前的变革是基于数据管理的组织变革。数据管理的战略意义并不在于掌握庞大的数据信息量,而在于对这些含有意义的数据进行专业化处理。大数据可以帮助教师确定有效的教学方式,提高工作效率;根据学生的需求定制个性化的学习方案,加强课程理解,提高学习成绩。大数据驱动下的高校教育管理创新主要体现在大数据收集、大数据挖掘、大数据应用等三大系统层面。② 国家骨干高职院校对大数据作为基础资源的重要性的认识会逐渐加深,数据管理将应用到学校的每一个领域。重视大数据规划工作,建设完善的数据管理制度,加强对数据的收集、处理、分析和共享,提高数据管理、应用和服务水平,将是未来的发展趋势。

8.3.3.1 数字档案资源管理

在大数据背景下,高职院校内外部已经融合了大量数据,学校的管理数据,包含仪器设备与实验室管理数据、图书管理数据、财务管理数据、一卡通数据、教职工和学生数据等,也有围绕教与学过程产生的过程性和结果性的数据,包含课程基本信息、课堂教学数据、师生行为数据等,还有外部的产学合作数据、基地实训数据等,这些数据来自于学

---

① 维克托·迈尔-舍恩伯格,肯尼思·库克耶.与大数据同行:学习和教育的未来[M].赵中建,张燕南,译.上海:华东师范大学出版社,2015.
② 程瑛,刘成.迈向大数据时代的高校管理创新[J].中国行政管理,2016(8):150-152.

校人才培养工作、高校管理活动、科学研究、社会服务等多个方面,体量巨大,结构多样,面对数据呈现出的爆炸式增长态势,传统的数字档案的管理模式相对滞后,从海量数据中提取出有价值的数据,进行集中统一保管和有效利用意义尤为重大。

有学者站在保存历史记录、维护档案真实性的角度,提出了大数据生命周期处理模型,通过大数据分析处理,使之成为按照来源一致性原则建立起来的具有保存价值的信息资产集合,永久存储在数据档案馆或学校数据中心[①]。面对大数据多源、异构的现状,国家骨干高职院校要采取分级采集、统一管理的原则。即各系、部、处、直属单位将本部门产生或与本部门关系密切的数据进行搜集,然后将所搜集到的数据通过校园数据交换平台提交到学校数据中心,实行集中统一管理。具有保存价值的数据可以采用 Hadoop 或 NoSQL 平台统一对学校形成的大数据档案进行存储,提高资源利用率。

8.3.3.2 师资队伍建设评价

《上海市教师队伍建设"十三五"规划》(沪教委人〔2016〕92 号)指出,要实施高校教师分类考核评价制度,建立以能力、业绩、贡献为主要标准的考核评价导向。还有学者提出,作为当前高等教育评估工作中应用最为广泛的核心评估模式,大数据技术支持下的审核式评估是考察高校师资队伍建设及管理的利器[②]。运用大数据管理思维和新技术,在科学利用来源于学校不同层面海量数据的基础上,经过抽取与集成,分析与教师相关的一系列结构化、半结构化和非结构化数据,挖掘数据中潜在的价值,真实反映当前高校师资队伍建设的优势与不足,并全方位地实时监测师资队伍、教学工作和人才培养机制,诊断评估对象的内部治理保证体系。

---

① 石峻峰,周俐霞,樊泽恒,等.大数据时代高校数字档案资源管理研究[J].现代教育技术,2015(25):19-24.

② 石纬林,王轶.大数据时代的高校师资队伍建设研究[J].中国电化教育,2016(7):137-141.

在分析教师在学校或社会活动中所产生的大数据的同时,国家骨干高职院校还可以建立相关的师资队伍建设数据库,实现大数据对学校师资队伍的动态监测,从而为学校制定更好的师资队伍建设方针及政策打下良好的基础[①]。教育部于 2008 年起已组织开展了两轮高职院校人才培养评估工作,在对前两轮评估指标工作总结的基础上,新一轮评估工作将更关注师资队伍建设评估的特点,从而提高评估质量,助推师资队伍建设水平。

8.3.3.3 公共教育资源配置

随着高校招生规模的不断扩大以及产、学、研一体化发展模式的推进,高校对公用房的需求不断加大,公用房供需仍处于不平衡的矛盾状态[②]。在大数据环境下,有学者通过建立公用房大数据综合管理模式,采用大数据核算的方式,不仅实现了对公用房资源的合理配置,也可管理调整党政机关办公用房,决算学科及科研用房有偿使用数额,对公用房使用效益进行综合分析和评价[③]。在高校公用房管理工作中,用"数据"管理形成科学的有效依据,能够得到普遍的认可。

在读者服务途径上,大数据技术的应用将向实体图书馆与虚拟图书馆并存并以虚拟服务为主的模式发展,这对于应对减少读者到馆率和追求速度及效率具有积极的促进作用[④]。实体图书馆与虚拟图书馆的结合将成为高校图书馆信息服务的创新举措,有利于优化图书馆的资源配置,最大限度地实现信息资源的共享,提高资源利用率。

---

① 顾小清,薛耀锋,孙妍妍.大数据时代的教育决策研究:数据的力量与模拟的优势[J].中国电化教育,2016(1):56-62.
② 王自力.高校公用房管理改革初探:以北京林业大学为例[J].高校后勤研究,2012(3):19-21.
③ 李俊,韩红江,樊阳.大数据在高校公用房管理中的应用[J].实验技术与管理,2017(1):273-276.
④ 常乐.大数据背景下高校图书馆服务创新研究[J].黑龙江科技信息,2016(24):165.

8.3.3.4 学生数据资源管理

学生管理过程中积累的大量数据,结构化程度较低,对于邮件、网页等半结构化数据,以及图片、视频等非结构化数据的挖掘及处理难度较大。有学者指出,只有对现有学生管理工作进行信息化重构,在现有学生管理数据挖掘基础上不断完善半结构化和非结构化数据的采集与分析体系建设,才能不断优化学生管理工作策略,更清晰地描述学生整体信息,更科学地划分学生群体[1]。

基于学生的入学状况、家庭背景、学习兴趣、学习投入、学习成果等学生学习行为状况,细分学生类型,寻找学生学习成功的行为特征以及潜在需求,推送个性化的选修课程建议等信息和服务[2]。通过学生的一卡通消费、出入校门(寝室)等记录,可以分析学生在校园的生活质量情况;通过借还书记录,可以为学生推送他们感兴趣的图书;通过选课等学习行为的记录,使教师能够实时掌握学生的学习状况,提供个性化指导。学生数据资源的管理和应用是人才培养工作中的关键,在大数据环境下,学生数据资源的信息化管理有利于实现学生管理工作的个性化和精细化目标,对于构建和完善学生数据资源管理机制具有深远的影响。

随着大数据在高职院校中的广泛应用,首先要加强树立数据管理的理念,数据将成为学校的核心资产;其次有效利用大数据技术,例如可视化分析、数据挖掘算法、预测性分析能力,对各个系统中产生的海量数据进行专业化处理,获取并整合有价值的信息,通过数据开放共享实现共赢,为学校的教学、科研、校园文化生活、社会服务和决策支持等各方面提供优质的数字化服务。

---

[1] 单耀军.大数据背景下高校学生管理信息化研究[J].教育与职业,2014(23):27-29.
[2] 舒忠梅,屈琼斐.大数据时代高校信息管理与决策机制研究[N].华南理工大学学报(社会科学版),2013(6):96-101.

第 9 章
上海出版印刷高等专科学校国家骨干高职院校建设实践

上海出版印刷高等专科学校(以下简称"上海版专")于2010年11月30日被教育部、财政部确定为国家骨干高职院校立项建设单位，2012年启动国家骨干高职院校项目建设工作。为保证建设项目顺利实施，在国家新闻出版广电总局和上海市教委的精心指导下，学校成立了"国家骨干高职院校建设项目"领导、指挥、协调、监控、考核、评价、实施、保障、监督等组织和工作小组，并明确相关机构和成员的责任分工；制定了《国家骨干高职院校建设项目实施管理办法》《国家骨干高职院校建设专项资金管理办法》《国家骨干高职院校建设项目评价与考核办法》等一系列管理制度；实施过程监控，建立了保障机制，并依据建设方案和建设任务书，扎实推进各项建设工作，在办学体制机制、实习实训、双证书、校企合作、对口支援、招生就业情况、教师专业发展、地方政府支持举措、办学经费等九个方面全部完成建设任务，全面达到预期建设目标。学校国家骨干高职院校建设的示范和辐射效应显著，受到《中国青年报》《中国教育报》《解放日报》《中国新闻出版报》、中国高职高专教育网等多家主流媒体的关注，纷纷予以报道。根据2016年3月颁布的《教育部、财政部关于公布"国家示范性高等职业院校建设计划"国家骨干高职院校建设项目2015年验收结果的通知》，该校国家骨干高职院校建设项目顺利通过教育部和财政部验收,并获得"优秀"等级。学校国家骨干高职院校建设的成果可以从专业建设与人才培养模式改革、师资队伍建设与改革、科研与社会服务平台建设、现代大学制度建设等方面得到较好体现。

9.1 专业建设与人才培养模式改革

在国家骨干高职院校项目建设期间,上海版专通过实施"部市共建主导下的校企合作体制机制建设"项目,主动适应国家和区域经济和社会发展、产业结构调整与转型升级和技术发展需求,充分发挥部市共建的优势和行业影响力,大力推进校企合作体制机制创新,在专业建设与调整及人才培养模式改革中充分蕴含了行业企业和学校"合作育人、合作就业、合作建设、合作发展"的校企深度合作理念;同时,学校以国家和上海市有关文件精神为指导,大力加强人才培养状态数据平台建设,为学校专业建设与人才培养提供了基础性的数据保障。

9.1.1 专业建设的举措与成效

9.1.1.1 加大专业设置调整优化力度

国家骨干高职院校建设期间,在专业建设与调整方面,学校主要做了三个方面的工作,即加强了专业设置与调整的制度建设,强化了专业内涵建设,根据行业企业转型发展趋势及时调整专业,具体来说,表现为以下几个方面。

一方面,学校加强了专业设置与调整的制度建设。学校视专业建设为提高人才培养质量的关键,是教学和建设改革的首要任务。作为原国家新闻出版总署和上海市"部市共建"学校,学校顺应国家新闻出版广电总局正式成立的形势，以进一步发挥行业优势，使学校专业建设和人才培养工作向广电领域适度、有序拓展，制定并实施《专业建设工作管理办法》，建立专业设置、调整和建设机制，规范和加强专业建设与管理工作，为促进学校专业体系建设、专业结构调整与优化和专业内涵建设，提升学校整体办学水平与办学效益提供了制度与机制保障。

另一方面，学校不断强化专业内涵建设。学校充分发挥部市共建、跨区域合作的办学体制机制优势，紧紧围绕国家和区域经济及社会发展、文化产业结构调整与转型升级和技术发展需求，按照企业职业岗位（群）对高素质技能型人才培养的实际要求，以中央财政支持重点专业建设带动专业群建设和发展，推进专业内涵建设和专业体系建设，提升专业服务产业发展能力。为提高专业建设水平，学校不断借助外部多元主体的智慧，邀请上海市新闻出版局（上海市版权局）等政府部门，同济大学、上海财经大学、上海大学、上海理工大学、上海海事大学等高校，上海市出版协会、上海版权服务中心、上海执业经纪人协会等行业协会，中国中福会出版社、上海世纪出版集团、上海文艺出版社、上海书画出版社等出版机构，雅昌文化集团有限公司、凤凰文化产业发展有限公司、东方明珠新媒体股份有限公司、上海玉龙光碧文化投资有限公司、上海爱知文化传播有限公司等文化产业企业的领导与专家定期进校指导学校专业建设与内涵发展工作。

同时，学校根据行业企业转型发展趋势及时调整专业。根据国家加快发展文化创意、影视制作、广告、演艺、移动多媒体和动漫游戏等重点文化产业的要求，为顺应国家新闻出版广电总局正式成立的形势，学校及时增设了影视制作、多媒体设计与制作（影视编导）、影视表演、广告设计与制作（影视广告）等专业（方向）。为顺应印刷出版行业数字化、网络化以及数字印刷、数字出版产业和计算机、通信、网络、流媒体、存储及显示等高新技术蓬勃发展的趋势，学校增设了数字媒体设备管理、计算机信息管理等专业。为适应文化产业快速发展对掌握现代市场、产业理念及经营和管理技能的复合型文化产业人才和从事艺术品策划与开发、代理、拍卖的复合型专业人才的迫切需求,学校增设了文化市场经营与管理、艺术设计(艺术经纪)专业。

在国家骨干高职院校建设期内,学校新增7个专业(20个方向)。目前,学校专业设置已覆盖《国家"十二五"时期文化改革发展规划纲要》中明确要重点发展的11个门类产业中的10个,包括出版发行、影视制作、印刷、广告、演艺、会展等要发展壮大的传统文化产业以及文化创意、数字出版、移动多媒体、动漫游戏等要加快发展的新兴文化产业,形成了布局合理、结构优化,适应国家文化产业发展战略需求、服务区域经济和社会发展的印刷工程与包装设计、出版传播与文化管理及艺术设计与影视动漫三大专业群。

9.1.1.2 校企深度合作开展专业建设

校企合作共建是学校专业建设的重要内容。学校在校企合作理事会的指导下,以重点建设专业为依托,以系(专业群)为基础,联合相关行业协会、龙头企业、科研院所等企事业单位,成立了6个系(专业群)校企合作理事分会和25个专业建设工作委员会,健全了校企合作组织机构,为从系(专业群)和专业层面促进校企合作工作的有效开展提供了组织保障。

各系(专业群)校企合作理事分会分别制定了《理事分会章程》,每年定期召开工作会议,校企合作共同研究产业发展、结构调整及技术进步对相关专业(群)人才培养的需求,协调、指导系(专业群)制定专业发展和建设规划,指导专业设置和结构调整工作;指导、落实行业企业兼职专业带头人、兼职教师聘任以及专任教师参加产学研践习等工作,促进"双师型"教学团队建设;研究、指导各专业制定人才培养方案,推进人才培养模式改革和创新;统筹、整合系(专业群)和行业企业资源,推进校企合作共建校内外实践基地,探讨并落实校企紧密型合作模式和合作项目,促进科技开发和社会培训工作的开展。

各专业建设工作委员会按照学校制定的《专业建设工作委员会章程》,以专业为单位,实行双专业带头人制,由专业带头人和兼职专业带头人分别任主任和副主任委员,委员会半数以上成员为校外行业专家、企业生产一线技术人员和管理人员。各专业建设工作委员会在校企合作理事会引领、协调和系(专业群)理事分会督促、指导下开展工作,组织开展产业和行业技术发展及人才需求调研,明确人才培养目标和规格,确保人才培养目标与企业用人标准对接;校企共同制定人才培养方案,优化课程体系,注重学生职业素养和专业技能的系统培养,确保教学内容与行业技能和职业标准对接;推进课程建设和人才培养模式创新,确保教学模式与企业实际生产过程对接;加强"双师型"教学团队建设和校企合作推进实践基地建设,显著提升办学实力和教学水平,确保教学水平与行业企业最新技术对接。

在校企合作理事会的统领和指导下,学校整合多方办学资源,共同推进专业建设和人才培养工作。建设期内,校企合作研究优化了26个专业的课程体系,制定了专业人才培养方案;开发建设工学结合的优质核心和主干课程79门,编写出版教材74部;学校全部26个专业(不含专业方向)均聘任了来自行业企业的兼职专业带头人,所有重点专业和一半以上其他专业聘任的兼职专业带头人为高层次行业专家,所有专业均聘请2名或以上行业专家担任行业顾问,全校各专业共聘任专业兼职教师190名,兼职教师承担专业课程学时比例平均达50.1%。

9.1.1.3 对接行业标准建设课程体系

学校秉承"教学工作是学校的中心工作,教学改革是学校各项改革的核心"这一教学指导思想,确立课程体系改革和课程建设在专业建设和人才培养工作中的核心地位,依托校企合作平台,建立课程体系改革和课程建设工作机制,按照行业企业生产、管理和服务典型一线职业岗位任职要求,进一步优化课程体系,制定专业人才培养方案,编制课程标准,校企合作共同解决怎么教(教学方案)、教什么(教学内容)、谁来教（教学团队）、用什么教（教学资源）等问题，并据此开展包括人才培养模式改革、课程建设、教学团队建设和实践教学的专业建设与改革，进一步促进专业人才培养水平和质量的提升。

1. 校企深度合作，共同构建对接产业发展的课程体系

国家骨干高职院校项目建设期内，学校在国家新闻出版广电总局和上海市新闻出版局指导下，整合印刷出版行业优质资源，成立了上海版专校企合作理事会；联合区域大型、龙头企业和行业协会及科技研发机构，成立了6个系（专业群）校企合作理事分会和25个专业建设工作委员会，形成了校、系（专业群）、专业三级校企合作体制，为从系（专业群）和专业层面主动融入行业发展，促进校企合作的有效开展提供组织保障。

依托专业建设工作委员会，行业企业全面参与专业建设、课程建设、人才培养方案的制定和师资队伍建设等工作。在专业建设工作委员会指导下，根据企业典型工作岗位的任职要求合理设置专业课程，参照《平版制版工》《印前制作师》等职业技能标准制定各课程标准，使教学活动更加开放，联系生产实际更加紧密。行业企业共同参与专业人才培养目标和培养模式优化和改革，以"利益共赢，需求对接"为核心的"以五名为保障，印前图文处理高端技能人才培养模式探索改革"项目荣获2014年全国新闻出版行业职业教育教学委员会教学成果特等奖。

2. 对接行业技能和职业标准，构建"双证融通"的课程体系

项目建设期内，学校以重点建设专业示范其他各专业，结合国家级"高等职业教育印刷与数字印刷技术专业教学资源库"和学校专业教学资源库项目建设，各专业认真梳理国内外行业企业技术、技能和职业标准，推进专业教学标准、课程内容与行业技能和职业标准对接，构建与行业企业技术标准和高素质技术技能型人才职业资格标准相衔接的课程体系。

印刷技术专业将融汇"国际先进行业技能和职业标准"的世界技能

大赛标准引入教学,并将职业岗位资格鉴定纳入课程体系,注重学生的职业岗位能力、创新能力和可持续性发展能力培养,构建了以职业岗位核心能力培养为主、体现"教、学、做"一体化的"大平台、多方向、模块化"的课程体系;印刷图文信息处理专业根据职业岗位任职要求,将学生职业能力和职业素养培养贯穿于整个课程体系中,构建了与职业通识能力相融、与国家职业资格标准贯通、与行业技术发展和企业岗位实际要求相结合的"一融合,二贯通,三结合"特色课程体系;出版与电脑编辑技术专业依据出版专业职业资格标准,突出"专业与产业对接""课程与岗位对接",构建以职业岗位能力培养为核心、以学生职业素养和能力"4+2+2"分段培养为特色的"一个平台、两个方向、三段能力递进"课程体系;艺术设计(印刷美术设计)专业将职业岗位技能鉴定理论与实践内容融入职业素质综合模块、造型基础技能模块、职业基础技能模块、职业技能模块等相应的单元模块课程中,完善了"模块化课程、单元制教学、项目化实施"的特色课程体系。

3. 加强校企、校际合作,共建共享课程教学资源

项目建设期内,学校作为国家级"高等职业教育印刷与数字印刷技术专业教学资源库"项目建设牵头单位,按照校际协同、校企合作、合力共建的方式,联合安徽新闻出版职业技术学院等18所高职院校和上海烟草包装印刷有限公司等32家行业(企业)单位,汇集印刷技术专业领域全国和各省(市)优质专业和课程建设成果及行业优质资源,通过创建、集成、整合、优化的方式,完成了职业信息、专业建设标准、网络课程、行业培训、虚拟素材和行业专家信息6类资源建设任务,开发了10门核心课程的网络课程资源及12 928个素材资源,建成了面向学生、教师、企业、社会学习者四类学习对象的门户,搭建了共享型资源库网络教学平台,实现了资源的充分利用和有效共享。2014年,项目顺利通过了教育部和财政部的验收,成为行、企、校等多元主体自主学习、宣传与信息传播及互动交流的桥梁,为提升全国职业教育印刷与数字印

刷技术专业人才培养质量和水平提供了良好的教学环境和手段。

在建设国家级专业教学资源库项目的基础上，学校利用地方财政学校内涵建设专项资金开展了校级专业教学资源库建设，2012年以来共开展了3批校级专业教学资源库网络课程建设，共计47门网络课程；中央财政支持的4个重点建设专业开发建设工学结合的优质核心和主干课程40门，出版教材34部；其他专业新建优质核心和主干课程39门，出版教材40部；2012年以来，新增"排版与输出""喷墨印刷""印刷工艺设计""印刷数字工作流程"等上海市精品课程7门，"印刷概论"和"数字印前工艺"2门国家精品课程转型升级为国家精品资源共享课。所有国家精品资源共享课、上海市精品课程、各专业新建优质核心和主干课程均以网络平台作为教学支撑环境，充分利用现代信息技术，满足学生自主和个性化学习的需要。

4. 推进素质拓展和文化基础课程建设

建设期内，学校以专业教学资源库建设为依托，按照国家级专业教学资源库网络课程的标准和要求，支持素质拓展和文化基础课程建设，推进毛泽东思想和中国特色社会主义理论体系概论、思想道德修养与法律基础、大学生职业生涯规划、体育、实用英语等7门课程建设，有力推动了素质拓展和文化基础课程教学改革。如基础部马列德育教研室（现思政教研部）结合上海高校思想政治理论课教学改革试点项目"思想政治理论课融入高职高专实训教学的有效路径研究"，将社会主义核心价值观各个层面的要点融入专业实训课堂中，形成了职业院校特有的"课中课"模式（即专业实训课堂中的思想政治理论课），教学效果明显提高，体现了社会主义核心价值观教育和专业实训课技能提高的"双促进"效应。"课中课"教学模式以培养学生能力、提升职业素养为主线，适合在职业院校推广。2014年12月，有关上海版专思政课教学改革成果的专题片在上海教育电视台播出，赢得广泛关注。在2018年5月公布的2017年上海市教学成果奖评选结果中，上海版专有7项成果获奖,其中"思政课融入专业实训课的'课中课'同向同行模式"获得特等奖,学校获奖质量及数量在上海高职高专院校中名列前茅。

9.1.1.4 重视校内外实训实践基地建设

国家骨干高职院校建设期间,学校以提高技术技能型人才培养质量为目标,以校企合作共建、共享实践基地为手段,拓展实践基地建设渠道,大力推进校内外实践基地建设,为提升学生职业素养和技术技能水平提供了有力保障。

1. 校内实践实训基地建设

校内实践实训基地建设是学校实践实训基地建设的重要内容。项目建设期内,学校通过添置数字印刷高端关键设备、数字印刷测试设备及印刷质量检测与评价系统,将原数字印刷实训室扩建为数字印刷工程实训中心。中心目前拥有大型数字印刷系统11台(套),较项目建设前增加83%;涉及系统成像技术类型达8种,较项目建设前增加100%;数字印刷系统种类齐全,已基本覆盖所有数字印刷成像技术类型;新开发实训项目37个,实训工位数较项目建设前增加75%。拥有数字印刷测试系统20台(套),较项目建设前增加近6倍;新开发实训项目17个,测试系统功能种类和实训工位数较项目建设前增加了6倍。数字印刷工程实训中心成为设备配置齐全、教学水平一流、具有国际先进水平的数字印刷实训教学基地,在教学建设与改革、实训教学、世界技能大赛和国家级及上海市职业技能大赛培训、企业定向培训、科研和技术开发等方面发挥了重要作用。

在项目建设期内,数字传媒工程实训中心新增实训设备182台(套),新增实训项目53个。该实训中心集实验教学、实习实训、设计制作和社会服务等功能于一体,已成为以数字技术为平台,以数字媒体传播为特色,服务于学校3大专业群10余个专业,适应现代传播技术进一步发展,整体建设达到全国一流水平的数字传媒工程实训中心。影视艺术系与中国人口宣教中心等单位联合摄制首部以中国留守家庭为主题的故事片——《为了你的微笑》,与上海杨浦有线电视中心联合制作系列栏目剧《美丽杨浦》,与亮杰影视广告有限公司合作拍摄微电影《老A电商学院》。该系教师和学生利用数字传媒工程实训中心设备完成了影片的多机位拍摄、剪辑、录音合成与后期特效制作等工作。

4个中央财政支持的重点建设专业利用中央和地方财政投入专项资金,建成计算机辅助配色实验实训室、印刷包装产品检验与测试实验室、印刷图文信息处理实训基地等13个实验(实训)基地,教学仪器设备总值增加1 236.76万元,新增实验(实训)项目189个。建设期内,学校利用中央财政投入和地方财政投入资金(包括上海高等教育内涵建设[085工程]、上海高等职业教育质量提升计划、地方财政支持学校内涵建设专项等项目资金),共新建和扩建校内实验(实训)室52个,教学仪器设备总值增加8 438.58万元,新增实验(实训)项目423个。

表9-1 12家校企合作"校中厂"实习实训基地一览表

"校中厂"名称	合作企业	"校中厂"名称	合作企业
爱克发技术应用中心	爱克发印艺公司	甲壳虫动漫创意设计中心	甲壳虫动漫股份有限公司
德国高宝(KBA)数字控制模拟中心	科尼希鲍尔印刷机械(上海)有限公司	摩意科技-交互媒体研发中心	上海摩意网络科技有限公司
数字出版软件研发培训中心	北大方正电子有限公司	方格子工作室	上海宝翔文化传播有限公司
上海版专爱知书店	上海爱知文化传播有限公司	泛彩配色中心	上海泛彩图像设备有限公司
曼恒3D数字工厂	上海曼恒数字技术有限公司	柯美工作站	柯尼卡美能达办公系统(中国)有限公司
出版文化运营中心	中国中福会出版社	艾司科包装技术示范中心	艾司科贸易(上海)有限公司

学校深化校企合作实践教学，与行业企业共同筹划建立了12个"校中厂"实习实训基地，为实现"情境授课"、工学结合，提供顶岗实习岗位和开展科技开发及社会服务创造了良好条件。

2. 校外实践实训基地建设

除了校内实践实训基地，学校校外实践基地建设也较具规模。结合校企合作体制机制建设，学校推进产教融合，深化校企合作，先后与上海印刷集团、上海电气印刷包装机械集团、上海解放日报报业集团、上海烟草印刷厂、苏州日报社、深圳雅昌印刷有限公司、德国海德堡印刷机械股份公司、日本小森印刷公司等一大批国内外行业大型骨干和著名企业签订了校企合作协议，建成校外实践、实习基地188个，为学生提供了在岗实操培训和顶岗实习的优良条件，显著提升了实践教学水平。建立了140家驻厂工作站，合作企业既包括江苏凤凰印务有限公司、当纳利（中国）投资有限公司等一批国内外知名出版印刷类企业，也包括苏州米粒影视文化传播有限公司等新兴媒体产业企业。学校以校企合作工作站的形式进一步推进"工学结合、在岗培训、顶岗实习"，将课堂建在拥有国际一流技术和设备的印刷企业生产车间，建在"任务驱动，项目导向，学做融合，真案真做"的出版社和书店，建在企业设计室、制作室、工作室，形成"厂中校"形式的实践教学基地。学校还与这些校外实践基地进一步拓展合作范围，如开展职工在岗培训、安排教师产学研践习、合作开展科技开发和研究等。

9.1.2 人才培养模式改革及成效

国家骨干高职院校项目建设期内，学校各专业根据"四个对接"教学设计与改革思路，深化"产教融合、校企合作"的人才培养模式改革，按照行业企业生产过程特点、学校教育教学规律和学生职业技能及职业精神成长规律，形成了各具特色的人才培养模式，其中重点专业的人才培养模式较具有代表性,示范带动了专业群各专业人才培养模式创新,有力推进了学校教学建设与改革,全面提高了人才培养水平和质量,显著提升了学校和重点专业的品牌影响力。

9.1.2.1 世赛引领、赛教结合、双证融通

1. 模式改革探索

学校开展"世赛引领、赛教结合、双证融通"的人才培养模式改革的主要专业是印刷技术专业。该模式的主要特征见图9-1。其改革举措主要包括:开展行业发展和人才需求调研,明确专业定位和人才培养目标;拓展生产性实习实训基地,推进人才培养模式改革。

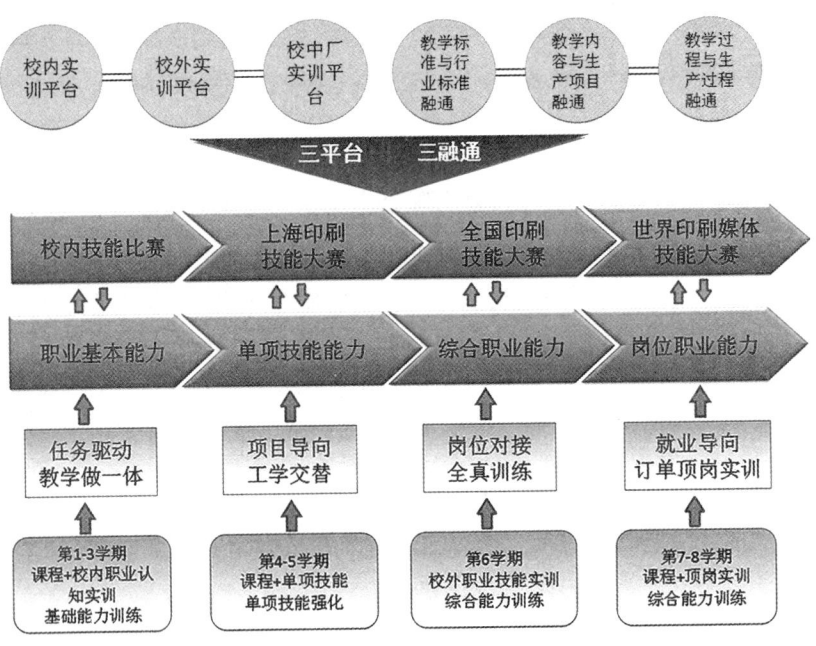

图9-1 印刷技术专业"世赛引领、赛教结合、双证融通"人才培养模式

一是开展行业发展和人才需求调研,明确专业定位和人才培养目标。按照学校《专业人才社会需要调研工作条例》和《毕业生质量跟踪调查实施细则》,印刷技术专业组织专业带头人和骨干教师实地走访了

上海烟草印刷包装有限公司、上海新雅印刷有限公司、艾利(中国)有限公司、江阴市彩虹印刷有限公司等30多家行业企业；对两届毕业生进行了跟踪调查；通过调研和分析，深入了解印刷行业技术进步和印刷产业转型升级对印刷技术专业人才培养的新要求，形成印刷技术专业《职业岗位需求情况调研报告》；建设期内，共召开专业建设座谈会8次、专业人才需求专题研讨会5次、专业建设研讨会6次，为明确专业定位和人才培养目标、确定职业岗位和职业核心能力、优化人才培养方案和推进专业人才培养模式改革奠定了基础。

二是拓展生产性实习实训基地，推进人才培养模式改革。根据学校"四个对接"教学设计与改革思路，在专业建设工作委员会的指导下，联合行业企业专家，共同开展专业人才培养方案、课程标准的制订工作。推进专业实验(实训)室建设和学校现代印刷实训中心建设，校企合作建成具有国际一流技术和管理水平的"校中厂"模式实习实训基地——德国高宝(KBA)数字控制模拟中心和艾司科包装技术示范中心；校企合作共建校外生产性实习实训基地，建成印刷加工、印刷装备与材料、包装印刷3类38个校企合作工作站。在此基础上，以校企合作为基础、工学结合为途径、岗位能力为导向、工作过程为主线，依靠学校印刷实训中心暨世界技能大赛印刷媒体技术国家集训基地和具有国际一流技术和管理水平的专业实验实训室，依托校外实训基地和"校中厂"生产性实习实训基地，在教学过程中贯穿"学中做、做中学"的理念，根据岗位职业能力要求，把职业教学标准与国际先进印刷行业技术规范融通，课程教学内容与融汇"国际先进行业技能和职业标准"的世界技能大赛印刷媒体技术项目考核标准融通，教学过程与国内顶尖行业企业(前50强)典型生产过程融通。

为了实施"赛教结合"，将专业技能和各类竞赛项目内容融入教学过程，保证在4个不同教学阶段各对应1项技能竞赛，即学生通过第1至第3学期的学习获得职业基本能力后参加学校组织的技能竞赛，通过第4、5学期的学习获得单项技能后参加上海市职业技能比赛,通过第6学期的学习获得综合职业技能后参加全国印刷行业职业技能大赛,通过第7、8学期的学习获得岗位职业技能后参加世界技能大赛,从而确保学生在校3年技能竞赛活动不断,保证教学达到"过程→结果→过程"的目标,即在过程中实现结果,在结果中优化过程,寓学于赛、以赛促学、以赛促教、以赛促改。

2. 改革成效

印刷技术专业通过推进"世赛引领、赛教结合、双证融通"的人才培养模式改革,激发了学生"学知识、练技能"的热情,营造出苦练职业技能、争当高技能人才的良好校园氛围,促使学生职业素养和技能水平得到显著提升。国家骨干高职院校建设期内,印刷技术专业学生在国家和上海市职业技能竞赛中屡创佳绩,连续夺冠。2013年7月,学生王东东代表中国印刷业首次参加世界技能大赛,一举夺得"印刷媒体技术"项目铜奖(第三名),实现了中国在该项目上"零"的突破;2015年8月,该专业学生张淑萍代表中国印刷届第二次参加第43届世界技能大赛,并摘得"印刷媒体技术"项目银牌,在世界竞技舞台上充分展示了学校技能人才培养成果。国家骨干高职院校建设期内,学生在世界和国家级职业技能竞赛中获奖情况见表9-2。

表9-2 建设期内印刷技术专业群学生在世界和国家级职业技能竞赛中获奖情况

序号	赛事名称	级别	数量	获奖赛项
1	第三届全国印刷行业职业技能大赛	一等奖	2	平版印刷工、印品整饰工
		二等奖	5	平版印刷工、印品整饰工
		三等奖	6	平版印刷工、印品整饰工
2	第42届世界技能大赛	铜奖(第三名)	1	印刷媒体技术

续表

序号	赛事名称	级别	数量	获奖赛项
3	第四届全国印刷行业职业技能大赛	一等奖	4	平版印刷工、印品整饰工
		二等奖	5	平版印刷工、印品整饰工
		三等奖	8	平版印刷工、印品整饰工
4	SHOTS世界印刷模拟大赛	铜奖	1	印刷媒体技术
5	第43届世界技能大赛	银奖（第二名）	1	印刷媒体技术

同时，基于这一人才培养模式，印刷技术专业毕业生双证书获取率已达100%，就业率达100%，专业对口率为94.55%，企业满意度达100%；"服务印刷产业转型发展的高端技能型人才培养体系构建与实践"项目荣获2014年国家级教学成果二等奖和上海市教学成果一等奖，"瞄准世界大赛，对接国际标准，创新与实践高技能人才培养模式"项目荣获上海市教学成果二等奖。

9.1.2.2 名企引领、工学结合、能力递进

1. 改革模式探索

学校开展"名企引领、工学结合、能力递进"的人才培养模式改革的专业主要是印刷图文信息处理专业。该模式的主要特征见图9-2。其改革举措主要有：根据行业发展和人才需求，明确职业岗位能力和专业人才培养目标；搭建校企深度合作平台，推行人才培养模式改革；拓展订单培养方式，实施"一单多企、一班多岗"。

一是根据行业发展和人才需求，明确职业岗位能力和专业人才培养目标。为制定适应行业职业岗位需求的人才培养方案，推行"名企引领、工学结合、能力递进"的人才培养模式改革，印刷图文信息处理专业组织专业带头人和骨干教师实地走访了上海烟草包装印刷有限公司、上海紫丹食品包装印刷有限公司等30多家行业企业，并采用"人才培

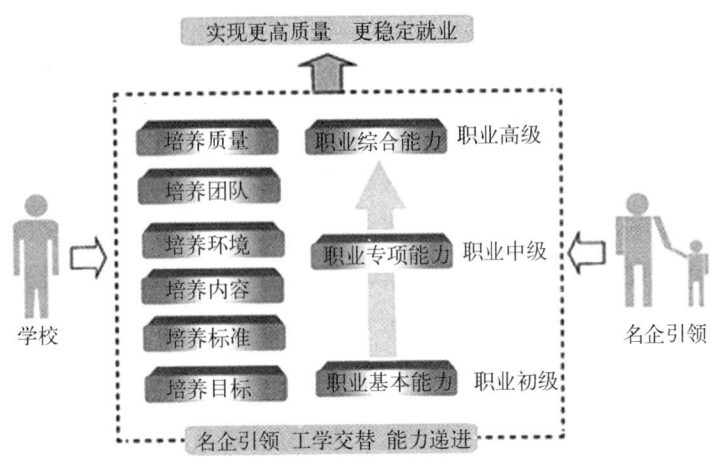

图 9-2　印刷图文信息处理专业"名企引领、
工学结合、能力递进"人才培养模式

养方案行业调研表"的形式,深入了解行业发展趋势和企业用人需求,形成《印刷图文信息处理专业人才需求与专业改革调研报告》;依托专业建设工作委员会,联合企业专家,校企合作深入研讨专业定位和人才培养目标,确定职业岗位和职业核心能力,优化人才培养方案,制订专业课程标准。

二是搭建校企深度合作平台,推行人才培养模式改革。建设期内,由名企引领众多中小型企业,与专业深度合作,搭建校企深度合作平台,建立"厂中校、校中厂"。名企引领众多中小型企业,以行业标准、企业需求为导向,与学校共同确定培养目标、培养标准、培养内容、培养环境、培养团队、培养质量。培养过程采取校内、校外工学结合培养,依托校内生产性实训基地及校外实习基地开展教学实践,实现工作岗位要求与学习任务结合,学校与工厂的环境结合,学生与员工、教师与兼职教师的角色结合。依据不同年级专业课程学习的需要,安排学生到不同类型企业提升能力。

三是拓展订单培养方式,实施"一单多企、一班多岗"。印刷图文信息处理专业以实施订单式培养作为推进"名企引领、工学结合、能力递进"人才培养模式改革的有效手段,注重与企业"利益共赢,需求对接"。针对印刷图文信息处理专业毕业生主要就业单位和岗位(印刷厂印前完稿、广告公司印前设计完稿、图文制作公司图文信息处理等岗位)对人才需求的数量往往不大的实际情况(每家企业多则8~10个,少则1~2个),主要采用"一单多企"和"一班多岗"2种模式,与用人单位签订联合培养协议,共同制定"定向/订单式"培养计划,共同推行"名企引领、工学结合、能力递进"的人才培养模式改革。首批签订合作协议,参与推行"定向/订单式"培养的有8家大型知名行业企业,如界龙集团、柯达(中国)有限公司、上海亿为文化传播有限公司等。

2. 模式改革成效

印刷图文信息处理专业在办学实践中注重学生职业技能培养,通过积极推进"名企引领、工学结合、能力递进"的人才培养模式改革,取得了明显成效,学生职业素养和技能水平得到显著提升。在国家骨干高职院校建设期内,印刷图文信息处理专业学生在国家级和上海市职业技能竞赛中连续夺冠,屡创佳绩。印刷图文信息处理专业学生在国家级职业技能竞赛中获奖情况见表9-3。在第五届全国印刷行业职

表9-3 印刷图文信息处理专业学生在国家级职业技能竞赛中获奖情况

序号	赛事名称	级别	数量	获奖赛项
1	第三届全国印刷行业职业技能大赛	一等奖	2	平版制版工
		二等奖	7	平版制版工
		三等奖	5	平版制版工
2	第四届全国印刷行业职业技能大赛	一等奖	2	平版制版工
		二等奖	2	平版制版工
		优秀奖	2	平版制版工

业技能大赛中,学校获一等奖3项、二等奖10项、三等奖1项、优秀奖4项,4人被评为优秀裁判员,3人被评为优秀组织工作者,学校被评为突出贡献单位、优秀组织单位。在第六届全国印刷行业职业技能大赛中,学校选手获得各类奖项30余项,3人被评为优秀组织工作者,7人被评为优秀裁判员,1人被评为优秀通讯员。

9.1.2.3 理实一体、项目驱动、三段递进

学校开展"理实一体、项目驱动、三段递进"人才培养模式改革的专业主要是出版与电脑编辑技术专业。该模式的主要特征见图9-3。根据出版与电脑编辑技术专业的人才培养目标及特点,依托校企合作平台,与出版行政管理部门、行业协会及各类出版企业开展深度合作,参照职业岗位能力要求和出版专业职业标准,出版与电脑编辑技术专

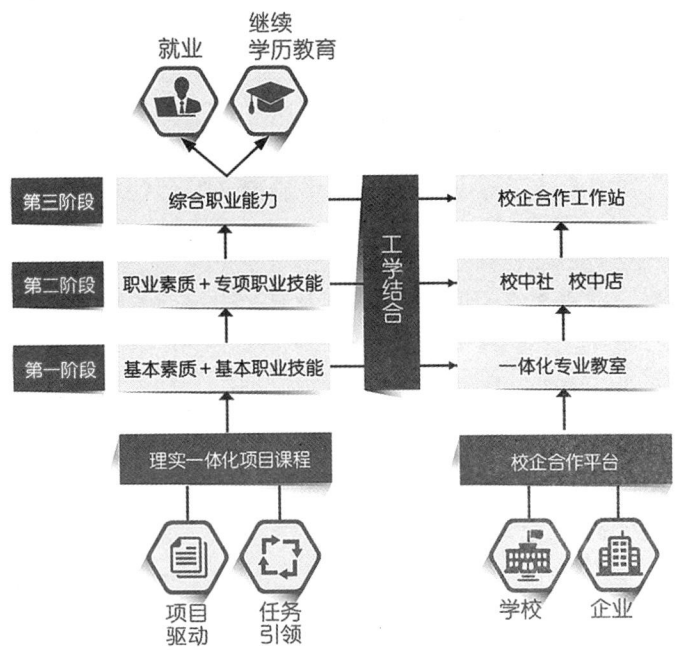

图9-3 出版与电脑编辑技术专业"理实一体、项目驱动、三段递进"人才培养模式

业开发了"项目驱动"和"任务引领"的理实一体化课程,并采用理实一体、工学结合的教学方法,依托一体化专业教室、校中社、校中店和校企合作工作站等实践教学平台,校企合作共同实施"理实一体、项目驱动、三段递进"的人才培养模式。

1. "三段递进"的内涵。第一阶段即入门阶段,主要培养学生的基本素质和基本职业能力;第二阶段即入行阶段,主要培养学生的职业素养和专项职业能力;第三阶段即入职阶段,主要培养学生的综合职业能力。通过创新人才培养模式,实现了专业人才培养规格与职业岗位要求对接,教学内容与职业标准对接,教学过程与工作过程对接,充分体现了职业教育的职业性、适用性和开放性。

2. "理实一体"的内涵。根据出版行业生产特点和职业岗位的具体工作要求,高职课程教学须体现鲜明的职业属性,而一体化的教学模式是高效率的职业教育课程教学方式。教学中要以职业活动为导向,突出能力目标,以学生为主体,以项目为载体,以实训为手段,按"主题项目引导,全程展开教学,个性结合共性,宏观微观兼顾"的原则,设计知识、理论、实践一体化的课程。

根据一体化教学方式的课程设计思路,对专业核心课程和专业主要课程进行教学内容改造后,相应的教学模式也要改革。课程的教学内容须以职业活动为导向,教学过程须以工作过程为导向,教学行动须以工作情境为导向。教学活动要紧紧围绕职业能力目标的实现,尽可能取材于职业岗位活动,以此改造课程的内容和顺序,从"以知识的逻辑线索为依据"转变为"以职业活动的工作过程为依据";同时探索实行"多学期""分段式""专、兼职教师分模块合作讲授同一课程"等教学模式,达到"基础面与专深点互补"的教学目标,使学生"基本理论够用,基本操作全会,核心技能过硬"。

9.1.2.4 大师工作室引领、项目真案化教学

学校开展"大师工作室引领、项目真案化教学"工学结合人才培养

模式改革的专业主要是艺术设计(印刷美术设计)专业。该模式的主要特征如图9-4。其改革举措主要有：创建基于专业建设委员会的大师工作室；构建工作室-企业交替工作模式，实施项目真案化教学；积极引进企业项目，开展项目真案化教学。

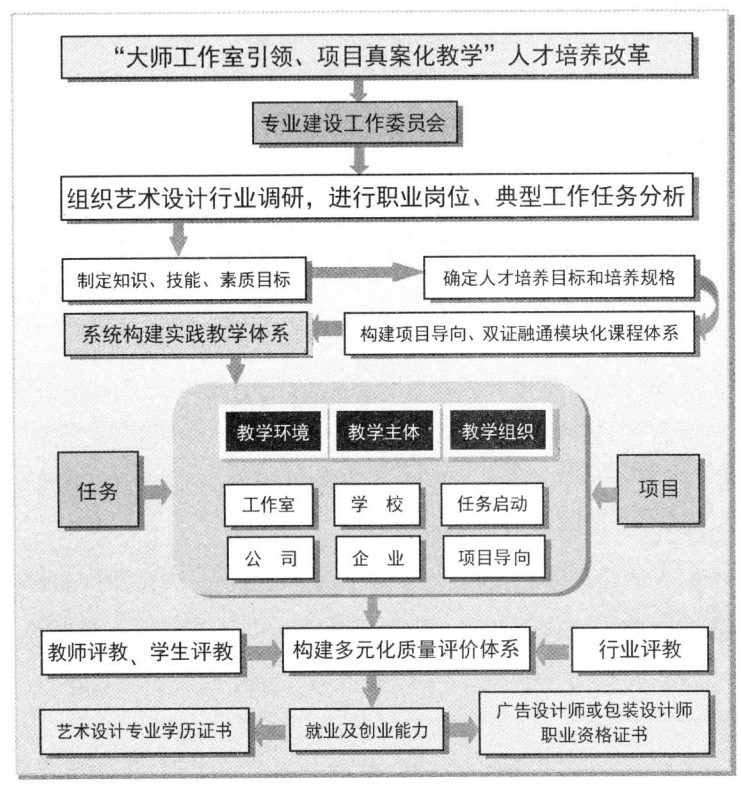

图9-4 艺术设计(印刷美术设计)专业"大师工作室引领、项目真案化教学"人才培养模式

一是创建基于专业建设委员会的大师工作室。艺术设计(印刷美术设计)专业依托校企合作平台，引入在行业中有重大影响的行业专家，建立领军人物或行业大师工作室，聘任学校校企合作理事会副理事长单位——上海原创大师工作室领衔大师刘维亚为首席大师，根据艺

术设计（印刷美术设计）专业人才培养目标、专业知识和专业核心能力培养的特点，实施"大师工作室引领、项目真案化教学"人才培养模式改革。依托专业建设工作委员会，建立行业大师工作室，统筹开展专业建设的顶层设计。依托大师工作室，深入开展专业人才市场调研，按照装帧设计与样本设计、包装设计、广告设计3类核心职业工作岗位实际要求，调整修订专业人才培养的目标与规格，制定完善课程标准、教学标准，进行课程教材建设和课程资源库建设。发挥大师工作室在强化学生实践、顶岗实习、指导青年教师参与行业设计项目、举办设计大赛等方面的重要作用。以大师工作室为载体，促进校企紧密合作、资源共享、共同发展。

依托大师工作室，聘请企业技术骨干为兼职教师，与专职教师结对，共同实施项目真案化教学。通过学校引进和校企联合开发方式，组织学校教师和行业兼职教师个人或教学团队开展项目化教学研究，按照艺术类职业教育教学规律，科学地将实际工作项目转化为课程学习项目内容，引入开发难度适中的真实项目，提出技术标准和质量要求；在此基础上，专职教师制定项目教学计划，安排项目调研、方案创意、设计表达、方案会审、设计制作、评价考核等具体教学流程的实施时间和方式，完成教学组织、管理工作。项目实施过程中，专、兼职教师共同把好教学质量关，达到既完成规定的教学任务，又保证项目顺利实施的目标，并通过邀请行业专家点评学生项目作品来保证学生培养质量。为配合项目真案化教学，实行项目与专业课程对接，根据项目对知识、能力、素质的不同要求，实施相应的教学安排，使项目与课程紧密对接。

二是构建工作室-企业交替工作模式，实施项目真案化教学。改变以往单纯在教室"闭门造方案"的教学模式，在项目真案化教学的整个过程中，构建基于设计工作过程的教学情境，随着项目进展分别将课堂设置在校内专业工作室和企业设计室等场所，形成工作室-企业交替工作模式。如在分析设计任务阶段，由校内指导教师指导学生在项目工作室进行头脑风暴,解读设计任务,讨论分析实施路径;在项目调研阶段,由校内指导教师与企业项目负责人进行交流,商讨项目实施方案;在项目方案创意、设计表达等阶段,学生再次回到工作室,利用校内资源,根据设计要求制作设计方案;在项目方案评审阶段,将课堂搬到公司或请公司项目负责人来校评审方案,指导学生修改完善;项目创意设计定稿后,在校企双方指导下,在公司、工作室之间交替进行设计完稿,直至整个项目顺利完成。

三是积极引进企业项目,开展项目真案化教学。根据学校制定的《校企合作管理办法》《行业企业兼职专业带头人及兼职教师聘任(聘用)条例》《企业教学工作规范》等制度,聘任企业设计技术骨干作为兼职教师,与专业教师共同授课,并利用行业资源优势,适时引入适合项目真案化教学的艺术设计真实项目,校企合作开展项目真案化教学。校企双方共同制定项目导向教学计划,安排项目调研、方案创意、设计表达、方案会审、设计制作、评价考核等具体教学流程实施的时间和方式。

国家骨干高职院校建设期间,由企业引入开展项目真案化教学的项目达6项。其中,由设计作品连续八届荣获"中国最美的书"称号的上海人民出版社美术编辑陈楠(兼职教师)将人民文学出版社书籍设计项目引入书籍装帧与样本设计课程教学,以项目导向方式进行课程设计教学。在她的指导下有4套书籍装帧设计正式被出版社采用:金燕琼同学设计的系列套书《经典散文》《岁月与性情》(人民文学出版社);季燕同学设计的《我相信》(上海译文出版社);陈晓鲁同学设计的《亲睹一个真实的日本》(上海人民出版社)等。艺术设计(印刷美术设计)专业聘请合作伙伴上海亿点创意有限公司艺术总监陈举担任兼职教师,以项目导向方式进行标志设计课程教学。在她的指导下,顾颖芝同学设计的《上海夸客金融信息服务有限公司的标志及企业形象设计》方案被该公司采用。

9.1.3 人才培养状态数据平台建设

9.1.3.1 优化状态数据平台的采集与管理模式

根据历年来教育部职业教育与成人教育司和上海市教育委员会高等教育处分别发布的《关于做好"高等职业院校人才培养工作状态数据采集与管理平台"填报工作的通知》工作要求,状态数据平台是上海版专人才培养工作评估的重要基础,也是学校对人才培养工作实施数据管理的重要途径和手段,更是今后学校管理方式变革和人才培养工作质量监控的常态化管理平台。

1. 指导思想

根据《教育部财政部关于进一步推进"国家示范性高等职业院校建设计划"实施工作的通知》(教高〔2010〕8号)的文件要求,以上海版专人才培养工作、内涵建设,特别是国家骨干高职院校项目建设为基础,对照国家骨干高职院校建设任务书中的指标,科学、真实、全面地做好状态数据平台采集与管理工作,进一步推进学校内涵建设,全面提高人才培养质量。

2. 总体目标

通过状态数据平台建设工作,真实反映上海版专人才培养工作全貌,有利于学校领导准确发现问题、分析问题,提出针对性解决方案,及时做出正确决策;引导各系部把工作重心放到专业建设、课程建设、师资队伍建设、实践基地建设等内涵建设上来,促进校企合作、工学结合的人才培养模式改革,努力提高人才培养质量。

3. 基本原则

统一管理原则是组建状态数据平台专项工作小组,由规划与科研处负责组织状态数据平台的采集与管理工作,实行"统一领导,分模块管理"的采集与管理制度。规划与科研处主要负责系统维护、平台培训、统筹协调,分模块主管部门负责相关数据的录入,根据实际情况及时更新。该原则有利于确保采集信息的准确性、真实性和平台管理的客观性、独立性。

数据采集原则是建立数据管理员制度。各系部安排一名数据管理员,负责本系部数据采集的指导与协调、填报工作。为了保证数据的源头采集,实施"谁填报,谁负责"的基本方针。

模块负责人责任原则是模块负责人应根据填报进度,检查相关数据的采集完成度;逐条逐项审核相关数据的准确性,检查填报是否符合实际情况和采集要求,如发现有问题应及时与数据管理员、源头采集人联系,做到"谁审核,谁负责"。

4. 状态数据平台的二级管理模式

上海版专自实施二级管理以来,采用统一领导、精干高效的管理模式,将管理工作的重心下移到系部,各系部进行教学、科研的过程管理、质量管理,充分发挥系部的作用和功能,主动适应快速变化的教育市场和人才模式变化的要求,有利于学校资源配置的整体优化,有利于教师、科研人员积极性的发挥,也有利于信息传递迅捷畅通。

状态数据平台专项工作小组在学校二级管理的总体框架下,落实了校、信息源头的系部二级信息采集与审核的状态数据平台管理体制。为了确保人才培养工作状态数据的真实性、准确性和规范性,在学习高等职业院校人才培养工作评估研究课题组研制的《高职院校状态数据采集平台操作指南》基础上,结合学校多年平台运行与管理的工作经验,整理了《上海版专状态数据平台填报注意事项》,组织了数据管理员与模块负责人的培训会和专场讲解会,协调相关系部完善数据,推动数据平台的制度化、规范化、标准化和信息化管理。同时,为了实现数据的源头采集以及填报过程中的实时交流和互动,规划与科研处设立了专门的状态数据QQ群,安排专人负责,对工作中出现的问题进行沟通反馈并采取及时答疑的方式,有助于推动形成状态数据采集工作的常态化管理机制。

规划与科研处将状态数据平台采集与管理工作共分为四个阶段进行开展,具体如下:

第一阶段:数据采集准备阶段

1. 基础数据准备。无论是采用状态数据平台网络版还是标准版,都需进行基础数据准备。针对标准版,必须先完成校内专任教师基本情况、校内兼课人员基本情况、校外兼职教师基本情况、校外兼课教师基本情况、开设专业和课程设置等6张数据源工作表的数据采集与整理,才能输入其他工作表的数据。对网络版而言,要先对平台进行初始化设置,再进行机构设置、专业和课程设置,以及用户基本情况设置,包括用户角色、操作权限的配置,最后是任务分配。基础数据的准备由规划与科研处专门负责该平台的系统管理员统筹整理完成。

2. 培训。由规划与科研处组织召开全校教职工培训会和针对数据管理员、模块负责人的专场讲解会。

第二阶段:数据填报阶段

各系部组织召开填报会议,布置状态数据平台的填报工作,根据"确保数据原始性、准确性、规范性"的总体要求,由数据管理员对相关教职工进行填报指导,按照学校统一规定的时间进度,完成数据填报工作。

第三阶段:数据审核阶段

各模块填报完成之后,由模块负责人严格把关,进行数据审核,避免出现数据遗漏、失真、重复或者矛盾等现象。

第四阶段:数据完善阶段

规划与科研处对照各相关系部数据,对采集的各项数据进行协调审核,挖掘并整理状态数据采集中存在的问题,根据数据的真实情况和逻辑关联性,协调相关系部完善数据,并上报学校领导审核通过。

最后,根据上级管理部门的上报时间要求,按时上报学校状态数据平台。

规划与科研处系统管理员根据学校教学安排,把状态数据平台中的工作表按照实际情况进行任务细分,在基础数据准备工作完成之后,进行系部数据管理员骨干队伍的专业化培训,确保他们准确理解各项数据的含义,做到对采集的各项数据理解一致、填报口径一致,继而在培训会上部署采集任务。各系部接到任务后,组织召开系部内部的填报会议,由数据管理员进行指导,相关教职工在学校统一规定的时间安排内完成数据填报,实事求是地从源头采集各项数据。规划与科研处定期通报各系部工作进展情况,确保状态数据采集工作按计划进度完成,并严格落实填报和审核责任制。

模块负责人基本由系部领导担任,完成数据源头采集工作之后,模块负责人根据时间进度,进行数据审核,如发现填报数据存在违背"准确性、原始性、规范性"的要求,则可以按照"谁填报,谁负责"的原则,要求数据退回并进行及时更正。审核通过之后,系统管理员将再次对全校数据进行逻辑检测,找出存在的问题,根据检测结果协调相关系部完善数据,并汇报学校领导审核通过,最后通过教育部数据智能同步系统,将平台数据上报到云平台。具体流程见图9-5。

近几年学校充分利用校园网络和信息技术手段搭建状态数据平台,落实平台数据采集与管理责任制,将数据采集和审核落实到人,提高数据采集效率和准确度,确保数据的真实、准确、有效。实现了数据信息实时输入及动态分析功能,指导学校从单纯的数据采集向数据管理转型,全面保障了状态数据平台的质量,为下一步分析、挖掘和应用数据,充分发挥数据作用,打下了扎实基础。

9.1.3.2 探索创新专业建设平台数据管理实践

根据《教育部财政部关于支持高等职业学校提升专业服务产业发展能力的通知》(教职成厅函〔2011〕11号)的文件要求,上海版专"数字出版"专业成功申报"高等职业学校提升专业服务产业发展能力"项目,专业建设期两年,要求在专业建设平台上记录日常教学活动,作为项目

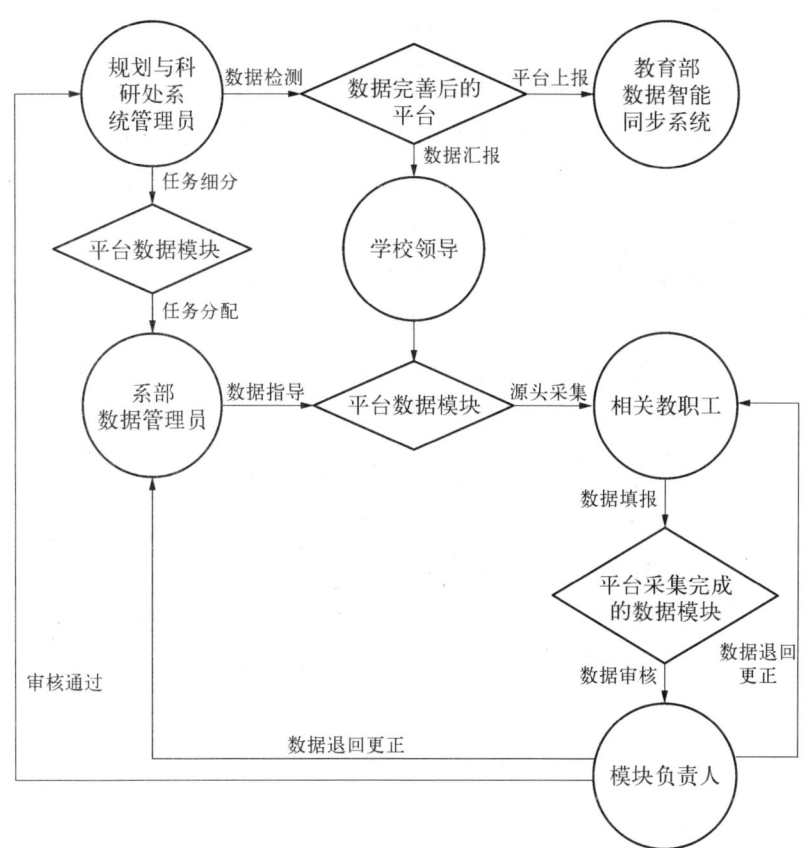

图 9-5　上海版专状态数据平台采集与管理流程图

验收依据。学校从 2012 年启动国家骨干高职院校建设项目，项目支持印刷技术、印刷图文信息处理、出版与电脑编辑技术和艺术设计（印刷美术设计）四个专业的相关信息加入专业建设平台，持续记录专业的建设过程，对专业建设的日常教学活动进行有效监督和管理，为专业分析、项目验收与绩效报告提供过程管理和数据支持。

明确指导思想。遵照《教育部财政部关于进一步推进"国家示范性高等职业院校建设计划"实施工作的通知》（教高函〔2010〕8 号）、《教育部财政部关于确定"国家示范性高等职业院校建设计划"骨干高职院校立项建设单位的通知》(教高函〔2010〕27号)等文件精神,上海版专秉承"立足上海、依托行业、发展特色、服务全国"的办学宗旨,以国家骨干高职院校项目建设为基础,对照国家骨干高职院校建设任务书中的指标,科学、真实、全面地做好专业建设平台填报与管理工作,进一步提升人才培养质量、办学水平和服务国家和地方文化产业发展能力。

形成总体目标。通过开展专业建设平台工作,以专业为维度,记录人才培养写实数据,追踪学习者职业生涯发展轨迹。进一步提高校园信息化建设和管理水平,特别是提高教育教学信息化管理和服务水平;进一步加强校内外实习实训基地建设,创新人才培养模式、建设高水平专兼结合专业教学团队、提高社会服务能力;进一步深化校企合作,全面、真实地反映行业企业对专业建设的参与度和满意度。

确立基本原则。第一,统一管理原则。组建以校长为组长,各相关系部领导为成员的专业建设平台领导小组,负责平台运行中的领导决策、宏观调控、实施整改等权责划分;成立以各相关系部数据管理员、专业负责人为成员的专业建设平台工作小组,主要负责系统维护、平台培训、统筹协调等方面的工作。实行"统一领导,分专业管理"的填报与管理制度,该原则有利于确保填报数据的准确性、及时性和平台管理的客观性、独立性。第二,专业负责人责任原则。建立专业负责人责任制度。各专业负责人在掌握专业培养流程的经验基础上,理清平台的数据填报逻辑关系,负责本专业数据的指导、协调与填报工作。

探索专业建设平台的项目制管理。专业建设平台工作小组采用项目管理模式,以专业建设与招生、人才培养全过程(教与学的实时跟踪)、就业跟踪与职业发展为项目范围,把每个专业的数据填报作为一个子项目,为了保证项目质量、控制项目进度,工作小组制定了《上海版专专业建设平台填报工作手册》,整理归纳了平台填报步骤、专业填报时间进度安排,以及部分数据之间的逻辑关系。同时,为了实现数据的源头采集以及填报过程中的实时交流和互动,工作小组设立了专门的专业建设管理QQ群,对填报工作中出现的问题及时答疑解惑。

工作小组将专业建设平台填报工作分为两个阶段进行开展,具体如下:(1)系统初始化阶段。系统管理员首先在平台上建立学校的基本组织架构(二级单位、专业列表),然后协调人事处导入教师基本信息,再设置角色及其操作权限,并将任务分配给相关用户。(2)数据填报阶段。在系统初始化完成后,教师和学生可根据初始化提供的账号和密码登录专业建设平台,填写个人基本信息。教师基本信息包含个人的课程建设、培训进修、社会兼职、获得荣誉等方面的内容;学生基本信息包含两方面,一方面是记录学生的在校活动,有资格证书的考取、社会活动等,另一方面反映毕业后的职业生涯发展状况,填写"职业发展"模块。

专业建设平台填报的每一步都与下一步有着紧密联系,一个环节出错将导致一条信息链上的所有数据重新填写。专业负责人从人才培养方案制定、课程建设、实践基地建设等方面贯穿整个专业内涵建设过程,在这个平台上的统筹作用尤其显著,不仅需要追踪教学实施情况,监控专业教学质量,更要负责安排本专业实践环节的指导工作,探索产学研结合的人才培养模式,不断加强专业内涵建设,形成专业特色,扩大专业影响力。

专业负责人每学期初根据平台"课程信息"工作表模板要求,整理并批量导入"课程信息",在"专业建设"栏下的"专业教师"选择相关教师,包括校内专任教师、校内兼课人员、校外兼职教师和校外兼课教师;在"教学活动"-"课程安排"中,选择专业班级,安排相关教师授课;教师在个人主页完成"教授课程"后,专业负责人在学期结束后,对教师进行"课程评价",并输入学生"课程成绩"和"奖助学金"。专业负责人要明确平台中教学活动的逻辑步骤,涉及的用户较多,不仅有本专业的教学教师、在校学生,还有校外教师、合作企业人员和毕业生,任务复杂,责任重大。

除了每学期进行教学活动安排和管理之外,专业负责人还要负责实践基地和合作企业、合作记录的信息填报,涉及的工作量很大,同时还要关注毕业生用人单位反馈,根据人才市场需求,有方向地调整人才培养方案,有效促进教育教学改革,切实提高人才培养质量。具体情况见图9-6。

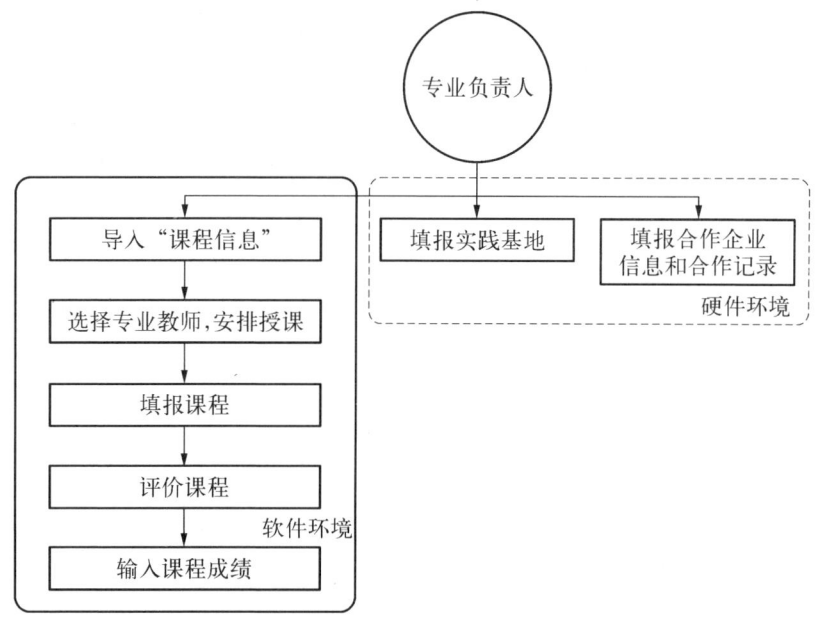

图9-6 专业负责人平台统筹模型图

为了确保数据的真实性和有效性,工作小组要求所有用户进行写实性的数据记录与核实,以便形成一个完整的专业建设与职业发展的生命周期。

从宏观角度来说,学校通过专业建设平台,可以进一步了解学生就业结果和对学校教育的满意度,以及企业对职业教育的参与度和满意度;从微观角度来说,专业负责人需要过程数据来保障专业建设质量,教学部门利用实时数据来促进专业管理进度,学校领导根据结果数据开展专业绩效评估,建立一套"关键绩效考核指标"。通过动态的数据追踪和数据比较,在师资队伍、学生情况、校企合作、教学安排和实习实训五大板块进行对专业建设成效的数据分析,专业建设平台旨在用"数据"说话,逐步形成一个动态、综合的高质量数据库。

9.1.3.3 推进人才培养状态数据平台持续优化

目前在学校内部,已建设了多个部门级的管理信息系统,如教务系统、人事系统,这些系统在很大程度上能满足部门内部的管理需要,然而在校级层面上却存在着较为明显的数据孤岛现象,管理应用相互独立,信息不能共享。另外,状态数据平台和专业建设平台等多个平台也在校内分立运行,由于数据分别采集,数据标准不一,给用户造成了一定的困扰,也影响了数据的准确度。为了解决这些问题,并真正实现"数据服务于管理"的教育信息化建设初衷,学校今后要重点推进智能校园建设,进行校级数据规划,编制统一数据字典,整合状态数据平台、专业建设平台和其他部门管理信息系统,建立"校级数据中心",消除学校信息孤岛,避免数据重复填报,为数据统计、分析和应用提供真实、准确的数据支撑。

"校级数据中心"以人为本,将有效解决当前存在的数据标准不唯一、应用系统复杂和互不关联等难题,以科学手段激活学校的办学管理水平,提升学校数据整体的质量和信息化决策支持能力。

9.2 高水平师资队伍建设与改革

学校通过"名师工程"、人事管理改革两个维度的诸多措施,有效提升师资队伍水平,收到良好效果。

9.2.1 实施"名师工程",打造跨界组合与结构优化的名师团队

"名师出高徒"是高技能人才培养的普遍规律,教师尤其是名师在实现培养高技能人才目标上发挥着主导和能动性作用。高职院校的名师建设,既要求他们通晓专业知识、具有高超教学艺术,又要求其具有

精湛的操作技能。怎样建设这样一支名师队伍,是当前高职院校亟待解决的突出问题。上海版专近年来通过大力引进名师,科学培养名师,打造名师团队,建立了一支名师引领、跨界组合、结构优化、功能互补的高素质师资队伍。

9.2.1.1 大力引进名师,营建高技能人才培养的师资高地

第一,直接引进业内知名人士,加强与行业企业的联系。学校近年通过专项经费的设立以及建立系列保障与激励制度,有效推进了业内知名专家的引进,其中包括知名出版社(如少年儿童出版社、上海远东出版社、同济大学出版社、上海教育出版社)的社长总编、印刷行业著名专家、上海市东方学者、国外名校海归博士等共计30余人。这些人员的引进,大大优化了学校师资队伍结构,同时密切了学校与行业企业的联系。

第二,柔性聘用业内著名专家,强化专业建设发展力量。学校秉承"不拘一格用人才"的"名师工程"建设理念,通过柔性聘用实现了对一批业内著名专家的引进。譬如,聘请著名光学专家、上海理工大学庄松林院士担任学校学术委员会主任,聘请中国新闻出版研究院原院长、全国首批新闻出版行业领军人才郝振省研究员担任兼职教授,科学谋划学校专业建设方向;聘用获得俄罗斯国立师范大学造型艺术教育博士学位,安徽师范大学美术学院的于安东教授,成功申报上海高校特聘教授(东方学者);聘请"中国拍卖第一人"、上海世界华人收藏家大会组委会执行副主任、上海市新闻出版局原副局长祝君波担任兼职教授,并在校建立"祝君波出版传媒工作室";开设了"文化产业系列讲座",涉及艺术品经营与管理、动漫产业发展、版权产业发展、电影产业发展、资本与文化产业发展、科技进步与文化产业发展等专题,这些讲座分别由上海广播电视台版权中心主任、上海东方传媒集团五岸传播总经理何小兰,上海炫动传播股份有限公司战略发展部主任徐斌,达晨创投基金上海公司总经理叶先友,上海新闻出版局版权处处长陈琳琳,上海文广局电影处副处长彭奇志,上海市科委高新技术处副处长陈天琛

等业内专家领衔主讲,带动了一批著名专家的柔性引进,有效强化了学校专业建设师资力量。

第三,建立"大师工作室",形成有特色的人才培养模式。学校以推进国家骨干高职院校建设为载体,以打造校企深度合作平台为目标,建成了11个企业专家(大师)工作室,在教学上形成了"教、学、做"一体化的人才培养模式。学校为加强艺术设计(印刷美术设计)专业建设,聘请刘维亚、陶雪华、罗兵、刘宏骏等业内大师,在校建立"大师工作室",形成了以"项目＋工作室"为特色的人才培养模式,采用"虚案实做、旧案新做、真案真做"方式,将项目引领思想贯穿教学之中,做到了"教室与工作室合一、教师与项目负责人合一、学生与设计人员合一、理论知识运用与动手实践合一",形成了"三做""四合一"的艺术设计人才培养模式。

9.2.1.2 科学培养名师,形成有利于名师成长的体制机制

学校通过确立平台、明确载体、发掘动力、建立制度等举措,形成了利于名师成长的体制机制,在校内名师的培养上屡获佳绩。

第一,以重点专业为依托,有针对性地培养名师。学校有5个国家重点专业以及7个上海市重点专业,学校把重点专业建设与"名师工程"建设紧密结合,既推进了专业的快速发展,又促进了名师的有效成长。学校印刷图文信息处理专业负责人顾萍老师荣获第六届"国家教学名师奖",数字印刷专业姚海根教授成为国家级教学团队负责人、全国印刷行业百名科技创新标兵,学校重点专业负责人郝清霞、潘杰、王正友近年分别获"上海市教学名师"称号,还有其他教师获得了原国家新闻出版总署、全国新闻出版职业教育教学指导委员会等政府和行业组织颁发的各类名师奖项。

第二,以质量工程为载体,在竞争中培养名师。学校近年通过申报及建设各级精品课程、教学团队、精品资源共享课、实验中心以及"印刷与数字印刷技术"专业教学资源库等质量工程项目,遴选并逐渐培养出

了一批优秀的教学项目负责人。此外,学校也比照市级质量工程项目开展校级重点专业、校级专业教学资源库课程、教学设计竞赛、多媒体教学及课件制作竞赛和"同学心目中的好老师"等项目的建设和评比工作,为发现并培养具有潜质的教师提供了机制设计。

第三,以技能竞赛为引导,通过激励培养名师。"全国印刷行业职业技能大赛"是国家一类赛事,也是与学校专业设置最为紧密的职业技能竞赛,涉及学校1/3的专业数及超过这一比例的学生。学校在认真组织学生参加竞赛的同时,也要求教师积极参与赛事之中,通过竞赛角逐,崔庆斌和钱志伟两名教师先后两届获得职工组一等奖,并荣获"全国技术能手"称号,有效激发并带动了全校教师开展技能训练的热情。学校教师还通过组织与参加"高级多媒体作品制作员""网页设计制作员""全国网络编辑技能竞赛""全国信息技术应用水平大赛"等赛事,并成为部分国家赛事的裁判。

第四,以制度建设为保障,持续培养名师。根据学校国家骨干高职院校师资队伍建设目标,针对不同教师的发展要求,学校建立并完善相关制度给予支持保障:一是梯度支持的骨干教师发展制度,具体表现在对入职教师实施产学研践习,制定对青年教师进行教学指导的暂行办法,对骨干教师实施国内外访学及各类培训进修,以及对教师取得的突出成果实施专项奖励等;二是科学合理的专技职务聘用制度,根据学校发展规划及高职院校特点修订专业技术职务申报和聘用条件,创造性地实行专业技术职务校内聘用制度,激励教师的专业化成长。

9.2.1.3 打造名师团队,引领学校高素质师资队伍的建设

团队是教师成长为名师的有效平台。学校"名师工程"的建设,十分注重发挥名师对于团队教师成员的引领作用,通过各类团队的建设,通过组织机构的完善,通过讨论交流平台的营建,学校建成一支高素质的师资队伍。

第一，依托教学团队和精品课程建设，提升整体师资水平。学校目前拥有国家级教学团队1个，国家级精品课程（精品资源共享课）3门，上海市精品课程12门，上海市市级教学团队7个，纳入上述教学团队与精品课程建设的教师人数占学校教师总数的1/3以上。学校非常注重上述20多位项目负责人在引领整个团队建设发展过程中的"传、帮、带"作用。对教学团队与精品课程的建设实施过程管理，项目负责人对团队成员的带动及引领成效成为考评的重要内容；召开经验交流与青年教师培养研讨会，相互借鉴成功经验，促进了各团队师资水平的整体提升。

第二，组建专兼结合的名师团队，夯实专业建设师资力量。基于学校建立的"校企合作理事会"，各专业系部成立了各自的"校企合作理事分会"，并组建了专业建设指导委员会，每个专业聘请一名兼职的专业带头人和若干行业企业专家。这些兼职专业带头人均具有副高级以上的行业专业技术职称，在行业企业中担任中高层管理职务，而专业建设指导委员会的其他成员也在业内具有重要影响和知名度。30余名兼职专业带头人以及多达120余位行业专家顾问的加入，形成了一支非常有助于高技能人才培养的校企结合、功能互补的师资队伍。

第三，建立协同研究机构和团队，提升教师服务社会能力。学校通过成立上海出版传媒研究院，以及建设14支科技服务团队，实现了对校内外研究力量的有效整合和协同创新。依托上海出版传媒研究院，学校协同上海理工大学的科研力量，获批"数字版权保护技术研发工程"国家重大科技工程项目，搭建了教师参与行业前沿技术研发的平台。研究院的建立还促成了学校获批国家新闻出版广电总局重点课题、上海市促进文化创意产业发展财政扶持资金项目，以及上海市教委文教结合科研项目等一大批纵向课题。2016年，学校还获批建设国家新闻出版广电总局首批新闻出版业科技与标准重点实验室——"柔版印刷绿色制版与标准化实验室",以及"现代印刷媒体技术"上海市教委高校工程研究中心,这些科研平台的搭建,在提升教师科技服务能力的同时,也有效地推动了名师的成长。

第四,举办国际会议和学术沙龙,搭建教师交流互助平台。同道互助,博采众长,这是高校名师的成长之道。学校为名师的成长搭建了多层次的交流互助平台,具体表现在专业层面的教研室集体教研活动、教学团队以及精品课程的建设,学校层面的专题学术沙龙;制定了教师培训进修以及国外访学制度,为教师拓展交流互助空间提供制度保障;同时还举办国内外学术研讨会,创设教师专业发展的平台。如学校于2013年10月召开"现代传媒技术与教育国际研讨会",来自国内各地和美国、德国、俄罗斯、英国、法国、韩国、意大利、芬兰等国的百余位知名行业专家出席会议,带来了20余场高水平的学术报告,学校35名教师提交论文并积极参与研讨,在与国内外一流学者开展深度交流的同时,也促进了自身学术水平的提升。

总之,学校通过实施"名师工程",打造了一批业内有着重要影响的名师,带动了一支结构优化、素质优良师资队伍的建立。近年相继涌现出全国新闻出版行业领军人才5名、新中国百名有突出贡献的新闻出版专业技术人物1名、全国印刷行业百名科技创新标兵1名、国家级教学名师1名、全国技术能手3名、毕昇印刷杰出成就奖2名、全国教学指导委员会成员3名、国家行业标准委员会成员5人、国家级赛事裁判8人、上海市东方学者1名、上海市教学名师4名。学校近年还建成国家级教学团队1个、上海市级教学团队7个、国家级精品课程3门、省(部)级精品课程12门,依托这些教学团队与精品课程的建设,推进了学校师资队伍整体水平的提升。而专业兼职带头人以及专业建设指导委员会制度的实施,扩大了学校名师队伍的规模,推动了一支结构优化的专兼结合师资队伍的建设。学校在行业中的影响力不断扩大,目前已成为多家行业协会的理事长或副理事长单位。

9.2.2 推行人事管理改革，建设结构与素养优良的"双师型"教师队伍

学校将师资队伍建设上升到决定学校长远发展水平的战略高度，并作为专项内容列入国家骨干高职院校建设项目。以打造"双师型"教师队伍为抓手，实施"人才强校"战略，通过改革人事管理制度，建立完善行业教师兼职机制，教师发展中心建设和教师"产学研践习计划"的实施，不断完善"双师型"教师队伍的结构和教师"双师"素质的提升。

9.2.2.1 建立校外教师兼职机制，打造"双师型"教师结构

学校将深化人才队伍"双师"结构建设作为国家骨干高职院校建设项目重点，通过校企深度合作，建立完善行业企业教师兼职机制，着力打造"专兼结合、动态组合、校企互通"的双师型教师队伍。一是积极聘请来自行业企业一线的兼职教师来校任教，并开展了优秀兼职教师评选工作，聘用一批行业企业的一线工程技术人员和能工巧匠作为专业兼职教师，建立了一支相对稳定、经验丰富的兼职教师队伍。二是根据专业建设和人才培养模式改革的需要，聘用具有行业影响力的专家担任专业带头人（兼职），并充分发挥兼职专业带头人的行业引领作用，为提升学校的人才培养质量提供了专业发展战略保障。

目前，学校全部26个专业（不含专业方向）均聘任了来自行业企业的兼职专业带头人，所有重点专业和一半以上其他专业聘任的兼职专业带头人为高层次行业专家，所有专业均聘请2名或以上行业专家担任行业顾问，全校各专业共聘任专业兼职教师190名，兼职教师承担专业课程学时占比平均达50.1%。这一做法有效优化了学校教师队伍的"双师型"结构。

9.2.2.2 成立教师发展中心，加强教师专业"双师"素质培训

为更好地服务于专任教师"双师"素质的发展，学校在全国高职高

专院校中率先于2014年成立"教师发展中心",为学校教师的"双师"素质提升搭建了多层次的交流互助平台。一是探索建立科学的教师能力提升培养体系,通过开展名师讲座、课程观摩交流、示范公开课、青年教师教学发展研修、青年教师教学比赛、教学能力再培训等多样化的活动,全面提高了教师的教育教学能力与专业实践能力,教师的"双师"素质得到了有效提升。二是通过校企合作、校际合作、社会合作、国际合作,着力加强教师"四种能力"的培养,即"专业带头人及骨干教师从事专业建设和教学改革工作能力培养""教师教学能力培养""专业教师科技开发及社会服务能力培养""教师国际交流及合作教学能力培养",切实提升教师职业素养、教育教学水平和能力。三是根据学校"教师专业发展需求情况调研问卷"的统计结果及学校实际办学情况,开展了多期专业教师专题培训班。邀请了各学科专家学者,通过专题讲座、小组研讨、技术体验、企业调研等多种形式开展了丰富的培训活动,尤其筹备开展了多次博士沙龙活动,极大地提升了教师专业理论和实践能力的发展。四是大力鼓励教师参加各类专业技能培训、职业岗位技能考证、技能大赛等方式,积极支持专业教师获取"双师"资格,并为教师"双师"素质的提高提供相关的支持条件。

9.2.2.3 实施"教师企业践习计划",促进教师技能素质提升

在学校"双师"素质教师认定中,教师企业践习经历是重要要求。为提高教师的"双师"素质,学校积极推进"教师专业发展工程",鼓励教师申报其"产学研践习计划"。国家骨干高职院校建设期内,学校以教师产学研践习制度为推手,充分发挥行业优势,依托上海烟草包装印刷有限公司、上海纺印利丰印刷包装有限公司、少年儿童出版社、上海刘维亚原创设计策划有限公司等5家行业大型、龙头企业,建立教师产学研践习基地,先后有99名专业教师参加产学研践习。同时,学校每年派出4~6名专业教师赴企业进行为期一年的脱产践习。

为规范专业教师赴企业产学研践习管理,学校制定了《教师产学研

践习管理试行办法》。该办法明确了教师、系部、学校与企业在践习过程中的权责利,免除脱产践习教师的教学工作量,制定相关补贴标准、企业带教教师指导费标准。同时,结合绩效工资改革,学校推行二级管理,将专业教师下企业践习补贴以专项经费的形式核拨至系部,并不断加大对教师参加产学研践习的投入,由系部进行二次分配,有效激发了各系部推动教师参与企业践习的积极性;在《部门绩效考核办法》中,学校将各系部"双师"素质教师比例作为考核要点,并将产学践习作为教师专业技术职务晋升、聘期与年度考核的重要指标,并通过修订《专业技术职务评聘办法》的形式予以明确;在《骨干教师认定与培养办法》中,学校将具有企业践习经历作为认定骨干教师的必要条件。这些做法显著促进了教师工程实践能力和"双师"素质的提高。

9.2.2.4 加强制度建设,为"双师型"教师队伍建设提供保障

在国家骨干高职院校项目建设期内,学校陆续出台或修订了与"双师型"教师队伍建设相关的制度文件,主要分为三类:一是"双师型"教师聘用管理办法,主要包括《人员引进与管理暂行办法》《外聘兼职教师管理办法》《专技职务"校内聘用制"试行办法》;二是"双师型"教师培养培训管理办法,主要包括《教职工进修培训管理办法》《教师产学研践习管理试行办法》《专业带头人管理办法》《骨干教师认定与培养暂行办法》《兼职专业带头人及行业顾问管理暂行办法》;三是"双师型"教师考核激励办法。

同时,学校不断完善"双师型"教师队伍建设经费保障机制。加大了"双师型"教师队伍建设的资金保障,给予脱产赴企业践习教师津贴补贴、设立专项资金奖励考取职业资格证书的教师、提高高水平企业兼职教师课酬标准,有效推进了双师素质提升。学校每年派出专业教师赴企业进行为期一年的脱产践习,上海市教委给予这些教师 50 000 元奖励;学校鼓励青年教师考取职业资格证书,并给予考取职业资格证书的教师 1 000 元奖励。

9.3 科研与社会服务平台建设

学校的科技与社会服务工作伴随着国家骨干高职院校项目的建设得到快速发展。学校2010年建立专门负责科技工作的行政机构——规划与科研处(现分设为科研处与规划发展处)。在国家骨干高职院校建设期间,学校科研工作经历了从初步发展、内涵深化再到明确特色的发展历程。学校科研立足高职教育的"跨界"本质,以及"主体多元"的职业教育特征,以新时代高职教育改革与创新发展趋势为指引,坚持"科研育人"宗旨,走"产教融合、协同创新"的应用型科研之路。聚焦行业关键共性技术和产业发展前沿问题,明确服务广大师生、服务行业企业、服务区域经济社会和国家建设发展的"三服务"主线,通过搭建"柔版印刷绿色制版与标准化"国家新闻出版署重点实验室、上海出版传媒研究院、"现代印刷媒体技术"上海高校工程研究中心、上海出版印刷高等专科学校科学技术协会(简称"上海版专科协")、校级研究机构(协同创新科技团队)"3+1+X"的特色科技平台,共享高校、企业、行业和政府部门"政行企校"优质资源,营建了学校浓郁的科研氛围;同时完善科研管理制度,以学校CRP科研管理系统优化管理流程。学校科技工作水平迅速提升,为学校新一轮的建设发展提供了有力支撑。

9.3.1 基于协同创新的科技服务平台建设

9.3.1.1 深入推进国家新闻出版署柔印重点实验室的内涵建设

2016年12月,学校与富林特(油墨)上海有限公司、上海印刷技术研究所联合申报的"柔版印刷绿色制版与标准化实验室",获准立项国家新闻出版广电总局首批新闻出版业科技与标准重点实验室。作为推进重点实验室建设的有力举措,学校与富林特集团(Flint Group)共建了"富林特亚太技术研发中心",建立了赛康数码创新中心,同时引进中国印刷技术协会柔性版印刷分会入驻学校,形成多元主体协同共建的局面,为实验室与行业企业加强联系创造了优良条件。共建单位近两年共向重点实验室投入建设资金1 700余万元。

实验室建立了有利于资源集聚和科技研发的领导组织架构。学校校长担任实验室主任,共建单位负责人及学校分管副校长担任实验室副主任,同时引进专职的实验室执行副主任,有效地统筹了校内外的建设资源。实验室成立学术委员会,委员为来自企业、行业协会的知名专家及本校教授,每年召开两次会议,专门讨论实验室的建设发展与学术事务。实验室同时确立了"柔版印刷质量控制研究所""柔版新材料应用研究所""柔版制版标准化研究所"及"技术转移中心"——"三所一中心"的组织架构,建立了一支专兼结合的研究人员队伍。

瞄准行业共性与关键技术研究,成为实验室的重要发展战略。通过召开专题研讨会,开展"高清柔印""水洗柔版""绿色光聚合型油墨""柔印废渣"等领域研究,讨论行业关键、前沿与共性技术解决方案。2017年到2018年两年间,申报国家新闻出版署、中国科学技术协会、上海市教委、行业企业等项目近40项,成员发表学术论文60余篇,申请或授权各类专利近30项;主持、参与国家和行业标准12项;面向全国企业、行业协会和高校设立招标课题20项。

多元协同是学校实验室的"基因"。实验室联合行业协会与 CI FLEXO TECH 杂志,牵头撰写《柔性版印刷行业发展报告》;联合美国国际数码企业联盟、工信部NACG、上海市科学技术协会,以及相关行业协会,主办"印刷质量及色彩控制——G7高峰会"、"绿色印刷环保标准解读及水墨废渣处理方案项目"研讨会、"精益智慧大包装高峰论坛"、"柔性版印刷制版过程控制要求及检验方法"标准制定等重要行业会议;实验室成员受邀在"十二届柔印年会""第四届包装技术国际会议""第五届军品防护与包装发展论坛"等重要会议上多次做学术报告或交流发言。在学校与共建单位的共同努力下,实验室的建设与发展取得显著成效,2017年度、2018年度、2019年度连续获得国家新闻出版署"优秀新闻出版业科技与标准重点实验室"荣誉称号。

9.3.1.2 建设上海出版传媒研究院智库平台及高校工程研究中心

为积极应对出版、传媒及文化领域发生的深刻变革,推动文化大发展大繁荣,学校于2013年3月成立上海出版传媒研究院。研究院由国内多所高校及科研机构共建,定位为上海市级的出版传媒专业研究机构。研究院通过承接政府研究课题及委托项目,开展行业现状、发展趋势研究以及发展战略咨询,为政府和业界提供全方位的智力支持。研究院坚持"协同、创新、开放、卓越"建设理念,致力于打造成我国出版传媒产业战略发展咨询中心、新技术研发与推广中心,国内一流的专业性出版传媒研究机构和新型智库。研究院实施学校党委书记和校长"双院长制",建设了一支包括复旦大学、上海社科院、上海财经大学、浙江大学、南京大学等单位著名学者在内的50余名专兼职人员队伍,其中包括青年长江学者、上海市东方学者特聘教授,以及上海文创领域的学科带头人等。

聚焦资源,有的放矢,成为研究院参与重大项目研究的"法宝"。研究院承接了中央财政支持地方高校发展专项资金项目"出版传媒产业大数据平台建设""文化创意类大学生开放式创新实践平台建设",上海市促进文化创意产业发展财政扶持资金项目"大学生社会化内容生产创筹平台",上海市教育科学研究重大项目"上海市属地方院校本科教学工作审核评估研究",上海市文教结合项目"出版传媒技术技能型院校产教融合示范项目"等科技项目30余项,总经费1100余万元。其中,"大学生社会化内容生产创筹平台"成为学校师生开展线上线下一体化科技服务的重要平台,推动学校科研与教学育人的有机融合。

搭建"政行企校"交流合作平台,是研究院服务行业产业发展的有力举措。协同中国知网、《出版与印刷》杂志、学校各系部举办"学术出版转型发展研讨会""'后阅读时代'出版技术与人才培养研讨会""知识服务与出版创新专题研讨会"等各类行业重要会议、论坛 30 余场。研究院成立 7 年来,共面向全国设立招标课题 34 项,由来自复旦大学、上海交通大学、南京大学、中国传媒大学、北京师范大学等单位的专家学者承接,在行业形成了良好的口碑效应。同时,研究院与上海世纪出版集团、上海新华传媒连锁有限公司、沪江网、上海教育报刊总社等 10 余家行业企业签订战略合作协议;还联合上海高职高专文化素养教育教学指导委员会主办"印刷述"展,吸引 1 000 余人前往参观学习。"上海出版传媒研究院"官方网站和微信公众号也成为业内相关人士交流的重要平台。得力于在出版、传媒与文化领域的持续深耕,研究院的学术影响力日益提升。以上海出版传媒研究院署名发表学术文章 90 余篇;出版《网络危机舆情演化仿真与沟通问题研究》《图书在线评论对销售绩效的影响机制研究》等学术专著 5 部;5 项研究成果入选《上海文化产业发展报告》《统计学学科前沿研究报告》等行业报告;持续定期编写简报《出版传媒前沿动态》和《高职决策参考》,同时发布《童书网络口碑研究报告》。

走转型升级之路是印刷产业健康可持续发展的必然趋势。有鉴于此,学校在上海市高职高专院校中首家成立"现代印刷媒体技术"上海高校工程研究中心,开展"数字版权保护技术研发""数字媒体交互展示技术""印刷电子"等多个领域的主题研究。中心被纳入教育部"高职教育创新发展三年行动计划",得到中央财政资金的建设支持。中心通过联合行业杂志社、企业及行业协会举办行业高峰论坛,完成行业专利知识图谱分析报告等举措,积极探索服务行业发展和人才培养的有效机制,为行业的转型升级提供平台和技术支撑。

9.3.1.3 建立校级研究机构和类型多样的协同创新团队与平台

为培植新兴科技发展方向,服务师生科研工作,学校成立上海版专科协，同时组建了协同创新科研团队，发文建立学校多家校级研究机构，有效激发广大师生的科研热情和潜力，形成学校应用型科研新的增长点。

上海版专科协是上海市高职高专院校中成立的首家科协组织。通过申报立项中国科协、上海市科协科研项目，联合学校各系部举办以"课题申报""3D打印技术""数字出版""移动互联网""绿色印刷"等为主题的学术沙龙、讲座，组织师生参加上海市和杨浦区科协的各类学术活动，搭建了教师学术交流合作平台，推动了学校优秀科技人员培养及学生科技素养提升。目前，上海版专科协正通过学校"双周学术论坛"制度的实施，有效地营建了学校浓郁的科研工作氛围。

高校科研协同创新，需要校内外多方主体参与，尤其要以校内师资力量为重要基础。学校高度重视教师科技工作的校内协同合作，依托国家骨干高职院校建设，共组建23支科技服务团队，通过与行业企业开展全方位合作，搭建企业技术服务平台。学校每年投入专项经费50万元，围绕"文化创意与新媒体技术""印刷包装""柔版制版新技术""高职教育"等领域，重点打造9支校级协同创新科技团队。依托这些团队，近两年举办行业高峰论坛、学术研讨会和讲座40余次，撰写调研报告近20份，承办或参加大学生电影节、城市艺术博览会等行业服务活动，受到业界广泛好评。

为加强学校科研组织工作，提高学校科技服务能力，培育学校更高等级的科研平台，学校于2019年底制定下发了《校级研究机构建设与管理办法》，并成立了包括"语言文化研究发展中心""当代传统艺术研究所""石墨烯导电油墨研究中心""创意设计与品牌传播研究中心""媒体融合发展研究中心""印刷智造研究中心"等在内的校级研究机构，为学校形成稳定的、特色的科技工作方向提供了有力支撑。

9.3.1.4 通过协同创新科技平台建设提升学校科技服务工作水平

2017年12月，学校召开了以"新时代、新机遇、新战略、新举措"为主题的科技工作大会。2018年以来，学校大力贯彻落实科技工作大会精神,确立"科研育人"目标导向,强化"科技服务"工作宗旨,着力推进"3+1+X"协同创新科技平台建设,应用型科研成效明显,科技工作内涵有力深化。

学校突破性地立项国家和上海市重大项目。学校独立承担国家新闻出版广电总局"数字版权保护技术研发工程"——"光全息水印技术应用研究"重大项目,历时五年多,参与人员达到80余人,项目于2016年底顺利通过总局验收。学校还依托国家新闻出版广电总局"原动力"中国高校动漫出版孵化计划项目,成立"上海童书研究中心""中欧儿童绘本国际创新艺术工作室",成为童书与儿童绘本领域研究的靓丽名片。学校在马克思主义理论科研和教学育人上取得重要成果,于2018年10月获批教育部高校示范马克思主义学院和优秀教学科研团队建设重点项目,成为全国获得该项目的三所高职高专院校之一。学校印艺学社入选首批上海市学生科技创新社团,学生参与科技创新的兴趣和氛围日渐提升。

学校科研经费持续增加,科研成果亮点和特色鲜明。近年来,学校各类科研经费大幅增加,其中2018年纵向项目经费比上年度增长194%,横向项目经费同比增长30%。学校年均科研论著和教材数量稳步增长,在2018年、2019年上海市高校分类评价中,学校排名位居全市应用技能型院校前列,其中师均科研经费、师均论文数、师均著作数都达到全市高职院校平均水平的3倍。学校科研成果在国内同类院校中产生重要影响,《中国职业技术教育》论文显示,以学校署名发表的南大核心期刊论文数量居全国高职院校第三;《中国高校科技》载文数据显示,学校立项的教育部人文社科项目数位居全国高职院校前十。学校推荐上报的上海市"晨光计划"项目连续8年全部立项;学校还举办了"全国高职院校技术应用服务联盟2018年协同创新科研研讨会",彰显了学校在国内高职院校科研领域的领先地位;学校利用入选上海市首批现代大学制度建设试点唯一高职高专院校的契机,坚持校本研究,探索并实践"党委领导、校长负责、多元参与、校企合作、'双师'治学、民主管理"的高职院校特色现代大学制度,同时,通过积极完善科研管理制度与CRP科研管理系统,为教师科技工作的开展提供有效支撑和有力保障。

9.3.2 行业实践基地建设及行业企业培训

上海版专在建校60多年的历程中,无论是硬件设施和软件设施都积累了十分坚实的基础,在国家骨干高职院校建设期间,依托其在出版印刷行业的传统优势和社会声誉,努力强化实践基地建设力度大力开展行业企业培训,取得了较好成效,多次受到原国家新闻出版总署、人力资源和社会保障部、上海市新闻出版局、上海市人力资源和社会保障局的赞许和肯定。

9.3.2.1 行业培训基地的建设拓展

学校是国家新闻出版广电总局出版印刷人才培养基地、上海市高技能人才培养基地和中国印刷技术协会高端技能人才培养基地。拥有国家级重点实训基地2个(现代传播科学实验中心、数字印刷实训中心),上海市级公共实训基地8个(平版印刷、丝网印刷等实训基地)。依托上海市第75企业(行业)职业技能鉴定所和上海市高技能人才培养基地,建立了一支拥有与国家职业标准规定的等级、类别相适应的,包括平版印刷工、印品整饰工、平版制版工等工种的,实践经验丰富且规模达26人的裁判员、考评员队伍;建有14 438 m^2的实验(实训)室作为职业技能鉴定基地,仪器、设备总值1.028亿元。设备数量、质量、种类以及场地和工位数等均能很好地满足职业技能鉴定的要求,鉴定条件较同类鉴定站所具有显著优势。

同时,学校不断完善集训基地建设,积极做好各层次技能大赛竞赛选手的集训、培训工作。学校新建了印后加工实训室,引入一系列主流印后加工设备,弥补了我校印后加工实训教学的空白。新建了模拟印刷实训室,有效增加了学生实训工位。进一步更新柔版印刷实训室老旧设备,为培养符合行业绿色印刷趋势的人才奠定了硬件基础。数字印刷实训室成为全国设备最全的数字印刷实训教学基地,相关专业学生在校就能掌握最新数字印刷技术及设备操作方法。

9.3.2.2 行业企业培训的组织实施

依托学校的实训基地和良好的实训条件,学校面向区域企事业单位和社会个体,积极开展职业资格鉴定、成人高等学历教育及各类社会和技术培训。通过开展社会教育培训,学校积累了丰富的高技能行业人才培训经验,为提高行业企业职工素质,促进行业人员流动及行业转型发展做出了显著贡献。学校行业企业培训的主要包括以下内容:

一是积极承担行业企业人才培养培训工作。学校依托上海市第75企业(行业)职业技能鉴定所,每年承担各类培训项目20余项,为行业企业提供培训,年平均培训超过11 000人次。每年平均完成职业资格鉴定超过2 000人次,每年面向校内学生职业资格鉴定500多人次,其中平版印刷工约150人次,印前制作员约400人次。近3年来已举办各类培训班70余个,参加者达5 600多人、38 000余人次。连续3年为上海印钞有限公司、上海烟草包装印刷有限公司等大型骨干企业举办新员工技能培训班;为文汇新民报业集团开办平版印刷工中、高级培训班;为柯达(中国)投资有限公司等企业开展平版印刷、印刷理论、凸版及网版印刷理论实操等培训,开办上海金鼎印务有限公司印前技术比武培训班,雅思达塑料软管(上海)有限公司凸版、网版印刷理论实操培训班,南京造币有限公司DMKO8A型丝凸联合印钞机操作与维修技术培训班等。连续3年为上海市新闻出版教育培训中心举办出版专业职业资格考试辅导教师培训班;为上海地区出版发行企业进行出版物发行业务培训;多次承办上海市杨浦区小学美术教师美术研修班培训。

二是开展行业企业政府有关部门干部培训。学校作为国家新闻出版教育教学指导委员会副主任委员和秘书长单位,依托该委员会的平台,积极承办列入国家新闻出版广电总局(国家版权局)干部教育培训计划(新闻出版部分)的新闻出版职业教育师资培训班。近3年来,共举办各层次师资培训班3期,为全国新闻出版相关职业院校、行业企业培训了160余名学员。

三是开展各类行业竞赛选手培训。学校利用行业人才培训平台,开展面向行业、企业员工和职业院校教师、学生的国家和上海市印刷行业职业技能大赛选手集训和竞赛培训。作为多届世界技能大赛印刷媒体技术项目中国集训基地,学校对来自本校和深圳技师学院、广东省新闻出版高级技工学校、武汉大学、河南省新闻出版学校、上海新闻出版职业技术学校等院校的11名入围国家集训队选手进行了集中和系统培训。此外,学校还承担了上海印钞有限公司、上海烟草包装印刷有限公司等大型骨干企业参加国家和上海市印刷行业职业技能大赛选手的培训。3年来共接纳了集训选手近千名,选手中涌现出大批获奖人才。近3年来学校还陆续承办了大赛10余项,接纳了竞赛选手1 000余名。承办的赛事主要有第43届世界技能大赛印刷媒体技术全国选拔赛、第43届世界技能大赛平面设计技术项目上海地区选拔赛、第四届全国印刷行业职业技能大赛平版印刷工学生组竞赛、第三届全国印刷行业职业技能大赛暨第42届世界技能大赛选拔赛全国总决赛启动仪式和平版制版工全国总决赛等。

学校的行业培训基地的建设及为行业企业开展的各类培训,极大地提高了学校教师的理论与实践水平,提升了学校科研与社会服务能力,也极大地促进了学校办学水平的跃升与人才培养质量的提高。学生在国内各种行业职业技能大赛中屡创佳绩,并先后获得第42届、43届世界技能大赛"印刷媒体技术"项目的铜牌和银牌,填补了国内在该领域的空白。

9.4 现代大学制度试点建设工作

上海版专作为国家骨干高职院校,也是上海市唯一入选首批现代大学制度建设试点工作及特色项目的高职院校,通过近五年的现代大学制度建设工作,开展了一系列以章程为核心的制度体系建设探索,并初步形成和实践了"党委领导、校长负责、多元参与、校企合作、'双师'治学、民主管理"的高职院校特色现代大学制度,为学校的校企合作、人才培养、协同创新及社会服务等工作提供了极大的助力,也为学校2019年成功入选上海市第一批"依法治校示范校"打下坚实基础。总结我校现代大学制度建设试点工作的成效,有利于制度建设经验的传承、交流与推广,从而推动上海及全国高职院校现代大学制度建设的步伐,加快高职院校的现代化进程。

9.4.1 实施现代大学制度建设工作的背景及指导思想

9.4.1.1 学校实施现代大学制度建设的时代与工作背景

国家治理体系和治理能力的现代化,必然要求建立和完善高等职业院校的治理结构,形成科学、合理的高职院校内部治理关系。《国家中长期教育改革和发展规划纲要(2010—2020年)》对现代大学制度建设提出了"完善治理结构,加强章程建设,扩大社会合作,推进专业评价"的要求。高职院校现代大学制度建设重在完善内部和外部治理结构,涉及不同治理主体。其建立有利于高职院校梳理内外部关系,建立与行业企业紧密合作的体制机制,创新人才培养模式并提高人才培养质量,进而服务区域经济社会发展。当前,高等职业教育面临着管理越位与缺位问题,与行业企业的紧密型合作机制还有待完善,高职院校自身也未建立起符合高职教育特点的治理结构。因而,构建以治理体系为核心的高职院校现代大学制度,有利于突破已有困境,成为实现高职院校可持续发展和转型升级的基石。从某种意义上说,高职院校建立现代大学制度建设比一些本科院校更加迫切,对于教育现代化和国家现代化的作用也将更加明显。上海版专自创办之初起,就具备坚实的行业背景,并坚持与行业企业建立紧密的合作伙伴关系,近年来出版印刷及文化传媒领域的深层次变革与转型,对学校的办学和人才培养体制机制提出了新的挑战。学校于2010年11月30日被教育部、财政部确定为国家骨干高职院校立项建设单位,于2012年启动国家骨干高职院校项目建设工作,其中,"部市共建主导下的校企合作体制机制建设"就是建设重点任务之一,旨在探索校企深度合作的管理体制和运行机制,促进学校更好地凸显行业特色。《上海市教委关于实施现代大学制度建设首批试点的通知》指出,要围绕"依法办学、自主管理、民主监督、社会参与"的总体要求开展现代学校制度建设方面的试点探索,这为学校进一步探索以章程为核心的高职院校特色现代大学制度建设提供了契机。

9.4.1.2 确立"二十四字"高职院校现代大学制度内涵认识

1. 学校对建设高职院校现代大学制度的认识

学校现代大学制度建设试点工作实施以来,校领导及相关部门工作人员通过外出交流学习及多次组织专题讨论,充分认识到高职院校开展现代大学制度建设工作的重要性和紧迫性。同时,结合学校坚持"立足上海、领先国内、依托行业、服务社会"的办学理念和高职院校相比普通高等院校所具有的特点,学校就高职院校现代大学制度建设形成了如下认识:一是高职院校现代大学制度与普通本科院校现代大学制度相比,在"依法治教""党委领导、校长负责""民主管理"等方面,要求和实施基本相同,但高职院校现代大学制度在"多元参与""校企合作"和"双师治学"上具有更为鲜明的特色,必须突出高职院校治理的多主体性,对内要实现"双师型"教师治学,对外要加强校企紧密型合作体制机制建设;二是在如何推进高职院校现代大学制度的建设上,必须注重加强章程建设,建立以章程为核心的制度体系,完善内部治理结构,并体现自身特色。

2. 学校实施现代大学制度建设试点工作的指导思想

以《国家中长期教育改革和发展规划纲要(2010—2020年)》和《上海市教委关于实施现代大学制度建设首批试点的通知》等文件精神为指导,围绕建立"行业特色鲜明的应用技术型本科院校"办学定位,以完善学校治理结构为目标,积极探索"党委领导、校长负责、多元参与、校企合作、'双师'治学、民主管理"的高职院校现代大学制度,建立完善以章程为核心的制度体系,突出校企合作体制机制建设,形成学校现代大学制度建设的特色。成立现代大学制度建设工作领导和责任小组,调动全校力量,不断加强制度建设,形成现代大学制度建设的良好文化氛围。在具体实施过程中,将实现多元参与作为高职院校现代大学制度建设的目标要求,将完善治理结构作为高职院校现代大学制度建设的核心内容,将形成治理文化作为高职院校现代大学制度建设的根本保障。

9.4.2 实施现代大学制度建设试点工作的重点内容与主要特色

9.4.2.1 推进以章程为核心的现代大学制度体系重点内容建设

在学校现代大学制度建设试点工作开展过程中,学校充分利用国家骨干高职院校建设项目的头号工程——校企紧密型合作体制机制建设,以上海理工大学系统内涵建设、协同创新机制建设、教育部及上海市教委各类理论及专项研究课题等为载体,以《上海市教委关于实施现代大学制度建设首批试点的通知》精神为指导,科学制定并推进了学校现代大学制度建设的总体实施方案,根据申报方案中的内容和学校建设与发展实际,基于以学校章程为核心的现代大学制度体系建设框架,学校在校企合作、民主管理与监督、协同创新机制、高技能人才培养、教师考核评价与绩效分配、校友会建设、行政人员服务能力提升等方面都取得了明显的建设成效。其中的重点工作主要包括八个方面：一是编制《上海出版印刷高等专科学校章程》并得到核准；二是积极进行现代职教体系制度建设探索，开展"中高贯通"及"专本立交桥"试点的管理制度建设；三是通过建立多样化的校企合作组织载体，推进校企紧密型合作体制机制建设；四是"新闻出版行指委"体制机制与功能建设，充分发挥秘书处的制度建设和统筹功能；五是协同创新组织机构及体制机制建设；六是"基地＋竞赛"的高技能人才培养体制机制建设；七是教师考核评价与绩效分配制度的建设完善；八是推进学校管理信息化平台建设。

9.4.2.2 强化以"多元参与，校企合作"为特色的体制机制创新

在现代大学制度建设试点工作开展过程中，学校以探索"党委领导、校长负责、多元参与、校企合作、'双师'治学、民主管理"的高职院校现代大学制度为中心，结合学校"部市共建"的特征和行业背景，深刻认识到建立与行业企业的紧密合作体制机制对于高职院校特色现代大学制度建设的重要意义和紧迫性。学校在同步推进各项重点工作的过程中，将校企合作体制机制建设作为学校现代大学制度建设的重中之重，始终把"多元参与、校企合作"作为现代大学制度建设的核心和特色，强调师生员工、行业企业、校友、社会媒体等多元主体在学校建设与发展过程中的重要贡献，特别是行业企业在参与学校治理，促进学校人才培养对接行业企业转型升级等方面起到的重要作用。

9.4.3 现代大学制度建设试点工作的实施情况与保障机制

9.4.3.1 分阶段有重点地实施总体试点建设方案

学校现代大学制度建设试点工作的总体实施，是根据有关文件精

神并结合学校制度和管理实际开展的。总体实施过程包括以下几个方面：一是2014年的整体设计与起步实施阶段。主要进行学校制度建设的整体设计，将学校制度建设内容归纳为八个主要方面（详见9.4.2.1），并且建立了具有上海版专特色的现代大学制度框架体系。二是2015年的整体推进与关键实施阶段。针对学校制度建设的系统框架，有针对性、有批次地开展八大重点制度建设工作。三是2016年的差异化推进与2017年上半年的总结阶段。根据学校总体制度建设规划和前两年制度建设实践基础，对于八项制度中的不同内容，进行有重点、差异性的推进，实现学校制度建设总体有序推进。同时，学校不断总结和凝练现代大学制度建设的优秀经验，力图为学校改革发展提供更有力的支撑。

9.4.3.2 实践"多元参与、校企合作"的现代大学特色制度

1. 确立行业企业参与的现代大学制度建设理念。就"多元参与、校企合作"的现代大学特色制度而言，学校在制度建设试点工作实施过程中，大多数项目内容都渗透了"多元参与、校企合作"的理念。为确保行业企业能有效参与到学校的现代大学制度建设过程中来，实现学校现代大学制度建设的多元参与特性，学校进行了顶层设计，在党委会、校长办公会上多次对该问题进行了讨论，并以相关文件精神予以了明确。一方面，学校专门派相关人员外出调研学习，参加相关学术会议，并开展相关的理论研究，推进学校"多元参与、校企合作"的现代大学制度建设理念的树立；另一方面，在核准的章程中，明确要坚持"立足上海、领先国内、依托行业、服务社会"的办学理念，在学校综合改革方案中提出要探索并实践"党委领导、校长负责、多元参与、校企合作、'双师'治学、民主管理"的职业院校现代大学制度。

2. 进行校企合作的组织机构载体建设。为深入推进校企合作，学校成立了若干组织机构。学校目前是全国新闻出版职业教育教学指导委员会秘书处单位，承担着对全国新闻出版职业教育教学工作进行研

究、咨询、指导、服务,对教学质量进行评估、检查和监督的职责,同时以这一平台大力推进了校企合作工作的开展。成立上海新闻出版职教集团,为集团内行业企业与学校共享资源、共同育人提供了平台。发起组建"长三角出版传媒职业教育协作联盟",为长三角地区出版传媒类行业企业和学校的合作提供了区域性教育交流与合作机会。学校在建设这些组织机构时,也高度重视规章制度建设,三个组织机构均制定了符合自身建设与发展的章程和管理运作机制,对保障校企合作,推进机构的规范运行发挥了重要作用。

3. 校企紧密合作的人才培养体制建设。高校校企合作的最终目的是育人,学校在校企合作过程中,始终不忘进行校企紧密合作的人才培养体制建设。一方面,学校实施了校、系(专业群)、专业三级贯通的创新型校企合作体制,分别为校级的校企合作理事会、系级的校企合作理事分会和专业层面的专业建设工作委员会,其中:校企合作理事会负责校企合作的规划引领、重大决策和综合协调工作;校企合作理事分会负责校企合作的联系交流、资源整合和建设指导工作;专业建设工作理事会负责专业建设的规划发展、合作建设与教学指导。根据《专业建设工作委员会章程》要求召开专业建设工作委员会会议,及时了解行业、企业和职业岗位发展需求,据此制定专业建设与发展规划,建立校企合作办学、合作育人、合作就业、合作发展的紧密型、深度合作的人才培养体制机制。另一方面,学校整合了校内外各方办学资源,拓展合作平台,构建了140个校企合作驻厂工作站、20个驻地工作站、10个专家工作站、12家"校中厂"实训基地以及多个专家工作室和海外工作站,形成了校企紧密合作网络,实现了校企合作平台建设的多元化。

4. 校企高度协同的科技研发体制建设。一方面,建立多元化的校企协同科技研发平台。围绕行业转型及未来发展方向,学校立项启动校级5支协同创新科技服务团队建设,通过校内校外人员的科技合作,打造学校特色研究方向。同时,学校在上海出版传媒研究院的基础上,大力推进校企协同创新工作,立项建设上海市教委"现代媒体技术"高校工程中心,以促进学校、行业、企业联动,搭建印刷传媒技术研究与交流共享平台。与中国印工协联合成立"中国印刷出版行业研究中心",研究行业发展的共性问题,促进行业的转型升级与发展。

另一方面,形成研发机构协同创新的运行体制机制。上海市教委"现代媒体技术"高校工程中心正探索建立"首席＋协调人＋助手＋辅助人员"的研究架构,吸引政府、高校、研究机构和企业优秀人才依托中心开展研究,建立专兼职的科研人才队伍。形成以任务聚散的人员流动机制,提升协同创新中心研究力量与任务需求的匹配度。通过试点项目合同制,建立符合协同创新中心运行的兼职研究人员聘用管理与薪酬制度。通过"政行企校"协同创新机制的建设,推进学校的研发机构产生更多、更高质量的研究成果。

9.4.3.3　形成符合学校实际的现代大学制度建设保障机制

1. 形成统筹设计实施机制。一是进行学校制度建设的顶层设计,确保工作开展的组织性和系统性。学校自被确立为现代大学制度建设的试点单位以来,通过党委会和校长办公会的多次研讨,使得学校自上而下形成了建立和完善现代大学制度的意识;同时,学校最终确立了探索并实践"党委领导、校长负责、多元参与、校企合作、'双师'治学、民主管理"的职业院校现代大学制度,奠定了学校现代大学制度建设的方向和目标。二是成立学校重点制度编制领导与工作小组,定期研讨制度的建设与修订工作。学校出台《关于成立上海出版印刷高等专科学校制度建设工作领导小组和制度建设工作组的通知》,根据该文件要求:学校制度建设的领导小组由党委书记和校长担任组长,由学校副校长担任副组长;学校制度建设的工作小组,由校办主任和规划与科研处处长担任组长,其他各职能部门负责人为副组长。制度建设工作组每两周召开一次学校制度建设工作会议,拟定学校需新建、修订的制度名单,并建立推进计划表。三是结合学校中心工作,统筹推进试点工作安排。学校将现代大学制度建设与依法治校工作、"十三五"规划和教育综合改革有机融合,为现代大学制度建设的有序和统筹推进提供了载体。

2. 建立分工与责任分担机制。学校现代大学制度建设,在党委书记、校长及其他校领导的关心下,形成了一系列机制。一是形成了由规划与科研处统筹开展的机制,规划与科研处作为学校制度建设的重要协调者、统筹者与推动者,由专门人员负责该项工作,及时跟进,促进学校制度建设形成合力。二是形成了"校领导专项负责,牵头部门重点开展,其他部门积极配合"的责任明确分工机制,不同职能部门职能各有侧重,有利于各个专项制度建设的有序推进和分层实施。三是形成了阶段推进机制,三年建设期内,学校每年年初都召开了学校制度建设布置会,年中则召开学校制度建设推进会和年尾的制度建设总结会,不断总结经验,找出不足,有力地保障和巩固了学习制度建设的阶段成果。

3. 形成专项课题载体机制。为保障学校现代大学制度建设的理论水平,并提高实际参与和执行者的积极性和能动性,学校先后于2016年、2019年设立"现代大学制度建设校内专项课题",课题范围面向全校各系部和职能部门及具有理论研究水平和基础的系部教师,课题负责人以各职能部门实际参与学校现代大学制度建设的骨干成员为主。为推进该课题的有序开展,规划与科研处组织了专门的课题开题答辩、中期推进和结项答辩工作,并邀请校外相关领域专家进校指导和评审。学校现代大学制度建设专项课题两批共二十余项,内容涉及民主监督与管理、中层干部队伍建设、校企合作保障机制、CRP系统建设与行政流程优化、学术委员会建设、产教融合的制度、兼职教师管理、信息公开制度、依法治校建设等内容,为高职院校现代大学制度建设提供了有益的理论探索,有力推动了学校制度建设的实践工作。

9.4.4 现代大学制度建设试点工作的主要成效

9.4.4.1 初步形成学校现代大学制度建设体系框架

1. 编制了符合学校办学实际的章程并核准。自2014年1月起,学校即着重章程起草编制工作,经调研起草、论证完善、征求意见、校内审定四个工作阶段,于2015年5月完成《上海出版印刷高等专科学校章程(核准稿)》制定工作并报送上海市教委核准。在核准过程中,学校根据上海市教委相关部门的建议对《上海出版印刷高等专科学校章程(核准稿)》作了相应修改。学校章程于2015年11月18日得到上海市教委核准。

《上海出版印刷高等专科学校章程》分为序言和正文两大部分。正文部分包括总则、学生、教职员工、管理体制、保障体系、外部关系、学校标识、附则等8章,共计60条。章程体现出如下主要特点:一是强调了"师生为本"的编制理念。二是"行业指导、校企合作"渗入学校的制度与组织建设。三是突出了学校师资队伍建设的"双师"导向。四是渗透了"多元参与"的思想。《上海出版印刷高等专科学校章程》成为学校依法治校的重要准则。

2. 形成了以章程为核心的制度清单体系。在现代大学制度建设试点期内,学校以章程编制为核心,不断推进学校制度体系化建设工作,不仅形成了学校制度体系建设的总体框架,还在党委领导下的校长负责制、教师考核制度、现代职教体系运行制度等非校企合作特色制度建设方面取得了突破。

一是形成了"1+13"的制度体系建设总体框架。学校以现代大学制度建设为指引,积极探索制度体系建设,初步形成了总体框架,包括:探索多元主体参与的治理结构,其中校企紧密型合作体制机制建设是重点;完善专兼结合的师资管理制度;协同创新的科研组织机构建设;

建设权责统一的学校考核机制等。这些制度体系的总体框架的搭建，对学校现代大学制度建设起到了积极推动作用。经过现代大学制度全面建设，学校围绕章程形成了13本专项制度汇编，涉及制度201项，是现代大学制度建设的重要制度成果。

二是完善党委领导下的校长负责制，执行党风廉政建设责任制，构建起权责明晰、逐级负责、层层落实的党风廉政建设责任体系。出台了《中共上海出版印刷高等专科学校委员会落实党风廉政建设主体责任的实施细则》，在具体工作中认真执行了"四书四会三报告"制度。

三是完善教师考核制度，推进绩效分配制度体系建设。强调二级管理分配制度的实施，在人才引进、培养、考核、激励分配、晋升等人事管理制度方面，修订和新增了《聘用合同管理及聘期考核暂行办法》《关于骨干教师认定与培养暂行办法》《关于青年教师国内访学进修暂行办法》《绩效工资实施方案》等多项师资培养制度，各二级教学部门已初步建立了本部门的二级考核激励分配制度，初步形成了科学规范的管理制度体系。

四是探索现代职教体系规范运行的制度建设。成立了中高职贯通模式培养试点教学指导委员会，出台了《五年制中高职教育贯通培养学生学籍管理暂行规定》《中高职贯通专业人才培养方案制订工作条例》《中高职教育贯通培养试点专业课程建设管理办法（试行）》等管理办法，为现代职教体系的规范运行提供依据。

3. 开展各类调研及经验交流分享会。学校作为上海市首批现代大学制度建设试点工作的平台单位，承接或举办关于七所试点高校及上海市高职院校现代大学制度建设的调研和经验交流会多次，主要包括：召开上海市高职高专院校现代大学制度建设理论与实践研讨会；召开上海市高职高专院校依法治校工作研讨会；在上海市职业教育工作会议上，校长陈斌做了"推进行业企业深度融合，加快构建现代职教体系"的交流发言；在杭州召开的全国高职院校招生考试制度改革研讨暨高职高专校长联席会议主席团（扩大）会议上，校长陈斌交流发言，对学校现代大学制度建设进行了汇报；召开上海市2016年现代大学制度建设试点工作启动会、上海市2016年现代大学制度建设试点工作中期推进会，并将召开上海市现代大学制度建设试点三年期工作总结会。同时，学校接受了多次国家和市教委领导的现代大学制度建设调研。国家教育咨询委员会现代大学制度建设调研组吴启迪一行赴上海开展高校章程建设调研工作，对学校进行了指导；国务院教育督导委员会督导组陈湘生、吴全全、董振华一行三人，在上海市教委副主任陆靖、上海市教委督导室副主任张慧等陪同下，莅临学校督察指导。这些调研和指导，为学校现代大学制度建设提供了重要的参照。

4. 形成了依法依章治校的文化氛围。经过现代大学制度和章程建设工作，学校形成了依法依章治校的基本理念和良好氛围。学校党政主要领导在各类会议中多次强调要依法治校，建设法治型校园；还通过讲座、教育培训等形式促进师生员工学习法治精神，建设法治校园文化；同时，学校在校园网及时公布了被市教委核准的章程文本，并制作了章程图解，在学校官方网站、微信及宣传橱窗上予以公示和推广，促使师生多渠道了解学校章程，在全校形成了学习章程、践行章程的良好校园氛围。基于依法治校创建工作，学校在"建章立制""内部治理结构""依法治校组织领导""依法规范办学""师生权益保护""法治宣传教育"等方面进行了有力推进，根据上海市教委《关于公布第一批上海市依法治校示范校（2016—2020年）和依法治校标准校（2016—2020年）名单的通知》（沪教委法〔2019年1号〕）发文，学校入选"第一批上海市依法治校示范校"，成为上海市高职院校中唯一入选单位，反映出学校现代大学制度建设为依法治校工作打下的坚实基础。

9.4.4.2　学校校企合作特色制度建设取得明显成效

在现代大学制度建设过程中，学校以章程建设为核心，不断完善校企合作的各项制度。共新建(修订)校企合作章程、制度、条例54项,如《校企合作企业兼职专家聘用办法》《教师产学研践习管理试行办法》《校中厂建设与管理办法》等。为行业企业参与学校教学、专业建设和人才培养模式改革提供了体制机制保障。这些校企合作制度的建立,对学校校企合作、人才培养、协同创新和社会服务均起到了较大的促进作用。

1. 校企合作力度得到明显加强。通过建立紧密的校企合作制度建设,学校校企合作得到极大发展。学校现有校企合作企业500多家,建立校外实践、实习基地188个,其中签约校外实践基地120多个,海外学生实践基地20多个。现有12个"校中厂"开展"情境授课"、工学结合,提供顶岗实习岗位,培养青年教师实践能力和开展科技开发及社会服务,并为完成企业生产任务创造了良好条件。20家驻地工作站,140家驻厂工作站,由校企合作共同承担实训教学、顶岗实习、教师产学研践习、企业员工培训、学生就业、科技开发和社会服务等任务。引进企业技术资源,建立"三站十室",3个"企业驻园工作站",与行业企业合作,建成10个企业专家工作室,让企业"常驻校园",请专家"进入课堂"。学校26个专业建设工作委员会都有行业专家参加,近100名外聘专业指导委员会正、副主任委员。创建100家校企合作工作站,将课堂建在企业生产车间,"厂中校"的实践教学模式效果显著,学生动手能力不断提升。建有国内领先、世界一流的实训基地。

2. 校企紧密合作带来的人才培养效果。校企合作的深入推进和体制机制的不断完善,给学校人才培养提供了极大的便利。近3年来,校外实践、实习基地为学生安排生产性实习实训7 294人次;安排99名专业教师赴企业参加产学研践习,组织开展行业企业横向项目研究125项,提高了教师的科技服务能力。数字印刷实训教学基地,近几年学校陆续承办了大赛10余项,接纳了竞赛选手近3 000名。学校承担第43届世界技能大赛印刷媒体技术项目中国集训基地、全国印刷行业职业技能大赛、上海市印刷行业职业技能竞赛、上海市"星光计划"职业院校技能大赛等竞赛选手的集训、培训工作。几年来共接纳了集训选手近千名,在各届全国印刷行业职业技能大赛中,我校学生均取得优异成绩,并先后获得第42届和43届世界技能大赛"印刷媒体技术项目"的铜牌和银牌。

3. 校企协同创新建设成绩显著。校企合作体制机制的建立与完善,有效推动了学校校企协同创新工作取得较好成果。其中,上海出版传媒研究院成立以来,先后承担了国家"数字版权保护技术研发工程"重大科技工程项目、中央财政支持地方高校建设项目、财政部文化产业发展专项资金项目、国家新闻出版改革发展项目库、上海市服务业发展引导资金重大示范项目等重要产业项目,已发展成为业内具有较大影响力的科技平台,有力推进了学校协同创新平台建设和科研及社会服务水平的提升。该研究院依托校内外力量申报成功的2015年上海市文化创意基金项目"大学生社会化内容生产创筹平台",实现了学校在产业项目申报上的重要突破,我校成为上海市获批该类项目的唯一一所高职高专院校,为促进行业转型起到了积极作用。另外,上海市印刷行业技术服务中心和"现代印刷媒体技术"上海高校工程研究中心均实行"项目制"运行模式,试点"按需、动态、分类"的柔性的人员聘用机制,形成任务聚散的人员流动机制。另外,学校形成了5大科技研究服务方向,全校骨干科技教师均纳入团队之中,为培育学校特色的科技服务方向打下了良好基础。近三年,学校教师开展行业企业横向项目研究125项,极大地提高了教师的科技服务能力。

4. 学校社会服务职能充分发挥。校企合作体制机制的建立与完善,也提升了学校服务行业和社会的能力水平。学校作为国家新闻出版广电总局出版印刷人才培养基地、上海市高技能人才培养基地、中国印刷技术协会高端技能人才培养基地和上海市第75国家职业技能鉴定所等行业培训基地,近3年来已举办各类培训班70余个,培训5 600

多人,38 000余人次,多次受到原国家新闻出版总署、国家人力资源和社会保障部、上海市新闻出版局、上海市人力资源和社会保障局的表扬和肯定。对口支援兰州石化职业技术学院、乌鲁木齐职业大学、云南国防工业职业技术学院、贵州遵义职业技术学校等20所中西部职业院校,培训专业骨干教师405人次,合作培养学生696人。

基于学校现代大学制度建设试点工作的全面实施及"多元参与、校企合作"特色制度的确立与建设,学校在人才培养、科学研究和社会服务等方面均取得了长足进步。学校也对上海市现代大学制度建设试点工作建设的做法与成效进行了系统梳理。学校全程参与专著《现代大学制度建设:理论与实践探索》的策划、组织与编撰工作,该书由上海市教委主任苏明担任主编,总字数达70余万字,为上海市现代大学制度建设试点工作成果的全方位系统凝练和宣传提供了有效载体。

学校现代大学制度建设受到了国务院教育督导委员会督导组陈湘生、教育部原副部长吴启迪,上海市教委副主任李瑞阳、陆靖以及政策法规处王磊、吴能武等领导和专家的关注和肯定,也得到了《中国青年报》《文汇报》《中国教育报》《中国新闻出版报》等媒体的宣传报道,在上海乃至全国高职高专院校中产生了较大影响。

总体来说,通过国家骨干高职院校项目建设,学校在办学体制机制创新、教育教学改革、师资队伍建设、教学实验实训条件建设、人才培养质量提升和社会服务能力建设等方面取得了显著成效。学校国家骨干高职院校建设项目获评"优秀",为学校"后示范(骨干)"建设时期各项工作的全面开展奠定了坚实的基础,也给学校各项建设与改革工作带来一定的启示,包括必须始终加强和改进党的建设,发挥党委的领导核心作用;必须始终坚持立德树人,促进学生的全面发展;必须始终推进改革创新,与时俱进,坚定不移地走内涵发展之路;必须始终强化实践育人,弘扬校企合作的办学传统。在接下来的建设与发展过程中,尤其在"十三五"建设时期,面临"新常态""互联网＋""大数据""人工智能"等经济社会背景和"出版数字化""媒体融合"等行业转型发展的重要形势,学校将在国家骨干高职院校建设成效的基础上,全面深化教育综合改革,重点围绕以下方面加以推进。一是进一步加强内涵建设,服务产业转型发展。要以服务产业转型升级和发展及学生就业为导向,调整和优化传统出版印刷类专业发展方向,创新专业品牌和办学特色;同时,要进一步发挥重点建设专业在产教融合、校企合作方面的示范辐射作用;还要实施"名师"工程,进一步加强师资队伍建设。二是推进现代职教体系建设,培育高素质职业人才。继续推进"中高职贯通"与"高本立交桥"建设,完善人才培养模式,全面加强人才培养体制机制建设。三是大力加强协同创新,促进学校可持续发展。以行指委、职教集团和校企合作理事会为依托,以"校企合作"、"校际联合"和"校协联手"为抓手,以上海出版传媒研究院为平台,以协同创新为手段,进一步融合学校与行业企业科技创新和社会服务资源,加强科技服务团队建设,提高科技服务水平,走"产学研"发展之路,促进学校教育紧跟产业发展步伐。四是大力推进国际化办学,显著提升行业职业教育水平,以世界技能大赛为引领,构建国际化行业特色现代职教体系,加强国际交流合作,进一步提升人才培养水平,引进海外优质教育资源,促进人才培养模式创新。

学校国家骨干高职院校建设获得"优秀"的办学经验及相关启示,为学校在近三年里的内涵建设奠定了坚实而良好的基础,学校各项工作健康稳步发展,取得了较好的成绩。在技能竞赛方面,除了各类行业竞赛国内奖项外,还在第68届美国印刷大奖Benny Award(班尼奖)获一金三铜好成绩,在第69届美国印刷大奖Benny Award(班尼奖)获14座金奖和集体金奖优异成绩;2017年10月13日,在阿联酋阿布扎比国家会展中心举行的世界技能组织成员大会上,第46届世界技能大赛申办形象大使、第43届世界技能大赛印刷媒体技术项目银牌获得者、上海版专教师张淑萍,中高职贯通学生萧达飞分别在大会上作了现场陈述,助力上海成功获得2021年世界技能大赛举办权。中华人民共和国人力资源和社会保障部和第46届世界技能大赛申办工作委员会先后致信上海版专,对学校和第43届世界技能大赛银牌获得者张淑萍在此次申办工作中所做的工作和付出的辛勤劳动表示感谢。同时,学校聘请世界技能组织主席、上海市第100位《外国高端人才确认函》获得者西蒙·巴特利为我校名誉教授,定期到学校为师生授课,助力学校参与世界技能大赛。在科技工作建设方面,2016年12月,学校"柔版印刷绿色制版与标准化实验室"获批总局首批新闻出版业科技与标准重点实验室;2017年12月,学校科学技术协会获批成立,成为上海高职高专院校中第一所建立高校科协组织的院校;2017年12月,学校召开科技工作大会,副校长周国明作了题为《新时代、新机遇、新战略、新举措——实现学校科技工作新跨越》的工作报告,全面介绍了学校科技工作的总体概况、阶段成果以及科技平台与团队建设情况,系统梳理了学校"3+1+X"科技服务平台建设情况,并就科技工作面临的问题及科技工作改革提出了思考。在国际交流与合作方面,建成"学生海外学习实习项目""中外合作办学项目""国际认证项目""外国学生和企业人员来校培训项目""中外合作办学机构"五位一体的国际交流合作体系。在现代大学制度建设方面,学校申报的"现代大学制度特色项目建设及市级平台运行推进"项目于2018年入选上海市"现代大学制度特色项目",全面促进了学校治理能力建设。

第10章
新时代深化高职院校内涵建设的理念与思路

通过国家示范性和骨干高职院校建设项目的实施,高职院校整体在师资队伍建设、专业与课程建设、教学改革、校企紧密型合作体制机制建立、现代化数据管理、现代大学制度建设等方面均取得了较大成效,极大地提升了其人才培养、科学研究、社会服务职能的内涵与水平。高等职业教育已占据我国高等教育的"半壁江山",成为国家教育体系中不可或缺的重要组成部分。随着国家骨干高职院校建设项目的结束,高等职业教育也迎来了新时代的发展机遇与挑战。党的十九大报告就高等教育和职业教育明确提出"完善职业教育和培训体系,深化产教融合、校企合作;加快一流大学和一流学科建设,实现高等教育内涵式发展"的任务要求。在高等职业教育改革进入内涵提升的关键阶段之后,追求高等职业教育的精细化发展逐渐成为一股新的潮流,优质高职院校建设计划随之提上日程[①]。基于新时代的经济社会发展要求和教育发展趋势,国家骨干高职院校需要转变发展理念,进入高等职业教育内涵发展和优质建设的新常态发展轨道,以"双创"理念指导高职院校人才培养的定位,以产教融合彰

---

① 郝天聪,石伟平.从示范到优质:我国高职院校发展模式的反思与前瞻[J].高校教育管理,2017(4):25-30.

显高职教育的跨界属性,以特色发展引领高职院校的建设改革,以教学诊改促推内部质量保证体系建设。

10.1 以"双创"理念指导高职院校的人才培养定位

国家提出的"大众创业,万众创新"以及相关的文件精神,对于高职院校人才培养具有重大指导意义。高职院校应该充分认识到传统人才培养定位的滞后性,以及以"双创"理念指导高职院校人才培养定位的必要性,并从确立创新创业型技术技能人才的培养定位,加强创新创业课程与技术技能课程教学内容的融合,优化多元专兼职教师队伍配置,出台保障高职院校新人才定位的配套制度等方面,强化双创理念对于自身人才培养定位的指导作用。

10.1.1 高职院校传统人才培养定位存在着滞后性

高等职业教育作为与普通高等教育"并驾齐驱"的独立教育类型,所培养的人才具有高等性、职业性和区域性等特征,但具体人才培养定位,在不同的发展时段具有一定的差异性。在政府相关政策文件及专家学者的观点中,我国高职院校的人才培养定位先后经历了以"实用型"人才培养为导向、以"应用型"人才培养为导向、以"高技能"人才培养为导向、以"技术技能型"人才培养为导向等阶段①。技术技能人才也是当前我国高职院校人才培养的基本定位。高职院校这些人才培养定位,在很大程度上与当时我国高等职业教育的发展阶段和现状相适

---

① 周建松,唐林伟.高职教育人才培养目标的历史演变与科学定位——兼论培养高适应性职业化专业人才[J].中国高教研究,2013(2):94-98.

应。当前,新时代对于高等职业教育提出了新的发展要求。

《国家中长期教育改革和发展规划纲要(2010—2020年)》从中长期教育改革发展的角度,提出了"职业教育要面向人人、面向社会,着力培养学生的职业道德、职业技能和就业创业能力"的人才培养定位①。国务院于2015年印发的《中国制造2025》文件要求,"坚持把人才作为建设制造强国的根本,建立健全科学合理的选人、用人、育人机制,加快培养制造业发展急需的专业技术人才、经营管理人才、技能人才"②。同时,"大众创业,万众创新"自2015年以来逐渐成为全民共识,《国务院关于大力推进大众创业万众创新若干政策措施的意见》(国发〔2015〕32号)也提出,"把创业精神培育和创业素质教育纳入国民教育体系,实现全社会创业教育和培训制度化、体系化"③。为大力贯彻《国务院办公厅关于深化高等学校创新创业教育改革的实施意见》(国办发〔2015〕36号),教育部于2015年6月2日在京举行深化高等学校创新创业教育改革视频会议,教育部党组书记、部长袁贵仁出席并讲话,要求"把创新创业教育贯穿人才培养全过程"④。2017年12月颁布的《国务院办公厅关于深化产教融合的若干意见》(国办发〔2017〕95号),提出了"深化职业教育、高等教育等改革,发挥企业重要主体作用,促进人才培养供给侧和产业需求侧结构要素全方位融合,培养大批高素质创

---

① 国家中长期教育改革和发展规划纲要(2010—2020年)[EB/OL].(2010-08-02)[2020-03-15].http://www.moe.gov.cn/jyb_xwfb/s6052/moe_838/201008/t20100802_93704.html.
② 中华人民共和国国务院.国务院关于印发《中国制造2025》的通知[EB/OL].(2015-05-19)[2020-03-25].http://www.gov.cn/zhengce/content/2015-05/19/content_9784.htm.
③ 中华人民共和国国务院.国务院关于大力推进大众创业万众创新若干政策措施的意见[EB/OL].(2015-06-16)[2020-04-01].http://www.gov.cn/zhengce/content/2015-06/16/content_9855.htm.
④ 柴葳.教育部要求把创新创业教育贯穿人才培养全过程[N].中国教育报,2015-06-03(1).

新人才和技术技能人才"的总体要求①。

从这些政策文件可知,当前及未来国家经济社会发展对高等职业教育的人才培养提出了超越技术技能素养的要求。而且一些经济较为发达的地区,已经意识到这一问题。如《上海市中长期教育改革和发展规划纲要(2010—2020 年)》,对于高等教育,提出了"让学生更具创新精神和实践能力"的要求;对于职业教育,提出了"让学生成为适应工作变化的知识型、发展型技能人才"的目标②。因而,在新时代,在强调职业教育让广大学生"人人出彩"的新时期,技术技能人才培养的高职院校办学理念,已经滞后于产业和经济社会转型发展对高职院校的新时代发展需求。

10.1.2 以"双创"理念指导高职院校人才培养定位的必要性

一是有利于满足创新型国家对高职院校创新型人才的需求。近年来,国家高度关注高等教育创新创业教育的改革与发展,"大众创业、万众创新"已上升到国家重要发展战略层面。2015 年国务院颁布《关于深化高等学校创新创业教育改革的实施意见》指出,为深入推进供给侧结构性改革、全面实施创新驱动发展战略,必须推进创新创业在高等学校的深入发展。《国务院办公厅关于深化产教融合的若干意见》(国办发〔2017〕95 号)指出,要深化职业教育改革,培养大批高素质创新人才和技术技能人才,创新型国家的建设离不开人才的重要推动。在"双

---

① 中华人民共和国国务院办公厅.国务院办公厅关于深化产教融合的若干意见[EB/OL].(2017 - 12 - 19)[2020 - 04 - 06]. http://www.gov.cn/zhengce/content/2017 - 12/19/content_5248564.htm.
② 上海市中长期教育改革和发展规划纲要(2010—2020 年)[EB/OL].[2020 - 04 - 12]. http://old.moe.gov.cn//publicfiles/business/htmlfiles/moe/s4604/201010/110458.html.

创"背景下,高职院校应该通过培养技术技能型创新创业人才,为创新型国家的发展提供人才支撑。

二是有利于满足企业转型升级对高职院校创新型人才的需求。目前,我国经济结构步入深度的调整期,社会分工合作逐步精细、劳动生产呈专业化态势,企业的转型与升级是市场发展的必然产物,迫切需要大批创新创业型技术技能人才的支持。企业转型即企业经营战略的创新与改变,升级则是不断提高产品附加值,从低效率生产转向高效率生产、从劳动密集型产业向知识密集型产业转移的过程。① 企业转型与升级进程受人才质量的制约,既懂技术技能以稳定企业基本生产运行,又具创新精神与首创意识以促进技术或产品革新的创新创业型技术技能人才是企业实现自身进步的重要保障。

三是有利于高职院校人才培养职能内涵的提升与扩展。高职院校作为技术技能人才培养的中坚力量,为我国经济社会的快速发展输送了一批支撑企业生产运行的复合型人才,但随着国家战略调整和企业转型升级,高职院校人才培养的质量难以适应需求。高职院校将目标定位于创新创业型技术技能人才的培养是职业教育对接国家和行业发展需求的主动作为,也是人才培养职能内涵提升与拓展的必然结果。此外,结合马斯洛需求层次理论可知,高职院校部分学生随着对技术技能知识的掌握,基于尊重及自我实现的需要不断寻求发展,创新创业成了一大选择。高职院校应主动适应国家创新驱动发展战略的需要,响应企业升级转型,为学生自我实现助力,解决高职院校人才的长远发展后劲问题,在一定程度上也是对传统技术技能人才培养的延伸与拓展。

---

① 李明星,Nelson Amowine,何娣,等.转型升级背景下小微企业专利融资模式创新研究[J].科技进步与对策,2013(18):138-142.

10.1.3 以"双创"理念指导高职院校人才培养改革的基本思路

一是确立创新创业型技术技能人才的培养定位。基于传统人才培养定位的滞后性,以及新时代以创新精神指导高职院校技术技能人才培养的必要性,高职院校应该确立培养创新创业型技术技能人才的培养定位,将创新创业精神与技术技能人才培养进行融合,强调培养面向市场岗位与社会经济发展需求,熟练掌握基础理论知识与专业知识和技术,能够解决生产实践中的关键技术和工艺难题,并具有首创意识和创新精神,具备一定创业能力、商业经营管理能力的发展型、创新型复合人才。

二是加强创新创业课程与技术技能课程与教学内容的融合。高职院校有必要以新的人才培养定位为指导,调整人才培养方案和课程建设,把创新创业课程融入人才培养全过程。通过建设创业课程的优质资源库等方式,将创新创业课程渗透到专业课程;改革现有专业课程的教学内容和教学方法,根据创新创业教育的目标和内容,设置专门的创业政策与法规、创业项目选择、人力资源管理、财务管理与风险防范等课程,形成完善的创新创业教育课程体系[①];同时,优化实践课程教学方式,通过跨学科、合作式教学,促进两类课程教学内容的共通共融。

三是优化高职院校多元专兼职教师队伍配置。高职院校创新创业型技术技能人才的培养,离不开师资队伍来源的多元化和师资队伍专业知识和技能的多元化[②]。高职院校应该重视专兼职教师队伍建设,通过建立专兼职创业教育导师库,引入有创业经验的创业成功人士和

---

① 章艳华.职业技能教育与创新创业教育融合机制下高职院校人才培养模式研究[J].职教通讯,2017(2):20-21.
② 段丽华,刘艺.基于"专业+"的高职院校创新创业教育体系研究与实践[J].职教论坛,2016(28):23-27.

企业兼职教师,鼓励专职教师从事创新创业实践,开展教师创新创业素养培训等形式,优化学校教师队伍结构,同时强化对教师队伍创新创业素养的培育。

四是出台保障高职院校新人才定位的配套制度。高职院校应该重视制度在创新创业型技术技能人才培养中的保障和促进作用。可以面向校内广大师生适时出台《企业兼职教师管理与绩效评价办法》《学校教师指导学生创新创业实践的激励机制》《专任教师赴企业进行调研学习、参加挂职等实践的制度》《学生创新创业实践管理与奖励办法》等制度,以制度形式促进学校创业氛围和学生利用所学技术技能进行创新创业的校园文化。

10.2 以产教融合彰显高职教育的跨界属性

基于《国务院办公厅关于深化产教融合的若干意见》(国办发〔2017〕95号)文件的出台等背景,高职院校应了解新时代"校企合作、产教融合"对于学校办学的重要性,并认识到"跨界"是职业教育的本质属性,产教融合是彰显高职教育跨界属性的必然要求,以产教联动规划为前提,以引导企业参与办学为关键,以建立市场机制为活力,以政府政策推动为保障,全面深化产教融合。

10.2.1 "跨界"是职业教育的本质属性

职业教育的本质属性是职业教育研究的逻辑起点,也是贯穿职业教育相关问题的主线。职业教育发展到今天,要深刻理解新时代高等职业教育的特征,首先需要认清其"跨界"的本质属性。职业教育的跨界本质属性主要表现为院校和企业之间存在着物理边界、社会边界和心理边界。物理边界,院校和企业最明显的物理边界表现在两者不同的空间分布;社会边界,即高职院校对发展职业教育的宏观战略和职业教育的本质认识不清,简单地追随研究型高等教育发展模式,缺乏对产业发展的深切关注,企业则缺乏参与职业教育的积极性;心理边界,即企业员工更为关注产品质量、技术提高和市场销售状况,而学校教师则更关心教学质量、学生就业以及个人职称晋升,对社会环境变化敏感度较低①。

职业教育跨越了企业与学校,跨越了工作与学习,即跨越了职业与教育的疆域,因而职业教育的本质就是"跨界的教育"。职业教育强调校企合作、工学结合,便是对跨界的最好诠释②。职业教育的跨界本质属性,体现在办学主体、生源类别、师资队伍、教学资源、课程体系、评价主体、人才规格等各个方面。有学者指出,当前我国职业教育需要跨越教育与职业、学校与企业、学习与工作、中职与高职、职业教育与"其他类型教育"以及教育学与"其他相关学科"之界③。可见,职业教育的跨界属性,内涵十分丰富。

可以说,职业教育的跨界属性,跨越了学校和企业,甚至市场和社会等多元利益相关主体的边界,体现了其对多元主体在地理位置、利益诉求、心理边界等方面诉求与冲突的超越。因而,在新时代,对于职业教育的跨界本质属性,只有以更为宏大的视野和系统性的眼光清晰理解,才能以正确的姿态开展各项教育和办学活动。对待高等职业教育,同样要正确看待其"跨界"这一本质属性,以跨界思路统领相关的教育教学工作。

---

① 崔永华,张旭翔.论职业教育的"跨界"属性[J].教育发展研究,2010(17):43-46.
② 姜大源.中国职业教育发展与改革:经验与规律[J].职业技术教育,2011(19):5-10.
③ 何应林,顾建军.职业教育跨界研究初探[J].中国职业技术教育,2012(36):20-25.

10.2.2 产教融合是彰显高职教育跨界属性的必然要求

高职院校跨界涉及的利益主体众多,但其中最核心的是行业企业。因而,大力开展"校企合作",实施"工学结合"的人才培养模式,是高等职业教育跨界本质属性对于高职院校提出的内在要求。2010年实施的国家骨干高职院校建设计划,重要任务是促进地方政府完善政策、加大投入,创新办学体制机制,推进合作办学、合作育人、合作就业、合作发展,增强办学活力;并将校企合作体制机制建设作为突破工学结合教学改革瓶颈的重要举措,形成人才共育、过程共管、成果共享、责任共担的紧密型合作办学体制机制,促进校企深度合作,增强办学活力,形成新的引领机制。

在新时代背景下,职业教育则应该走向校企合作的升级版,以产教融合来彰显职业教育的跨界本质属性。职业教育产教融合的特征主要有:既是教育性的产业活动,又是产业性的教育活动"跨界性";包含企业与职业院校双主体;互利性与公益性并存;由产业与职业教育在相互调整、相互适应中实现对立统一的动态适应性[①]。"校企合作"强调"学校"与"企业"的合作,"产教融合"强调"产业"与"教育"的融合。"校企合作"是具体和微观层面的论述;而"产教融合"则是较为宽泛和中观的论述[②]。但二者具有内在理念的一致性。

产教融合是校企合作的 2.0 版,对深入推进职业院校的校企合作具有深层次意义:一是将产业发展对职业岗位的新要求对接教育教学活动;二是有利于产业新技术新技能的推广从而使企业受益,从而促进企业合作的积极性;三是有利于提升高职教育教学的技术含量,实现企

---

① 陈志杰.职业教育产教融合的内涵、本质与实践路径[J].教育与职业,2018(5):35-41.
② 管丹."校企合作"与"产教融合"概念辨析[J].职教通讯,2016(15):41-42.

业的升级愿望;四是有利于供求渠道的畅通,努力实现供求关系新的"动态均衡"的供给侧结构性改革。因此,产教融合,是高职院校从示范到优质院校建设的主线。①

国务院于 2014 年出台的《关于加快发展现代职业教育的决定》,将"产教融合,特色办学"作为加快发展现代职业教育的基本要求之一②。《国务院办公厅关于深化产教融合的若干意见》(国办发〔2017〕95 号)明确指出:"深化产教融合,促进教育链、人才链与产业链、创新链有机衔接,是当前推进人力资源供给侧结构性改革的迫切要求,对新形势下全面提高教育质量、扩大就业创业、推进经济转型升级、培育经济发展新动能具有重要意义。"这两份文件也都体现出国家有关部门对于高等职业教育提出的"校企合作、产教融合"时代要求。

10.2.3 新时代深化高职院校产教融合的基本路径

《国务院办公厅关于深化产教融合的若干意见》(国办发〔2017〕95 号),就产教融合创新性地提出了人力资源供给侧结构性改革的教育链、人才链与产业链、创新链的有机衔接的"四链"问题。同时,该《意见》提出"四位一体"的系统化政策设计,即充分发挥学校、企业、政府与社会各方面的积极性。③ 新时代高职院校产教融合的推进,也需要实施"四位一体"的系统化政策设计。

以产教联动规划为前提。高等职业教育的区域性,决定了服务区

---

① 马树超.产教融合:从示范到优质院校建设的主线[J].职教论坛,2017(1):32-35.
② 中华人民共和国国务院.国务院关于加快发展现代职业教育的决定[EB/OL].(2014-06-22)[2020-04-18].http://www.gov.cn/zhengce/content/2014-06/22/content_8901.htm.
③ 杨克瑞.产教融合:问题、政策与战略路径[J].黑龙江高教研究,2018(5):35-37.

域经济社会发展,是高职院校与产业实现融合的核心目标。这就要求统筹布局高职院校产教融合的政策措施、支持方式、实现途径和重大项目等内容。国家和各地区在制定实施经济社会发展规划,以及区域发展、产业发展、城市建设和重大生产力布局规划时,要明确产教融合发展要求,充分考虑高等职业教育的人才、科技与社会服务的供给能力。而高职院校在进行人才培养定位和教育教学改革时,积极融入国家和各地区大力实施的创新驱动发展、新型城镇化、制造强国战略等时代发展战略,以此实现高职院校发展与产业发展的规划的同步一致。

以引导企业参与办学为关键。要切实解决目前校企合作中"一头热""两张皮"的问题,必须强化企业在产教融合中重要主体的作用。《国务院办公厅关于深化产教融合的若干意见》(国办发〔2017〕95号)提到了"拓宽企业参与途径""深化'引企入教'改革""开展生产性实习实训""以企业为主体推进协同创新和成果转化""强化企业职工在岗教育培训""发挥骨干企业引领作用"等途径,以期推动企业探索多元投资方式参与举办高等职业院校,同时深度参与高职院校教育教学改革,强化对学生技术技能素养培育,促进高职院校基础研究成果向产业技术转化,实现产教融合多元化效应。

以建立市场机制为活力。要实现高职院校产教融合,必须寻找内在的合作活力源泉,构建内在的非行政命令式的合作机制,即市场化内生力量。市场化力量是高职院校产教融合健康可持续发展的重要保障。《国务院办公厅关于深化产教融合的若干意见》(国办发〔2017〕95号)对于发挥市场在产教融合中的作用提出了要求,即"注重发挥市场机制配置非基本公共教育资源作用,强化就业市场对人才供给的有效调节"。这种市场化机制包括:允许市场开展经许可的职业类型教育;根据市场需求和就业质量调整学校学科专业、确定培养规模;严格实行高职院校专业预警和退出机制;建立产教融合主体市场化购买机制;建立扶持校企利益共同体的市场合作机制等。

以政府政策推动为保障。产教融合是高职院校校企合作深化发展的结果,也是当前高职院校助力行业产业升级和经济社会转型发展的重要载体,具有重要的时代意义。因而,高职院校产教融合的发展,自然离不开政府相关政策的有力保障。推动高职院校产教融合的政策可分为几类:支持行业企业和市场多元化主体参与举办高等职业教育的政策;体现高职院校和行业特色类专业办学特点的成本拨款政策;高职院校产教融合的财税支持与建设用地优惠政策;高职院校产教融合的金融支持政策;高职院校产教融合的第三方评价及支持激励政策。

10.3 以特色发展引领高职院校的建设改革

特色发展是高水平高职院校建设的核心保障,是新时代高职院校建设改革的指向。高职院校应该清晰认识特色发展存在的共有性与优质性、历史性与现实性、稳定性与创新性、整体性与局部性相统一的特点,并从确立特色发展理念与定位,重视专业特色建设,强化人才培养特色,形成学校文化特色等几个维度积极打造学校的发展特色。

10.3.1 特色发展是新时代高职院校建设改革的指向

走特色发展道路,对于新时代高职院校的内涵建设来说,具有极为重要的意义。特色发展是高职院校明确办学路径的核心问题,是高职院校克服当前建设与发展问题的必然路径,是创建高水平高职院校的重要价值引领,是高职院校服务区域经济社会发展的必然选择。

特色发展是高职院校明确办学路径的核心问题。随着新时代的到来,我国高等职业教育进入了提质增效的重要时期。高等职业院校特色发展是努力建设高水平、中国特色高等职业教育的必然选择,关系到

"要办成一所什么样的高职院校和怎样办好这样的高职院校的根本大计"①。特色发展也是国际公认的高等教育发展的重要经验。新时代我国高职院校深化内涵建设,首先必须明确"办什么样的职业教育"的特色化问题。只有以特色发展引领高职院校的建设改革,新时代的高职院校才有在高等教育领域立足的空间与可能。

特色发展是高职院校克服当前建设与发展问题的必然路径。示范性(骨干)高职院校作为我国高水平高等职业教育的代表,其问题依然突出,相关学者的研究表明,我国70所示范性高职院校在办学特色方面,存在着办学模式趋同化、办学特色宽泛化、培养模式传统化、教学改革形式化、管理体制行政化等倾向②。对于其他高职院校而言,在办学特色、教学改革、人才培养模式及管理体制等方面的问题也同样突出。高职院校确立特色发展的理念,实施特色发展战略,将是推动学校克服当前教育教学和各项事业改革发展瓶颈的重要驱动力,从而促进学校的健康有序发展。

特色发展是创建高水平高职院校的重要价值引领。2018年1月,教育部印发了《教育部2018年工作要点》(教政法〔2018〕1号),明确提出启动"中国特色高水平高职学校和专业建设计划"③,这是继国家示范性和骨干高职院校建设之后又一具有战略意义的重大举措,为新时代高职教育发展指明了新目标、新任务和新要求。推进"世界一流高职院校"建设,也要求高职院校以市场为导向,具有鲜明的办学特色、卓越

---

① 于雷,王娟.高等职业院校特色发展的路径与机制[J].高等工程教育研究,2010(6):109-113.
② 叶鉴铭.示范性高职院校办学特色研究[J].黑龙江高教研究,2008(8):131-133.
③ 中华人民共和国教育部.教育部关于印发《教育部2018年工作要点》的通知[EB/OL].(2018-02-01)[2020-04-23].http://www.moe.edu.cn/srcsite/A02/s7049/201802/t20180206_326950.html.

的教学水平、世界一流的社会声誉①。在特色高水平学校建设的背景下,高职院校必须强化学校的办学特色,以特色发展统领学校各项办学活动,不断提升学校的建设与发展水平。

特色发展是高职院校服务区域经济社会发展的必然选择。区域性作为高等职业教育的重要属性,要求高职院校走服务区域产业与经济社会发展的道路。面对不同地域的产业和经济社会发展差异,高职院校只有走特色办学路线,才能真正充分发挥其社会服务功能。尤其在产业升级和经济社会转型发展的时代背景下,传统行业逐渐升级发展,新兴产业不断涌现,对于高职院校专业建设、科技服务和技术技能人才的要求也在发生变化,高职院校有必要根据新的市场发展需求,走特色发展之路,才能跟上产业和经济社会发展步伐,在市场竞争中谋得一席之地,并赢得良好的社会声誉。

10.3.2 新时代高职院校特色发展的基本内涵

特色是整体风貌,是在"体"或"面"的层次上对事物之间的异质部分的感知结果。高职院校的办学特色,在本质上是某高职院校在长期办学过程中积淀形成的某种能够从总体上统领院校全局发展和办学方向的、本校特有的、优于其他院校的独特的优质风貌②。高职院校的办学特色体现为类型特色、层次特色和个体特色三个层面。与办学特色紧密联系的一个概念是"差异化",对应的一个概念是"同质化"。结合高职院校办学特色的定义,可以将高职院校特色发展的特征概况为以下几个方面:

---

① 李洪渠,彭振宇,张一婵.基于市场视角看世界一流高职院校内涵及特征[J].职教论坛,2015(16):66-66.
② 肖福玲.高职院校如何确立自身的办学特色[J].教育导刊,2010(2):56-58.

一是共有性与优质性的统一。共有性是指高职院校在办学特色方面的集体属性或者共同属性,是把高职院校作为一种教育类型的宏观角度而言的办学特色,也可称之为高等职业教育的办学特色[①]。优质性,更多是从排他的角度而言,强调的是高职院校办学活动上的独特性,"人无我有""人有我优"的特质。高职院校特色发展既有不同于普通高等院校的特色,也有作为各学校"质的差异性"[②]。对高职院校的特色发展,从类型和学校个性两个层面加以理解,才能真正形成全貌。

二是历史性与现实性的统一。高职院校办学特色的历史性,强调的是这种特色的形成并非一蹴而就,而是在学校长期的办学实践中,从历史到当下,甚至一直延续到未来逐渐积淀下来的。高职院校办学特色的现实性,强调的是这种特色与当下高职院校自身发展实际及区域经济社会发展现状相调适,凸显了高职院校办学特色的现实适切性。高职院校的特色发展,既有历史的延续性,也有当下的关照性。

三是稳定性与创新性的统一。作为历史积淀的产物,高职院校的办学特色自然具有较为稳定的品质,它强调办学特色在一段时间里的非易变性,经得起时间的考验,并被社会广泛认可。与此同时,如果没有创新思维,缺乏创造性的实践探索,因循守旧而不与时俱进,不能对传统进行有意识地、持续地继承与完善,主动适应与改造环境,就难以形成办学特色[③]。因而,高职院校办学特色的创新性强调的是办学特色在保持稳定性,传承自身优秀特征的情况下进行必要的创新。

四是整体性与局部性的统一。高职院校办学特色的整体性,强调的是高职院校组织层面体现出来的整体性的独特的品格或者风貌。而

---

① 闫智勇.高职院校办学特色的内涵究竟是什么[J].职教论坛,2011(7):18-21.
② 周茂东.高职院校办学特色的认识误区与路径选择[J].教育与职业,2008(33):43-45.
③ 程永洲,钟明元,孙泽文.高职院校办学特色的内涵与影响因素分析[J].职教论坛,2016(28):39-42.

其局部性,强调的是高职院校内部在一个或某些方面体现出来的典型特色。高职院校整体办学特色可能在局部一个或多个方面得到凸显,而其办学的某些局部特色也可能通过长期发展,形成整体合力,并最终发展为学校层面的整体办学特色。

10.3.3 高职院校特色发展与建设改革的思考

高职院校特色发展与建设改革,是系统工程,而从核心要素来说,需要确立特色发展理念与定位,重视专业特色建设,强化人才培养特色,最终形成学校文化特色。

一是确立特色发展理念与定位。作为学校特色发展的灵魂,办学理念强调的是对学校办学目标和办学行为的价值判断和理性思考,显示了学校的定位和品牌形象。高职院校要形成办学特色的前提是有明确的特色办学理念,其核心是办学定位的特色性,创建办学特色要以办学定位为基础和前提。因此,高职院校特色发展的前提是确立特色的发展理念和特色的发展定位。办学定位包括学校的目标定位、办学类型定位、办学层次定位、办学功能定位、服务方向定位、专业性质定位等[①]。高职院校在进行特色发展定位时,不能盲目升格、盲目追求大而全,而是要准确围绕"高等性"、"职业性"和"区域性"进行全方位的定位。

二是重视专业特色建设。专业建设是学校特色发展的关键,是最能体现办学特色的重要因素,也是衡量一所学校办学水平和地位的重要标志。创办特色专业是高职院校特色发展的最直接、最现实的选择[②]。高职院校的专业设置,应该以服务实体经济为导向,充分体现学校特色,

---

① 于雷,王娟.高等职业院校特色发展的路径与机制[J].高等工程教育研究,2010(6):109-113.
② 周茂东.高职院校办学特色的认识误区与路径选择[J].教育与职业,2008(33):43-45.

以市场需求为导向进行专业设置与调整,加强复合型专业建设,抓重点、创品牌。同时加强专业群和品牌专业建设,产业集群发展趋势内在要求专业的集群建设,同时启动特色专业群建设项目带动专业的品牌化,凸显高水平高职院校建设的品牌效应和集群优势。[①]

三是强化人才培养特色。高职院校培养的是应用技术技能型人才,与普通高等院校培养的理论型和研发型人才应该具有不同的特色。新时代,高职院校应该以培养"在更大范围参与竞争与合作的发展型、复合型和创新创业型技术技能人才"为特色人才培养目标,以产学研结合为突破口,强化实践性教学,加快实施现代学徒制人才培养模式,采取订单式人才培养,推行"双证书"制度,以此真正推动高职院校以就业为导向培养应用型人才,从而打造高职院校人才培养的特色[②]。

四是形成学校文化特色。广义上的大学文化包括大学精神、大学环境、大学制度等涉及大学教育的整个方面;狭义上的大学文化主要指大学精神,表现为一种共同的行为准则、价值观念和道德规范[③]。由于高职院校文化的历史性和差异性,其对学校办学特色的塑造最为有效也最为持久。高职院校应将在学校办学定位、专业建设及人才培养等方面的特色,内化为学校的文化属性,并通过文化真正确保学校的特色发展,收到"文化兴校,文化育人"的良好效果。

10.4 以教学诊改促推内部质量保证体系建设

高等教育领域推进"管办评"分离以及职教质量提升战略的实施,

---

① 姜大源,董刚,胡正明,等.中国特色高水平高职院校建设(笔谈)[J].中国高教研究,2018(6):98-102.
② 肖裕玲.高职院校如何确立自身的办学特色[J].教育导刊,2010(2):56-58.
③ 孔康伟.高等职业院校办学特色的思考[J].职业技术教育,2011(34):14-18.

都对高职院校加强内部质量保证体系建设提出了紧迫需求。教育部办公厅《关于建立职业院校教学工作诊断与改进制度的通知》(教职成厅〔2015〕2号),教育部职成司关于印发《高等职业院校内部质量保证体系诊断与改进指导方案(试行)》(教职成司函〔2015〕168号),以及《关于全面推进职业院校教学工作诊断与改进制度建设的通知》(教职成司函〔2017〕56号)等文件的颁发和实施,在全国职业院校范围有力地推动了教学诊改工作的开展。高职院校教学诊改工作是有别于传统评估的、创新性的质量保证举措,对于高职院校实现新时代的改革发展战略目标具有原生性的推动作用。

10.4.1 实施教学诊改是提升高职院校办学质量的必由之路

实施教学诊改为高职院校推进特色办学提供有效保障。当前,我国已经启动"中国特色高水平高职学校和专业建设计划",各省市也相继出台了"优质高职院校建设计划""一流高职院校建设计划"等建设规划。而无论是高水平、优质或一流高职院校的建设,特色都是其关键要素。《高等职业院校内部质量保证体系诊断与改进指导方案(试行)》指出,"省级教育行政部门可在本方案基础上,依据实际情况调整补充形成省级执行方案。学校可在省级方案基础上,补充有利于个性化发展的诊改内容"①。这一政策规定,一方面考虑到了各省市和各高职院校办学的特色,从而为高职院校通过开展诊改工作凸显学校办学特色提供了政策保障,有利于高职院校形成"千校千面"的特色办学格局;另一方面,教学诊改工作以专业诊改为试点,各高职院校能够通过梳理凝练

---

① 中华人民共和国教育部职业教育与成人教育司.关于印发《高等职业院校内部质量保证体系诊断与改进指导方案(试行)》启动相关工作的通知[EB/OL].(2015-12-30)[2020-05-02]. http://www.moe.edu.cn/s78/A07/A07_gggs/A07_sjhj/201512/t20151230_226483.html.

专业建设特色,进而推动高职院校办学和人才培养特色的确立。

实施教学诊改有利于高职院校各利益主体落实各自办学责任。主体责任是高职院校提升办学质量和人才培养水平的重要前提。《教育部关于深入推进教育管办评分离促进政府职能转变的若干意见》(教政法〔2015〕5号),对于高职院校"落实学校办学主体地位、激发学校办学活力为核心任务,加快健全学校自主发展、自我约束的运行机制"提出了新的要求①;《高等职业教育创新发展行动计划(2015—2018年)》(教职成〔2015〕9号)也强调,职业教育深化体制改革,需要明确职业院校的办学权利和义务,落实学校办学主体地位,逐步形成政府依法履职、院校自主保证、社会广泛参与,教育内部保证与教育外部评价协调配套的现代职业教育质量保障机制②。高职院校全面推进教学诊改工作,就是促使"各职业院校切实履行人才培养工作质量保证主体的责任"的重要制度设计,有利于构建高职院校、政府与社会三者之间的新型关系,同时推动高职院校落实自身办学主体责任,推动管理部门营建公平发展的办学管理责任,同时推动社会主体参与高职院校办学的主体评价责任③。因此,这一工作的开展,对于高职院校各利益主体而言,能够促进他们明确各自职责,共同推动学校的人才培养与办学质量提升。

实施教学诊改有利于高职院校切实构建以诊改为核心的内部质量保证体系。高职院校开展教学诊改工作,需要学校根据自身办学理念、办学定位、人才培养目标,聚焦专业设置与条件、教师队伍与建设、课程

---

① 中华人民共和国教育部.教育部关于深入推进教育管办评分离 促进政府职能转变的若干意见[EB/OL].(2015-05-06)[2020-05-07].http://www.moe.gov.cn/srcsite/A02/s7049/201505/t20150506_189460.html.
② 中华人民共和国教育部.教育部关于印发《高等职业教育创新发展行动计划(2015—2018年)》的通知[EB/OL].(2015-10-19)[2020-05-10].http://www.moe.gov.cn/srcsite/A07/moe_737/s3876_cxfz/201511/t20151102_216985.html.
③ 任占营.职业院校教学工作诊断与改进制度建设的思考[J].国家教育行政学院学报,2017(3):41-46.

体系与改革、课堂教学与实践、学校管理与制度、校企合作与创新、质量监控与成效等人才培养工作要素,持续不断地查找不足与完善提高,其中最关键的内容是自我质量保证体系与自我诊改运行机制的建立。过去那种通过外部评估推动高校改革发展的做法,已经滞后于"高职院校承担办学第一主体责任"的理念,而实施教学诊改工作,则是对这一理念的有效贯彻。通过实施教学诊改,高职院校能够对学校办学的理念与定位、相关关键要素和内部质量保证体系建设等内容进行全面审视,通过诊改信息支撑平台与系统的建立,提升教育教学管理的信息化水平,有效发现问题,并运用相关制度与运行机制等内部力量不断解决问题,改进不足,树立现代质量文化,建立起学校质量保证与提升的正向循环体系。

10.4.2　高职院校内部质量保证体系建设运行的基本框架

《高等职业院校内部质量保证体系诊断与改进指导方案(试行)》指出,"以诊断与改进为手段,促使高职院校在学校、专业、课程、教师、学生不同层面建立起完整且相对独立的自我质量保证机制,强化学校各层级管理系统间的质量依存关系,形成全要素网络化的内部质量保证体系"。同时,以杨应崧教授为主任委员的全国职业院校教学工作诊断与改进专家委员会多位专家,均对《高等职业院校内部质量保证体系诊断与改进指导方案》进行了解读,确立了"五纵五横一平台"的高职院校内部质量保证体系构架(见图10-1)。

"五纵"即纵向五个子系统,包括:决策指挥子系统,由领导体制、组织结构、制度建设、协调管理等组成;质量生成子系统,由教学、学生工作组织实施、校园文化建设等组成;资源建设子系统,由组织、人事、校内外教学资源开发、储存、使用、管理等组成;支持服务子系统,由生活服务、社会服务、合作平台、数字化校园建设、安全保障等组成;监督

图 10-1 "五纵五横一平台"内部质量保证体系基本架构

控制子系统,由质量数据(信息)采集、汇总、分析、质量报告、预警发布等组成。

"五横"即横向五层面,包括学校层面、专业层面、课程层面、教师层面和学生层面,形成以师生发展质量为核心,以专业和课程为载体,促使高职院校在学校、专业、课程、教师、学生不同层面建立起完整且相对独立的自我质量保证机制。

"一平台"即现代信息技术平台,平台包括四大功能:现代质量保障体系的信息平台,现代管理、科学决策的支持平台,跨时空交流、智力资源共享的服务平台,激发内在活力、推动持续发展的创新平台[①]。

需要说明的是,"五纵五横一平台"的高职院校内部质量保证体系构架要以"质量改进螺旋"为基本单元。"8字螺旋"是对爱德华•戴明博士于20世纪中叶提出的"戴明循环(PDCA循环)",即"计划(PLAN)—执行(DO)—检测(CHECK)—改进(ACTION)"循环的改进与升级,由静态和动态两个螺旋叠加而成(具体见图10-2)。其中,静螺旋指由目标—标准—计划—组织—实施—诊断—激励—学习—创新—改进构成的完整工作流程;动螺旋则指在质量生成过程中,根据实时监测到的数据,及时发出预警和即时跟进调控、改进的过程,一般不涉及目标、标准的调整。

"8字形质量改进螺旋"的建立,为"三全"理念的实施提供了载体和保障,同时,也能实质性地推进学习型组织的建设。当今时代,学习力和创造力已经成为核心竞争力,而通过建立大大小小的"8字螺旋",既能激发自我诊改的内生动力,又能联动产生新的动能,使学习、创新成为自身需要、自发行为,使得组织和个人的核心竞争力同步得到提高[②]。

---

① 刘海.教学诊断与改进:职业院校质量提升的内生动力[J].职业技术教育,2016(18):19-23.
② 汪建云.培育"8字螺旋" 夯实诊改基础[N].中国教育报,2017-11-08(11).

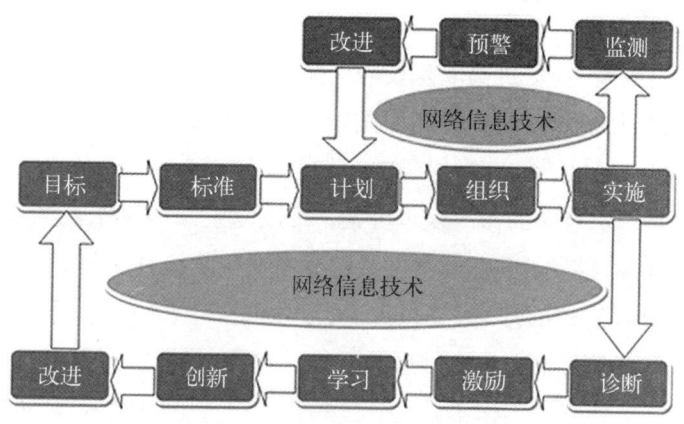

图 10-2 "8 字质量改进螺旋"示意图

10.4.3 推进高职院校内部质量保证体系诊改复核工作的思考

高职院校内部质量保证体系诊断与改进复核(以下简称"复核")是诊改制度建设中的重要环节,教育行政部门依托全国和省市教学诊改专家委员会,组织诊改复核专家对高职院校内部质量保证体系是否建立、是否运行以及运行是否有效等情况进行判断,对目标链和标准链的打造与实施、质量改进螺旋的建立与运行、信息平台的建设与应用、质量文化的培育和形成等内容进行具体考查。复核工作是复核专家对高职院校自主诊改有效程度的检验,目的是通过引导高职院校建立健全的内部质量保证体系,从而促进学校人才培养质量的有效提升。

复核的目标有三个方面:一是完善内部质量保证体系,通过对高职院校内部质量保证体系的诊改复核,检验学校自主诊改的有效程度,进一步完善内部质量保证体系;二是提高人才培养质量,通过复核,促进专业目标和标准的设置更加科学合理,同时推动专业和课程建设、优化师资队伍,引导全体师生员工增强质量意识,不断提升内涵建设水平；三是提升院校办学水平，通过复核，引导高职院校内部质量保证体系形成自身特色，促进高职院校向更高水平发展。

通过研究发现，要推进高职院校内部质量保证体系诊断与改进复核工作的科学、有效实施，必须关注如下工作：

一是制定科学的诊改复核方案。诊改复核方案的科学是复核顺利进行的前提，科学的复核方案需要建立在明确复核目标的基础之上，复核方案要对复核的理念、复核内容、复核的程序和方法等进行具体介绍。复核理念对整个复核过程具有指导作用，只有坚持科学合理的复核理念才能使复核工作不走偏。复核内容是核心，复核要紧紧围绕关键要素展开。此外，明确复核的程序和方法是保障复核顺利规范运行的重要保障。

二是加强复核人员的专业培训。为提高复核工作的质量、保证结果的公正合理、增加结果的可信度，需要形成一支结构优化的专业复核团队。而这样一支专业团队的形成，重要保障就是开展专业培训，让复核人员充分了解复核的理念、内容、程序和方法等，并制定严格的工作要求。在培训内容上，既要有理论知识的讲授，也要有实践案例的分析，更要有专业的亲身实践。而在培训方式上，除了集中培训之外，还可充分利用现代信息化手段，实行网络培训，提高培训的效率和效益。

三是完善诊改信息支撑平台建设。提升信息化水平是诊改复核工作顺利实行的重要保障，必须注重诊改信息平台的建设与完善。首先，要建设校本数据中心，通过建立健全信息化规范和标准制度，加强对信息资源的整合，实现数据的实时共享，以实现质量保证持续改进的目标。其次，要确保数据真实有效。诊改数据的客观真实有效是保证诊改复核顺利有效开展的重要条件。在诊改过程中，要实现数据源头采集、及时采集，加强对动态数据的过程性采集。此外，要重视信息数据的分析。通过专业化数据分析人才的培养，为完善内部质量保证体系、提高人才培养质量提供数据支撑和科学分析，促进问题及时有效解决。

四是建立健全诊改运行反馈机制。高职院校建立健全诊改运行反馈机制,这是高职院校实现自主诊改以及教育行政部门顺利推进诊改复核的有效保障。高职院校为了完善内部质量保证体系,需要建立健全诊改运行反馈机制,实现质量的持续改进,并通过考核性诊断来保证诊改运行的反馈有效。诊改运行反馈机制的建立健全,有利于高职院校及时将相关信息反馈给师生员工,帮助复核人员全面系统了解高职院校的诊改运行,进而提高工作的针对性和有效性。

五是提升师生的质量文化意识。师生质量文化意识的提升,师生参与度的提高是诊改复核工作得以顺利开展的重要保证。质量文化是全体师生员工质量精神的塑造,包括质量意识、行为和习惯;提升师生的质量文化意识,使提升和改进质量成为全体师生员工的自觉行为,形成持续提升教育教学质量和人才培养质量的内生动力。要通过举办质量文化活动,引导全体师生员工自觉履行正确的行为规范,发挥师生质量主体的作用,提高其参与内部质量保证的积极性和主动性。此外,要健全师生激励考核机制,激发师生参与质量建设的积极性和自主性。

六是实现复核结论的科学应用。复核结论的科学应用有助于进一步推动复核工作的开展。复核结论反映高职院校自主诊断与改进的有效程度,分为"有效"和"待改进"两种。教育行政部门要实现复核结论的科学应用,对于在复核结论中连续两次表现为"待改进"的院校应该采取减少政府经费拨款、弱化优惠政策支持、限制财政项目申报等措施。体现在具体举措上:要建立政府经费拨款与复核结论紧密对接的绩效机制;建立政策支持与复核结论相联系的奖惩制度;建立项目申报与复核结论紧密相关的激励制度。通过复核结论的科学应用,推进诊改工作的顺利实施,保障人才培养和学校办学质量的有效提升。

结　语
深化骨干高职院校建设改革，全力推进中国特色高水平高职学校和专业建设

2019年1月24日，国务院印发了《国务院关于印发国家职业教育改革实施方案的通知》（国发〔2019〕4号），指出"职业教育与普通教育是两种不同教育类型，具有同等重要地位"，"启动实施中国特色高水平高等职业学校和专业建设计划"（以下简称"双高计划"），"到2022年，……建设50所高水平高等职业学校和150个骨干专业（群）"。① 为落实这一文件规定，2019年3月29日，教育部、财政部联合发布《关于实施中国特色高水平高职学校和专业建设计划的意见》（教职成〔2019〕5号），明确提出"围绕办好新时代职业教育的新要求，集中力量建设50所左右高水平高职学校和150个左右高水平专业群……到2035年，一批高职学校和专业群达到国际先进水平，引领职业教育实现现代化……形成中国特色职业教育发展模式。"②2019

---

① 中华人民共和国国务院.国务院关于印发国家职业教育改革实施方案的通知[EB/OL].(2019-02-13)[2020-05-15].http://www.gov.cn/zhengce/content/2019-02/13/content_5365341.htm.
② 中华人民共和国教育部,中华人民共和国财政部.教育部　财政部关于实施中国特色高水平高职学校和专业建设计划的意见[EB/OL].(2019-04-02)[2020-05-18].http://www.moe.gov.cn/srcsite/A07/moe_737/s3876_qt/201904/t20190402_376471.html.

年4月17日,教育部、财政部关于印发《中国特色高水平高职学校和专业建设计划项目遴选管理办法(试行)的通知》(教职成〔2019〕8号),对于"双高计划"职责分工、遴选学校和专业(群)的条件及项目实施、项目分工等内容进行了部署。这三份文件开启了我国高等职业教育高水平发展的新序幕,对于我国高等职业教育具有里程碑式的意义。由此,我国高职院校正式进入"双高计划"的推进阶段。经过2005年实施的"国家示范性高职院校建设计划",到2016—2018年实施的优质高职院校与骨干专业建设,再到"双高计划"的有力推进,高职院校的高水平发展不断得到重视,建设内容逐步深化,社会地位逐渐得到提升。在高职院校建设与改革发展的新时代背景下,国家骨干高职院校如何有效推进"双高计划"?我们有以下思考。

一、明确"双高计划"建设意义,树立院校高水平建设发展理念

一是彰显职业教育与普通教育"平起平坐"的类型新定位。长期以来,我国职业教育存在属于普通教育"附庸"的现象,其地位相比同层次的普通教育要低,大部分职业院校普遍存在人、财、物等办学资源配置的不足现象,导致发展受阻。《国务院关于印发国家职业教育改革实施方案的通知》(国发〔2019〕4号)明确提出,"职业教育与普通教育是两种不同教育类型,具有同等重要地位"。这是重新确立职业教育与普通教育定位关系的重要提法。而且,"双高计划"的实施,将在国家示范性(骨干)校和优质校的建设基础上,从理念、管理机制到财政投入等方方面面,进行全面强化提升,并从高水平高职院校和高水平专业两个维度,全面树立高职院校的高水平发展理念,有利于重新确立高等职业教育发展观念,彻底扭转高等职业教育比普遍高等教育"矮半截"的现象,从而强化职业教育类型特色,实现更高质量的发展。

二是顺应产业转型与升级对高职院校人才供给的时代需求。当前,

行业产业的转型升级处于加速推进期,世界各国均面临高素质技术技能人才短缺的发展难题。在高等职业教育校企合作走向产教深度融合的关键期,高职院校对于行业产业所需高素质技术技能人才的支撑作用更加明显,唯有高水平建设,打造优质、特色专业,才能满足新时代产业转型升级的高要求[①]。《关于实施中国特色高水平高职学校和专业建设计划的意见》(教职成〔2019〕5号),强调"面向区域或行业重点产业,依托优势特色专业,健全对接产业、动态调整、自我完善的专业群建设发展机制……发挥专业群的集聚效应和服务功能,实现人才培养供给侧和产业需求侧结构要素全方位融合"[②]。这些规定高度强调新时代高职院校对行业产业的支撑与推动作用,将有利于高职院校与行业产业深度互融,从而顺应产业转型升级对高职院校高素质技术技能人才的时代需求。

三是引领高职院校以综合改革破解发展难题提升办学质量。当前我国高等职业教育正处于改革发展"深水期",在经历国家示范性(骨干)高职院校建设、优质高职院校建设后,虽然取得了较好的办学成效,但依旧存在现代治理体系不完善、办学条件较差、企业参与动机不强、技术技能人才培养质量有待提升等一系列难题,与发达国家职业教育发展水平,以及职业教育支撑现代化经济体系、建设教育强国的要求相比,还存在一定的距离。面对"中国制造 2025"战略,以人工智能、"互联网+"、大数据为主的新的产业革命带来的新经济、新技术、新业态挑战,高等职业教育唯有以更高的办学质量,更加全面、更高质量的技术技能人才培养方能有效应对。通过实施"双高计划",从有建设基础和特色的高职院校中遴选具有代表性、高水平的高职院校,强化其"示范"

---

① 涂三广."双高计划"的价值与关键[N].中国教育报,2019-04-16(004).
② 中华人民共和国教育部,中华人民共和国财政部.教育部　财政部关于实施中国特色高水平高职学校和专业建设计划的意见[EB/OL].(2019-04-02)[2020-05-18]. http://www.moe.gov.cn/srcsite/A07/moe_737/s3876_qt/201904/t20190402_376471.html.

和引领作用,能够激励带动一批院校围绕发展难题,创新发展与人才培养模式,继续引领其他高职院校深化教育综合改革,全面提升治理能力与人才培养水平。

二、聚焦"双高计划"三项要求,凸显高职院校发展的明确导向

教育部权威人士曾将"双高计划"建设要求概括为"当地离不开、业内都认同、国际可交流"。因而,"双高计划"入选高职院校应该围绕这三项要求进行总体筹划,在建设时凸显明确的导向。

一是聚焦区域经济社会转型发展,为地区提供高质量的技术技能人才。"当地离不开"的建设目标,要求"双高计划"入选高职院校建设紧扣区域发展,通过区域联动、创城融合,精准对接区域发展和人才需求,从而为地方经济社会发展提供不可替代的人才支撑。二是强化行业关键和共性技术服务赢得业内认同。"业内都认同"的建设目标,要求"双高计划"入选高职院校与行业产业形成产教深度融合局面,紧跟行业企业转型发展趋势,以行业关键和共性技术解决企业尤其是小微企业的生产实践难题,共建技术技能创新服务平台,并强化新产品开发和技术成果的推广转化,实现科技研发的经济和社会价值。三是以高质量职业教育实现国际交流与合作。教育国际化是我国高等教育现代化的重要内容。《加快推进教育现代化实施方案(2018—2022年)》提出的任务之一,就是"加快培养高层次国际化人才……加强与'一带一路'国家教育合作"[1]。在此背景下,"国际可交流"的建设目标,要求"双高计划"入选高职院校强化国际交流与合作,不断引进国外的优质职业教育资源,实现有效吸收与创新;同

---

[1] 中共中央、国务院印发《中国教育现代化2035》[EB/OL].(2019-02-23)[2020-05-21]. http://www.gov.cn/xinwen/2019 02/23/content_5367987.htm.

时通过"走出去",与国外高等职业院校、知名企业开展交流与合作,从而有效提升我国高等职业教育的国际地位和声誉。

三、找准"双高计划"的关键点,强化高职院校建设的核心要素

"双高计划"的实施,基于明确的发展导向,必须找准建设的关键点,从专业群建设、"双师型"教师队伍建设、行业深度参与的院校治理机制三个方面加以重点推进。

一是打造高水平的专业群。高水平高职院校和高水平专业建设,最基础、最核心的内容是专业建设。相对于普通高校的学科群建设,高职院校以专业群为核心,因而建设实力雄厚、体系健全、特色鲜明的专业群,成为高职院校提升办学内涵和人才培养水平的重要内容。《关于实施中国特色高水平高职学校和专业建设计划的意见》(教职成〔2019〕5号),就对"打造高水平专业群"提出了明确要求。在具体的专业群建设上,应突出对接产业吻合度高、资源整合共享度高、人才培养产出高等"高"特征,搭建融合化的产教协同、教研互促、育训结合等产教协同平台,创新结构化团队、模块化课程、开放型培养模式等柔性化的组织管理模式,完善专业调整、升级、评价等动态化的持续发展机制①。二是高素质"双师型"教师队伍建设。高职院校相较于普通高校,较为强调教师理论与实践相结合的能力,要求建设专兼结合、结构合理、技艺精湛、素质优良的"双师型"教师队伍。"双高计划"的实施,要求入选高职院校从结构和素养两个层面,更加重视具有高职院校特色的高水平"双师型"教师队伍建设,真正为学校的教育教学提供强大的智力支持。三是形成行业深度参与的院校治理机制。自《国务院办公厅关于深化产教融合的若干意见》(国办发〔2017〕95号)颁布以来,高职院校走"产

---

① 崔岩.创新高水平专业群建设路径[N].中国教育报,2019-05-28(009).

教融合"之路,成为重要的理念。产教融合的核心是改变高职院校成为技术技能人才培养单一主体局面,吸引行业企业参与,实现教育服务供给的多样化,它涉及宏观教育结构和高职院校的人才培养模式,对于现代教育治理而言,是重要的制度创新[①]。《关于实施中国特色高水平高职学校和专业建设计划的意见》(教职成〔2019〕5号),同样凸显了对高水平高职院校产教融合的重视,在指导思想、改革发展任务中,多次提到"校企合作""产教融合"内容。因而,"双高计划"的实施,必须更为看重产教深度融合理念,强调从各个层面建立产教融合的体制机制,以推动行业产业深度参与学校治理。

四、把握"双高计划"战略目标,持续打造中国特色职业教育模式

根据《关于实施中国特色高水平高职学校和专业建设计划的意见》(教职成〔2019〕5号)提出的建设目标,到2035年,"职业教育高质量发展的政策、制度、标准体系更加成熟完善,形成中国特色职业教育发展模式"。可见,"双高计划"实施的最终成效,是看是否形成了"中国特色职业教育发展模式",我国高职院校办学和人才培养是否得到世界认可。加强发展模式的探索,对高职院校而言,既是机遇,也是重大的挑战。一方面,高职院校应该切实探索具有学校特色、地域特色、行业特色、中国特色的办学与发展模式,形成可供国内外高等职业教育模仿与借鉴的办学与人才培养经验;另一方面,高职院校应该进一步开放合作,紧跟"一带一路"发展战略,深入探索中国职业教育国际化模式"走出去"的体制机制,充分实现我国优质高等职业教育资源与国外职业教

---

① 国家发展改革委有关负责人就《关于深化产教融合的若干意见》答记者问[EB/OL].(2017-12-19)[2020-05-25].http://www.gov.cn/xinwen/2017-12/19/content_5248610.htm.

育各主体交流、合作、共享,打造高等职业教育的"中国品牌"①。随着中国特色高等职业教育模式的成熟和其世界声誉的提升,我国高职院校必将为世界高等职业教育的建设与现代化发展做出应有的贡献。

---

① 高志研."双高计划"引领新时代职业教育高质量发展[N].中国教育报,2019-04-09(09).